밀양 전쟁

밀양 전쟁
공통자원 기반 급진 민주주의 프로젝트

2016년 3월 17일 초판 1쇄 발행

지은이 _ 장훈교
펴낸이 _ 임두혁
편집 _ 최인희 김삼권 조정민
디자인 _ 토가 김선태
인쇄 _ (주)미광원색사
종이 _ 한서지업(주)

펴낸곳 _ 나름북스
등록 _ 2010. 3. 16 제2010-000009호
주소 _ 서울 마포구 동교로18길 31 302호
전화 _ 02-6083-8395
팩스 _ 02-323-8395
이메일 _ narumbooks@gmail.com
홈페이지 _ www.narumbooks.com

ISBN 979-11-86036-10-5 93300

이 도서의 국립중앙도서관 출판예정도서목록(CIP)은 서지정보유통지원시스템
홈페이지(http://seoji.nl.go.kr)와 국가자료공동목록시스템(http://www.nl.go.kr/kolisnet)에서
이용하실 수 있습니다.(CIP제어번호: CIP2016004759)

밀양

공통자원 기반 급진 민주주의 프로젝트

전쟁

장훈교 지음

나름북스

공통의 밀양, 더 많은 민주주의

김현우(에너지기후정책연구소 상임연구원)

경부선 하행선 열차를 타고 경상북도 청도군쯤을 지날 때 창밖을 보면 열차가 지나는 터널 바로 위 산등성이로 우뚝한 송전 철탑들을 두어 개 볼 수 있을 것이다. 터널을 지나 고개를 뒤로 돌려보면 다시 철탑들이 보이는데 그곳부터는 경상남도 밀양시다. 이것들이 신고리 핵발전소로부터 창녕까지 765kV 규격으로 전기를 실어 나르는 송전탑이고, 바로 이 책에서 이야기하는 밀양 송전탑이다. 2014년 6월 이전까지 10년 동안 밀양의 주민들이 싸워서 막고자 했던 그 송전탑이고, 많은 사람들에게 아픔의 기억과 함께 연대의 기억도 남긴 그 송전탑이다.

영화 〈밀양의 전쟁〉을 포함하여 밀양과 청도의 고압 송전탑 저지 투쟁을 전하는 영상물과 인쇄물이 이미 적지 않다. 그런데 이 책은 누가 보아도 본격적인 학술서다. 즉 학술적 분석틀을 가지고 밀양의 아픔과 연대를 해석하려 하고, 또 그 해석의 적절성과 유용성을 나누어 보고자 하는 최초의 시도이며, 게다가 과감하고 용감한 시도다. 따라서 혹시 누군가가 눈물겹고 치열한 밀양의 전쟁을 몇몇 이론과 개념으로 재단하고 설명하려 한다고 비난한다면 그것은 번지수를 상당히 잘못 찾은 것이다. 저자 스스로 밀양의 눈물을 나누고 연대하는 데 소홀하지 않았기도 하거니와, 학술적 접근을 통해 밀양이 갖는 더 큰 보편성을 발견해낼 수 있다면 그것이야말로 밀양의 투쟁을 더욱 넓고 깊게 확장하는 싸움이기도 할 것이기 때문이다. 그렇다면 이 책에서 우리가 따져야 할 것은 밀양의 전쟁을 학술적으로 ―물론 이것이 기계적 중립성을 의미하는 것은 아니며 그 관점의 문제가 이 책의 중요한 주제 중 하나이기도 하다― 충실히 포착해내었느냐, 그리고 그것이 더 큰 보편성의 이해와 적용에 얼마나 기여할 것이냐 하는 점이다.

전부 열 개의 장으로 나뉘어 있지만, 이 책에서 착목한 보편성은 크게 두 가지다. 하나는 현대 한국의 정치, 사회, 에너지, 자본주의, 민주주의, 국가권력, 그리고 투쟁의 여러 양상이 밀양을 통해 얼마나 전형적으로 드러나는가 하는 것, 즉 현상 설명의 보편성이다. 저자가 마르크스부터 여러 이론가들에게서 빌어 와 살피는 것들, 예컨대 자본주의 시초축적과 국가를 통한 억압은 밀양을 통해 생생하게 재발견된다. '국민'과 '인민'의 개념적 경계와 밀양에서 드러난 현실의 경계 역시 지금의 '한국'과 '자본주의'를 이해하는 데 중요한 의미를 가진다. 그래서 저자는 밀양은 단지 밀양에만 존재하는 것이 아니라고 보며, 밀양 이전의 많은 밀양 그리고 한국 바깥의 여러 밀양을 찾아내고 연결시킨다.

또 하나의 보편성은 대안 또는 미래의 지향점을 가리키는 보편성이다. 그것은 개념적으로는 '공통자원'으로 그리고 밀양 주민의 용어로는

'울력'으로 불리는 것에 기반하는데, 이는 대안적인 상상의 공간으로 나아가기 위한 가상의 이론적 지반일 수 있다. 그러나 이 개념이 단지 가상의 것만이 아닌 이유는 그것이 헬레나 노르베리 호지의 "오래된 미래" 같은 것일 뿐 아니라, 탈핵 희망버스를 타고 모인 이들이 밀양역 광장에서 불현듯 느낀 공동의 감정이자 새로운 민주주의를 조직하는 원리이기도 하기 때문이다. 이 책에서 밀양의 투쟁 전개를 통해 살피는 삶과 장소, 점령과 점거, 고립과 연대의 교차 역시 운동이 갖는 보편성과 특수성을 모두 보여준다. 따라서 밀양은 어느 곳에나 있으면서도 밀양에서 달리 나타난 공간, 집단, 과정, 이벤트, 그리고 기억이었고, 저자는 연구자로서 한국 자본주의를 해부하고 민주주의의 급진화 기획을 논하는 연구 대상으로서 그리고 자신도 그 일부로서 밀양을 아주 '우연치 않게' 만난 것이 아닐까 생각해 본다.

저자는 쉽게 소화하기 어려울 정도로 많은 이론적 조망과 이야기들을 밀양을 통해 우리와 나누고자 한다. 읽는 사람마다 동감할 부분이 있고 동의하기 어려운 논리가 있을 수도 있겠지만, 우연치 않은 이 밀양과의 조우를 통해 한국 사회의 여러 차원과 대안의 정치학에 대해 이만큼 풍부한 이야기를 끌어내기도 쉽지 않을 것이고, 이는 요즈음 보기 드문 성실하고 정직한 학술 작업이기도 하다. 그럼에도 불구하고, 저자의 현미경과 망원경이 밀양의 모든 것을 담아내지 못할 것은 당연하다. 그것은 밀양에 여전히 살고 있는 이들, 그리고 그 10년 사이에 밀양을 다녀갔거나 직간접적으로 공감을 나누었던 이들이 앞으로 각기 그리고 함께 밀양을 살아나가면서 채우고 가공하며 표현해 나가야 할 일일 테다.

밀양에서 벌어지는 갈등을 알면서도 나는 일상을 영위하고 있었다. 박사학위 논문을 마무리해야 한다는 당시 조건 때문에 '외부' 문제에 대한 개입이나 고려를 전혀 못했다. 국가와 한국전력의 폭력에 의해 전장戰場이 되고 있는 밀양을 매체에서 확인하면서도 삶은 변하지 않았다. 그저 좁은 방 안의 수많은 메모들 속에서 어떤 질서를 발견하려 온 힘을 다하고 있었을 뿐이다. 폭력을 인식하면서도 폭력과 분리되어 살아갈 수 있는 능력은 어디에서 온 것일까? 밀양의 폭력과 내 일상은 어떻게 공존할 수 있었던 것일까? 2014년 2월 학위 논문을 제출하고 이후 진로를 모색하면서 이러한 때늦은 질문과 마주했다. 물론 국가 폭력이 밀양에서만 발생한 것은 아니다. 하지만 "나 자신과 어떻게 마주할 것인가?"라는 질문에 맞닥뜨렸을 때, 밀양의 폭력과 일상의 분리 혹은 공존의 경험은 다른 현장의 폭력보다 나를 더 부끄럽게 만들었다. 왜 밀양일까? 그 이유 중 하나가 밀양 투쟁이 '할매'들의 투쟁이었기 때문임은 분명하다.

타자에 대한 폭력과 공존하면서 이 폭력과의 연결을 부정하고 타인에게 책임을 전가하며 내 일상을 영위할 수도 있다는 불안감 그리고 원인 모를 죄책감, 혹은 비판 사회과학 연구자로서 느끼는 자신의 위선에 대한 환멸이 이 책을 준비하는 동력이 되었다.

밀양에 대한 나의 첫 메모는 2014년 3월 27일이다. 특별한 날은 아니었다. 어느 책을 읽다가 밀양과 연결지을 수 있는 한 문장을 읽은 것뿐이다. 문장을 옮겨 적고 짧은 고민을 덧붙인 그 메모로 나의 밀양 연구는 시작되었다. 당시엔 밀양 문제에 대해 아는 것이 거의 없었다. 그 후 밀양의 현실을 알리기 위해 노력해 온 활동가들의 이야기와 연구자들의 칼럼 등을 통해 한국의 또 다른 현실을 알게 됐다. 그들이 내게 진실로 나아가는 문을 열어준 것이다.

이 책은 활동가와 연구자 그리고 밀양 주민들이 남긴 흔적을 따라 걸으며 한 젊은 연구자가 남긴 연구 노트다. 밀양의 문제를 통해 대안적인 상상의 공간을 확장하는 방향으로 글의 목표를 잡고, 한국 민주주의의 과제와 대안을 다른 방향에서 모색해 보고자 하는 이들을 대상으로 설정해 글을 작성했다.

이 책에는 '인민人民'이라는 다소 낯선 용어가 중요한 개념으로 자주 등장한다. 민주주의의 개념, 원리와 연결된 '국민'이나 '시민'과 달리 '인민'은 현대 한국 사회에선 좀처럼 쓰지 않는 말이다. 역설적인 것은 '인민'이 국민이나 시민에 비해 매우 오랫동안 반복해서 사용된 역사적인 개념임에도 가장 낯설다는 사실이다. 더욱이 한국전쟁 이후 북한이 '인민'에 기반을 둔 인민공화국을 선포함에 따라 이 용어 자체를 불온하게 바라보는 시각 또한 일반화되어 있다. 그럼에도 이 용어를 중심으로 밀양 문제에 접근한 이유는 다음과 같다. 인민의 개념사에 대한 연구는 이 책의 연구 범위를 넘어서는 일이기 때문에 자세히 소개할 수는 없다. 또한 인민의 개념에 대한 규정은 특정 역사의 국면마다 달라지기 때문에 이 개념에 단일한 의미를 부여하는 것은 쉬운 일이 아니다. 그러나 한국의 역사에서 '인민'은 '국민'과의 연관 속에서 다음과 같은 두 유형이 나타난다. 하나는 인민과 국민을 동일시하는 입장이고, 다른 하나는 인민과 국민을 분리하는 입장이다. 전자는 인민을 국가를 구성하고 있는 사람들이라는 의미로 해석한다. 이에 반해 후자는 국가를 구성하고 있는 사람들 내부의 분화를 인정하지 않는 '국민'과 달리 '인민'의 개념에는 전체 사회에 대한 지배 관계 요소가 포함되어 있다고 본다. 곧, 인민은 단지 국가를 구성하고 있는 각 개인이나 집단을 말하는 것이 아니라 지배의 대상이 되는 각 개인이나 집단을 일컫는 말이라는 것이다. 이 책에서는 후자의 관점에서 국민과 인민을 분리하고, 인민을 보다 전통적인 의미인 전체 사회 안에서 피지배의 위치에 존재하는 이들이란 개념으로 기술했다. 이런 관점은 국민과 인민을 동일시하는 분석에 비해 "인민이 어떻게 국민으로 전환되는가?" 혹은 "인민이 어떻게 국민으로부터 배제되는가?"와 같은 질문을 제기하는 데 보다 유용할 뿐만 아니라 인민과 국민의 상호관계를 통해 국가의 성격을 파악하는 과정에도 도움을 줄 수 있다. 또 다른 의도하지 않은 효과 중 하나는 한국전쟁 이후 굳어진 반공 체제의 형성 과정에서 북한 혹은 공산주의 일반의 상징으로 제시되어 전문 학술 연구뿐만 아니라 인민 자신의 생활에서도 추방되었던 '인민'의 개념을 다시 복원하는 것이다. '인민'은 동아시아 문명의 역사가 교차하며 만들어진, 그 자체로 역사성을 지닌 개념이다. 이런 개념을 한국의 분단과 반공 체제 때문에 소멸시키는 일은 그 자체로 우리의 인식을 협소화하는 비극이다.

이 책은 주로 2014년 당시 파악한 정보와 자료에 의존해 기술했다. 그

후 일 년 동안 발표된 다양한 분야의 학술 연구를 참고해 원고를 재구성했고, 현재까지의 투쟁 기록을 추가 서술했다. 그래도 여전히 난점과 공백이 많은 글로 남았다.

함께 이 글을 읽어 준 조철민, 손우정, 하금철, 이하영, 정용택 그리고 2014년 10월 원고 발표의 기회를 주신 에너지기후정책연구소 분들께 감사의 말씀을 드린다. 그리고 첫 구상부터 출판 과정까지 조언해 준 이승원 선생님과 김유정 출판편집자에게도 고마움을 전하고 싶다. 정규식은 출판을 포기하려던 내게 다시 용기를 주었다. 이들이 보여준 우정의 폭과 깊이에 비해 내 능력이 부족해 부끄러울 뿐이다. 그럼에도 이들과 함께 걸어가고 있다는 것을 확인할 때마다 무엇과도 바꿀 수 없는 기쁨을 느낀다. 사장될 뻔한 원고의 출간을 결정해 준 나름북스와 부족한 연구의 의미를 이해해 주시고 추천의 말씀까지 써 주신 김현우 선생님, 이계삼 선생님께도 깊은 감사를 드린다. 장익순, 이영숙, 김광수, 신순금, 양가 부모님께 송구스런 마음을 담아 이 책을 올린다. 그리고 언제나 나의 첫 독자이기를 꿈꾸는 아내 김영란에게 이 책을 바친다. 아내와 함께 읽을 책을 쓰고 싶었고, 아내와 함께 고민할 수 있는 우리 두 사람의 책을 만들고 싶었다. 늘 함께하는 부분을 넓혀가길 원하는 아내에게, 이 책으로 때늦은 청혼을 대신한다. 그 어느 때보다도 지금 나의 R에게.

2016년 2월 합정동
나의 작은 '연구공간 그람시안'에서

장훈교

차례

서론

정부와 한국전력은 밀양 송전 철탑 공사 강행을 위해 2014년 6월 11일 '행정대집행'이란 이름으로 밀양 주민들의 점거 농성장을 철거했다. '행정대집행'이란 행정관청으로부터 명령을 받은 특정 시설 및 개인이 법적인 의무를 이행하지 않는 경우, 행정기관이 직접 또는 제3자에게 명령 집행을 위탁하고, 그에 따르는 비용을 법적 의무자에게 부담시키는 제도다. 밀양시는 2014년 4월 15일과 5월 15일에 밀양 765kV 송전탑 반대 대책위가 설치한 인공 구조물을 4월 22일과 5월 25일까지 철거하도록 '명령'했다. 그러나 주민들이 이 명령을 거부하자 밀양시는 6월 2일까지 인공 구조물이 산림, 도로, 농지 관리에 지장을 준다며 다시 철거를 '계고戒告'했다. '계고'란 일정 기간 내에 행정상의 의무를 이행하지 않을 경우 강제 집행한다는 내용을 문서로 알리는 일을 말한다. 그리고 6월 9일 송전탑 반대 대책위에 다시 행정대집행 영장을 보냈다. 행정대집행은 그 본성이 행정 명령의 관철을 위한 강제력의 행사이기 때문에 이 과정에서 밀양 주민들과의 격렬한 물리적 충돌은 이미 예상되었다. 이에 밀양 송전탑 전국대책회의를 포함한 국회의원 60여 명과 천주교인권위원회 등 종교 단체와 시민사회 단체들이 6월 10일 성명을 내고, 행정대집행 중단과 대화를 통한 해결을 촉구했다. 하지만 정부와 한국전력 그리고 밀양시는 이 요구를 묵살하고 6월 11일 행정대집행을 강행했다.

이날 행정대집행에는 경찰 20개 중대 2,000여 명과 밀양시청 공무원 100여 명, 한국전력 직원 200명이 동원됐다. 밀양시는 오전 6시 10분 "반대 대책위 소유의 불법 시설물을 지난 2일까지 철거하도록 계고서를 송달했으나 지정된 기한까지 이행하지 않아 대집행함을 통보한다"며 행정대집행을 시작했다. 이를 막기 위해 밀양 부북면 129번 송전탑 농성장 앞에서 천주교정의사제단 소속의 수녀 20명이 스크럼을 짜고 주민들과 함께했다. 그리고 장동마을 입구와 반대 농성장 등지에서는 140여 명의 시민사회 단체 활동가들과 시민들이 함께했다. 이날 경찰이 장동마을 입구의 움막 농성장을 철거하자 주민들은 분뇨를 뿌리며 강하게 저항했다. 그러나 20여 분만에 경찰에 제지당했다. 이어 밀양시 공무원들이 중장비를 투입해 농성장을 철거했다. 또, 경찰은 곧바로 부북면 평밭마을 129번 농성장과 위양마을 127번 농성장에 대해서도 행정대집행을 강행했다.

수녀들은 이를 막기 위해 움막 앞에 드러누워 저항했다. 그리고 주민인 할머니 여섯 분은 움막 안 구덩이에 들어가 목에 쇠사슬을 묶고 행정대집행을 막고자 했다. 이 가운데 두 분은 알몸 상태로 경찰과 공무원 그리고 한국전력 직원에게 저항했다. 그러나 경찰은 할머니들의 목에 감긴 쇠사슬을 끊어내고 이들을 움막 안 구덩이에서 끌어냈다. 수녀들의 두건도 벗겨져 나갔다. 한 할머니가 "어떻게 이것이 민주주의냐, 여기가 자유 국가냐"고 외쳤다. "세상에 이렇게 하는 법은 없다"고도 했다.[1] 그러나 이날 행정대집행을 위해 미리 훈련까지 받은 경찰을 막을 수는 없었다. 10시 20분 경 129번과 127번 철탑 부지 인근의 움막 농성장 강제 철거가 완료됐고, 오후 5시에는 상동면 고정리 고답마을과 단장면 태룡리 용회마을 농성장에 대한 강제 철거가 완료됐다. 그리고 이 과정에서 수녀 6명, 농성 주민 4명, 경찰 1명이 부상을 입었고, 병원으로 후송된 사람은 모두 21명이었다. 또, 경찰은 주민 3명을 업무방해 혐의로 체포했다. 행정대집행은 법률에 명시된 행정기관의 강제집행 과정이지만, 이 과정은 법의 제한을 넘어 불법과 폭력을 통해 진행됐다. 밀양시청 소속 집행관은 대집행 영장을 낭독하기만 했고, 실제 집행은 경찰에 의해 이뤄졌다. 행정대집행 강행 며칠 후 진행된 밀양 송전탑 반대 촛불대회에서 주민들은 행정대집행이 아니라 "행정대폭행"이었다고 경찰의 만행을 폭로했다.

2014년 6월 11일은 2005년부터 진행되어 온 밀양 송전 철탑 반대 9년 투쟁이 정부와 한국전력의 폭력적인 개입으로 강제 종료된 날이었다. 정부는 2000년 제5차 장기 전력 수급 계획을 발표했다. 그리고 한국전력은 2001년 신고리 원자력발전소 3호기와 북경남변전소를 연결하는 송전 선로 경과지 중 하나로 밀양을 선택했다. 총 90.5km에 달하는 이 구간의 송전 선로를 765kV의 송전 전압으로 하고, 밀양 이외에도 울주군과 부산 기장군, 경남 양산시를 경유하는 방식으로 설계했다. 이 공사엔 총 162기의 송전 철탑이 필요했고, 그중 밀양에는 가장 많은 69기의 철탑 공사가 예정되었다. 2001년부터 한국전력과 밀양 주민들 간의 갈등이 고조된 것은 아니었다. 밀양 주민들의 반대 투쟁은 초고압 송전 선로가 마을 인근에 들어선다는 사실이 알려지기 시작한 2006년부터 본격화됐다. 밀

[표1] 밀양시 5개면 송전탑 경과지 철탑 수와 송전 선로 길이

구분	계	위치(경과지)				
		단장면	산외면	상동면	부북면	청도면
철탑	69기	20기	7기	17기	7기	18기
선로 길이 (선하지)	39,157km	11,055km	4,549km	10,108km	3,419km	10,026km

양 청도면, 부북면, 상동면, 단장면, 산외면 등의 주민들이 함께 송전 철탑에 대한 반대 입장을 표명하기 시작한 것이다. 그러나 한국전력은 주민들의 반대에도 불구하고 경유지 선정과 측량, 실시계획 승인 사업을 진행했고, 2007년 11월 계획 승인을 받았다. 그리고 결국 2008년 8월부터 송전 선로 공사를 시작했다.

울주군은 2011년, 양산시는 2012년에 공사를 끝냈다. 기장군과 창녕군도 2013년 3월과 4월에 공사를 마무리했다. 그러나 밀양에선 주민들과의 갈등으로 2008년 8월 착공 이후 공사가 재개된 2013년 10월 2일까지 12회나 중단과 재개를 반복하면서 건설 예정인 69기 중 52기를 착공조차 못하고 있었다. 이에 갈등조정위원회와 보상제도개선 추진위원회 등을 통해 갈등 해소와 보상 개선에 노력했으나 결국 합의에는 실패했다. 국회 차원에서도 전문가협의체 구성 및 운영을 통해 합의를 이끌어내려 했지만 결론을 내지 못하면서 정부와 한국전력은 2013년 10월 2일부터 공사를 강행하기 시작했다. 그럼에도 2014년 6월까지 101, 115, 127, 128, 129번 송전 철탑 5곳에 대해서는 공사 자체를 개시하지 못하고 있었다. 주민들이 송전 철탑 예정지와 진입로에 농성장을 설치해 공사를 막아왔기 때문이었다. 2014년 6월 11일의 행정대집행은 바로 이 5곳에 설치된 주민들의 농성장을 철거하기 위한 것이었다. 이후 한국전력의 송전 철탑 공사는 밀양 송전탑 건설 예정지 전체로 확대 개시되었다.

그러나 한국전력과 정부의 예상과 달리 밀양 주민들은 행정대집행 이후에도 투쟁을 끝내지 않았다. 오히려 6월 11일 이전과 이후를 경계로 밀양 송전 철탑 반대 투쟁을 새로운 단계로 전개하겠다는 계획을 발표하고, 이를 실천으로 옮기고 있다.[2] 밀양이 국가 전력망의 송전 선로 경과지로 선정된 2001년 5월 이후부터 계산하면 15년, 밀양 상동면 옥산리 주민들이 한국전력 밀양 지점 앞에서 첫 집회를 가진 2005년 12월 이후로는 11년, 밀양 주민들의 공식적인 첫 궐기대회로 기록된 2008년 7월부터 계산해도 2016년 현재 8년 이상 진행되고 있는 밀양의 투쟁은 그 예를 찾아볼 수 없는 한국의 장기 투쟁 현장이 되었다. 이 투쟁 과정에서 100명 이상의 마을 주민이 병원으로 응급 후송됐고, 70명 이상이 사법 처리를 기다리고 있다. 그러나 무엇보다 2012년 1월 16일 이치우 할아버지가 분신자살했고, 2013년 12월 2일에는 유한숙 할아버지가 농약을 마시고 음독자살을 시도해 12월 6일 숨졌다. 유한숙 할아버지의 장례식은 돌아가신 지 322일 만인 2014년 10월 22일 치러졌다. 유족들이 정부, 밀양시, 한국전력, 경찰에 유한숙 할아버지가 송전탑 건설을 막기 위해 스스로 목숨을 끊었다는 점을 인정하고 사과할 것을 요구하는 과정에서 장례식이 약 11개월이나 연기된 것이다.

1990년대 이후 송전 철탑 등 전력 설비 관련 공사 기간이 주민들과의 갈등으로 장기화되는 추세이기는 하지만, 밀양 투쟁은 투쟁의 장기성과 격렬함뿐만 아니라 그 전개 방식이 한국에서는 앞선 사례를 찾아볼 수 없는 고유성을 지닌다. 정부와 한국전력은 다른 지역에 비해 장기적이고 강렬하게 진행된 밀양 송전탑 반대 투쟁의 원인을 일관되게 환경단체 등과 같은 외부 세력의 '개입'에서 찾거나 밀양 주민들의 송전 선로에 대한 무지와 이로부터 비롯된 심리적 불안감으로 파악한다. 이런 접근은 밀양 투쟁의 원인을 밀양 주민과 한국전력 및 정부와의 '내부' 문제보다 '외부' 와의 관계에서 찾는 동시에 이 투쟁을 이치에 맞지 않는 비합리적 행위로 정의한다. 비합리적 행위와는 '합의'가 불가능하다. 왜냐하면 이해 당사자 간 의견의 일치 과정인 합의가 이루어지려면 논의 상대의 합리성이 전제되기 때문이다. 그래서 정부와 한국전력은 비합리적 행위 일반은 배제하고, 합리적 행위로 인정할 수 있는 유일한 요소인 경제적 보상 문제만을 합의의 대상으로 한정한다. 정부와 한국전력의 입장에서 볼 때, 합리성을 인정할 수 있는 밀양 주민들의 유일한 행위는 한국전력의 토지수용 과정에 내재된 토지 보상을 둘러싼 경제적 갈등이기 때문이다. 이는 정부와 한국전력이 그어 놓은 합리성과 비합리성의 경계가 오직 '교환가치'임을 말해준다. 교환가치란 한 대상이 다른 종류의 대상과 어떤 비율로 교환될 수 있는가를 결정하는 상대적인 가치를 말한다. 그런데 이 상대적인 가치는 화폐를 통해 나타난다. 즉, 정부와 한국전력이 인정하는 유일한 합리성은 화폐로 표현될 수 있는 토지의 교환가치와 관계되며, 정부와 한국전력의 대응은 오직 경제 보상의 문제로만 환원된다.

정홍원 국무총리의 2013년 9월 11일 밀양 방문은 정부와 한국전력의

[표2] 송·변전 시설의 건설 반대 이유(복수 응답)

구분	지역 주민		한국전력 직원	
	빈도	비율(%)	빈도	비율(%)
해당 지역의 소유 토지에 대한 보상 미흡	21	10.7	120	25.1
송·변전 시설 입지 주변 지역의 지가 하락	10	5.1	18.3	38.3
송·변전 시설 설치 시 지역 발전에 장애가 따르기 때문	29	14.8	61	12.8
전자파 등 신체적 위해 가능성	66	33.7	56	11.7
자연 경관 및 도시 미관 훼손	53	27.0	27	5.6
지역 주민의 의견이 반영되지 않기 때문	9	4.6	10	2.1
한국전력의 사업 시행에 대한 전반적인 불신	4	2.0	13	2.7
전파 장애에 따른 TV 시청 장애 등의 불편	2	1.0	2	0.4
기타	2	1.0	6	1.3
합계	196	100	478	100

홍성만·최흥석, "송·변전시설 건설을 둘러싼 위험 인식과 갈등 관리 모색", 《분쟁해결연구》 제6권, 단국대학교 분쟁해결연구소, 2008, 121쪽에서 인용. 이 조사는 2004년 8~9월 주민 102명, 한국전력 직원 239명을 대상으로 진행한 조사이기에 투쟁 과정에서의 동기 변화 과정을 보여주진 못한다. 그러나 한국전력과 밀양 주민들 간의 문제 인식 차이를 알 수 있다.

이런 태도를 드러내는 동시에 밀양 주민들에게 제시한 최후의 보상안도 보여준다. 정홍원 국무총리는 밀양 송전탑 건설을 반대하는 주민들은 배제한 채 밀양 송전탑 건설을 둘러싼 합의안을 발표했다. 합의안의 중심 내용은 송전탑 건설 과정에서 발생한 갈등 해소를 위한 '특별지원', 곧 경제적 보상이었다. 내용은 세 가지였는데, 첫째는 지역 특수 보상 사업비 185억 원, 둘째는 농산물 공동 판매 시설 70억 원, 셋째 300억 원 규모의 태양광 발전 설비 설치를 통한 지역 보상이 그것이다. 보상액은 전액 한국전력 예산으로 충당되고, 전체 액수는 총 555억 원 규모로 제안됐다. 게다가 한국전력은 지역 특수 보상 사업비 185억 원 가운데 40%인 74억 원을 개별 가구에 지급하도록 간접 보상 내규를 변경하기까지 했다. 경과지인 5개면 30개 마을의 1,800가구에 가구당 평균 400만 원을 주겠다는 것이다. 그동안 고압 송전 선로 공사로 개별 보상이 진행된 것은 밀양이 처음이다.[3] 하지만 그럼에도 불구하고 주민들은 여전히 "보상은 필요 없다. 공사를 중지하라!"며 밀양 송전탑 반대 투쟁을 이어갔고, 이는 보다 위험하고 격렬한 형태로 전개되었다. 이는 정부와 한국전력이 밀양 투쟁의 갈등을 제대로 파악하지 못했을 뿐 아니라 그 대응 전략 또한 실패했음을 의미한다.

이러한 정부와 한국전력의 인식론적 한계는 한국의 국가 전력망 구조에서 비롯된 것이다. 왜냐하면 자본주의 산업화를 본격적으로 추진한 1960년대부터 이미 밀양과 동일한 사건이 반복해서 일어났기 때문이다. 밀양 이전에도 밀양들이 있었다. 수력 발전 설비를 구축하는 과정에서 인민들은 자신이 만들어 온 삶의 터전을 떠나도록 강제 이주 명령을 받았다. 그러나 이주 이후의 삶에 대해 한국전력과 정부는 어떤 책임도 지지 않았다. 전기가 흐르는 길인 송전 선로가 경유하는 곳에 거주하는 인민들은 본인의 의사와 상관없이 국책사업이라는 이유 하나만으로 자신의 재산이 강제 수용되는 과정과 직면해야만 했다. 송전탑이 들어선 후 마을에 갑자기 전염병처럼 암이 퍼졌지만, 피해자 자신이 그 인과관계를 입증해야만 했다. 송전 선로에서 발생하는 전자파의 위험을 직접 몸으로 체험했지만, 한국전력은 명확한 인과관계를 밝힐 수 없는 비과학적인 견해라고 일축했다. [4] 이 때문에 송전탑은 인민의 일상생활 안으로 제한 없이 진입할 수 있었다. 학교 운동장 한가운데 송전탑이 세워지고, 송전 선로가 마을과 동네를 가로질렀다. 국립공원 내에 송전탑을 세우기 위해 한국전력은 도로를 내고 벌목을 자행했다. 이 모든 현상들의 배후엔 현재 밀양을 관통하는 동일한 갈등 구조가 존재한다. 이 갈등 구조는 1960년대 만들어져 권위주의에서 민주주의로 전환한 현재까지도 변함없이 유지 존속되고 있다.

1961년 군사 쿠데타를 통해 집권에 성공한 권위주의 군사정부는 경제 성장을 위한 유일한 수단으로 공업화에 기반을 둔 수출 전략을 선정한다. 공업화 과정은 전체 공업 자본의 수요를 충족하고 미래의 경제 성장 예측에 기반을 둔 안정적인 국가 차원의 전력 공급을 요구했다. 전력 없이 공업화가 불가능했기 때문이다. 이에 1960년대 산업화 과정부터 국가 경제 발전 계획의 일부로 전력의 안정적인 공급 실현을 위한 건설 사업이 적극 추진된다. 이를 위한 담당 주체가 바로 1961년 만들어진 한국전력이다. 전력 체계 구축을 위한 전국 단위의 건설 사업은 국가 전체의 전력 수요 충당을 위한 대용량 발전 설비뿐만 아니라 발전된 전력을 소비지까지 전달하는 송전 설비와 이의 분배를 위한 배전 설비 역시 필요했다. 이 모든 전력 설비들은 공간을 점유해야만 하는 물리적인 실체들이다. 곧, 전력 설비들은 장소로서의 '입지'가 요구된다. 이에 국가는 입지 확보를 위해 인민의 토지를 국가가 수용할 수 있는 합법적인 강제 수단을 만들었다. 그런데 이러한 토지 강제 수용 구조는 한국전력과 정부가 인민의 토지는 소유하되 인민이 자신의 토지와 분리되면서 발생하는 생활 파괴와 내적 변형의 문제에 대해서는 책임을 면제하는 형태로 구조화됐다.

더욱이 국가는 토지 소유 주체를 인민에서 국가로 전환하는 과정에서 비용을 낮추고자 했는데, 이의 핵심은 토지의 평가절하에 기반을 둔 부등가교환이었다. 인민과의 토지 교환 과정을 교환정의에 입각한 등가교환방식으로 진행할 경우 자본주의 산업화를 위한 국가 전체의 투입 비용이 감당할 수 없는 수준으로 폭등하기 때문이었다. 국가는 미국의 대외 원조와 해외 차관을 통해 산업자본 축적을 위한 내적 조건을 마련하려 했지만 충분치 않았다. 부족한 자본 충당을 위해 국가는 인민에게 부등가교환을 합법적으로 강제하고, 이를 통해 인민의 부를 국가의 부로 전환했다. 그리고 이렇게 약탈한 국가의 부를 권위적으로 재분배해 자본 축적의 하부구조를 건설했다. 곧, 산업자본의 확대재생산에 필수적인 비용을 '외부화'하는 방법으로 충당한 것이다. 이 과정은 국가의 조직화된 폭력이 개입되지 않고는 진행될 수 없었다.

이렇게 비용의 외부화 방식은 인민과 장소의 분리를 촉발하고, 조직화된 폭력과 약탈 그리고 착취로 이어졌다. 그러나 국가는 인민의 부에 대한 약탈을 합법적인 강제를 통해 진행해왔기 때문에 자신의 행위에 정당성을 부여할 수 있었다. 이런 의미에서 현재의 밀양 투쟁은 예고된 투쟁이었고, 밀양 갈등에 대한 인식론적 한계는 바로 여기에서 나온다. 혹은 인민의 일상생활의 안전과 방어를 통해서는 확대재생산될 수 없는 한국 자본주의 구조에서 밀양의 갈등이 잉태된 것이다.

토지 혹은 인민이 살아가는 터전으로서의 '장소'는 화폐를 통해 교환될 수 없는 또 다른 차원이 중첩된 곳이다. 왜냐하면 그 장소는 이를 함께 만들어 온 인민 모두의 삶이 교차하면서 각 개인의 자아 정체성을 구성하고 있기 때문이다. 장소는 삶의 터전이다. 그래서 그 장소와의 분리는 한 개인의 삶이 무너지는 과정을 동반한다. 이는 장소에 대한 애착이 강할수록, 장소가 각 개인의 정체성을 구성하는 요소로 깊이 작동할수록 강할 수밖에 없다. 그런데 한국전력과 정부는 장소와 결합된 교환될 수 없는 가치들이 작동하는 인민의 생활 세계를 장소와 분리시킨다. 그리고 장소를 오직 교환 가능한 화폐가치로 환산하는 동시에, 이 교환가치 또한 비용 절감을 위해 평가절하한다. 이는 해당 장소와의 결합을 통해 일상생활을 유지하던 인민의 삶을 위태롭게 하기에 충분했다. 자신의 전체 재산이 평가절하되고 생계 수단으로부터 분리되면서 일상생활 자체에 문제가 생겼기 때문이다. 이 평가절하는 해당 장소의 인민에게 단지 해당 토지의 화폐 가치 하락으로만 받아들여지지 않는다. '나'의 평가절하, 내가 걸어온 길에 대한 평가절하로 수용되기 때문이다.

그러나 한국전력과 정부는 장소와 결합된 이런 문제를 부인하거나 인식하려 하지 않는다. 밀양은 국가의 전력 체계 구축을 위한 필수적인 장소이며 따라서 밀양의 토지 수용은 피할 수 없는 과정이라는 말만 반복한다. 즉, 밀양의 고통이 보이지 않도록 만들면서 국가의 자원으로 전환시키는 과정을 밀양에 부과하고자 한다. 마리아 미즈의 표현을 빌린다면, 밀양은 "빙하의 수면 아래처럼 보이지 않으면서 또 동시에 전체의 토대를 구성하는 존재"가 된 것이다.[5] 밀양 이전의 밀양들은 그렇게 은폐됐다. 그러나 밀양은 밀양 이전의 밀양들과 달랐다. 밀양은 밀양의 고통을 빙하의 수면 아래로 침잠시키려는 정부와 한국전력에 대항해 보이지 않고 들리지 않던 인민이 고통을 다시 수면 위로 부상시키고, 우리 모두의 일상생활의 전체 토대가 밀양의 고통 위에 구축되어 있음을 볼 수 있도록 만들었다.

이와 같이 자본주의의 확대재생산에는 필수적이나 그 내부에선 보이지 않는 밀양 갈등에 접근할 때, 마르크스가 《자본》에서 제기한 '시초 축적始初蓄積(Primitive Accumulation)' 개념이 유용하다.[6] 한국 자본주의의 구성 과정이 밀양에서와 같은 조직화된 폭력의 동원 위에 전개되어 왔음을 효과적이고 통일적으로 파악할 수 있는 가능성을 열어 주기 때문이다. 마르크스는 '시초 축적' 개념을 통해 유럽 봉건제가 자본주의로 이행하기 위한 전제들이 역사를 통해 어떻게 구성되어 왔는가를 포착하고자 한다. 즉, '시초 축적'은 "자본주의 사회가 존재하기 위한 구조적 조건을 드러내주는 기본 과정"에 대한 개념이다.[7] 그 핵심 과정은 자신의 자급 수단으로 활용되던 생산수단인 토지로부터 생산자들이 분리되는 과정이었다. 이로 인해 생계 수단을 박탈당한 농민들은 다른 이의 명령을 받는 임금노동자가 되어야만 했다. 이 개념을 통해 한국 자본주의의 형성 과정을 추적하고자 한 연구들이 있었는데, 좁게는 1910년대 일본 식민 지배 하의 산업화 과정에서 발생한 자본 관계의 구성 조건에 대한 연구들이고, 넓힌다고 하더라도 1960년대 진행된 급격한 농업 해체와 도시 노동의 급증 현상을 설명하는 개념으로 사용했다. 이 개념 자체가 자본주의 이전의 역사적 단계를 분석하는 개념이었기 때문이다.[8]

따라서 이 개념을 통해 밀양 문제에 접근하기 위해서는 마르크스의 시초 축적으로부터 출발하되, 그를 넘어서 시초 축적의 개념을 재구성해야만 한다. 그 핵심 방향은 시초 축적의 개념을 자본주의 이전 단계로 국한하지 않고, 자본주의의 구조와 동학 그 자체에 내재된 보편적인 과정으로 일반화하는 것이다. 마르크스 이후 마르크스주의는 자본 축적 (Accumulation of Capital)과 시초 축적을 구별한 뒤, 시초 축적은 자본주의 생산양식의 확립 과정 이전에만 적용했다. 이런 관점은 시초 축적이 자본주의가 형성된 이후 종료했다고 판단한다. 곧, 자본 축적이 본격화되면 시초 축적은 종료된다. 그러나 이런 관점은 하나의 문제에 직면했다. 자본 축적의 확장 과정은 언제나 다양한 형태의 '분리' 과정을 요구했기 때문이다.[9] 자연과 인간의 분리가 대표적이다. 자본 축적은 이러한 분리 위에서만 확장할 수 있었으며, 이는 지속적으로 확대재생산됐다. 자연과 인간의 분리만이 아니었다. 자본 축적은 남성과 여성을 분리하는 성별 분업 구조를 전제했다. 임금노동은 이 구조를 배제한 채 작동할 수 없었다. 그러나 자연이나 여성에 대한 '분리'는 자본 축적을 위한 필수 조건임에도 자본주의 내부에서는 보이지 않는다. 페데리치는 바로 이런 관점에서 "시초 축적은 자본주의 발달의 매 국면에 나타나는 보편적인 과정"[10]이라고 말한 바 있다.

이 분리 과정을 '시초 축적'을 통해 파악할 수 있는 이유는 이 과정의 핵심이 바로 분리, 곧 인간이 자신의 노동 실현을 위한 조건과 분리되는 관계이기 때문이다.[11] 그렇다면 '시초 축적'의 개념은 자본주의의 유지와 존속을 위해 인민 자신이 창출한 집합적인 가치로부터 인민을 분리시키는 모든 과정에 적용할 수 있는 개념이 된다. 이런 관점에서 보면, 밀양에서 발생한 '장소로부터의 인민의 분리'는 한국 자본주의의 자본 축적 확장 과정에 내재된 시초 축적의 한 유형으로 통합할 수 있다. 이런 분석의 또 다른 장점은 밀양을 고유한 사례가 아닌 한국 자본 축적 과정에서 반복적으로 출현하는 또 다른 시초 축적 사례들과의 연관 속에서 파악할 수 있다는 점이다. 현재와 같은 방식으로 한국 자본주의가 확대재생산된다면 자본주의 발전의 국면마다 다른 얼굴로 나타난다 하더라도 밀양 투쟁을 발생시킨 갈등의 구조는 언제나 반복된다. 동시에 '장소로부터의 인민의 분리'라는 과정을 통해 밀양의 갈등이 구조화됐고, 이것이 자본주의 구조와 동학 그 자체에 내재된 보편적인 과정이라면, 밀양은 단지 한국에서의 현상만이 아니라 자본주의가 작동하는 모든 장소에서 발생하는 공통의 이름으로 독해될 수 있다. 곧, 밀양 투쟁은 밀양만의 투쟁이 아니라 시초 축적이 발생하는 모든 장소에서 진행되는 보편 투쟁의 이름이 된다.

　이는 밀양 투쟁의 고유성을 상실시키고, 이 투쟁을 분석적이고 추상적인 보편성의 체계 안으로 투입하려는 의지로 오해될 수도 있다. 그러나 밀양 투쟁을 보편 투쟁으로 바라보는 것이 반드시 밀양의 고유성을 소멸시키는 것은 아니다. 미셸 오스터웨일Michal Osterweil이 전 지구적 정의 운동(Global Justice Movement)을 분석하면서 언급한 바 있는 '장소 기반

전 지구주의(Place-based Globalism)'는 밀양 투쟁과 자본주의 시초 축적에 대항하는 보편 투쟁과의 관계를 정립하고자 할 때 이 과정의 이해를 돕는다.[12] 미셸 오스터웨일은 '전 지구주의'에 대한 지배적이고 상식적인 정의에 대항하며, 현대의 대항지구화 운동이 만드는 '전 지구주의'의 핵심 속성을 장소(Place)와의 결합에서 찾는다. 전 지구주의에 대한 지배적인 접근은 이를 '장소를 넘어선' 투쟁으로 정의한다. 오스터웨일은 이러한 정의로는 다양한 장소에서 벌어지는 투쟁이 혁신을 만드는 것을 분석하는 데 한계가 있다고 말한다. 왜냐하면 투쟁이 귀속되어 있는 장소들의 특정성(Local Specificity)이 배제되어 만들어지는 전 지구주의는 투쟁의 '차이'와 장소와의 결합 과정에서 발생하는 실천의 고유성에도 불구하고 추상적 보편성을 강조하기 때문이다. 바꿔 말해, 이러한 전 지구주의는 모든 장소에 동일한 원리를 부여한다.[13] 이와 달리 미셸 오스터웨일은 장소를 기반으로 전개되는 운동들의 교차 과정에서 출현하는 전 지구주의가 현대 대항지구화 운동의 속성이라 말한다. 밀양을 보편 투쟁의 관점에서 파악한다는 것은 바로 이런 '장소 기반 전 지구주의'의 관점에서 접근한다는 것이고, 이는 밀양이란 '장소를 넘어서' 혹은 밀양이란 장소를 배제하고, 추상적이고 보편적인 반자본주의 투쟁의 관점으로 통합하는 것과는 다르다. 밀양이라는 장소의 특정성과 결합된 정치적 실천의 고유성을 방어하면서도 동시에 밀양 투쟁이 다른 대륙, 다른 국가, 다른 지역에서 전개되는 운동들과 교차하면서 만들어가는 공통성을 추적하는 것이다. 밀양과 다른 장소의 투쟁들이 함께 만들어가는 이런 투쟁의 리듬을 파악할 수 있다면, 오히려 밀양의 고유성을 방어하려다 발생할 수 있는 밀양의 인식론적 고립을 넘어설 수 있다. 밀양을 밀양만의 투쟁으로 고립시키지 않고, 다른 운동들과의 공통성 안에서 파악하는 능력은 밀양을 전 지구적 대항 운동의 일부로 통합할 수 있기 때문이다. 이는 밀양의 연대를 확장하는 동시에 전 지구적 관점에서 인민들의 투쟁 속에 발생하는 대항 질서의 원형을 발견하기 위한 필수적인 단계다.

밀양은 단지 밀양에만 존재하는 것이 아니다. 밀양은 '개발'로 인해 삶의 장소로부터 추방당하고 있는 제3세계 인민들의 투쟁 장소에서도 발견되고, 공기와 물, 바다와 강과 같이 우리 모두에게 선물로 주어진 자연을 상품으로 전환하고 있는 현대 자본주의에의 대항 투쟁 안에도 존재한다. 또한 밀양은 인터넷, 음악, 이야기, 요리법 등과 같이 우리가 함께 만들고 있는 자원들을 비자본주의적인 방식으로 발전시키고자 노력하는 다양한 대안적 실천 과정과도 만난다. 그리고 공원, 도서관, 거리, 의료, 교육, 철도, 전력 등과 같이 인민 모두에게 필수적인 자원들을 인민으로부터 박탈하려는 시도에 대항하여 공공성을 방어하려는 투쟁들과도 교차한다. 밀양이 이 모든 투쟁들과 교차하는 지점이 있다는 것은 밀양을 포함한 이 모든 운동이 인민이 만들어 낸 집합적 가치를 다시 인민에게로 되돌리려는 운동의 속성을 공유한다는 것이다. 현대 대항 운동 진영에서는 이런 운동의 공통성을 확인하기 위해 공통자원(Commons)이란 개념을 활용하고 있다.[14] 공통자원이란 국가가 관리하는 공적 자원(Public Goods)이나 자본의 이윤 실현을 위한 상품(Commodity)과는 구별되는 원리를 통해 생산·관리되는 자원, 가치, 관계, 활동, 자산 등을 포괄하는 개념이다. 국가와 자본이 전유하는 '시초 축적' 과정에 대항하기 위해 인민이 만들어 낸 집합적 가치를 인민에게 되돌리기 위한 대항 개념이 출현한 것이다.

공통자원의 특성은 자본과 국가의 필요에 대항하여 인민의 필요(Human Needs)를 주장하고, 전통적인 국가와 시장의 원리와는 구별되는 민주주의 원리를 통해 이의 충족을 실현하고자 한다는 점이다. 국가는 자원을 중앙으로 집중한 후 재분배한다. 그러나 이 과정에서 인민의 참여는 배제되고, 인민의 필요에 대한 충족 과정은 중앙집권-관료 체계를 통해 이루어진다. 동시에 이 재분배 과정은 자본의 축적을 위태롭게 하지 않는 범위 내에서 이루어져야만 한다. 국가의 발전뿐만 아니라 국가의 운영이 자본의 축적에 종속되어 있기 때문이다. 인민의 필요가 충족되지 않을 경우 국가 정당성의 위기가 발생하지만, 자본의 축적을 위태롭게 할 경우엔 국가 운영의 위기가 발생하기 때문에 중앙집권-관료 체계는 자본의 필요와 인민의 필요 사이를 매개하면서 인민의 필요를 충족시키기 위한 재분배를 진행한다. 그러나 이런 재분배 과정은 국가의 이름으로 인민의 일상생활의 필수 자원들을 중앙으로 집중하는 과정과 함께 진행되면서 인민의 필요 충족을 위해 인민의 일상생활을 파괴하는 현상을 야기하기도 한다. 재분배는 중앙 집중 이후의 과정이기 때문이다. 시장은 국가와 달리 가격 체계의 매개를 통해 자원을 상품의 형태로 교환한다. 문제는 이 과정에서 상품일 수 없는 자원이나 상품이지 않았던 자원을 상품으로 전환시키는 상품화의 확장으로 인해 인민의 필요를 충족시키던 자원들이 어느 순간 시장의 상품으로 변형된다는 것이다. 상품으로 변형되어 시장 안으로 통합되면, 인민의 필요는 기업의 이윤 동기

공급에 의존하게 된다.

밀양 투쟁을 비롯한 모든 투쟁은 바로 이런 국가와 시장의 운동을 반대할 뿐만 아니라 다른 원리로 우리 모두의 필요를 충족할 수 있다고 주장한다. 분산되고 파편적으로 보이는 이 투쟁들의 교차 안에서 대안의 원리가 발견되는데, 이는 인민의 일상 안에 존재했지만 그동안 주변화되거나 국가와 시장의 원리 안에 종속되어 온 협력과 연대의 원리다. 인민들은 투쟁과 협력, 연대를 통해 삶의 장소를 공동으로 관리할 수 있다고 주장한다. 물, 강, 산, 바다, 하늘과 우주 등은 상품일 수 없기에 우리 모두가 협력해 방어하고, 다음 세대에 물려줘야 한다는 운동이 전개된다. 또한 오픈 소프트웨어 운동을 넘어 오픈 하드웨어 프로젝트와 오픈 조직 운동으로까지 발전하고 있는 인터넷 기반 지식 공유 운동들은 모든 사람의 참여를 통해 만들어진 지식은 모든 이가 접근할 수 있는 공유의 대상이어야만 한다고 주장한다. 협력과 연대의 원리를 통해 우리 모두에게 필요한 자원을 공동으로 관리한다는 이런 구상을 현대 대항 운동은 '공통자원 기반 대안(Commons-based Alternative)'이라 부른다.[15]

공통자원 기반 대안 패러다임은 밀양의 투쟁 구조에 대한 분석을 "공통자원을 되찾자"라는 관점에서 형성되고 있는 대항 제도에 대한 요구와 연결해 준다. 한국전력과 정부는 밀양 투쟁이 단지 반대를 위한 반대일 뿐이며, 자신들이 주장하는 방법 이외에 "대안은 없다"고 말한다. 그러나 안토니오 네그리와 마이클 하트가 《공통체》에서 "저항의 사건들은 통제를 벗어나는 힘만이 아니라 새로운 세계를 창조하는 힘 또한 갖고 있다"[16]고 언급한 것처럼 밀양은 투쟁을 통해 정부와 한국전력이 밀양에 부과하려는 명령, 곧 장소로부터의 인민의 분리에 저항한다. 이 저항 과정에서 밀양 주민들은 자신들의 요구가 실현되기 위해 필요한 대안적인 상상과 자율적인 능력의 근원을 재발견했다. 공통자원 기반 대안 패러다임 내부에서 바라본다면, 밀양 투쟁은 공통자원의 인클로저Enclosure라고 말할 수밖에 없는 정부와 한국전력의 공통자원 약탈에 대한 투쟁으로 나타난다. 유럽 봉건제의 해체와 자본주의로의 이행 과정에서 '인클로저'라 불리는 공유지의 사유지로의 전환 과정이 매개된 것처럼, 한국 자본주의의 유지와 존속을 위해 필수적인 국가 전력망의 구축 과정은 인민 모두가 함께 만들어 낸 집합적인 가치의 장소인 밀양의 인클로저를 통해 작동하기 때문이다. 이 투쟁은 그 안에서 인민의 협력과 연대를 통해 공통자원을 방어하기 위한 활동을 발생시키는데, 그 속에 현재 한국 민주주의와는 구별되는 인민의 필요를 인민의 연대와 협력을 통해 충족하는 대항 질서의 계기가 존재한다.

인민으로부터 공통자원을 박탈해 인민이 일상생활을 통제할 수 있는 집합 능력을 와해시키는 과정과 달리, 이 과정은 인민 자신의 집합적인 능력을 통해 일상생활을 스스로 통제할 수 있는 능력의 확장을 요구한다. 인민의 일상생활은 인민이 함께 만들어 낸 집합적인 가치인 공통자원을 통해 충족될 수 있는 동시에, 이 공통자원을 통해 일상생활에 대한 인민 모두의 자율적인 능력을 확장시킬 수 있다. 나는 이런 공통자원으로부터 인민의 능력 확장이 이루어지는 순환에 내재된 민주주의의 대안을 '공통자원 기반 민주주의의 급진화'라고 부른다. '급진화'는 때로 근본주의나 과격주의 혹은 폭력주의와 구별되지 않고 사용되지만, 그 원래 의미는 대상의 뿌리로 나아가 대상을 발생 그 자체로부터 파악하는 것을 의미한다. 그래서 민주주의의 급진화라고 말한다면, 이는 민주주의의 뿌리로 나아가 민주주의 그 자체를 발생부터 파악하는 것을 의미한다. 민주주의의 뿌리란 무엇인가? 그것은 전체 사회에 질서를 부과할 수 있는 능력을 인민에게 부여하는 것이다. 그래서 민주주의의 급진화란 민주주의의 뿌리인 인민의 능력이 인민의 전체 사회에 대한 자기 조절(Self-organization)로 실현될 수 있는 조건과 다원적이고 분산적인 인민들의 집합 능력을 구축하는 것을 말한다. 공통자원 기반 대안은 인민들의 협력과 연대를 통해 인민들의 집합적인 능력을 확장하기 위한 효과적이고 유의미한 대안을 제공한다. 왜냐하면 인민에게 자신의 일상생활을 통제할 수 있는 능력을 환원하기 때문이다. 밀양 문제가 한국 자본주의의 과거에서 잉태된 것이라 할 때, 밀양 투쟁이 한국 자본주의에 대항하는 민주주의의 미래를 예고하는 이유가 바로 여기에 있다.

1장

한국 자본주의와
국가 전력망

1장
한국 자본주의와 국가 전력망

밀양 투쟁을 발생시킨 표면적인 중심 갈등은 송전 철탑 설치에 필요한 토지 수용 과정이다. 그러나 밀양을 관통하고 있는 갈등에 접근하기 위해서는 한국 자본주의의 산업화 과정에서 구축된 국가 전력망의 내적 구조와 그 속성에 대한 개괄, 그리고 현대 한국 자본주의에서 발생하고 있는 전력 산업의 내적 변형에 대한 이해가 전제되어야 한다. 밀양 투쟁은 단지 그 지역이 국가 전력망 구축을 위한 송전 선로의 경과지로 선정됐기 때문에 발생한 것만은 아니다. 밀양의 갈등은 2000년대 이후 국면에서 발생한 것이지만, 국가 전력망 구축 사업의 행위자인 한국전력 및 중앙정부와 밀양 주민들 사이의 갈등 구조가 '권위주의적 산업화' 과정에서 이미 만들어졌기 때문이다. 물론 권위주의적 산업화 과정에 구축된 갈등 구조는 ① 권위주의의 민주주의로의 전환, ② 한국 자본주의의 신자유주의로의 전환이라는 이중 전환 과정에서 내적으로 변형되어 왔다.

그러나 권위주의적 산업화 과정에 구축된 인민과 한국전력 그리고 국가의 기본 3항 관계는 해체되지 않고 동일하게 유지−존속되면서 반복되고 있다. 여기에 신자유주의로의 전환은 한국전력의 위상을 공기업에서 이윤을 위한 전력자본으로 전환시킴으로써 밀양의 갈등을 밀양 이전의 갈등과는 다른 갈등으로 만들고 있다. 단지 자본주의 산업화를 위한 국가 하부구조(Infrastructure)로서의 전력계통 생성 과정에서 발생한 갈등이 아니라 독립적이고 자율적인 이해관계를 갖는 '산업'으로 진화한 전력자본의 필요와 중첩되어 발생한 갈등이기 때문이다.

1 자본주의 산업화와 전력계통

자본주의의 '산업화'란 자본주의와 산업주의의 융합 과정을 말한다. 로이 모리슨Roy Morrison이 자신의 책《생태민주주의》에서 밝힌 것처럼, "산업주의라고 하는 용어는 기계 생산 체제만을 의미하는 것은 아니다. 산업주의는 세계를 조직하는 방식이며, 또한 사람들의 삶을 조직하는 방식"[17]이다. 그러나 산업주의가 공업화 혹은 공장 생산 체계와 동일시될 수 없다는 모리슨의 주장을 받아들인다 하더라도, 상업주의나 농업주의와 구별해 주는 산업주의의 내적 구조는 '공업화'라는 '기계'에 기반을 둔 공장 생산 체계에 존재한다고 할 수 있다. 왜냐하면 전체 사회와 인간의 삶의 양식이 공장 생산 체계의 작동 원리에 조응하도록 변형된 과정이 모리슨이 말하는 '산업주의'의 또 다른 차원이기 때문이다. 이런 관점에서 본다면 산업주의의 핵심 특성은 자본주의의 생산력을 구성하는 요소의 하나인 생산수단을 '손'에서 '기계'로 전환하는 과정이 된다. 이 과정이 1차 산업보다 2차 산업의 비중이 높아지는 '공업화'의 과정이다. 1차 산업이란 농업, 목축업, 임업, 어업 등 자연과 직접 상호작용하는 산업 일반을 가리킨다. 그런데 영국의 산업혁명을 계기로 유럽에서부터 2차 산업으로의 전환이 발생했다. 2차 산업은 1차 산업과 달리 자연을 직접 이용하지 않고, 자연으로부터 얻은 원료나 재료를 가공하는 광업, 제조업, 건설업 등을 말한다. 곧, 1차 산업에서 2차 산업으로의 전환 과정은 산업과 자연의 직접 결합이 해체되고, '기계'를 매개로 자연과 간접 결합하는 방향으로 전개된다. 이때 자연은 단지 산업의 생산요소 중 일부인 '자원'일 뿐이다.

산업과 자연의 직접 결합이 해체된다는 것은 '일할 수 있는 능력'을 의미하는 에너지Energy의 원천이 태양과 분리된다는 것을 의미한다. 1차 산업은 자연과의 물질적인 상호작용을 통해 생산 활동을 수행하기 때문에 자연이 부여하는 물리적인 한계 내에서 생산을 조직해야만 했다. 그리고 이 생산 활동은 대부분 태양 에너지에 의존했다. 왜냐하면 인간의 활동 자체가 태양의 리듬 안에서만 가능했기 때문이다. 하지만 '기계'는 인간과 달리 태양의 리듬과 무관하게 작동할 수 있었다. 기계는 밤낮을 모르기 때문이다. 그런데 기계를 작동하기 위해서는 또 다른 에너지가 필요하다. 이 때문에 자본주의의 산업화 과정에선 기계 작동에 적합한 에너지 공급의 필요가 급증한다. 또한 댄 베드나즈Dan Bednarz와 엘러나 비비스Allana Beavis가 〈신자유주의, 탈성장, 건강 관리〉에서 언급한 것처럼 산업 경제는 투입되는 에너지의 양에 의존[18]하기 때문에 어떤 에너지와 결합하는가에 따라 산출 규모가 달라진다. 이런 산업자본의 필요를 충족할 수 있는 대안 에너지원으로 등장한 것이 땅 속에 파묻힌 동식물의 유해가 오랜 세월 열과 압력을 받아 만들어진 화석에너지였다. 화석에너지는 과거의 태양에너지에 기반을 둔 모든 유형의 에너지원들과 비교할 수 없을 정도로 대량의 에너지를 안정적으로 산업에 공급할 수 있었다. 에너지의 안정적인 공급은 기계의 산출 증가로 연결되었고, 기계의 산출 증가는 산업자본의 이윤 증가와 연동될 가능성을 열어주었다. 그래서 엘마 알트파터는 "만약 18세기 말경에 생체에너지원에서 화석에너지원으로 에너지 체계의 변화가 일어나지 않았다면, 에너지의 불충분으로 (산업화의) 가속화는 재래의 경제와 사회구조 속에 정체되어 있었을 것"이라고 분석한 바 있다.[19] 그러나 태양에너지에서 석탄, 석유, 천연가스 등과 같은 화석에너지로의 전환은 단지 에너지원의 변화뿐만 아니라 산업자본의 운동 방식과 전체 사회의 구성 그 자체를 변화시키는 계기가 되었다.[20]

① 일단 화석에너지는 장소에 관계없이 투입할 수 있었다. 화석에너지는 매장지에서 비교적 쉽게 소비지로 옮겨질 수 있었다. 에너지의 원천과 에너지 소비의 장소가 공간적으로 분리될 수 있는 이런 조건은 곧 장소와 분리된 생산 활동의 가능성을 의미했다. 이에 비해 태양에너지와 결합한 1차 산업은 장소의 고유성에 의존할 수밖에 없었다. 산업의 장소에 대한 의존이 해체되자 2차 산업은 모든 장소를 '외부'에서 평가할 수

있는 척도를 확보했다. 장소마다 고유한 자연조건에 따라 움직이지 않아도 되기 때문에, 장소와 분리된 순수한 경제적 합리성의 관점에서 모든 장소를 자본의 발전을 기준으로 평가할 수 있게 된 것이다. 이것이 자연과 전체 사회의 관계와 분리되어 오직 이윤동기에 입각한 경제 합리성에 의해 지배되고, '수학'을 통해 공식화되는 "자폐증의 경제"가 만들어진 배경이다.[21] 동시에 이 과정은 장소의 고유성에 의존하는 농업을 해체시킬 수 있는 배경이 되었다. 자본주의 산업화 과정에서 발생하는 농촌에서 도시로의 이주 과정은 장소와 분리된 자본 운동이 가능하지 않다면 발생할 수 없었다.

② 화석에너지는 또한 산업자본의 운동을 시간의 제약으로부터 해방시켰다. 석탄, 석유, 천연가스 등은 '저장'이 가능하기 때문에, 하루 24시간 일 년 내내 하루도 쉬는 날 없이 계절과 무관하게 생산 활동에 투입할 수 있었다. 이는 낮과 밤의 구별에 기초해 '노동일勞動日'을 구성해온 전통 노동양식을 해체하고, 노동일을 태양의 운동이 아닌 기계의 리듬에 맞추는 조건을 만들어냈다. 노동일이란 노동자가 출근해서 퇴근까지 하루에 일하는 시간을 말하는데, 농업과 같은 1차 산업의 경우 노동일은 장소마다 고유한 자연조건 곧 태양의 운동에 종속되어 있었다. 그런데 태양과 무관하게 작동할 수 있는 화석에너지 기반의 기계운동은 더 이상 노동일을 태양의 리듬에 맞추지 않아도 되었다. 이런 노동일의 절대적인 연장 가능성은 노동시간의 연장을 통해 보다 많은 이윤을 창출할 수 있는 가능성과 다른 자본과의 경쟁으로부터 발생하는 생산성 향상에 대한 압박

에 자본이 대응할 수 있는 가능성을 열어 주었다.

③ 동시에 화석에너지는 자본의 집적과 집중을 위한 조건을 생산했다. 자본의 집적(Concentration)과 집중(Centralization)은 자본의 규모가 확장되는 두 방법을 말한다. 자본의 집중이 대자본에 의한 소자본의 흡수나 소자본과 소자본의 합병 등을 통해 자본의 규모가 커지는 과정이라면, 자본의 집적은 개별 자본의 확대재생산으로 인해 노동력과 생산수단이 개별 자본 안에 누적해 축적되는 현상을 말한다. 태양에너지는 이런 자본의 집적과 집중에 적합한 안정적인 에너지를 공급할 수 없었다. 왜냐하면 태양에너지는 장소에 대한 의존 때문에 생산의 집적과 집중보다는 소규모 분산 생산에 유리했고, 분산된 장소마다 고유한 리듬에 따라 생산을 진행할 수밖에 없었기 때문이다. 그러나 화석에너지는 분산 생산을 집적하거나 집중하는 데 필요한 안정적인 대용량의 에너지를 공급하는 동시에 전체 경제 과정을 중앙 집권적이고 능동적으로 통제할 수 있는 가능성을 제공했다. 왜냐하면 화석에너지는 자본 축적 정도에 대한 예측을 통해 전체 경제 과정에 에너지를 공급−분배할 수 있었기 때문이다.

태양에너지에서 화석에너지로의 전환은 18세기 이후 진행되었다. 그런데 19세기 말부터 화석에너지의 또 다른 변환이 발생했다. 화석에너지를 전기에너지 곧 '전력電力'으로 전환하는 '전화(Electrification)' 기술이 발전한 것이다. 전력과 산업의 결합은 19세기 중반에 시작되어 20세기 초반을 경유하면서 폭발적으로 진행되었다. 이전의 화석에너지가 석유,

석탄, 천연가스 등을 직접 투입하는 1차 형태였다면, 전력은 화석에너지를 전기에너지 변화체계를 통해 전환시킨 2차 형태였다. 전력은 1차 형태의 화석에너지가 공급할 수 없는 놀라운 혁신을 산업에 제공했다. 전기모터와 전구 등의 전기기계가 19세기 중반부터 실행 가능한 형태로 유통되기 시작했다. 산업의 '전화'는 '전구'를 통한 노동일의 연장뿐만 아니라 산업자본의 생산성을 또 한 차례 비약적으로 발전시킨 계기가 되었다. 전력으로 공급된 에너지는 다른 에너지로 변환되기 용이했다. 곧 전열기를 사용하는 경우 열에너지로 변환될 수 있고, 전기모터를 활용하는 경우 기계에너지로, 전구를 사용하는 경우에는 빛에너지로 전환될 수 있었다. 전력의 또 다른 에너지로의 이런 변환 가능성은 모든 작업 상황에의 유연한 투입 가능성을 열어주었다. 전력과 산업의 결합은 그 이전 어떤 에너지와도 비교할 수 없을 정도로 자본주의의 이윤 창출과 성장을 위한 조건이 되었다. 이윤과 경쟁을 통해 작동하는 자본주의에서 전력과 결합하지 않고서는 다른 자본과 경쟁할 수 없는 조건들이 창출된 것이다. 데이비드 맥도날드David McDonald는 자신의 책《Electric Capitalism》에서 '전기'가 자본주의가 형성, 작동하기 위한 필연적인 요소는 아니라고 말한다. 왜냐하면 "자본주의는 전기의 출현 이전에 발생"[22]했기 때문이다. 동시에 전기의 또 다른 특징은 물, 공기 등과 달리 대체재가 존재한다는 점이다. 곧 석유, 석탄, 천연가스 등과 같은 화석에너지나 바이오매스Biomass 연료나 풍력 등과 같은 태양에너지 기반 에너지원들도 존재하기 때문에 반드시 전기를 통해 에너지를 얻어야 하는 것은 아니다. 그래서 맥도날드는 전력이 자본주의의 필수 요소는 아니라고 말한다. 그러나

"전기는 자본주의의 생산 내부로 통합되어 실질적으로 시장의 본질이 되었다."[23] 일단 전력이 자본주의 생산 내부로 진입하자 이와 분리된 자본의 운동을 통해 다른 자본과 의미 있는 경쟁을 진행하는 것이 불가능해졌기 때문이다. 이 때문에 전력은 19세기 중반 이후 다른 에너지원들과의 경쟁에서 우위를 확보하기 시작해 20세기 초에 이르면 압도적인 속도로 다른 에너지원들을 대체하기 시작했다.

동시에 전력과 결합한 자본주의는 그 이전보다 막대한 '국가의 부'를 창출했다. 전력을 통해 이루어진 산업 생산력의 놀라운 발전 속도는 자본주의 시장경제의 외연을 확장했고, 시장경제의 확장은 상품의 확대재생산으로 귀결되었다. 따라서 국가 전체의 부를 관리해야 할 정부는 산업자본 발전에 필수적인 전력 공급을 위해 전력을 모든 자본들이 공통으로 접근하고 활용할 수 있는 국가의 하부구조(Infrastructure)로 만들기 위한 과정에 진입한다. 전력 공급은 전력의 생산과 이동 그리고 분배를 위한 일련의 통일적인 체계를 필요로 한다. 이를 '전력계통(Power System)'이라 부른다. 전력계통은 ① 전력을 생산하는 발전(Generation), ② 전력을 생산하는 위치로부터 전력을 사용하는 위치로 전력을 보내는 송전(Transmission), ③ 그리고 직접 전력을 활용하는 다양한 장치들로 구성된다. 이런 전력계통은 '발전 → 송전 → 전력장치'로 연결되는 전력의 이동을 위한 전선의 망(Grid)을 통해 물리적으로 연결된다. 이런 전력의 이동을 위한 망을 전력망(Power Grid)이라고 부른다.

원래 최초의 전력망은 각 지역 단위로 만들어진 전력계통에 따라 분산적으로 운영되었다. 전 세계적으로 전력망이 출현한 것은 1870~80년대였다. 도시에 위치한 공장이나 도시에서 멀리 떨어진 공장과 탄광 등에 전력을 공급하기 위한 소규모 전력망이 출현한 것이다. 1882년 뉴욕에 만들어진 전력망의 경우 석탄을 태워 전력을 얻었는데, 그 전력량은 주변 이웃의 수백 개의 전등을 밝힐 수 있는 정도에 불과했다. 그 이후 미국 각지에서 분산되고 고립된 형태의 전력망들이 1900년대 초기까지 만들어졌다. 그러나 파편화된 지역 분산 전력계통에서 발생하는 비효율성 문제를 해결하는 과정에서 전력망은 지역의 경계를 넘어 국가 단위로 통합되기 시작했다. 국가 단위로 통합된 전력망은 분산 전력계통의 운영과 관리, 그리고 수익에서 발생하는 비효율성을 '규모의 경제(Economy of Scale)'를 통해 넘어설 수 있는 가능성을 제공했다. 곧, 통합을 통해 전력설비의 규모 확대 및 생산과 운용 그리고 관리에 들어가는 비용의 절감과 수익 향상 기반을 만든 것이다. 국가 단위로의 통합은 곧 전력소비자의 통합도 의미한다. 이는 전력 생산 및 공급을 위한 평균비용이 전력소비자의 규모가 확장되면서 떨어진다는 것을 의미한다. 이런 조건은 전력 공급을 다원적인 전력생산자들에게 맡기는 것이 아니라 국가가 국가 단위로 통합된 전력망을 운영 관리할 필요성을 제기했다. 전력계통은 당시 개별 기업들이 투자할 수 없는 막대한 설비투자가 필요했고, 다원적인 개별기업들이 전력망을 운영할 경우 비용이 더욱 급증했기 때문이다. 곧, 국가 단위로 통합된 전력망에 대한 국가의 자연독점(Natural Monopoly)이 발생했다.

국가 단위로 전력망을 통합하기 위해서는 한 지역 내에서의 전력 공급이 아닌 국가 전체 차원에서의 전력 공급을 운영할 관리체계가 필요했다. 동시에 이 과정은 서로 다른 지역들을 연결하는 장거리 송전 기술을 필요로 했다. 국가 전체 차원에서 전력을 관리하기 때문에 지역과 지역의 전력이 상호작용할 수 있는 형태로 통합되어야만 한 것이다. 1891년 독일에서 변압기가 처음 시연되었다. 변압기는 고압 송전과 동시에 비교적 적은 손실의 장거리 송전을 가능하게 했다. 전기를 전선을 통해 보낼 때 전선에 존재하는 저항으로 인해 전력 손실이 발생한다. 이 때문에 전력 손실로 인한 전압의 불안정성을 극복하고 경제 손실을 줄이기 위해 발전설비에서 생산된 고압으로 승압할 필요가 있었다. 변압기는 이를 가능하게 했다. 1896년에 조지 웨스팅하우스George Westinghouse가 나이지리아 폭포 수력발전소로부터 20마일(32.2km) 이상 떨어진 버팔로와 뉴욕에 전력을 송전하는 데 성공했다. 이 송전 모형의 성공이 매우 멀리 떨어진 발전 장소와 사용 장소를 고전압의 송전 선로를 통해 연결하는 전력망 모형의 원형이 되었다. 기술적인 혁신과 더불어 지역 단위로 분할된 전력의 전압과 주파수의 통일을 위한 표준(Standard) 도입도 이루어졌다. 1919년 영국은 '전기 공급 법안(Electricity Supply Bill)'을 채택했다. 이 법령에 의해 전 세계 최초로 전력계통의 통합이 이루어질 수 있는 법적 근거와 제도기반이 구축되었다. 영국은 이후 1926년 "전기법(Electricity Act)"을 제정했고, 이에 기초해 "국가 전력망(National Grid)"의 구축 작업에 진입했다. 그리고 1938년 국가가 소유한 "국가 전력망"을 출범시켰다. 파편화되고 분산된 지역 전력망에 기반을 둔 전력계통에서 국가의 자연독점에 기반을 둔 중앙 집중화된 전력계통이 출현한 것이다. 물론 영국과는 다른 유형의 중앙 집중화된 국가 전력망도 존재한다. 미국 역시 국가 단위로 전력망을 통합했지만, 이런 통합 전력망은 국가의 자연 독점이 아닌 전력 공급 회사들이 함께 운영하는 형태로의 중앙 집중화를 통해 만들어졌다. 그렇지만 통합 전력망은 1934년 통과된 "Public Utility Company Act"에 의해 연방정부의 규제 하에 운영되어야만 했다. 대공황은 규제되지 않는 시장에 대한 확신을 파괴했고, 이에 따라 국가와 시장의 관계에 대한 치열한 정치투쟁이 전개되었다. 그 결과로 국가 전체의 산업발전에 필수적인 전력계통의 운영을 일부 전력자본에게 '위임'할 수 없다는 결론 하에 전력자본에 대한 연방정부의 공적 통제를 도입한 것이다. 그러나 영국과 같이 국가의 직접 소유에 기반을 둔 국가 전력망의 구축이든 아니면 미국과 같이 국가의 공적 통제에 기반을 둔 전력자본의 통합 전력망이든 그 결과는 동일했다. 전력계통이 국가 전체의 산업 발전을 위한 필수 하부구조로서 지역 단위에서 국가 단위로 통합되고 국가의 관리체계 안으로 통합된 것이다. 곧, 국가가 관리하는 전력 공급의 중앙 집중체계가 1930년대를 전후해 발생한 것이다.

2 한국의 산업화와 국가 전력망

전력계통의 국가로의 중앙 집중화(Centralization)는 한 나라 전체 산업의 하부구조로 기능하며, 전체 산업 발전의 추동력이 되었다. 이 때문에 유럽과 미국의 산업화 과정을 "따라 잡기" 위한 전략을 구사하고자 한 모든 국가에서 국가 중앙 집중 전력계통은 산업화의 필수 과제로 부상했다.

"유럽, 미국, 일본이 취한 것과 똑같은 산업화와 자본 축적의 길을 따라 감으로써 같은 목표를 이룰 수 있을 것"[24]이라는 인식에 기반을 둔 "따라 잡기 개발(Catching up Development)" 전략은 자본주의와 공산주의의 구별 없이 "산업화"를 국가경제 발전의 유일한 경로로 만들었다. 이 점이 자본주의와 공산주의의 구성 원리가 동일하다고 말하는 것은 아니다. "그러나 둘 다 산업주의를 추구한다는 점에서는 서로 같다고 말할 수 있다. 이렇듯 산업주의는 자본주의와 공산주의의 배후에 깔려 있는 공통의 이데올로기"[25]였다. 그리고 이런 "산업화"에 필수적인 국가 내부의 산업 발전뿐만 아니라 국외 자본과의 경쟁에서 승리하기 위해서는 전체 산업의 발전을 위한 공통의 하부구조로서 "전력계통"이 필요했다. 전력계통은 "따라 잡기 개발"을 위한 필수 전제였다.

그러나 한국전쟁 전후의 한국의 전력 상황은 악화일로였다. 한국에서 전력 사업의 역사는 1898년 왕실의 기업으로 설립된 한성전기회사로부터 출발하지만, 본격적인 전력 개발 사업은 1910년 일본의 식민화와 함께 시작되었다. 일본은 한반도를 일본 제국 팽창의 병참기지로 활용하기 위해 전력 통제 계획을 세워 한반도에 발전-송전-배전의 전력망을 구성했다. 1945년 해방 당시의 전국 발전설비는 172만3,000kW에 달했으나, 이 가운데 남한의 발전설비는 전체의 11.5%에 불과한 19만9,000kW였다. 게다가 이 발전설비는 당시 남한에서 필요한 전력량의 4% 정도에 불과했다. 이에 남한은 해방 이후 북한으로부터 남한에서 필요한 전력량의 60% 안팎을 공급받는 형편이었다. 그러다 1948년 5월 14일을 기해 북한의 일방적인 단전으로 남한은 '전력 비상 상황'에 직면하게 된다. 이와 같은 상황은 한국전쟁을 경유하면서 발전설비의 50%가 파괴되거나 고장나면서 남한의 전력사정을 더욱 악화시켰다. 이후 정부는 전력 공급 상황의 개선을 위해 12차례에 걸친 장기개발계획을 수립해 추진하고자 했으나 재정 문제 등으로 인해 1961년까지 특별한 진전을 보지 못했다.

1961년 5.16 군사쿠데타로 집권에 성공한 박정희 군사정부는 전원개 발의 촉진과 전기사업의 운영 강화를 당면 경제 정책의 최우선 과제로 삼고, 국가재건최고회의에서 '한국전력주식회사법'을 의결해 공포했다. 이에 따라 당시 존재하던 전기회사 3사, 곧 조선전업과 경성전기 그리고 남선전기가 1961년 7월 '한국전력주식회사'로 통합 신설된다. 한국전력 주식회사가 1982년 정부 전액 출자의 '공사'로 전환되어 현재의 한국전 력공사가 된 것이다. 1961년 이후 한국의 전력사업은 한국전력의 독점 체제로 진행된다. 한국의 전력사업이 권위주의 군사정부의 경제개발 계 획의 일환으로 출발했다는 사실은 매우 중요하다. 왜냐하면 한국 자본주 의 산업화 과정에서 권위주의 군사정부와 한국전력이 구축한 한국 전력 산업의 특성이 민주화 이후 현재까지 일관되게 작동하고 있기 때문이다.

영국과 프랑스와 같은 선발 산업국가 그리고 독일, 일본 등과 같은 후 발 산업국가와 구별한다면, 1960년대에 본격적인 산업화 과정에 들어선 한국은 후후발 산업국가였다. 물론 한국의 산업화 과정은 1910년대 일 본의 군수기지로서의 산업화 단계부터 출발한다. 그러나 한국전쟁은 이 런 일본의 군수기지 산업화를 완전히 파괴했다. 한국 자본주의 산업화 과정은 1961년 군사 쿠데타로 집권한 군부 권위주의 정치 체제에 의해 본격 추진된다. 군부 권위주의 정치 체제는 선·후발 산업국가의 '발전'

을 따라잡기 위한 전략을 또 다른 수단에 의한 전쟁으로 파악하고, 전쟁에서 승리하기 위해 전체 사회의 모든 자원을 거대 자본 중심의 수출 총량 증가에 집중하는 방법을 선택했다. 한국 산업화 과정의 구조적인 속성 하나는 산업화가 1950년 한국전쟁 이후 구조화된 "정전"이라는 또 다른 수단에 의한 전쟁의 연속이란 조건하에서 진행되었다는 사실이다. 이런 조건은 한국 자본주의 산업화가 남북한 간의 분단 상황으로 인해 위협적인 외부의 적이 항구적으로 존재하는 전쟁 배치 안에서 진행되었음을 의미한다.[26] 최장집이 "외부의 적과의 항구적인 대치상황의 조건"[27]이라고 말한 이런 상황은 한국 자본주의의 "산업화"를 주도한 군부 엘리트들이 산업화 자체를 또 다른 수단에 의한 북한과의 전쟁으로 상황을 정의할 수 있는 외적 조건이 되었다. 박정희는 제6대 대통령 취임사에서 다음과 같이 말한 바 있다. "(경제건설) 없이는 공산주의에 대한 승리, 즉 자유의 힘이 넘쳐흘러 북한의 동포를 해방하고 통일을 이룰 수 없습니다." 경제건설의 핵심 방법은 "공업 입국" 곧 산업화뿐이었다. "나는 이러한 정의의 복지사회가 지금 우리가 추진하고 있는 공업 입국의 대도를 통해 이루어질 수 있고, 또 공업 입국은 이러한 사회를 건설하는 데 그 주안이 있음을 확신하는 바입니다."[28] 산업화에 대한 이런 군사적 상황 정의는 국가의 인민 동원 과정 또한 군사적 상황 정의 내에서 파악하도록 만들었다. 공업 입국을 통한 경제 건설을 방해하는 모든 요소는 섬멸해야 하는 군사적인 적과 동일시되었고, 현재의 고통은 미래의 번영을 위한 불가피한 투자 혹은 희생으로 정의되었다. "한국전쟁이 종결되고 남북한 간 군사적 방법에 의한 대결이 더 이상 가능하지 않게 되었을 때, 이들의 군사적 에너지는 산업화 경쟁"으로 집중된 것이다.[29] 또 다른 수단에 의한 북한과의 전쟁이란 점에서 "산업화"는 군부 엘리트의 존립 근거이자 동시에 패할 수 없는 전쟁의 또 다른 이름이었다. 이런 자본주의 산업화는 5.16 군사쿠데타로 집권한 박정희를 중심으로 구성된 군부 엘리트들이 자신들의 군사쿠데타를 정당화하기 위한 내적 요청이기도 했다. 자유민주주의와 반공주의는 미국에 의해 외부로부터 부과된 분단국가의 존립 조건이었다. 그런데 박정희는 자유민주주의의 절차를 파괴하는 5.16 군사쿠데타를 통해 집권했다. 곧 분단국가의 존립 조건 중 하나인 자유민주주의가 부여하는 정당성을 획득할 수 없었다. 이 때문에 군부 엘리트는 절차적 정당성을 대체하는 또 다른 수단의 정당성을 확보할 필요에 직면했다. 이런 정당성을 확보할 수 있는 방법으로 선택된 것이 자본주의 산업화를 통한 경제 발전으로 민생 문제를 해결하는 것이었다. 곧, 인민에 의한 정부는 아니지만, 인민을 위한 정부를 만듦으로써 자신들의 정당성을 확보하고자 한 것이었다. 이는 5.16 군사쿠데타의 구호였던 "궁핍으로부터의 해방과 자립 경제의 발전" 안에서 분명하게 나타난다.

군부 엘리트는 자본주의 산업화 과정을 군사적인 상황 정의 내에서 파악했고, 이를 위해 전체 사회를 동원했다. 곧, 자본주의 산업화를 위한 과정 안으로 전체 사회의 모든 인적, 물적 자원의 동원이 이루어진 것이다. 군사적인 상황 정의와 전체 사회의 모든 자원의 동원을 연결하는 이 과정은 군부 내의 고유한 합리성의 패러다임인 '군사주의(Militarism)'를 전체 사회에 확장 적용하는 과정을 통해 추진되었다. 전체 사회의 변화를 위한 목표의 정의와 방법의 선택 그리고 이의 실현을 위한 수행 과정 모두가 군대의 원리를 모방하는 과정을 통해 진행되었기 때문이다. 여기에서 '군대'는 단지 하나의 은유가 아니다. 군사주의 안에서 전체 사회를 구성하는 모든 요소들과 관계들은 실제 하나의 군대처럼 작동해야 한다고 규정되기 때문이다. 엘리아스 카네티Elias Canetti가《군중과 권력》에서 밝힌 것처럼, "규율이 군대의 본질을 이룬다."[30] 이때의 '규율'이란 인민 외부에서 인민에게 부과되는 명령을 수행할 수 있는 질서의 상태를 만들어 내는 과정이다. 왜냐하면 "근무 중인 병사는 명령대로만 행동"하기 때문이다. 곧, 명령을 기다리는 상태로 인민이 조직되는 상태가 되어야만 군사주의는 자신의 고유한 합리성을 발휘할 수 있게 된다. 바로 이 때문에 군부 권위주의는 전체 사회를 군대로 만들고자 했다. 전체 사회의 모든 요소들과 관계들이 군대의 규율을 모방하여 작동하도록 만들고자 한 것이다. 명령은 군부 엘리트의 몫이었다. 군부 엘리트들은 목표를 제시하고 이의 달성을 위한 '자원'의 동원을 명령했고, 동원된 자원의 재분배는 군부 권위주의 정치 체제와 결합한 기술관료에 의해 전개되었다. 기술관료는 주어진 기간에 제시된 목표를 달성하기 위해 국가 전체의 자원을 효율적으로 분배하기 위한 중앙 집중화된 계획경제 체제를 만들어 냈다. 산업화를 통한 경제 발전이라는 주어진 목표를 달성하기 위해 이루어진 군사주의와 기술관료에 의한 발전주의의 결합은 모든 유형의 기술을 국가 경제의 발전을 위한 수단으로 전환시켰다.

이는 곧 한국 자본주의 산업화를 위한 국가 전력망의 구축 과정 또한 바로 이런 군사주의의 방법을 통해 전개된다는 것을 의미하는 것이었다.

한국의 국가 전력망은 영국이나 미국과 달리 지역에서 국가 단위로 통합되는 방식으로 만들어지지 않았다. 한국의 국가 전력망은 전력계통이 처음 만들어질 당시부터 국가에 의해 위로부터 만들어졌다. 국가의 계획에 의해 지역으로 투입되는 과정으로 진행된 것이다. 이는 국가와 지역 그리고 각 지역에 귀속된 인민들과의 갈등을 발생시킬 수 있었는데, 군사주의는 이 모든 갈등에 대한 대응방식을 결정했다. '개발'은 군대의 운영 원리를 통해 이루어져야만 했다. 곧, 갈등은 부정되고 인민과 인민이 귀속된 장소의 모든 자원은 주어진 목적을 달성하기 위한 수단으로 국가에 의해 동원 가능해야 했다. 갈등이 발생한다면, 이는 군사적인 상황 정의 내에서 파악되었다. 곧, 군대의 명령에 대한 부정과 갈등이 동일시된다. 따라서 갈등은 국가가 인민의 협력을 조직하는 방법을 발전시키도록 강제하지 못했다. 갈등은 명령의 효율적인 실행을 위해 파괴되거나 와해되어야 하는 국가에 대한 저항이자 비효율성의 요소였다. 1961년 만들어진 한국전력은 군사주의와 기술관료들의 발전주의를 매개하면서, 군사주의의 방법을 통해 경제 발전을 위한 국가 전력망을 만들어 낸 핵심 주체였다.

1960년대 이전의 농업은 현재와 달리 태양을 중심 에너지원으로 하는 산업이었다. 그러나 농업에서 공업으로의 전환을 이루어내야 하는 자본주의 산업화는 더 이상 태양을 에너지원으로 삼을 수 없었다. 이 때문에 산업화는 태양에너지원과는 다른 화석에너지가 필요했다. 그러나 1960년대 당시 한국에는 이를 대체할 화석에너지원이 절대 부족했다. 그래서 한국은 1961년부터 전원개발 추진을 위해 '전원개발 5개년 계획'

을 수립했다. 제1차 경제개발 5개년 계획은 국가 경제의 발전을 위한 하부구조 구축을 위해 전력 확보에 역점을 두었고, 이에 따라 1960년에 원래 존재했던 전원개발 원계획에 근거해 경제개발 계획의 실현을 위한 하부 계획으로 1961년 전원개발 5개년 계획을 수립한 것이다. 1962년부터 본격적인 전원개발 사업을 추진하고자 했는데, 당시 한국은 전력설비 건설을 위한 독립적인 기술과 재원이 존재하지 않았다. 이에 미국을 중심으로 한 국제기구로부터의 무상원조와 차관을 받아 국가 전력망을 구축하기 시작했다.

군사정부는 전원 개발과 전력계통 구축 작업에 들어가는 막대한 비용을 확보하기 위해 1963년 2월 USAID(United States Agency for International Development)에 재정차관을 신청했다. USAID는 미국국제개발협력처에 소속된 "국제개발처"로, 대외원조를 담당하기 위해 세워진 미국의 기관이다. 그런데 USAID는 원조의 타당성을 EBASCO(Electric Bond and Share Company)에 의뢰했다. 이에 따라 EBASCO는 한국의 국가 전력망 구축을 위한 자문을 제공했다. 이 자문의 내용이 곧 한국의 국가 전력망 구축 정책으로 전환되었다. 그리고 1966년 6월 제2차 USAID 차관 신청과 관련된 자문을 미국의 Burns & Roe가 진행했다. EBASCO와 Burn & Roe의 자문에 기초해 진행된 한국의 국가 전력망 구축의 특성 중 하나는 수도인 서울에 안정적인 전력을 공급하기 위해 발전소가 집중적으로 건설되어 있는 한반도 남동부 지역과 수도권을 연결하는 전력망을 145kV 설비에 기반해 구축하는 것이었다. 그리고 이와 함께 농어촌 전화電化를 위한 5개년 계획이 수립되어 따로 추진되었다.[31]

그러나 1960년대에 계획된 농촌 전화 사업의 본격적인 진행은 농촌 전화 사업이 새마을운동의 일부로 통합된 1970년 이후의 일이었다. 왜냐하면 1970년대 이전에는 농촌 전화 사업을 충분히 전개할 수 없었기 때문이다. 한국전력은 만들어진 전력을 일차로 공업지대와 도시로 공급했고, 농촌으로 전력을 공급하는 과정은 무시되거나 혹은 주변화되었다. 그러나 1971년 당시 정부가 농촌 전화 사업의 주체를 한국전력으로부터 정부로 전환한다. 새마을운동의 일환으로 전화 사업을 통합한 것이다. 이런 정책 전환의 배후엔 1970년대 초반의 '과잉' 전력 문제가 존재했다. 1970년대 초반 상황은 1960년대 초반 상황과는 정반대였다. 1960년대 말부터 본격화된 다양한 전원개발 사업으로 한국의 전력 공급 능력은 향상되었지만, 1970년 초반 세계경제의 침체로 수출에 의존하는 국내 경제의 성장이 둔화되었다. 국내 전력 수요도 급격히 줄어들었고, 이에 따라 전력 공급 과잉 상태가 발생했다. 이런 과잉 전력 문제를 해결하기 위해 나온 대응 전략의 하나가 농촌의 전력 소비 향상이었다. 농촌 전화 사업은 이후 권위주의 정부의 국가전략의 일환으로 적극 추진되어 1970년대 중반에는 공사가 용이한 지역의 전화는 모두 마무리되었고, 공사가 어려운 난개발 지역에 대한 전화사업은 1970년대 중후반 이후 진행되었다.

농촌 전화 사업은 새마을운동의 사업 부문 중 환경 및 복지 개선 부문의 사업으로 분류되어 진행되었다. 전화 사업은 마을 안길 넓히기, 공동 우물, 지붕 개량, 주택 개량 등과 함께 진행되었는데, 다양한 사업 중 농민들의 호응과 만족도가 가장 높은 사업이었다. 이런 호응과 만족도는 권위주의 정부에 대한 농촌의 정치적인 지지로 연결되었다. 그러나 농촌의 전화는 단지 군부 권위주의 정치 체제에 대한 농민들의 정치적 지지의 문제로 환원될 수 없다. 왜냐하면 이 과정은 4분의 1에 불과하던 농촌 전화율을 1970년대 후반에는 98% 이상으로 끌어올리면서 농촌의 노동양식과 삶의 양식 모두에 급격한 변화를 발생시켰기 때문이다. 전력은 건조기, 전동기 등의 도입을 통해 농업생산력을 향상시켰고, 동시에 소득의 원천 또한 다원화할 수 있는 길을 열었다. 그러나 무엇보다 전등을 활용할 수 있게 되면서 농업노동의 시간이 태양에만 의존할 때보다 연장될 수 있었다. 그리고 이런 노동시간의 연장은 남성보다 여성노동에 특히 집중되었다. 전력이 도입되면서 전기 가전제품의 활용이 가능해짐에 따라 농촌 여성의 가사노동시간은 줄어들었지만, 가사노동에서 풀려난 그 시간에 또 다른 노동을 해야만 했고 그 시간도 늘었기 때문이다. 1980년대까지 농촌 여성의 노동시간은 13시간을 넘고 있었다.[32]

또한 농촌의 전화는 영토 내의 모든 국민에게 전화에 기반을 둔 삶의 양식이 보편화되었음을 의미한다. '전력'이 전체 국민 모두의 보편적인 삶의 양식의 하부구조가 된 것이다. 전화 이전의 일상생활과 전화 이후 일상생활의 단절은 컸고, 이 단절의 강도만큼 전화에 기반을 둔 삶의 양식은 각 개인에게 일상생활의 발전과 그 안에서 향유할 수 있는 '자유'의 확장을 의미했다. 이런 일상생활의 진보와 자유의 향유가 전체 사회에 전력을 공급하는 국가 전력망의 정치−윤리적인 토대가 되었다. 이는 민주주의와의 관계에서 중요한 문제를 내포하고 있었다. 전화에 기반을 둔 삶의 양식이 전체 국민 모두의 보편적인 삶의 양식, 일상생활의 발전을 위한 진보의 과정이자 동시에 일상생활의 자유를 확장하는 요소로 전체 사회에서 '정상성'을 획득하자 전력을 생산하는 과정에 동원된 국가의 군사주의 방법이나 배제되고 희생된 인민의 문제를 국민 일반의 이익을 위한 특수이익의 희생으로 정당화하는 판단 원리가 전체 사회의 '승인'을 얻게 되었기 때문이다.

1970년대 중반에 접어들어 국제경제가 살아나면서 공업단지 등과 같이 대용량의 전력을 소비하는 산업시설이 확장되고, 수도권의 전력 소비가 급증함에 따라 한국전력과 정부는 대용량의 장거리 송전을 위한 전력망 구축 필요성을 제기했다. 이에 따라 종전의 145kV 송전 선로 설비는 1970년대 후반부터 지역 내 전력망으로 전환되고, 발전단지와 대용량 전력 소비지를 연결하는 전력망은 345kV 설비로 구축되기 시작했다. 이런 전력망 구축 계획과 설비가 등장한 이유는 전력 수요 성장에 따른 설비 확장뿐만 아니라 전력 공급 능력 자체의 안정성 확보를 위해 승압 등의 설비 보강이 필요하다고 한국전력이 판단했기 때문이다. 이와 함께 배전 전압도 220V로 승압되었다. 220V 승압은 1967년 결정된 일로, 1970년대 중후반 전력부족이 가시화되자 한국전력은 1977년부터 신설되는 모든 배전 전선을 220V로 승압하는 공사를 진행했다.[33] 그런데 이런 전환 과정은 수도권과 지방에서 각기 다른 방법으로 전력망을 구축하는 과정으로 전개되었다. 한국전력은 "수도권 중심부 등 중요 지역은 도시미화를 고려하여 1976년부터 점차적으로 지중설비를 건설했고, 이에 대비하여 도로 공사 시에 향후 전기설비를 지하에 설치하기 용이하도록 지중관로를 병행하여 시공했다."[34] 곧 수도권 중심부의 중요지역은 '지중선식'을 통해 송·배전 선로를 구축하는 방향으로 나아간 반면, 이외의 지역은 가공선식을 통해 기존의 송전 철탑을 이용한 송전 방식을 그대로 고수했다.

1980년대까지 이런 이중전략에 따라 145kV 설비는 지역 전력 공급용으로 전환되고, 남북 3개 경로와 동서 3개 경로의 345kV 설비의 기간 전력망이 완성되었다. 그런데 1980년대를 경유하면서 수도권의 전력 수요가 전국 수요의 40%를 점유하는 현상이 나타났다. 도시의 고층화와 주변 주거시설의 확장으로 수도권 중심부의 전력 수요가 폭발적으로 급증한 것이다. 이에 따라 수도권의 전력 수요와 원거리의 전원을 연결하는 대용량 전력 송전 선로 건설이 지속적으로 추진되어야만 했다.[35] 그런데 1980년대를 경유하면서 과거에는 주변화되었던 한국전력과 지역 주민들의 갈등 문제가 전면화되었다. 전력망 구축 작업에 필수적인 용지 확보와 토지 이용을 둘러싸고 한국전력과 해당 지역 주민 및 토지 소유자와의 갈등이 점점 장기화되는 국면으로 전환된 것이다. 곧, 전원과 수요지를 연결하는 원거리 송전 선로가 들어서는 장소를 따라 장기화된 갈등이 지속적으로 발생했고, 이는 한국전력과 정부의 계획 시점에 맞추어 전력망을 구축하는 것을 사실상 불가능하게 했다. 특히 갈등의 당사자인 지역 주민들이나 토지 소유자가 '가공선식' 송전 선로에서 발생하는 토지 가치 저하와 건강에 대한 위협 등을 이유로 '가공선식'을 수도권 중심부의 전력망 구축 방식인 '지중선로'로 전환할 것을 요구하는 경향이 많아졌다. 전기를 송전하는 길인 '송전 선로'를 건설하는 방법에는 현재까지 두 가지 방법이 있다. 하나는 철탑 위에 전선을 연결해서 변전소까지 보내는 방식으로, 이를 '가공선식'이라 부른다. 또한 가공선식의 송전 선로에 필요한 이 철탑을 '송전 철탑' 혹은 '송전탑'이라 부른다. 이에 반해 땅 속에 전선을 매장하여 변전소까지 보내는 또 다른 방식이 있는데, 이를 '지중선식'이라 부른다. 그런데 지중선로의 건설은 가공선식의 방법에 비해 전력망 구축에 들어가는 투자비용을 엄청나게 증가시켜 사실상 전력망 구축을 포기하는 단계로 나아가야 했다.

이런 문제에 대응하기 위해 한국전력은 공학기술주의 해법을 통한 일종의 '디커플링Decoupling' 전략을 택했다. '디커플링'이란 원래 "인접한 국가나 세계 경제의 흐름과 달리 독자적인 경제 흐름을 보이는 현상"을 말하는데, 경제활동이 환경에 미치는 영향과 분리되는 경향을 가리키는 개념으로 팀 잭슨Tim Jackson이 제안한 것이다.[36] 이 개념을 국가 전력망 구축 과정에 적용한다면 전력 수요의 성장에 맞추어 국가 전력망의 지속 가능한 확장을 바라는 동시에 이 과정에서 송변전 설비의 추가 건설에 따른 입지난을 완화하여 좁은 국토를 효율적으로 이용하려는 전략이라고 말할 수 있다. 이 전략의 핵심은 지역 주민들과의 '갈등' 때문에 급증한 전력망 구축 투자비용의 비효율성을 극복하는 것이다. 곧, '효율성'을 중시하는 현대 경제학의 관점에서 갈등에 대응한다. 투자의 효율성을 위한 기본 전략은 투입 비용은 줄이고 전력 수요의 성장에 조응하는 공급의 안정성은 높이는 것이었다. 이런 방침에 따라 한국전력은 전력의 수송 능력이 345kV 송전선에 비해 4.8배에 달하는 765kV 송전 선로 구축 계획과 활용 연구에 들어간다. 공학적인 측면에서 765kV 송전 선로는 동일용량 대비 345kV 송전 선로 5개 선로를 대체하는 효과를 낼 수 있

다.[37] 그리고 최대 20%의 송전 손실 절감 효과가 있다.[38]

따라서 765kV 송전 선로를 활용할 경우 원거리 송전 선로 구축 과정에서 발생하는 갈등의 수를 양적으로 줄일 수 있는 동시에 전국 전력 수요의 40% 이상이 집중된 수도권까지 안정적으로 전력을 송전하는 일이 가능하다는 결론이 나온다. 이런 전략의 목표는 분명했다. "수도권 근처에서 발전소가 건설될 경우 발생하는 비용을 절감하여 결과적으로 국가 전체에 이익이 돌아오는 효과"[39]를 발생시키기 위해서였다. 한국전력의 예측대로라면 1991년 전국 수요의 44.4%를 점유하고 있는 수도권은 장기적으로 점유율이 점차 증가하여 2031년엔 전국 수요의 48% 수준이 된다. 문제는 이럴 경우 345kV 변전소는 1991년 7개에서 2031년엔 34개소가 필요하다는 점이다. 이는 곧 수도권 주변에서 송변전 설비를 둘러싼 갈등의 가능성이 급등한다는 것을 의미한다. 이에 따라 765kV 송전 선로는 이런 갈등의 양을 줄이는 동시에 2030년 전력 수요의 예측에 대한 대비로 345kV 송전설비의 전력수송 한계를 해결할 대안으로 부상했다.

한국전력은 1979년부터 송전 전압을 154kV, 345kV에서 765kV로 격상하기 위한 검토에 들어가 1983년부터는 765kV에 대한 연구개발을 실시했다. 그리고 1991년 7월 차후 격상전압으로 765kV를 확정했다. 이에 따라 1998년 수도권과 한국의 남동부 지역을 연결하는 765kV 전력망을 건설 완공했고, 이를 우선 345kV로 운전했다. 그리고 2002년 4월 26일 첫 765kV 송전을 개시했다. 그래서 현재와 같은 한국의 전력계통과 국가 전력망이 완성되었다. 일반적으로 발전소에서 생산된 전기는

10~20kV의 전압을 가지고 있다. 한국의 전력계통은 발전소에서 나온 전기를 고압으로 승압한 이후 순차적으로 전압을 낮추어 수용설비까지 보낸다. 이 과정은 전압을 각 단계에 해당하는 적당한 전압으로 바꾸어 내보내는 변전소를 통해 매개된다. 한국은 현재 765kV, 345kV, 154kV를 전력 승압을 위해 사용하는데, 발전소에서 생산된 전력을 154kV로 바꾸어 변전소로 보내는 과정을 '송전'이라고 부른다. 즉, 한국은 80년대 이전까진 154kV가 중심 송전 전압이었고, 그 이후 현재까지 345kV가 중심 송전 전압으로 사용되고 있다. 그리고 현재 밀양에서 문제가 되는 765kV는 345kV를 대체할 미래의 주력 송전 전압으로 준비된 전압으로, 현재의 345kV를 대체할 계획이다. 발전소에서 765kV 혹은 345kV로 송전된 전력은 송전선과 송전 철탑 그리고 변전소에서 154kV로 강압된다. 송전과 달리 154kV로 송전된 전기를 22.9kV로 낮추는 과정부터를 '배전'이라 부른다. 배전이란 전력을 수용자에게 분배하거나 공급하는 과정을 말하는데, 공장이나 대형빌딩에서는 자체 변전소나 변전실에서 배전을 실시하고, 일반 가정은 154kV 변전소에서 22.9kV로 전압을 낮추고 최종적으로 220V로 낮아진 전력을 공급받는다. 22.9kV에서 220V로의 강압은 우리가 주변에서 흔히 볼 수 있는 전봇대 위에 설치된 주상변압기에서 이루어진다. 따라서 요약한다면 한국의 전력계통은 공급 전압의 관점에서 본다면 '765kV/345kV → 154kV → 22.9kV → 220V'의 순으로 강압된다. 전력계통의 전체 과정을 그림으로 표현하면 아래와 같다. [40]

[그림1] 전력계통 개념도

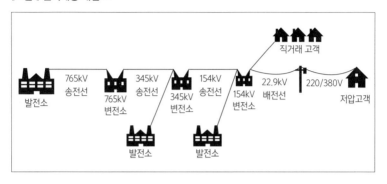

3 한국전력의 자본화

1980년대부터 미국 학계와 정책 영역에서 전력계통의 국가로의 중앙 집중화에 반대하는 새로운 모형(Model)이 주창되기 시작했다. 이 새로운 모형은 전력계통에 대한 국가의 자연독점이나 공적 규제를 받는 전력계통 구성 과정에서 발생하는 '비효율성' 문제를 전면화하면서 전력계통을 경쟁시장의 원리를 통해 재구성할 것을 주장했다.[41] 이들의 주장에 의하면 국가가 관리하는 중앙 집중화된 전력계통은 그 내부에 '비효율성'의 원천을 내재하고 있다. 비효율성은 다양한 원천으로부터 발생하는데, 그 핵심 요인으론 ① 이중적인 주인−대리인(Principal-Agent) 문제, ② 비용 절감 유인의 부재, ③ 정부의 경영 간섭, ④ 도산의 불가능성 등이 집중 조명되었다. 이중 핵심은 이중적인 주인−대리인 문제라고 할 수 있다. 왜냐하면 비용 절감 유인의 부재나 정부의 경영 간섭 혹은 도산의 불가능성

모두 전력계통의 운영 주체가 국가의 공적 통제를 받는 기술관료라는 사실로부터 비롯된다고 보기 때문이다. 이중적인 주인—대리인 문제는 비非선출직인 국가의 기술관료가 민주 선거를 통해 선출된 선출직 정치인의 통제를 받는 대의민주주의 자체에 내재된 구조적인 문제다. 선출직 정치인은 시민의 대리인이지만, 동시에 비선출직 기술관료의 주인이 된다. 이 때문에 일반 시민과 기술관료의 관계는 두 번의 주인—대리인 관계가 중첩된 이중적인 주인—대리인 관계가 된다. 이 관계는 기술관료의 전력계통 운영 과정을 경제적인 합리성의 관점이 아닌 정치 논리에 귀속시킨다. 따라서 정부의 경영 간섭이 발생한다. 동시에 운영 과정에서 발생하는 비용은 경제 과정을 통해 충족하는 것이 아니라 정치과정을 통해 복구되기 때문에 비용 절감에 대한 유인을 갖지 않는다. 위 모형은 이와 같은 문제를 해결하기 위한 능동적이고 효율적인 대안은 전력계통을 구성하는 요소들을 민영화하는 것뿐이라고 주장했다. 왜냐하면 근본 문제가 국가의 공적 통제를 받는 기술관료의 전력계통 운영에서 발생하기 때문에 운영의 원리를 이윤 동기에 입각한 경쟁 시장의 원리로 전환하지 않는 한 문제는 해결될 수 없다고 보았기 때문이다. 이런 주장은 국가가 관리하는 중앙 집중 전력계통을 보유한 국가들에 매우 큰 영향력을 주었다. 1982년 칠레가 이 모형을 채택했고, 1990년에는 영국 대처 정부가 민영화 프로젝트의 일부로 이 모형을 채택했다.

한국에서도 1990년대를 경유하면서 전력계통의 민영화에 대한 주장이 전면화되었다. 2001년 진행된 전력산업 구조 개편은 이런 주장이 정책으로 전환된 것이었다. 전력산업 구조 개편의 핵심 내용은 전력망은 국가가 현재와 같이 공적으로 관리하되, 전력 공급의 다원화를 통해 전력시장에 경쟁을 도입하는 것이었다. 이에 따라 2001년 이후 한국전력은 송전, 배전, 판매만을 담당할 뿐 전력을 생산하지 않는다. 전력 생산과 발전설비에 대한 투자는 한국전력의 6개 발전 자회사, SK, GS, POSCO 등 대기업집단 계열 발전회사, 그밖에 다수의 중소 발전업체 간의 경쟁에 의해 진행된다.[42] 이런 구조개편은 한국전력의 내부에 모순적인 두 원리의 충돌을 발생시켰다. 한국전력은 한국 자본주의 산업화를 위한 하부구조로서 전력계통을 만들기 위한 추진 동력이었다. 특정 자본이 아닌 모든 산업자본의 요구를 국가가 충족하기 위해 필요한 전력계통이었기 때문에, 한국전력은 국가가 설정한 목적 달성을 위한 국가 자체의 수단으로 존재해야만 했다. 그런데 2001년 구조개편은 전력계통에 경쟁시장의 원리를 도입함으로써, 한국전력에 국가의 하부구조로서의 전력계통을 관리하는 독점주체가 아닌 그 자체로 독립적인 이윤 동기를 보유한 '전력자본'의 속성을 부여했다. 이에 따라 한국전력 내부에는 국가 전체의 전력 수요의 충족을 책임지는 국가 하부구조의 논리와 이윤 동기에 입각한 자본의 논리가 모순적으로 중첩되었다. 이는 2011년 한국전력 50주년을 맞은 당시 김쌍수 한국전력 사장의 언급에서 직접 확인할 수 있다. 김쌍수 사장은 한국전력의 미래에 대한 전망을 '글로벌 톱5'의 에너지 엔지니어링 회사로 설정하고, 비용 중심의 공기업에서 이윤 중심의 공기업으로의 전환을 위해 매년 10% 이상의 고속성장 전략과 경쟁과 혁신을 가능케 할 기업문화의 구축을 요구한 바 있다. 이 언급에서 보이는 "이윤 중심의 공기업"이란 모순적 표현이 바로 한국전력 내에 중첩된 두

[그림2] 외환위기 이후 전력산업의 구조변화

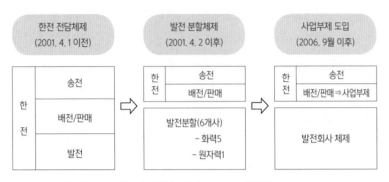

매일노동뉴스, "전력산업 구조 개편 5년 성과 '마이너스'" 2007. 4. 1.에서 인용

원리를 상징한다.

"이윤 중심의 공기업"으로 한국전력을 전환하기 위해 한국전력은 전력기술의 "산업화" 전략을 구현했다. 여기에서 "산업화"란 독립적인 이윤 동기를 보유한 전력자본의 축적 운동 안으로 전력기술을 활용하는 것을 말한다. 곧, 전력기술이 국가의 하부구조를 구축하기 위한 기술로 접근되는 것이 아니라 전력자본의 축적을 위한 관점에서 정의되고 활용되는 것이다. 이를 위해 한국전력은 다음과 같은 네 방향의 사업을 전개했다. ① IGCC(석탄가스화복합발전), CGS(이산화탄소 포집 및 저장기술), HVDC(초고압직류송전) 등 핵심 전력 기술의 조기 확보와 산업화, ② 2030년 전국 확대를 목표로 추진 중인 스마트 그리드Smart Grid의 구축, ③ 해외원전 수출 등 해외진출사업의 다각화, ④ 친환경 미래전력기술의 사업 모델 조기 개발 등이 그것이다.[43] 네 방향에서 이루어지는 전력기

술의 "산업화" 과정의 목표는 단 하나였다. 전력기술을 해외수출을 위한 새로운 산업으로 육성하고자 한 것이다. 자본주의 산업화 국면에서 전력기술이 다른 산업들의 해외 수출을 위한 하부구조로 작동했다면, 1990년대와 2000년대에 접어들면서 전력기술 자체의 산업화가 진행된 것이다.

전력기술의 이런 위상 전환은 외국에서 발생한 전력산업의 민영화 노선을 수용한 결과인 동시에 전 지구적인 전력시장에 개입하여 효율적이고 능동적으로 경쟁할 수 있는 또 다른 유형의 산업자본으로 전력자본을 육성하기 위한 국가경제 발전 계획의 일부였다. 곧, 전력산업을 새로운 국가경제의 성장 동력으로 만들기 위한 것이었다. 지식경제부의 제5차 전력수급기본계획에 의하면, 2020년 이후 한국의 전력 수요 증가율은 1% 이하로 감소할 것으로 전망된다. 이는 급증하는 전력 수요에 기반을 두고 안정적이고 지속적인 성장을 해온 한국 전력산업의 미래를 불투명하게 만들었다. [44] 전력계통과 이의 물리적 하부구조인 국가 전력망은 국가의 공적 통제를 받는 영역이었지만, 이의 물리적인 실현은 다양한 민간자본들과의 결합을 통해 이루어져야만 했다. 전력계통의 구축은 토목, 플랜트, 전자, 건설 등 다양한 산업부문과 연결된 종합사업의 속성을 띠기 때문이다. 이 때문에 전력계통의 구축 과정은 이 부분의 발전에 공통으로 이해관계를 보유한 '전력산업'을 만들어냈다. 그런데 국내 전력수요의 포화로 인해 2020년 이후 국내 전력산업의 향후 전망이 불투명해진 것이다. 이런 국내 조건은 전력산업의 발전을 위한 새로운 해외시장 개척의 필요성을 제기했다. 그런데 1990년대 이후 인류가 공통으로 직면한 전 지구적 생태 위기와 기후변화에 대응하는 과정에서 자본주의의 지속 가능한 성장을 위한 대안 에너지 시장이 급성장했다. 전력자본의 향후 전망은 이 시장에 얼마나 능동적이고 효율적으로 개입하는가에 달려 있었다. 전력기술의 산업화는 바로 이를 위한 것이었다. 그런데 해외시장에 개입하기 위해서는 전력계통을 독점하는 한국전력의 독점 체제를 해체하여 전 지구적인 전력시장에서 자유 경쟁할 수 있는 다원적인 전력자본들을 육성 강화하는 것이 필요했다. 이에 따라 한국전력은 송전 배전, 판매의 역할을 맡고, 발전 부문을 민간자본으로 전환하는 민영화가 진행된 것이다.

민영화는 또 다른 효과를 발휘했다. 전력계통을 관리하는 국가와 한국전력 관료, 민간 자본들 사이의 전력산업 이익동맹 혹은 '부패'와 '비리'의 공간이 확장된 것이다. 민영화는 전력계통 내부에서 공적 영역과 사적 영역의 경계를 불투명하게 만들거나 혹은 중첩시켰다. 이 과정에서 국가-한국전력의 관료와 민간자본이 공생할 수 있는 유착과 담합의 공간이 폭넓게 발생했다. 그리고 이 공간 안에서 비리와 부정부패, 탈법과 편법이 광범위하게 진행됐다. 그 결과 전력사업 발전에 공통의 이해관계를 보유하고, 그 내부에서 행해지는 '범죄' 행위에 공모하는 강력한 동맹이 구축되었다. 이 전력산업 동맹은 지연, 학연, 사연과 같은 전통적인 인맥 관계뿐만 아니라 학계, 한국전력, 한국수력원자력, 한국전력 자회사, 국책 연구소, 정부 관료, 플랜트 기업, 부품 납품 회사, 정치권, 언론과 국제 전력자본 등으로 구성된다. 이 전력산업 동맹은 전력산업에 내재된 공공성을 해체하는 동시에 이 과정을 통해 전력산업 일반을 동맹 전체의 이익을 위한 토대로 전환했다. 이에 따라 전력산업 동맹의 구조화된 우위가 확보되었는데, 이는 권위주의에서 민주주의로의 전환에도 불구하고 전력산업에 대한 민주적인 통제와 변형 과정을 실현할 수 없었음을 의미한다. 전력산업의 '민주화' 대신 '민영화'가 진행되면서 오히려 전력산업과 민주주의가 분리되는 상황이 발생한 것이다.

전력산업 민주화의 부재는 한국 민주주의의 역사와 구조에 내재된 한계 때문인 동시에 민주화운동을 통해 집권에 성공한 두 번의 민주당 계열 정부가 추진한 전력산업 민영화의 결과였다는 점에서 구조의 한계로 환원될 수 없는 정치 행위의 결과이기도 하다. 민주화 이후 개방된 정치 과정은 자본주의 산업화와 분단국가 형성이라는 두 과정의 결과 위에서 움직여야 했다. 이는 곧 민주화가 반공주의와 결합한 자유민주주의의 복원 이상으로 나아갈 수 없는 역사와 구조의 한계를 한국 민주주의에 부여했다. 이런 조건 하에서 민주주의는 국민의 직접선거를 통한 정부 구성 이상의 차원으로 발전하기 어려웠다. 이에 따라 권위주의에서 민주주의로의 전환에도 불구하고, 한국 민주주의는 '절차'의 수준을 넘어 전체 사회를 구성하는 다양한 관계들과 요소들의 차원으로 확장될 수 없었다. 이것이 전력산업의 민주화를 제약하는 한국 민주주의의 역사와 구조가 부여한 한계였다. 두 번의 민주당 정부 또한 이런 한계 내에 존재했다. 권위주의에 대항하는 민주화운동 역시 반공주의와 자유민주주의의 한계 내에서 구축되었기 때문이다. 이로 인해 두 번의 민주당 정부는 전력산업에서 발생하는 비효율성의 문제를 민주주의의 확장을 통해 해결하는 대신, 신자유주의 프로젝트가 제안한 민영화의 방법을 통해 해결하고자 했다. 민영화는 국가장치의 공공성을 와해하는 동시에 인민이 해당 국가장치를 민주적으로 통제할 수 있는 방법 자체를 박탈한다. 전력산업에 비효율성의 요소가 내재해 있는 것은 사실이었다. 그러나 이런 비효율성은 전력산업에 대한 인민의 통제 강화를 통해 전력산업 내부로부터 민주적으로 변형할 수 있는 경로 또한 존재했다. 참여민주주의가 정부의 구호로 선택되었지만, 참여를 통해 인민에게 실질적인 권력을 분배하는 과정은 존재하지 않았다. 오히려 인민이 통제할 수 있는 영역조차 민간 자본의 영역으로 전환시킴으로써, 인민이 결정할 수 있는 대상의 범위는 축소되고 인민의 정치능력은 약화되었다.

전력산업 민주화의 부재는 곧 권위주의 산업화 과정에서 국가 전력망을 구축해온 한국전력의 '군사주의'가 해체되지 않은 상황에서, 인민이 민주적으로 통제할 수 없는 전력산업이 범죄와 이윤이라는 목적을 공통으로 보유한 전력산업 동맹에 의해 해외 전력시장 수출을 위한 산업으로 전력산업을 재편했음을 의미한다. 밀양 투쟁은 바로 이런 맥락 위에서 발생한 사건이었다. 그리고 바로 이것이 자본주의 산업화 과정에 발생한 동일 유형의 투쟁들과 구별되는 핵심 요소가 된다. 한국전력은 전력난 해소를 위해 신고리 3호기와 연결되는 송전탑 공사를 강행할 수밖에 없다고 주장해 왔다. 신고리 3호기가 계획대로 가동되지 않으면 전력 수급에 심각한 불균형이 발생한다는 것이다. 그러나 신고리 3호기의 발전량은 40만kW로, 전체 한국의 발전설비 용량 8,100만kW의 1.7% 수준에 불과하다. 더욱이 2013년의 전력 예비율은 7.4%, 2014년은 16%로 전망되기 때문에, 신고리 3호기가 가동되지 않더라도 국내 전력 수요 충족에는 문제가 없다. 즉 밀양에 송전 선로를 설치해야만 하는 핵심적인 이유가 국내 전력 수요의 충족이 아니라는 것이다. 한국전력이 밀양에서 공사를 강행할 수밖에 없었던 이유는 국내 전력 수요의 충족이 아니라 신고리 3호기를 참고모델로 수주한 아랍에미리트(UAE) 원전 수출 때문이었다. 2013년 10월 당시 변준연 한국전력 부사장은 기자들과 만난 자리에서 "아랍에미리트 원전을 수주할 때 신고리 3호기가 참고 모델이 됐기 때문에 밀양 송전탑 문제는 꼭 해결해야 한다"며 "2015년까지 신고리 3호기가 가동되지 않으면 페널티를 물도록 계약서에 명시돼 있다"고 실토한 바 있다. 신고리 3호기는 한국이 자체 개발한 가압경수로형 APR1400 방식을 처음으로 상용화한 모델이다. 한국전력은 2009년 UAE와 186억 달러에 이 원전 4기에 대한 수출 계약을 맺으면서 신고리 3호기를 준공해 안정적인 모델임을 입증하겠다고 약속했다. 이를 위해 구체적으로는 신고리 3호기가 준공 시점을 넘기고도 가동되지 않을 경우 지연된 기간만큼 매달 공사비와 0.2%에 해당하는 지체 보상금을 부담하는 규정을 계약서에 명시한 것이다. 이뿐만이 아니다. 한국전력의 입장에서 본다면 신고리 3호기의 적기 준공 실패는 UAE 외의 해외시장 판로 개척에 차질을 발생시키는 일이었다. 이 때문에 한국전력과 정부는 밀양 주민들의 반대에도 불구하고 밀양 송전 선로 건설 공사를 강행할 수밖에 없었다. 그리고 그 방법은 갈등을 통해 인민과의 협력을 조직하는 '민주주의'의 방법이 아닌, 방법으로서의 군사주의를 통해 조직화된 폭력으로 갈등을 소멸시키고자 하는 방법이었다. 그리고 이 모든 과정은 전력산업 동맹에 의해 국가 전체의 발전을 위한 피할 수 없는 선택이란 이유로 정당화되었다. 이는 곧 한국이 권위주의에서 민주주의로의 전환했음에도 불구하고 산업화 과정에 내재된 '군사주의'의 방법을 해체하지 못했을 뿐만 아니라, 전력계통의 자본화 과정에서 국가 공공정책이 전력 자본에 의해 사유화되는 현상으로부터도 인민의 필요와 이해를 방어하지 못했음을 의미한다. 밀양은 민주주의의 '외부'에 위치한다.

2장

국가 전력망의 지리-정치학:
입지와 장소

2장
국가 전력망의 지리-정치학: 입지와 장소

국가 전력망은 발전설비가 생산한 전력을 다른 장소로 송전하는 원거리 송전 선로와 전력 분배 네트워크들의 "상호접속(Interconnection)"을 통해 구성된다. 전력계통에서의 전력망 혹은 원거리 발전소에서 사용자에게 전력을 공급하는 송전 선로는 가장 복잡한 체계를 이루고 있다. 송전 선로가 중요한 일차적인 이유는 무엇보다 현재 전력기술의 한계와 관련 있다. 현재의 전력기술로는 당일 생산한 전력의 극히 일부만을 저장할 수 있기 때문이다. 그래서 발전소에서 생산한 전력을 원하는 장소에, 원하는 시점에 송전해야만 한다. 곧, 실시간 공급이 이루어지지 않으면 전력계통의 효율성은 와해된다. 이 때문에 국가 전력망의 구축 문제가 전력계통 설계에서 핵심적인 문제로 등장한다. 그러나 국가 전력망의 구축 과정은 전력계통의 효율성 강화를 위한 공학설계의 문제로 환원되지 않는다. 송전 선로의 물리적인 건설 과정은 송전 선로가 경유하는 장소의 재조직화 과정을 동반하기 때문이다. 국가 전력망의 건설 과정은 그래서 송전 선로가 경과하는 장소인 '경과지'의 입지 선정 절차를 포함한다. 바로 여기에 국가 전력망의 지리−정치학이 존재한다. 이 과정이 단순히 '지리학'이 아닌 지리−정치학인 이유는 입지 선정 과정이 빈 공백 내에서 중립적인 과학기술의 적용을 통해 도출되지 않고 현재 작동하는 권력 관계 내에서 이루어지기 때문이다. 지리−정치학의 관점은 밀양의 투쟁을 중립적인 지형 위에서 발생하는 일로 바라보는 것이 아니라, 바로 이러한 권력 관계 내부에서 진행되는 과정으로 파악한다.

'입지立地'의 개념과 선정 절차 그리고 특정 장소를 입지로 변형하기 위한 장소의 재조직화 과정에 권력 관계가 작동한다고 할 때, 이의 구조와 속성을 파악하는 출발점은 국가가 전원 개발을 촉진하기 위해 만든 '전원개발촉진법'과 이를 수행하는 한국전력의 수행 절차 및 방법을 파악하는 일이다. '전원개발촉진법'이란 전원개발사업을 효율적으로 추진하여 전력 수급의 안정을 도모한다는 목적 하에 2005년 국회에서 개정된 법률이다. 이 법률의 원형은 1978년 제정하고 1979년부터 발효된 '전원개발특례법'이다. 원래의 1979년 '전원개발특례법'에선 한국전력이 전원설비 계획을 입안하고 '입지'를 선정하면 해당 지역의 토지 소유주나 주민들은 자신의 재산에 대한 처분 권리를 자동 상실했다. 더욱이 주민들로부터 동의를 구하는 절차도 법적으로 요구되지 않았다. 당시 동력자원부의 건설 계획 승인만 받으면 사업 추진에 필요한 21개 법률 40여 개의 인·허가를 받은 것으로 인정되었다.[45] 전원설비 관련 건설 사업에서 해당 지역 주민들과의 갈등이 급증하고 그 정도가 격렬해지자

2005년 '전원개발특례법'은 '전원개발촉진법'으로 수정·변경되었다. '전원개발촉진법'의 핵심 특징은 토지 수용 과정에 적용된 공탁供託 제도다. '전원개발촉진법'은 토지 수용과 관련된 절차를 〈공익사업을 위한 토지 등의 취득 및 보상에 관한 법률〉에 근거하고 있다. 문제는 위 법률 제40조(보상금의 지급 또는 공탁) 부분에서 "보상금을 받을 자가 그 수령을 거부"할 경우에 한국전력이 수용하거나 사용하려는 토지 등의 소재지의 공탁소에 보상금을 '공탁'할 수 있다는 것이다. 이는 송전 선로 경과지의 주민들이 한국전력에 대항하는 과정에서 보상에 대한 합의를 진행하지 않는다 하더라도 한국전력이 임의로 공탁소에 보상금을 공탁하는 방식으로 주민들의 토지를 강제 수용할 수 있다는 의미다. 토지의 강제 수용을 위한 공탁 과정은 밀양에서 노골적이었다. 다큐멘터리 영화 〈밀양 송전탑, 그 7년의 전쟁〉(감독 이경희)엔 밀양 상동면 고정리에 거주하는 안병수 할아버지가 공탁소에서 보상금을 찾아가란 공지를 받은 과정을 다음과 같이 설명하는 부분이 나온다. [46]

"그 당시 상동면 18개 마을에 인구가 약 3,500명 정도가 됐거든요. 34명을 두고 주민 설명회를 했어요. 2008년도 1월 달인가, 지주들에게 보상금을 찾아가라는 공지가 왔어요. 선하지나 철탑부지나. 그리고 나서 주민들이 알게 됐죠."
"한전에 보상가라는 것이 있어요. 직원들이 와 가지고 언제까지 안 찾아가면 환수한다 하고, 그런 식으로 압력이 들어가고."

부북면 위양리의 전해권 할아버지도 말한다. [47]

"법원에서 연락이 왔어. 돈을 안 찾아 간다고. 그 사람들이 법원에다가 공탁금을 걸었어. 얼마 걸었는지는 나는 모르지. 공탁금을 안 찾아 간다고 내게 연락이 왔어요. 나는 돈 필요 없다."

[표3] 2014년 송변전시설 주변지역 보상과 지원법률 제정 이전의 보상 규정과 방법

구분		철탑부지	선하지
보상 규정	법률	공익사업을 위한 토지 등의 취득 및 보상에 관한 법률	
	한전규정	물자관리 및 용지보상규정 (자체 내규에 따라 지역지원사업 형태의 간접보상)	
	외부지침	토지보상평가지침 (한국감정평가협회제정·관리)	토지보상평가지침 및 선하지의 공중보분 사용에 따른 손실보상 평가지침(각각 한국 감정평가협회제정·관리)
보상 방법	토지의 사용범위	토지의 지표면 직접 사용	토지 위의 공중구간 사용 (선로 최외측선으로부터 수평거리 3m 이내 직하면적 대상)
	보상금액 산정	토지보상법 제68조에 의거 감정평가업자 2인 이상에게 평가 의뢰	
	보상금액	토지가격 감정평가액의 100%	토지가격 감정평가액의 약 25~35%
	한전의 취득권리	소유권 또는 지상권	구분지상권
	협의 불성립시	토지수용위원회 사용 재결 후 공탁	토지수용위원회 사용재결 후 공탁

이선우·홍수정, "송변전설비 건설갈등 해소를 위한 과정과 선택: 밀양 765kV 송전선로 관련 갈등조정위원회 운영사례를 중심으로", 한국정책과학학회보 제16권 제2호, 한국정책과학학회, 2012, 196쪽에서 인용

최외측 송전선   최외측 송전선

송·변전시설 주변지역 보상과 지원법률(송주법)

	보상대상	보상주기	청구기간	보상금액	재원
선하지보상	송전선외측 3m까지	건설시 1회	해당없음	토지감정가의 약 28%	사업자
재산적보상	송전선외측 13m~33m까지	건설시 1회	공사준공 후 2년(사업자가 협의요청 공문발송)	선하지보상 수준 이내	사업자
주택매수	송전선외측 60m ~ 180m까지	건설시 1회	공사준공 후 2년	주택감정가격 + 이전비 등	사업자
지역지원 사업	송·변전설비 외측 700m ~ 1000m까지	매년	해당없음	연간 2,000억 원 규모	사업자(예외적 전력기금)

* 2014년 7월 29일부터 많은 논란 속에 〈송변전시설 주변지역 보상과 지원법률〉이 시행되었다. 위의 표는 핵심 변경사항이 무엇인지를 보여준다. 그런데 보상지원 대상범위는 송전탑의 규모별로 다르다.

송전선로 유형 보상/지원 규정	765kV (밀양)	345kV (청도)	154kV
재산보상	33m	13m	없음
주택매수	180m	60m	없음
지역지원	1km	700m	없음

주민들과 보상협의가 안 되자 보상금을 공탁하고 토지를 강제 수용한 것이다. 그런데 안병수 할아버지의 고발은 단지 보상금 공탁의 문제만이 아니라 한국전력의 공사 전체가 밀양 주민들을 배제하는 방식으로 작동했음을 보여준다. 이 또한 '전원개발촉진법' 내에 허용된 부분이었다. 지역 주민들과 한국전력의 갈등이 폭증하고 이의 해결 과정에 투입되는 비용이 급증하자 2009년 전원개발사업 실시 계획에 해당 지역 주민의 의견수렴 절차를 개선하는 개정이 이루어진다. 그렇지만 법 제5조의 2 제1항, 제4항 ②에서 "전원개발사업자는 제1항에 따라 청취한 주민 등의 의견이 타당하다고 인정할 때에는 이를 실시계획에 반영하여야 한다"고 규정함으로써 지역 주민의 의견을 반영할 것인지의 여부는 전원개발사업자인 한국전력이 정하게 되었다. 바꾸어 말한다면 지역 주민의 의견 반영 문제가 한국전력의 내부 방침에 달려 있다는 것이다. 또한 '전원개발촉진법'은 전원개발사업 추진 행정 절차를 ① 전원개발사업 실시계획에 대한 지식경제부 장관의 승인, ② 그 이후 해당 지역이 포함된 광역 지방자치단체장의 의견 수렴과 다른 중앙행정기관장과의 협의, ③ 전원개발사업추진위원회의 심의를 통한 승인의 단계로 규정하고 있다. 전원개발촉진법에 명시된 이러한 추진 행정 절차에는 다음과 같은 문제가 존재한다. 하나는 해당 지역 주민들의 의견수렴 절차의 형식화다. 그리고 무엇보다도 이 법안에서 유일한 전원개발 계획의 입안자는 '전원개발사업자'인 한국전력뿐이다. 이 법안에 제시된 추진 행정 절차는 한국전력이 입안한 계획에 대한 승인 과정만을 논의할 뿐 한국전력의 계획 수립 과정 자체에 대한 참여의 계기는 전혀 존재하지 않는다. 또 송전 선로 건설에 필요한 입지 선정 과정에 대한 절차는 '전원개발촉진법'에 들어 있지 않고, 한국전력의 내부 방침에 따라 이루어진다. 한국전력은 지역 주민들과의 갈등 격화로 인해 발생하는 문제를 해결하기 위한 대안으로 '입지선정자문위원회'의 구성을 제안하고 있다. 그러나 주민대표를 포함한 관련 이해당사자들의 협의로 갈등의 해결을 지향한다는 취지와 달리 입지선정자문위원회는 법적 근거 없는 한국전력의 내부방침일 뿐이다. 그래서 "주민 갈등이 첨예하게 대립하는 경우, 한국전력 임의로 입지선정자문위원회를 구성하거나 생략하는 문제"가 발생했다. 동시에 입지선정자문위원회에 대한 주민들의 '참여'가 한국전력의 입지선정 과정에 절차적 정당성을 부여하는 과정으로 인식됨에 따라, 갈등 지역 주민들의 입지선정자문위원회 '참여' 자체가 사실상 매우 제한적이거나 이를 계기로 한국전력이 지역 주민들을 분할하여 대응하는 전략의 일환으로 작동했다.

지역 주민들과 한국전력의 갈등을 매개하는 '입지선정자문위원회'란 구상은 주민의 참여를 한국전력 전원개발 사업의 절차적 정당성과 연결하려는 시도일 뿐 한국전력에 대한 주민들의 민주적인 통제 능력을 확장하는 방향으로 설계되지 않았다. 정부와 한국전력은 지역 주민들과의 갈등이 발생할 때마다 지역 주민들의 주장을 전체 국민경제의 필요에 반하는 특정 집단과 개인들의 이기주의로 비판하면서 자신들의 사업을 전체 국민을 위한 '공공사업'으로 규정한다. 전원설비는 전체 국민의 '공적 자원'이기 때문에 일부 집단과 개인들의 반대로 인해 지체되거나 변경될 수 없다는 것이다. 그런데 정부와 한국전력은 바로 이 "공적 자원"을 민

[표4] 송전 선로 건설사업 추진 절차상 문제점

구분	관련 법률	문제점
기본계획 수립단계	전기사업법	송전선로 건설사업의 근거가 되는 '전력수급기본계획', '장기송배전설비계획' 수립을 엄격하게 심의할 독립기구 없음.
사업실시계획 수립 추진단계	전원개발촉진법	산업통상자원부 장관의 실시계획 승인만 받으면 19개 법률의 인허가 등을 받은 것으로 처리, 지방자치단체·주민 의견 반영 않고 일방적 사업진행 가능.
송전선로 설치지역 선정절차	없음 (한전 내부 방침)	법적 근거 없이 사업자가 임의로 입지선정자문위원회를 구성하거나 이 과정을 생략해 절차적 타당성 확보 곤란.
주민 보상기준 및 지역 지원사업 관련	전기사업법 한전 내부 규정	과학적·객관적 피해조사 없어 근거 부족. 토지·주택 소유자 아닌 피해 주민 보상 없음. 전자파 피해 구제책 없음.

* 《한겨레》 2013년 10월 14일 자, "송전탑 강행 뒤엔 '유신 악법' 전원개발촉진법 있다"에서 인용

주적으로 통제할 수 있는 능력을 주민들과 공유하는 것에는 반대하면서 의견 수렴 곧 '자문'을 위한 참여를 보장하는 '입지선정자문위원회'를 제안한 것이다. 주민들의 요구에 직접적이고 항상적으로 반응하지 않는 제도에 주민들이 참여를 거부하는 것은 이런 점에서 합리적이다. 한국전력이 실질적인 권력을 공유하지 않기 때문이다. '참여'는 공적 자원에 대한 주민들의 민주적인 통제를 가리키는 개념이 아니라, 한국전력의 사업을 정당화하고 그 계획안으로 주민을 '포섭'하는 개념으로 정부와 한국전력에 의해 전유되어 버린 것이다.

주민과 함께 결정하는 과정이 아닌 해당 지역 주민을 포함해 전체 국

민경제 일반을 위해 한국전력이 대신 결정하는 원리로 작동하는 이런 행정 추진 방식은 관료적 국가기구로서의 정부 및 시장의 합리성과 연결된 한국전력 양자가 공적 자원인 전원설비에 대한 효율적이고 합리적인 의사 결정의 주체임을 전제한다. 그리고 이 과정에서 실제 지역 주민들의 경험적이고 일상적인 지식들은 부정되거나 혹은 '자문'과 같은 형식으로 주변화되어 실질적인 권력을 부여받지 못한다. 여기에서 행정 집행과 정책 수행은 전체 사회의 변화의 합리적인 방향을 인지하고 있는 유일한 주체인 국가와 이를 효율적으로 수행할 수 있는 특정 집단으로서의 한국전력을 통해 위로부터 아래로 부과되고, 전원설비의 계획과 집행은 이런 계획을 부과하고 실행하기 위한 공학(Engineering)의 문제로 전환된다. 이런 상황은 한국전력과 주민들의 회의 과정에 노골적으로 나타난다. 왜냐하면 주민들이 제시하는 대안 자체를 한국전력이 합의 절차의 외부로 배제하기 때문이다. 곧, 주민들이 제시하는 대안은 논의조차 불가능했다. 박정규 상동면 대책위원장은 이 상황을 다음과 같이 고발한다.[48]

"우리가 예를 들어서 한전하고 대화 도중에, 뭐, 초전도를 가지고 이야기하면, 탁자에서 탁 일어납니다. 탁 일어나가지고, 지금부터 다시 또 초전도를 가지고 이야기하면, 내일부터 회의를 중단하고 내일부터 공사하겠다. 그렇게 우리에게 으박을 지릅니다."

박정규 대책위원장이 말하는 '초전도'는 초전도케이블을 말한다. 밀양 주민들은 송전 철탑을 세우지 않고도 전기를 보낼 수 있는 대안으로 초전도케이블을 통해 전기를 보내는 방법을 제안했다. 초전도케이블은 환경 파괴나 전자파 피해가 거의 없다고 알려졌고, 송전 과정에서 발생하는 전력 손실 없이 대용량의 전력을 장거리 송전할 대안으로 부상하는 매체였다. 밀양 주민들은 함양과 울산 간 고속도로 공사 시에 초전도케이블을 넣을 관로를 함께 묻는다면 비용을 더 줄일 수 있을 것이라는 방법도 제안했다. 그러나 언제나 한국전력은 "시기상조다", "비용이 너무 많이 든다"는 대답만 되풀이하면서 주민들이 제안한 대안 자체를 논의 대상에서 배제하고 있었다.[49] 그뿐만 아니라 이는 한국전력에 반대하면 공사를 강제로 진행해버리겠다는 '윽박'과 함께 진행된다.

그래서 '입지선정자문위원회'라는 절차 안에 제시된 권력의 공유 없는 주민 대표의 '참여'가 한국전력의 밀양에 대한 태도를 드러내는 것이 아니라, '입지立地 선정'이란 말이 한국전력의 본질을 드러낸다. 입지란 "인간이 경제 활동을 하기 위해 선택하는 장소"를 말한다. 이 개념에는 그래서 장소 선택을 위한 '척도'의 권력 문제가 결합되어 있다. 왜냐하면 경제 활동이란 관점에서 다양한 장소의 조건을 평가하는 과정을 통해서만 '입지'가 선정되기 때문이다. 장소마다 고유한 조건들은 이 과정에서 오직 경제 활동을 위한 계획의 집행이란 관점에서만 평가된다. 전체 국가 단위에 대한 예측과 전망을 수립하는 계획주체인 정부와 한국전력은 이 과정을 공학기술과 합리성 그리고 효율성이란 관점에서 수행한다. 그리고 자신들이 선정한 특정 장소를 '입지'로 전환하기 위한 일련의 절차들을 진행한다. 그런데 이 과정에서 해당 '장소場所'의 고유성은 소멸한다. 장소는 단지 어떤 일이 이루어지거나 일어나는 곳만을 의미하지 않는다. 우리 모두는 장소에서 세계를 경험하고, 동시에 바로 우리 자신을 구성한다. 장소의 정체성은 인간의 정체성과 분리될 수 없는 고유의 능력을 보유한다. 그러나 '입지'는 장소에 내재된 이런 정체성을 구성하는 경험방식과 감정을 배제하고 단지 장소를 경제 활동의 가치라는 척도로 평가하여 평면화한다. 바로 이 때문에 특정 장소에 귀속된 주체들 곧 '주민'들의 장소와 연관된 일상적이고 경험적인 지식들은 자문 대상이 될 수는 있지만, 자신들이 수립한 계획의 변형을 가능하게 하는 동등한 권력의 근원이 될 수 없다. 왜냐하면 입지 선정 과정은 장소의 정체성 일반에 대한 부정을 통해 작동하기 때문이다. 필요하고 인정되는 지식은 해당 장소의 고유성에 대한 지식이 아니라 전체 사회의 계획 구축을 위해 필요한 사회공학(Social Engineering) 모델이다. 사회공학 모델이란 국가가 전체 사회의 변화를 만들어내는 공학자(Engineer)로서 행위하는 모델을 말한다. [50] 이 모델 안에서 전체 사회는 기계와 동일시된다. 기계의 혁신을 만들어내는 공학자처럼 국가는 전체 사회의 제도 혁신을 위로부터 부여하는 구상의 중심이자, 실행 명령의 유일 단위로 인정된다. 여기에서 '기계'는 단지 하나의 은유가 아니다. 왜냐하면 전체 사회를 구성하는 요소들과 관계들이 수학 법칙을 통해 파악 가능하고, 파악해야만 하는 기계요소로 번역되어 나타나기 때문이다. 힐러리 웨인라이트의 분석처럼 '기계'라는 은유는 "국가를 조종하는 이들이 사회의 법칙을 알고 변수를 파악하며, 행동을 취하고 그 결과를 예측해 측정할 수 있다"고 가정한다. [51] 그래서 이 모델 안에서 실제 정책의 집행은 공학적인 문제로 여겨지고, 전문공학기술을 보유한 관료집단이 해당 문제를 가장 잘 알고 있는 집단으로 인정된다. 이런 사회공학 모델은 특정한 지식의 정치학을 전제한다. 곧, 전체 사회의 변화를 만들 수 있는 적합한 지식은 기계로 번역될 수 있는 공학적이며 통계적인 지식이고, 이 지식의 습득은 전문 훈련 과정을 통해 이루어져야 한다는 전제가 바로 그것이다. 그래서 이런 모델 안에서는 국가와 한국전력만이 전체 사회의 변화 곧 발전과 진보를 위한 적합한 지식을 보유한다고 전제된다.

사회공학 모델은 국가의 공공정책 구상이나 행정의 집행 과정에 내재된 패러다임으로, 모든 국가의 계획 수립과 이의 실현을 위한 행정 과정 전체를 관통하며 지배한다. 그래서 한국전력과 정부의 입장에서, 밀양은 국가의 사회공학 모델 안에서 전력망 구축을 위해 선정된 하나의 '입지'일 뿐이다. 이 입지는 일련의 사회공학 모델에 근거해 선정된 것이기 때문에 이 장소의 고유성과 연결된 밀양 주민들의 주장은 모두 부정된다. 밀양 주민들은 단지 자신들의 고충을 말할 수 있을 뿐, 전체 사회의 발전과 진보를 위한 적합한 지식의 주체로 인정되지 않기 때문이다. 장소를 입지로 전환하는 과정에 필수적인 공학적이며 통계적인 지식은 장소에 귀속된 인민들의 일상적이고 경험적인 지식을 통해 획득될 수 없는 것이다. 밀양 주민들이 국가 전체의 경제 발전을 위한 해결책을 제시할 수 있다는 가능성이 한국전력과 정부의 사회공학 모델 내부에는 존재하지 않는다. 그래서 "누가 유효한 지식을 갖고 있는가, 그리고 누가 변화를 가져올 것인가"에 대해 국가라는 분명한 해답을 갖고 있는 사회공학 모델은 장소의 입지로의 전환 과정에 주민들을 '자문'의 위치로 수용할 수는 있지만, 이 과정에 대한 통제 능력을 공유하지 않는다. 장소 기반 인민에겐 그런 능력이 없다고 전제되기 때문이다. 곧, '참여'라는 이름으로 민주적인 참여가 봉쇄되는 역설의 구조가 내재되어 있는 것이다. 이런 점에서 2005년 밀양 송전탑 건설 시행계획이 '참여'를 구호로 내건 노무현 정부 하에서 이루어진 것은 의미하는 바가 크다.

1 입지와 객관적 외부성

국가 전력망 구축은 자본주의 산업화를 위한 국가계획의 일부로 진행되었다. 국가는 경제발전과정의 단계별 목표를 수립하고, 이 목표를 실현하기 위해 필요한 자원들을 동원하는 방식으로 '계획'을 집행했다. 이 과정에 종속된 국가 전력망 구축 계획은 "예측과 공급(Predict and Provide)"의 원리에 의해 만들어졌다. "예측과 공급"은 미래의 전력 수요를 예측하고 이 수요의 충족을 위한 공급체계를 만드는 계획 방식이다. 국가 전력망에 대한 "예측과 공급" 원리를 통한 접근은 현재의 전력망을 언제나 미래의 관점에서 평가하도록 만든다. 이 때문에 현재의 전력망은 언제나 이미 낡은 것이다. 왜냐하면 지속적이고 안정적인 경제 성장을 전제로 예측된 미래의 전력 수요 평가 기준에서 현재의 전력망을 바라본다면 언제나 부족하기 때문이다. "예측과 공급" 접근은 그래서 성장을 위한 계획 수립 과정에 적합하다. 다르게 본다면, "예측과 공급" 접근에서 설정된 '미래'는 현재의 경제 성장 모델을 확대재생산하는 미래다. 그래서 이 접근은 현재와 동일한 미래의 성장을 위한 자원의 할당, 평가, 동원 등의 과정을 위해 만들어졌다. 미래의 이름으로 현재를 파괴하는 '개발'과 '성장'의 패러다임이 이 내부에 존재한다. 바로 이 때문에 더 이상 미래의 "성장"이 보장되지 않는 불투명한 국면에선 "예측과 공급" 원리가 작동하지 않는다. "예측과 공급" 접근은 1930년대 국가의 중앙 집중 계획을 통한 개발을 위해 만들어졌다. 그리고 1950년대와 60년대를 경유하면서 "예측과 공급"은 도시화와 산업화의 요구에 직면한 모든 국가의 개발 계획의 원리가 되었다. 그런데 1990년대를 경유하면서 이 접근에 대한 회의와 비판이 급증하고 있다. 과거의 확대재생산을 통해서는 예측 가능한 미래가 존재하지 않기 때문이다. 개발 과정에서 발생한 문제들이 1990년대 집중 조명되면서 미래의 수요가 아닌 현재의 재생산을 위한 효율적이고 능동적인 관리의 방향으로 패러다임의 전환이 발생하는 것 또한 이와 관련 있다. 미래의 성장 대신 성장의 한계가 현재 국면의 중심 문제로 부상했기 때문이다.

한국의 국가 전력망 또한 "예측과 공급"의 원리를 중심으로 만들어졌다. 이는 자본주의 산업화를 통한 경제 성장이란 국가 목표 달성을 위해 효율적인 계획을 수립하고자 한 것이었다. 그러나 이 접근의 한계가 분명해진 1990년대 이후에도 국가 전력망을 구축하는 중심 원리였던 "예측과 공급"에 대한 반성은 이뤄지지 않았고, 이를 대체할 대안 패러다임을 통해 국가 계획이 수립되지도 않았다. 오히려 성장을 반복하려는 또다른 수단에 의한 산업화 전략이 1990년대를 경유해 등장하면서, "예측과 공급"은 여전히 국가 전력망을 구성하는 중심 원리로 작동하고 있다. 이런 현실을 집약해서 보여주는 예가 바로 '국가에너지기본계획'이다.

2006년 제정된 〈에너지기본법〉은 20년 단위로 에너지 체제의 관리를 위한 국가 전략 수립을 요구한다. 이에 따라 정부는 2008년 제1차 국가에너지기본계획을 수립했다. 국가에너지기본계획은 국내외 에너지 수급의 추이와 전망, 에너지 공급, 온실가스 대책, 안전관리, 기술 개발, 인력 양성, 국제협력, 자원 개발 등에 대한 계획들이 포함되는 "에너지 정책 관련 최상위 국가전략"이다. [52] 그런데 이 국가에너지기본계획 수립 과정에 투입되는 요소들과 이 요소들의 관계를 구조화하는 수학모형 자체가 한국 경제의 지속적인 성장과 발전을 전제로 만들어진 것이다. 요소들의 투입과 관계를 구조화하는 수학모형은 에너지경제연구원의 전문가들을 통해 만들어지지만, 이 수학모형에 투입되는 요소들의 판별과 기입되는 수치는 한국개발연구원과 한국산업연구원으로부터 공급받는다. 그런데 이 과정에서 특정한 경제 성장 패러다임을 공유하는 전문 엘리트들이 선택한 미래의 경제 성장 예측 모형이 곧바로 에너지기본계획의 요소 내로 투입된다. 곧, "경제는 지속적으로 성장하여 산업의 총부가가치는 계속 확대될 것이며, 농림어업의 비중은 계속 감소하며, 3대 에너지다소비 업종(석유화학, 비금속광물, 1차금속)의 비중은 약간 감소되지만 20%를 꾸준히 유지할 것"이라는 전제가 에너지 정책 관련 국가전략 내로 투입된다. [53]

이런 "예측과 공급" 원리와 분리하여 밀양 사건을 이해할 수 없다. 왜냐하면 밀양을 경유하는 송전 선로가 반드시 필요하다고 정부와 한국전력이 주장하는 이유가 바로 미래의 전력 수요 충족이기 때문이다. 정부와 한국전력은 신고리 원자력발전소 3호기가 건설되면 현재의 송전 선로로는 부족하다고 말한다. 현재 작동하고 있는 송전 선로로는 추가 건설되는 원자력발전소에서 생산된 전력량을 담보할 수 없다는 것이다. 곧 밀양의 송전 선로는 현재가 아닌 미래의 원자력발전을 위한 예측의 산물이다. 그런데 정부와 한국전력의 이런 미래에 대한 예측엔 폐기되어야 할 오래된 원자력발전소의 발전 용량까지도 포함되어 있다. 낡은 원자력발전소인 고리 1, 2, 3, 4호기를 폐기하지 않고 가동시킨다는 전제 하에 밀양을 경유하는 송전 선로가 설계된 것이기 때문이다. 고리 1호기 한 기만 폐기한다고 하더라도 현행 송전 선로를 통해 신고리 원자력발전소 4호기의 발전 용량을 담보할 수 있다는 사실은 정부와 한국전력의 주장 안에서 은폐된다.[54] 고리 1호기는 1971년 11월에 착공되어 1977년에 완공되고 1978년 4월에 상업운전을 시작한 한국 최초의 상업용 원자로다. 고리 1호기의 설계 수명은 30년이다. 그래서 원래 계획대로라면 고리 1호기는 지난 2007년에 폐기됐어야 했다. 그런데 정부가 수명을 2017년까지 10년 연장했다. 그리고 현재 이를 더 연장하려 한다는 의혹이 광범위하게 제기되고 있다. 이 때문에 2014년 6월 18일 새정치민주연합 장하나 의원은 노후한 원전의 수명 연장을 금지하는 법안을 대표 발의하기도 했다. 1970년대 시작된 한국의 원자력발전은 그 자체가 한국 자본주의 산업화를 위한 전략의 일부였다. 석탄, 석유, 그리고 천연가스에 의존하는 화석에너지 기반 발전설비는 해외에서 구입하는 자원들에 의존해야만 했기 때문에 해외 시장 변동에 따라 국내 발전설비가 좌우되는 불안정성을 내재하고 있었다. 이런 불안정성을 극복하는 동시에 보다 경제적인 대용량 전력 공급을 위해 화력발전소나 태양광발전소 혹은 수력

발전소에 비해 발전 비용이 저렴한 원자력발전소가 1970년대를 경유하면서 전력계통 구축의 핵심으로 부상했다. 특히 1990년대를 경유하면서 기후변화에 대한 대응이 모든 산업국가의 공통 문제로 부상하면서 온실기체를 배출하지 않는 원자력발전의 속성에 착안해 원자력발전을 기후변화 대응의 효과적이고 유일한 전력정책이자 기후변화가 창출한 대안 산업으로 발전시키고자 하는 전략이 결합하게 되었다. 이런 점에서 원자력발전산업의 위상 변화는 한국 전력산업의 위상 변화를 그대로 반복한다. 왜냐하면 국가의 하부구조로부터 독립적인 이윤 동기를 갖는 전력자본의 한 유형으로 발전하고 있기 때문이다. 정부와 한국전력이 고리 1호기의 수명을 연장하는 이유는 다음과 같다. ① 고리 1호기를 폐기하면 미래의 전력 수요를 충족할 수 없다. ② 기후변화에 대응할 수 있는 에너지원의 변화를 위해 원자력발전소의 유지 존속이 중요하다. ③ 전력 생산에 투입되는 비용을 절감할 수 있다. 곧, 미래의 전력 수요와 기후변화에 대한 대응 과정 그리고 이를 관통하는 경제적인 효율성의 원리가 중첩되어 있다. 밀양의 송전 선로가 바로 이런 원리를 통해 다원적인 요소들이 집적된 한국의 원자력발전과 연결되어 있기 때문에 송전 선로의 문제를 넘어 한국의 전력계통 설계 그 자체에 대한 근본적인 문제 제기로까지 발전할 가능성을 지니고 있었다. 밀양 투쟁이 "탈핵" 투쟁과 중첩되어 진행된 배경은 바로 이것이다.

현재의 전력 수요가 아닌 미래의 경제 성장에 필요한 전력 수요를 충족하기 위해 만들어진 "예측과 공급" 원리는 이 원리의 실현을 위한 합리적 계획 모델(Rational Planning Model)을 요구한다. 전력망의 구축에는 목

[그림3] 전력 수요 예측 방법

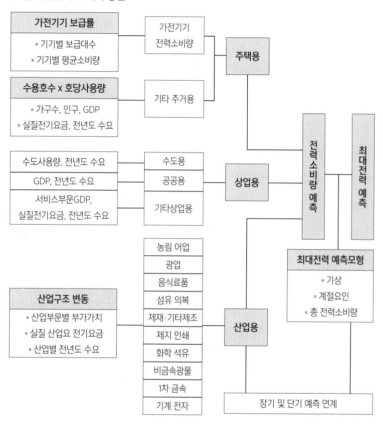

* 〈제4차 전력수급기본계획(2008~2022년)〉, 2008. 12. 지식경제부 공고 제2008-377호, 16쪽에서 인용.

표를 설정하고, 이 목표를 실현하는 과정에 제기되는 문제들을 정의하며 경합하는 대안들을 평가할 수 있는 계획 모델이 필요하다. "합리적 계획 모델"은 목표 설정과 이의 실현을 위한 전 과정을 기술과정(Technical

Process)으로 전환시켜 진행하는 계획 모델이다. 합리적 계획 모델은 미래의 수요를 예측하고, 이의 실현을 위해 현재 무엇에 어떻게 투자할 것인가의 문제를 논리적이고 기술적인 처리 과정을 통해 계획 수립자가 비교 판단할 수 있는 수량화된 수치를 제공한다. 이런 "합리적 계획 모델"을 통해 미래의 수요를 예측하고 공급하기 위한 계획을 수립하는 방법을 '포캐스팅Forecasting' 방법이라고 부른다. '포캐스팅'은 전력 수요에 영향을 미치는 요소들을 판별하고, 이를 변수로 전환한 후 이들 사이의 관계를 수학을 통해 모형화한다.[55] 전력 예측과 공급을 포함해 한국의 에너지 체제 전반에 대한 계획인 '국가에너지기본계획'이 바로 이런 모형을 통해 수립된다. 이를 담당하고 있는 에너지경제연구원은 자신의 방법을 다음과 같이 설명한다. "에너지 수요의 부문별 특성에 입각해 경제활동 수준, 에너지 이용 기술, 에너지 이용기기의 보급률, 에너지원 단위 등의 변수를 이용해 수요 전망의 기본구조식"을 만들고, 이 수학모형의 안정성을 검증하는 방식으로 진행한다는 것이다.[56] 이런 계획 모델은 송전선로의 경과지 선정 과정에도 그대로 적용된다. "예측과 공급"의 원리에 기반을 둔 합리적 계획 모델은 전문공학기술에 근거를 둔다. 입지 선정 과정에서 갈등이 증폭되어 감에 따라 이 기술의 필요성은 한국전력과 정부 내에서 더욱 커졌다. 객관적이고 과학적인 전문공학기술의 지원을 통해 '입지'를 선정하는 프로그램을 운영함으로써, 한국전력과 정부는 국가 전력망 구축에 필수적인 최적 입지를 도출하는 동시에 입지 선정과 관련된 다양한 이익집단들의 의견을 수렴할 수 있는 의사결정의 방법과 판단 기준을 제안한다. 입지 선정에 대한 기술을 보유하고 있는 한국전력기술에 의하면, 입지 선정 과정에는 지리정보시스템(GIS), 위성영상자료 처리 시스템(RS), 철탑위치선정시스템, 경관시뮬레이션, 다기준 의사결정기법 등 고도의 전문 분석 기법이 동원된다.[57]

한국전력은 765kV 신고리−북경남 송전 선로 경과지 선정을 위해 이런 기술을 보유하고 있는 한국전력기술에 용역을 주었다. 한국전력기술은 위의 기술들을 동원하여 2개의 후보 경과지 중에서 하나의 안을 최적 경과지로 추천했다. 그리고 이에 기초해 2003년 10월 최종 경과지가 결정되었다. 이런 전문공학기술은 정부와 한국전력의 경제 발전과 공간 계획을 연결하는 매체로 작동하면서 특정 이해와 분리된 객관적이며 과학적인 접근을 통한 의사결정으로 입지를 선정했다는 정당성을 부여한다. 전문공학기술은 정부와 한국전력이 국가 전력망의 구축을 위해 모든 장소들을 동일한 척도로 평가할 수 있는 '표준화'의 기법을 제공했다. 표준화의 기술은 장소마다 달라지는 규칙들의 적용이 아닌 모든 장소들에 동일한 규칙을 무차별적으로 적용할 수 있는 가능성을 열어준다. 표준화의 이런 무차별성을 통해 한국전력과 정부는 특정 장소에 대한 고려를 '불공정성'과 동일시하는 동시에, 특정 장소마다 고유한 내적 차이의 부정을 정부의 정책 집행의 '공정성'과 동일시할 수 있게 된다.[58] 이런 전문공학기술 접근은 그 결과로 인해 다양한 갈등이 발생했을 경우에도 갈등에 대한 책임으로부터 면제된다. 반대로 갈등의 존재가 더욱 이런 전문공학기술에 대한 의존으로 귀결된다. 전문공학기술이 갈등 해결책을 제안하면서도, 이 해결책으로부터 발생하는 문제에 대한 모든 책임으로부터 면제되면서 갈등중립적인 도구로 활용되는 것이다.[59] 그러나 현실은 정반대였다. 끊임없이 송전 선로 설계의 적절성에 대한 의문이 제기되었기 때문이다. 밀양 주민들은 101번과 109번 송전 선로가 지역 권력자의 토지를 우회하기 위해 납득할 수 없는 경로로 선정되었다고 주장한다. 주민들은 101번과 109번을 잇는 송전 선로가 가장 효율적인 직선으로 산을 통과하는 형태로 계획되지 않고, 마을과 인가를 둘러싸는 방식으로 계획된 것을 납득할 수 없다는 것이다. 이 때문에 밀양 주민들은 전前 밀양시장 이상조 씨의 조카가 소유한 '산천농원'을 피해가느라 송전 선로가 기형적으로 설계되었다는 의혹을 제기했다.[60] 또한 이런 기형적인 설계에는 청도군이 집권 여당의 실세 의원인 최경환 의원의 지역구이기 때문에, 청도군 안으로 송전 선로를 투입할 수 없었던 현실이 배후에 존재한다고도 주장했다. 그러나 이런 의혹을 확인할 수는 없었다.[61] 문제의 핵심은 이런 의혹 제기에도 불구하고 전문공학기술의 적용을 통한 선정이란 이유로 전문공학기술이 의존하고 있는 권력체계에 대한 비판과 문제제기 자체가 검토와 논의 대상으로 부각되지 않는다는 사실이다. 밀양 주민들의 문제제기처럼 전문공학기술이 적용되는 모든 장소들은 표준화될 수 없는 권력의 작동 장소이기도 하다. 표준화는 권력이 빈 장소에 부여되는 것이 아니다. 표준화는 바로 이런 장소를 구성하는 권력과 결합하여 작동할 뿐 아니라, 표준화 그 자체가 이런 불균등하고 이질적인 권력체계의 장소를 권력이 빈 장소로 규정한다는 점에서 이미 하나의 권력으로 장소의 외부에서 장소에 투입되는 것이다.

모든 장소는 장소마다 고유성을 갖는다. 그래서 장소마다 고유한 속성에 따라 다르게 접근해야 한다. 그러나 전문공학기술을 통한 장소의 평가가 가능하기 위해서는 모든 장소의 동일성이 전제되어야 하고, 동시에 모든 장소가 입지로 전환될 수 있다는 가능성이 존재해야만 한다. 곧, "모든 장소는 단순히 잠재적인 개발 가능성을 담고 있는 위치로 환원"[62] 되어야만 표준화된 척도가 입지 선정을 위해 모든 장소에 적용될 수 있다. 모든 장소가 '입지'가 될 수 있다는 것은 모든 장소가 계획을 통해 자유롭게 조작될 수 있다는 의미이기도 하다. 이런 전제 위에서 전문공학기술은 인격적인 접근 과정에서 발생할 수 있는 주관적이고 감정적인 태도를 미연에 방지하는 동시에, 모든 장소를 경제 활동이란 목표 아래 획일적으로 평가할 수 있는 척도를 제공한다. 그리고 의사결정을 위해 평가를 '계량'화된 수치로 보여준다.

그래서 전문공학기술을 통한 입지 선정 과정에선 '장소'의 고유성이 소멸한다. 보다 정확하게 말한다면 장소의 고유성을 추방해야만 한다. 바로 이 때문에 전원설비 계획의 입안자들은 실제 그 장소를 경험하는 사람들의 방식과 "아주 동떨어진 방식으로"[63] 장소를 입지로 전환하는 계획과 개발을 진행할 수 있게 된다. 이 과정에서 전원설비 계획의 입안자들의 행위를 평가하는 유일한 판단 원리는 장소의 입지로의 전환 과정에 투입되는 전문공학기술과 그 기술의 효율성과 경제 합리성뿐이다. 그래서 효율성과 합리성의 실현을 가로막는 장소의 고유성은 비효율적이고 비합리적인 대상으로 규정되고, 동시에 이 장소의 고유성을 경험하는 동시에 그 고유성의 일부로 살아가는 주민들의 일상적이고 경험적인 방식과 이로 구성된 지식은 계획의 실현 과정에서 배제되어야 하거나 국가 전력망의 구축이라는 추상적이고 보편적인 공공의 경제이익에 종속되어야만 한다. 그래서 이런 전문공학기술을 매개로 진행되는 입지 선정 방식은 "기술을 우선시하는 계획으로서 우리가 일상생활에서 알고 경험 하는 장소와는 유리된 것이고, 장소를 아주 가볍게 보아 무시하고 말살 하는 것이다."[64]

그래서 정부와 한국전력은 송전 선로의 경유지로 선택된 '장소' 외 부에 존재하는 동시에 그 내부의 구성 방식에 대한 진정성 있는 접근을 전문공학기술에 기반을 둔 계획으로 대체하는 객관적 외부성(Objective Outsideness)의 태도를 견지한다. "어떤 장소 안에 있다는 것은 거기에 소 속된다는 것이고, 그것과 동일시되는 것"[65]이라는 렐프의 분석이 타당 하다면, 정부와 한국전력은 장소의 내부에 대한 이해 자체를 부정한다는 점에서 장소의 '외부'에 존재하는 행위자들이다. 이 행위자들은 해당 장 소를 과학적인 방식으로 설명하기 위해 해당 장소를 경험하는 사람들의 직접적인 경험을 장소로부터 분리하는 동시에 해당 장소를 입지로 변형 하려는 계획자들 또한 장소로부터 분리시킨다. "그들이 계획하는 장소 로부터 자신을 감성적으로 분리시키고, 논리, 이성, 효율성의 원리에 따 라 장소를 재조직"[66]해야만 하기 때문이다. 곧, 장소에 대한 주관적인 영 향을 제거하기 위해 해당 장소 외부에 자신을 의식적으로 위치시켜야만 한다. 이런 객관적인 외부성이 한국의 국가경제와 공간계획을 연결하는 과정에 도입된 정부와 한국전력의 공식적인 지리−정치학의 태도라고 할 수 있다.

2 장소의 내부 식민화

장소가 입지로 전환되기 위해서는 장소와 인간이 분리되어야만 한다. 왜 냐하면 장소에 대한 비인격적인 관점이 요구되기 때문이다. 그러나 장소 와 인간의 분리가 단지 장소를 바라보는 관점의 변화라는 인식론적 분리 만을 의미하는 것은 아니다. 장소가 입지로 전환하기 위해서는 장소를 자신의 생활 세계로 만들어온 이들의 삶으로부터 장소를 분리시켜내야 만 하기 때문이다. 이런 분리 과정은 격렬한 갈등을 동반한다. 정부와 한 국전력은 장소와 인간의 이러한 분리 과정을 국가의 필수적인 필요의 충 족이란 이름으로 진행해왔다. '국책國策사업'이 그것이다. '국책'은 국가 의 목적을 수행하기 위해 세우는 정책이나 시책을 말한다. 밀양 주민들 에게 '국책사업'은 이번이 처음이 아니었다. 밀양 평밭마을에 거주하는 이남우 할아버지는 다음과 같이 말한 바 있다. [67]

> "국책사업이라는 명분을 가지고 사업을 지금까지 강행해 왔는데, 지난날 우 리가 새마을운동할 때에 그 당시는 지금 7,80대 할머니 할아버지들이 1970년 대에는 2, 30대입니다. 바로 그 분들이 새마을운동의 주역들이었습니다. 피와 땀과 눈물을 바친 장본인들이 여기 앉아 있습니다. 이런 분들을 보호하고 격 려하고 훈장을 주지는 못할망정 왜 정상적으로 살아가는, 자유롭게 살아가는 이 생활권을 국책사업이라는 명분으로 왜 뺏어 가려고 하느냐는 겁니다."

밀양 주민들은 1970년대에 진행된 농촌 새마을운동을 기억하고 있었다. 새마을운동은 주민들이 경험한 첫 번째 국책사업이었다. 주민들은 당시 권위주의 정부 지도하의 국민적인 근대화 운동으로 진행된 새마을 운동에 "피와 땀과 눈물"을 바쳐 참여했다. 그런데 또 다른 국책사업인 국가 전력망 송전 선로 사업으로 인해 또 다른 "피와 땀과 눈물"을 경험 하고 있는 것이다. 한번은 농촌 재건이란 이름으로 새마을운동에 주민을 동원하더니, 이번엔 바로 그 '마을'을 파괴하는 방향에 주민을 동원한다. 마을 재건과 마을 파괴 모두 국책사업으로 진행되는 이런 역설은 국책사 업이 해당 장소에서 살아가고 있는 인민들의 삶과 무관하게 외부로부터 부여되는 '명령'의 또 다른 이름이었을 뿐임을 보여준다. 고병권은 〈주변 화 대 소수화: 국가의 추방과 대중의 탈주〉라는 글에서 국책사업에 대해 다음과 같이 말한 적이 있다. "판단은 국가가 한다. 니체는 '국가의 설립 자'들을 어느 날 갑자기 들이닥친 야수들이라고 말했다. 그들이 언제 오 는지, 왜 오는지 알 수 없다."[68] 여전히 밀양 주민들은 국가가 왜 인민에 게 지금, 이런 모습으로 오는지 이해하지 못하고 있다. 한국전력은 국책 의 수행자로서 장소와 인간의 분리를 국가의 목적을 달성하기 위한 과 정으로 정당화했다. 이는 한국전력에 대한 반대가 곧 국가에 대한 반대 와 동일시된다는 것을 의미한다. 장소로부터 분리된 인민과 한국전력 사 이에서 발생하는 갈등이 국가와의 갈등으로 치환되기 때문에, 국가는 이 과정에 개입하여 장소를 입지로 전환하기 위한 방법이 필요했다. 그런데 객관적 외부성의 태도는 장소 내부에서 발생하는 갈등을 인민과의 협력 을 통해 관리하는 방법 대신, 장소의 '외부'에서 해당 장소에 명령을 부과 하는 방법으로 해결한다. 장소는 국가의 목적을 위해 동원해야 할 대상일 뿐이기 때문이다. 인민에게 허용된 것은 이 명령에 대한 순응이다. 그래서 한국의 국책사업은 곧 명령-순응의 질서를 전체 사회에 부과하는 방법으로 진행된다. 이런 국책의 논리와 구조는 1930년대 후반 일본 제국주의의 전시 동원 체제 구성 과정에서부터 발생하여,[69] 1960년대 한국 자본주의 산업화를 진행한 군부 권위주의 정치 체제를 통해 완성되었다. 전시 동원 체제에서 개발독재 체제로 전환되는 과정에서 구축된 국책 수행의 방법은 '군사주의' 이외의 것이 될 수 없었다. 전시 동원이란 전쟁 수행을 위해 전체 사회를 동원하는 체제를 말하고, 개발독재란 경제 개발을 최우선 목표로 삼아 독재권력이 전체 사회를 동원하는 체제를 말한다. 그러나 개발독재 과정 자체가 또 다른 수단에 의한 전쟁과 동일시되어 온 한국에서 전시 동원 체제와 개발독재 체제는 모두 전쟁의 원리를 통한 전체 사회의 재구조화를 동반했다. 전쟁 수행을 위한 가장 효율적이고 능동적인 전체 사회의 조직 방법은 사회를 군대와 동일하게 만드는 것이었다. 군사주의는 바로 이 방법이었다. 밀양에 들어온 국가의 존재를 '전쟁'이란 상황 정의를 통해 파악하는 밀양 주민들의 다음과 같은 발언은 이런 구조 안에서 나온 것이다.[70]

"그게 무슨 국책사업입니까. 힘 있는 사람이 힘없는 사람을 짓밟는, 힘 있는 사람과 힘없는 사람과의 전쟁 아입니까. 전쟁이라는 말은 제가 만들어낸 말이 아닙니다. 여기서 송전탑, 경찰이 와가지고 그래 캅디더. 원래 지금 전쟁 상황입니다, 이랬다고예. 주민들 보고, 저거가 전쟁이라 캤기 때문에 저도 전쟁이라고 캤는데 전쟁 아입니까. 그래 힘없는 사람 짓밟기 쉽지 않습니까.

힘 있는 사람은 저거 땅으로는 못 가게 하고."

그러나 국책 수행 과정은 모든 장소와 모든 인민에게 똑같은 규칙으로 무차별적으로 적용되지 않았다. 국가의 필요 충족을 위해 인민을 자신의 생활 세계가 구축되어 있는 장소로부터 분리하는 이런 과정은 ① 서울을 중심으로 이루어진 대도시권인 '수도권首都圈'과 서울 이외의 지역을 의미하는 '지방'의 위계, ② 그리고 도시와 농촌의 위계라는 이중 척도에 의해 진행되었다. 이런 국책사업의 전개 양식은 밀양에서만 나타나는 것은 아니다. 격렬한 갈등을 동반했던 새만금 개발, 평택 미군기지 건설, 제주 강정마을 해군기지 건설, 한미FTA 추진 등은 모두 '국책사업'이다. 방법으로써의 군사주의와 장소의 불균등발전은 이 모든 국책사업에서 발견되는 공통의 요소다.

발전의 전원電源 유형에 따라 개별적인 입지 조건의 차이가 있지만, 일반적으로 발전소 건설에는 다음과 같은 조건 등이 고려된다. ① 자연조건 ② 발전설비 운영에 필요한 자원의 활용 능력 ③ 발전설비 운용에 들어가는 경제투자. 이런 조건 중에서 "송전 손실을 가능한 적게 하고 송전선로 건설비를 절감하기 위해 가급적 부하 중심지 가까이 자리"를 잡아야 한다는 원칙도 존재한다.[71] 이 원칙이 실현되려면, 각 지역에서 필요한 전력은 각 지역 내에서 생산-전송-분배되어야 한다. 그러나 한국의 전력망이 본격적인 구축에 들어간 1960년대부터 국가 전력망은 장소의 생활 세계보다 자본주의 산업화를 위한 공업 우위, 농촌보다는 도시 우위, 그리고 도시 중에서도 서울을 중심으로 형성된 수도권 이외의 지역에 대한 수도권의 우위 아래 중앙 집중적인 전력 공급 체계로 설계, 형성 되었다.

이런 결과는 한국 자본주의 산업화가 지리−정치학 차원에서의 중앙 집중화 과정을 통해 형성되었기 때문에 발생한 것이다. 한국 자본주의 산업화는 권위주의를 통해 구조화되었는데, 이 과정에서 권위주의는 ① 지리적 중앙 집중화, ② 정치적 중앙 집중화를 발생시켰다.[72] 이 두 차원 의 중앙 집중화는 수도권으로 인구의 지리적 집중과 엘리트의 동심원적 중첩 그리고 수도권과 지방의 위계에 기반을 둔 불평등 지리 발전으로 나타났다. 동시에 모든 지방이 동등하게 배제된 것도 아니었다. 다른 지 방과 달리 영남이 집중적인 혜택을 받았기 때문이다.[73] 권위주의는 권력 을 단일 중심으로 집중했고, 중앙 집중화된 단일 정치권력은 자원의 배 치와 분배에 대한 독점적이고 절대적인 권력을 향유했다. 산업화를 진 행한 권위주의 정부는 영남 지역을 정치적으로 동원하기 위해 영남 중앙 집중화의 구조를 활용하여 영남 지역에 산업화의 특혜를 집중시켰다. 이 로 인해 영남은 다른 지방과 달리 권위주의 산업화의 특혜를 공유할 수 있었는데, 이는 곧 "특정 지역에 기반을 갖고 중앙에서 활동하는 지역 엘 리트들이 중앙의 정치 경쟁에서 승리하여 중앙의 정치자원을 독점"할 수 있는 중앙 집중화의 구조로부터 발생한 것이었다.[74] 이 때문에 자원 과 권력이 중앙 집중화된 서울 혹은 수도권으로 엘리트의 지리−정치학 적 집중뿐만 아니라 일반 인민들의 지리적인 집중까지도 나타났다. 권위 주의와 자본주의 산업화가 중앙 집중화를 매개로 진행되면서, 중앙 집중 을 통한 자원의 재분배를 위한 대규모의 경제 발전에 필수적인 자본과의 동맹과 전략 행위가 일반화되었다. 이는 전력계통의 구성 과정에도 동일하게 적용되었다. 전력계통의 핵심은 권위주의 산업화의 과정에서 산업도시 중점 지역인 수도권 지역과 영남 지역의 전력에 대한 수요를 충족하는 것이었기 때문이다. 두 지역의 전력 수요 충족을 위해 전국의 모든 자원을 중앙에서 집중 관리하는 전력 설계가 등장한다.

이에 따라 각 지역의 고유한 요구에 적합한 소규모(Small Scale) 발전설비를 통한 분산전원(Distributed Generation)이 아닌, 국가 전체의 전력 수요 예측에 기반을 둔 대규모 발전설비를 통한 중앙 집중 전원 개발 계획에 따라 국가 전력망의 구성이 이루어진다. 그래서 대규모 발전설비에 적합한 입지 조건을 갖춘 특정 지역이 선택되고, 이 지역에 설치된 발전설비에서 생산된 전기는 특정 지역의 전력 수요가 아닌 전국의 수요를 기반으로 설계되고 운용된다. 이 때문에 대용량의 전력을 장거리 운송하기 위한 송전 선로의 경과지가 과잉 발생하는 동시에 전력의 생산자와 이용자가 분리되는 현상이 중앙 집중 전원 개발의 고유한 특성으로 나타난다.

1) 전국토의 송전 선로 입지로의 전환

이 과정에서 전국의 모든 장소는 잠재적으로 전력망의 입지로 전환될 가능성을 갖고 있었다. 실제로 전국의 전화 과정은 전국의 모든 장소를 전력의 이동을 위한 입지로 전환시켰다. 2013년 8월 30일 기준으로 전국에는 모두 4만1,545기의 송전 철탑이 세워져 있다. 송전 선로의 길이를 모두 합치면 총연장 3만1,600km나 된다. 이런 송전 철탑의 숫자와 총연장은 미국, 중국, 일본 등과 비교할 때에도 가장 많은 수준이다.[75] 이런 송전 선로의 경과 지역 선정은 장소의 생활 세계보다 공업의 발전을 위한 송·배전선로의 효율성 그리고 전국의 전화를 중심으로 이루어졌다. 이런 결과 송·배전 선로는 도시와 농촌의 구별 없이, 그리고 장소와 결합한 인민들의 생활 세계의 고유성과 안전에 대한 고려 없이 전력망의 내적 필요에 따라 구성되었다. 송전 철탑을 이용한 송·배전 방식을 둘러싸고 한국전력과 해당 지역 주민들의 갈등이 격화되자 1976년부터 송전 철탑 대신 지중선로를 이용한 송·배전 방식이 도시설계 과정에 통합되었다. 그렇지만 이는 서울을 중심으로 한 일부 수도권 지역에 한정되었고, 동시에 이에 들어가는 투자비용의 문제로 인해 제한적으로 천천히 증가했을 뿐이다. 이에 따라 송전 철탑은 1990년대 초반까지만 해도 장소가 부여하는 제약을 벗어나 모든 장소를 자신의 입지로 선택할 수 있었다.

1991년 동아일보 3월 10일 자에는 '위험한 송전탑'이란 제목으로 한 장의 사진이 실렸다. 이 사진에 다음과 같은 짧은 글이 붙어 있다. "학교 운동장 한복판에 설치돼 있는 11만5천V의 송전탑. 한전 측은 안전사고 위험은 없다고 밝히고 있으나 교육 환경을 해치는 살풍경이 아닐 수 없다." 송전탑이 학교운동장 한복판에 설치된 이곳은 당시 서울 양전국민학교 운동장이다. 학교운동장만이 아니다. 광주 남구 진월동 진제초등학교 앞뒤엔 1970년대에 설치된 송전탑이 들어서 있다.[76] 그러나 학교 주변에 설치된 송전탑만 존재하는 것이 아니다. 공업단지와 인접한 주택단지를 관통하기도 하고, 산과 근접한 주택들을 둘러싸고 송전 선로가 지나가기도 한다. 1960년엔 도시 인구의 비율이 33.8%에 머물렀지만,

1970년을 경유하면서 49.9%로 늘어난다. 자본주의 산업화와 맞물려 진행된 한국의 도시화 과정은 산업화뿐만 아니라 도시 생활에 필수적인 전력 공급을 요구했다. 그런데 전력망의 공급은 도시의 생활 세계의 안전과 고유한 원리를 실현하는 방향으로 진행되지 않았다. 해당 도시에 필요한 전력의 예측 그리고 이 계획에 따른 입지 선정 과정에는 해당 장소의 고유성과 그 장소와 결합해 살아가는 인민들의 생활 세계가 고려되지 않았다. 학교운동장 한복판에 설치된 송전탑은 한국의 도시화都市化 과정의 한복판에 인민의 생활 세계가 아닌 전력망 그 자체를 위한 송전 철탑이 존재한다는 상징적 표현이다. 2014년 현재 도시의 형성 단계에 설치된 송전 철탑을 '철거'하고 송전 선로를 '지중화'하기 위한 혹은 도심을 관통하는 송전 선로를 인근 산악 지역으로 우회하려는 일부 지방자치단체들의 노력이 진행되고 있다. 이 현상은 1960~70년대를 경유하며 발생한 도시화의 산물이자 토대인 전력망에 의해 제한되거나 주변화되었던 ① 지역 생활 세계의 안전과 ② 송전 철탑이 차지하는 도시부지의 재개발을 포함한 도시 전체의 재개발 및 발전 ③ 그리고 송전 선로 인근과 주변 지역의 경제 가치 하락이 연결되어 일어난 또 다른 수단에 의한 도시화의 연장에서 발생하고 있다.

그러나 이 "또 다른 수단에 의한 도시화"의 송전 선로에 대한 기본 전략은 보이는 송전 선로에서 보이지 않는 송전 선로의 변경일 뿐이다. 곧, 도시의 전력 소비 방식은 유지하면서, 공급 방식을 눈에 보이지 않는 방식으로 '은폐'하는 전략에 기초한다. 이런 전략 아래서는 도시의 전력 공급을 위해 수도권 이외의 지역인 '지방' 그리고 무엇보다 '농촌' 지역에서 진행된 도시에 의한 농촌의 '보이지 않는 착취(Invisible Exploitation)'의 관계가 문제로 부상하지 않는다. 한국에 송전 철탑이 많은 이유는 한국의 발전설비가 면적에 비해 집중도가 높기 때문인 동시에 핵심 발전설비들이 먼 거리에 떨어져 있고 대용량 발전인 화력과 원자력발전에 집중하기 때문이다. 곧, 자기 지역에 필요한 전력을 지역 내부에서 발전−송전−배전하는 분산 전원 체계가 아니다보니, 다른 지역에서 전기를 끌어와야 한다. 그리고 바로 그만큼 송전 선로가 연장되어야 하고, 지중선식에 비해 투자비용이 적은 송전 철탑의 수는 그만큼 많아진다.

대용량 발전설비에서 생산된 대용량의 전기를 투자비용 대비 높은 효율성을 내는 방식으로 송전하기 위해서는 한 번에 많은 용량의 전기를 보내는 동시에, 이 과정에서 발생하는 전력 손실을 최소화해야 한다. 바로 이 때문에 '154—345—765kV'와 같은 고압 송전전압 체계가 도입된다. 그런데 이런 고압 송전전압에 근거한 송전 선로의 구축에는 대용량 송전 철탑 또한 필요하다. 국가 전력망의 송전전압이 초고압으로 설계되는 과정 자체에 이미 전력의 생산지와 소비지의 분리가 구조화되어 있다. 왜냐하면 전력의 장거리 송전 과정에서 발생하는 전력 손실을 계산하여 송전전압을 설계하기 때문이다. 전력의 사용자들과 가깝거나 그들의 장소 자체에서 전력이 생산된다면 현재와 같은 초고압 송전전압은 불필요하다. 전국적으로 765kV 송전 철탑은 902기, 345kV는 1만1,600기, 154kV는 2만7,000여 기가 존재한다. 이런 대형 고압 송전 철탑일수록 전자파 발생량이 많은 동시에 건설을 위한 토지 수용 면적도 늘어난다.[77] 그런데 이런 송전 선로 경과지에 필요한 입지를 위한 토지 수용 과정은 도시와 농촌에서 그 의미가 상이하다. 왜냐하면 도시는 기본적으로 토지를 직접적인 생산 활동의 대상으로 삼지 않기 때문이다. 그러나 농촌의 토지는 그 자체로 노동의 투입 대상인 생산자원이기 때문에 토지 수용 과정은 토지로부터 인민의 직접적인 분리 과정을 촉발한다. 그래서 송전 철탑의 설치는 해당 장소의 인민으로부터 토지를 박탈하는 동시에 장소의 정체성과 연동되어 있던 주민들의 정체성까지도 심각하게 훼손한다. 곧, 도시 지역으로의 전력 공급에 필요한 송전 선로의 구성을 위해 인민들이 자신의 장소로부터 '추방'되는 것이다.

2) 토지 수용과 장소의 '약탈'

'소유'는 대상으로부터 타자를 분리시켜 대상에 대한 독점적인 권리를 확보하는 관계다. 모든 국가는 그래서 각 개인의 소유를 보장하는 동시에 타자의 소유에 대한 '약탈'을 방지하는 치안 질서를 보장한다. 그런데 오직 '국가'만이 이런 소유의 관계로부터 발생하는 권리를 파괴하고, 인민의 부富를 폭력을 통해 약탈할 수 있다. 그 이유는 다음과 같다. 국가의 인민에 대한 '부의 징수' 권리가 배타적으로 보장되기 때문이다. 그래서 각 개인의 소유에 대한 권리는 언제나 "국가 이외의 주체들은 주민들의 부를 수탈할 수 없다"는 형태로 규정된다.[78] 국가의 인민에 대한 부의 징수가 존재하는 이유는 국가가 직접 부의 생산 주체가 아니라 다른 주체들이 생산한 부를 전유하는 주체이기 때문이다. 그러나 국가의 인민에 대한 이러한 부의 징수가 무제한적인 것은 아니다. 국가는 인민의 안전에 대한 보장을 대가로 인민의 부를 전유할 수 있는 배타적인 권리를 획득하기 때문이다. 그리고 이 배타적인 권리의 실현을 위한 국가의 폭력은 오직 공권력의 유형으로 실현되어야만 한다. 곧, 국민 전체를 위한 폭력으로 작동할 수 있을 때에만 인민의 부의 국가로의 전유는 정당한 수용 과정이 된다.

그래서 인민의 부의 한 형태인 토지를 국가가 수용하는 과정은 토지 수용에 대한 법률을 통해 국가 자신에 의해 관리된다. 토지 수용에 대한 법률들은 토지의 수용 과정을 특정한 공익사업에 필요한 토지로 한정하는 동시에 정당한 보상의 지급을 강조한다. 공익사업으로 인한 피해를 유형화할 수 있다면 대상에 따라 재산권 피해와 생활 피해로 구분할 수 있다. 그리고 보상 형식에 따라 직접 보상과 간접 보상으로 나뉜다.[79] 한국전력은 토지에 대해서는 직접 보상하지만, 토지 수용 이후 발생하는 인민의 생활 문제에 대해서는 간접 보상을 원칙으로 하고 있다. 간접 보상이란 토지 수용 과정이 촉발시킨 인민의 일상생활의 문제를 한국전력이 직접 책임지지 않고, 해당 지역을 간접 지원하는 방식을 말한다. 한국전력 특수보상규정에 의하면 마을 중심에서 500m 이내[80]에 송전 선로가 설치되는 경우 지역지원사업을 할 수 있게 되어 있다. 이때 지역지원사업은 소득증대사업, 공동시설사업 및 육영사업 등으로 구분된다.[81] 문제는 간접 방식에 의한 생활 보상 제도가 주민의 일상생활 파괴에 대한 '보상'이 될 수 없을 뿐만 아니라, 법률에 근거한 의무사항 또한 아니라는 것이다. 이 때문에 한국전력은 토지의 소유 권리에서 발생하는 재산권 문제에 집중할 뿐, 일상생활의 파괴에서 발생하는 문제에 대한 보상은 토지 수용 합의 도출을 위한 전술 제도로 활용한다. 이는 곧 한국전력의 보상 체계가 토지 수용 과정에서 발생할 수 있는 인민의 일상생활 파괴에 대해 어떤 법적 책임도 없음을 의미한다. 이 때문에 한국전력은 토지 수용 과정에만 집중할 뿐, 토지 수용 이후 해당 장소와 결합한 인민들의 일상생활에 어떤 문제가 발생하든 무관심하다. 밀양 야산에는 주로 밤나무 밭이 분포해 있다. 그런데 송전 철탑이 들어서면 항공방제를 할 수 없다. 송전 철탑과 전선 때문에 비행기를 띄울 수 없는 것이다. 한국전력은 이 밤나무 밭이 주민들에게 어떤 의미인지 관심이 없다. 그러나 밀양에서 약 40년 간 밤농사를 지어온 밀양 단장면 사연리의 양상용 할아버지와 임오순 할머니에겐 이런 송전 철탑은 자신의 모든 생계수단을 박탈한 존재일 뿐이다.

"오래 했어예. 한 30년, 한 40년 됐을꺼다. (밤농사 지으셔서) 예. 그래 그걸로 여태 먹고 산다 아닙니꺼, 밭농사 지어가지고. 촌에서는 뭐, 딴 돈 나올 데가 어딨습니꺼. 그거 아니면 돈 나올 데가 없어예. 그래, 평생 그걸로 먹고 살았는데, 송전탑이 온다 카니, 우리는 이제 못 살아요. 다 살았어요. 돈 나올 데가 있어야."

"전체적으로 150만 원 준다고 하대예. 150 찾아가라고 해요. 그런데 그걸 받아가 우리 우예 살 겁니꺼. 전체가 6,700평인데, 150만 원 찾아가라고 매일……, 돈 나올 데가 어디 있습니까. 우리도 이제 송전탑 서면 같이 죽을 꺼라예. 그라지, 못 살아요 우리도. 무슨 능력이 있어야 살제."

밤농사를 통해 얻는 일 년 6~700만 원의 수입이 양상용 할아버지와 임오순 할머니의 전체 수입이다. 그런데 한국전력은 두 분에게 150만 원을 보상했다. 토지를 생활 세계와 분리한 이후 한국전력은 국가의 조직화된 폭력의 개입 아래 토지에 대한 부등가교환(Unequal Exchange)을 인민에게 강제했다. 등가교환은 상품의 가치와 가격이 일치하는 경우를 지칭한다. 이와 반대로 부등가교환은 가치와 가격의 불일치로 인해 교환이 평등하게 이루어지지 않는 경우를 말한다. 토지의 수용과정에서 정부와 한국전력은 인민에게 언제나 불평등한 교환 관계를 부과했다. 정부와 한국전력은 국가 전력망 구축에 필요한 토지를 수용하기 위해 '보상'의 범위를 송전 선로 부근의 협소한 토지로 한정하고, 국가의 토지 수용 과정에서 발생하는 손실 보상은 토지의 경제적인 가치 그 자체가 아니라 경제가치의 평가절하로 진행했다. 그런데 이런 보상제도는 1990년 이전에는 존재하지도 않았다. 다시 말해 1990년 이전에는 고압송전 선로 설치에 대한 어떤 보상도 없었다. 그리고 현재와 같은 송전 선로 최외측 3m를 더한 면적에 대한 보상은 2004년 이후의 일이었다.[82] 환언한다면 다음과 같다. 정부와 한국전력은 토지의 가치를 화폐의 크기로 환원하고, 보상되는 화폐의 액수를 절감하기 위해 토지의 가치를 평가절하한 것이다. 이 과정에서 다음과 같은 두 문제가 발생한다. 경제적인 가치로 환원할 수 없는 장소의 정체성은 부정된다. 평가절하된 경제적인 가치의 보상을 통해 인민의 토지를 획득한다. 곧, 정부와 한국전력의 토지 수용 과정은 부등가교환 과정이다. 이런 부등가교환 과정에서 발생한 주민들의 반발과 저항을 정부와 한국전력은 국가 전력망 사업이 전체 국민을 위한 공익사업이라는 명분을 내세워 국가의 공권력을 통해 해결한다. 인민과 공권력으로서의 국가 사이에 존재하는 조직화된 폭력의 차이를 그 수단으로 인민과 국가 사이의 부등가교환을 외부에서 강제로 부과한다는 점에서, 이 과정은 "폭력을 써서 남의 것을 억지로 빼앗음"을 의미하는 "약탈"의 과정에 다름 아니었다. "약탈"은 밀양 주민들이 직접 자신의 상황을 정의하는 단어의 하나다. 2014년 6월 11일 직전 밀양 부북면 평밭마을 송전 철탑 위치 점거 농성에 참여한 한 할머니는 말한다.[83]

"밥 안 먹을 겁니다. 죽으면 죽고 살면 사는 거지. 어차피 정부가 지금 밭을 재산상 가치는 제로로 만들어 놓고. 이거 정부에서 강탈한 거 아닙니까, 강탈. 재산 강탈입니다, 이거는. 그렇게 해놓고 지금 이 많은 경찰병력 데려다 놓고 주민들 목숨까지 내놓으라는 거 아닙니까. 남은 건 목숨밖에 없다는 거 아닙니까. 뭐 더 내놓을게 있나요, 뭐."

이런 "약탈"을 통해 인민의 부인 토지를 국가가 강제로 취득한 이유는 등가교환을 통해서는 자본주의 산업화와 경제 성장을 위한 자본을 축적할 수 없었기 때문이다. 국가는 전체 자본의 축적을 강화하기 위한 수단으로 인민의 부를 국가의 부로 이동시키고, 이를 자본의 축적을 위한 수단으로 다시 재분배한다. 국가 내부의 특정 장소에 대한 약탈을 통해 자본의 축적을 진행하는 이런 순환은 한 국가의 경제 발전을 위해 다른 국가에게 국가 간 '조직화된 폭력'의 비대칭성에서 발생하는 경제 외적 수단으로 부등가교환을 강제하는 식민주의(Colonialism)의 거울이다. 외부의 다른 국가를 향하는 식민주의와 구별하여 국가 내부의 특정 장소, 특정 인민들에게 행하는 식민주의를 '내부 식민주의(Internal Colonialism)'라고 부른다면, 국가를 매개로 "약탈을 통한 축적"을 진행하는 일련의 과정은 "장소의 내부 식민화" 과정이라 부를 수 있다. 데이비드 하비가《희망의 공간》에서 말했던 것처럼, "자본의 축적은 항상 근원적으로 지리적인 문제."[84] 이런 장소의 내부 식민화 과정이 없었다면 한국 자본주의는 오래전에 그 기능을 멈추었을 것이다. 자본주의 산업화 과정에서 선발 그리고 후발 자본주의 산업국가들은 국가 외부의 '식민지' 건설을 통해 산업화 과정에서 발생하는 비용을 외부에 전가할 수 있었다. 그러나 전 지구적인 탈식민화 이후 산업화 과정에 접어든 후후발 국가군에 속하는 한국은 외부 식민지를 건설할 수 있는 국가 역량이 존재하지 않았다. 이 때문에 전체 사회의 내부에 '식민 관계'를 창출하여 산업화의 비용을 '내부'의 또 다른 '외부'로 전가하는 방식을 택한 것이다. 이는 선발 산업국가를 따라잡기 위해 개발에 몰두했던 한국 자본주의 산업화의 필수적인 요청이었다. 마리아 미즈의 분석처럼, "만약 식민지가 중심부의 이런 발전모델을 따르고자 한다면, 이는 그 식민지가 다른 식민지를 착취할 수 있을 때에만 가능하다. 현실에서 이런 양상은 식민지였던 많은 국가가 내부 식민지를 창출하는 방식"으로 진행된다.[85] 이 과정은 법과 제도를 통해 국가의 정상적인 활동으로 내부화된다. 국가 전력망 구축 과정에 동원된 내부 식민화에 근거한 "약탈을 통한 축적"을 정당화하는 동시에 "약탈을 통한 축적" 과정에 국가가 실제로 폭력을 사용하지 않아도 되도록 하기 위해 만든 법이 바로 1978년 12월 5일 제정해 1979년 1월 1일부터 시행된 '전원개발촉진법'이다. "약탈을 통한 축적"을 행사할 때마다 국가가 폭력을 행사해야 한다면, 국가는 전체 사회에 대한 질서를 부과할 수 없다. 바로 이 때문에 "국가의 존재는 폭력을 그때마다 행사하지 않아도 부를 징수할 수 있는 상태"[86]를 만들어야 한다. 전원개발촉진법은 토지의 점유를 둘러싸고 진행되는 한국전력과 인민과의 갈등을 법에 대한 종속의 문제로 전환한다. 그래서 갈등은 법의 지배에 대한 문제로 전환되는데, 이는 곧 국가 전력망을 둘러싼 갈등이 '치안'의 대상이 됨을 의미한다.

장소의 내부 식민화 과정은 장소의 재조직화 과정이기도 하다. 왜냐하면 전체 사회의 모든 장소를 국가의 계획에 내재된 사회공학 모델에 따라 입지로 전환시키기 때문이다. 국가는 자신의 발전 모델 이미지에 따라 장소를 해체하는 동시에 재구성한다. 국가는 자본 축적을 위한 조건을 만들기 위해 장소와 인민을 분리하는 동시에 장소의 고유성을 파괴한다. 그리고 파괴된 장소 위에 자본 축적을 위해 전력설비 등 다양한 장치를 설치할 뿐만 아니라 교통, 토목, 건축, 공업단지를 구성해 장소를 재구성한다. 이 과정에서 장소에 융합되어 있던 인간의 실천에 근거하는 사회적인 요소뿐만 아니라 돌이킬 수 없는 자연적인 요소의 파괴적인 변형이 발생하기도 한다. 그러나 이런 자연의 파괴적인 변형 과정 또한 국가의 '발전'과 동일시되거나 혹은 국가 전체의 '발전'을 위한 진보 과정에서 발생하는 필연적인 부산물로 인식된다. 이는 장소의 자연적인 파괴에 대한 무비판적인 사고방식이다. 이런 인식이 발생하는 이유는 국가의 발전 모델과 이에 종속된 "예측–공급"의 접근 혹은 이의 실현을 위한 국가의 사회공학 모델 모두가 경제 성장이라는 목적 달성을 위한 수단으로써의 '시간의 압축'이란 가속화의 원리에 근거하기 때문이다. 따라잡기 발전 모델은 자신의 미래로 설정된 유럽 선진 자본주의 산업국가를 따라잡기 위한 발전 모델이다. 목표는 이 미래의 시간을 따라잡는 것이고, 이를 위해 모든 것은 시간의 압축을 위한 가속화의 동력으로 포섭되어야 한다. 이에 따라 장소의 재조직화 과정에서 발생하는 자연적인 요소의 파괴나 인간과 장소의 분리는 발전의 시간을 위해 언제나 부차적인 요소가 되어 버린다. 이런 관점에서 본다면 장소의 내부 식민화는 국가 발전 전략에 내재된 목적으로서의 시간에 모든 장소가 종속되는 과정이다. 곧, 발전의 시간을 위한 장소의 "약탈"이다.

그러나 이러한 "약탈을 통한 축적"이 권위주의 체제에서만 나타난 것은 아니다. 국가의 폭력 우위에 입각해 부등가교환을 실현하는 이런 "약탈을 통한 축적"은 민주주의 체제로 전환된 이후 진행되는 국가 전력망 사업에서도 그대로 관철되고 있기 때문이다. 곧, "약탈을 통한 축적"의 과정은 한국 자본주의 산업화를 위한 하나의 선행조건으로, 한국 자본주의의 발전 이후 종결된 과정이 아니다. 또한 이 과정은 한국 자본주의의 발전 과정 전체에서 지속되고 있는 하나의 속성으로 내재한다. 권위주의에서 민주주의로의 전환은 이런 "약탈을 통한 축적"의 과정과 양면적인 관계를 맺었다. 민주주의로의 전환은 "약탈을 통한 축적" 과정의 절차적 정당성 문제를 수면 위로 부상시켰다. 왜냐하면 권위주의 때와 같은 조직화된 폭력의 동원이 불가능한 상황에선 정책의 집행에 주민들의 인격적인 훼손을 방지하기 위한 '동의'의 구축이 필요했기 때문이다. 이때 동의의 구축 문제는 곧 교환을 위한 '계약'의 합의 문제였다. 이런 절차적 정당성은 계약을 통해 토지 약탈을 토지 교환 과정으로 치환하는 동시에 주민들에게 법적 수단을 통해 약탈과 교환 사이에서 행위할 수 있는 가능성을 열어주었다. 그러나 민주주의는 절차적 정당성의 문제를 제기했을 뿐, 국가 전력망 구축의 운영 원리 일반에 대한 민주적 변형으로 나아가지 못했다. 민주주의는 국가 운영의 절차적 정당성과 자본주의의 확대 성장을 통한 국가 발전이라는 두 방향 안에 균열을 도입할 수는 있었지만, 한국 자본주의의 확대 발전을 통한 국가 발전 자체의 대안적 원리로 작동하지 않은 것이다. 이런 이유로 인해 국가 전력망 구축 과정에 내재된 권위주의적인 결정 방식은 유지 존속되면서도, 절차적 정당성의 공간은 확장해야만 하는 이중 과제가 민주화 이후 민주주의 국면에서 등장한 중앙정부들의 중심 과제가 되었다.

국가 전력망의 구축 과정에 내재된 내부 식민화의 과정은 국가 전력망의 개발 과정에서 발생하는 비용을 '외부화'한다. 여기에서 '외부화'란 국가 전력망의 개발로부터 이익을 얻는 집단의 외부로 그 비용이 전가된다는 것을 말한다. 이런 관점에서 본다면 내부 식민화는 중심의 주변 식민화를 통해 중심이 개발 이익을 향유하는 관계다. 그런데 민주화 이후 중앙정부들은 이런 내부 식민화를 통한 자본주의 산업화의 발전전략을 해체한 것이 아니라 이를 반복했다. 그러나 민주주의의 절차 안에서 이 과정을 진행해야만 한다. 곧, 권위주의 정치 체제와 달리 민주주의를 통해 내부 식민화를 진행해야만 하는 상황에 직면한 것이다. 이에 따라 갈등의 장기화 현상이 증폭되었다. 한국전력에 따르면 국내 발전회사들이 주로 짓는 500MW급 석탄발전소의 건설 기간은 평균 7년 6개월이지만,

송전 선로 설치 기간은 평균 9년 이상 걸리는 것으로 나타났다. 더욱이 "전력의 산업화" 방향이 구체화되면서 민주정부는 전력사업의 "탈규제화" 정책을 동반했다. 2008년 중앙정부는 송전탑과 송전선 등 송전 선로 건설기간을 단축하기 위한 법령 개정을 시작했다. 당시까진 송전 선로를 설치하기 위해 지자체와 협의를 마친 뒤 11개 중앙부처와 협의를 시작할 수 있었으나, 시행령이 개정되면 이 같은 협의를 동시에 진행할 수 있게 만드는 개정이었다. 동시에 중앙정부는 평균 30개월 이상 걸리는 환경영향평가 기간을 줄이는 방안도 마련 중이었다. 국가 기간산업으로서의 전력망 구축 과정에 내재된 권위주의적인 결정과 집행 방식의 문제를 풀어가는 것이 아니라, 이런 결정과 집행방식이 직면한 문제를 손해배상과 같은 합법적 강제 수단의 도입과 탈규제화를 통한 산업화 조건의 구축이란 방향으로 문제를 풀어간 것이다.

3장

밀양 이전의 '밀양들'

3장
밀양 이전의 '밀양들'

밀양 이전에 '밀양들'이 존재했다. 1960년대부터 본격화된 국가 전력망 구축 과정이 "약탈을 통한 축적"을 통해 장소의 "내부 식민화" 방식으로 진행되었기 때문이다. 또 다른 밀양들은 1960년대를 경유하면서 한국 자본주의의 '발전'과 '개발'이란 이름 아래 진행된 모든 장소와 인간의 분리 과정에서 발견된다. 한국에서 '발전' 혹은 '개발(Development)'은 곧 공업화나 경제 성장과 같은 의미였고, 경제 성장은 남과 북의 대립 안에서 전쟁의 또 다른 수단으로 가치 부여되었다. 개발을 국가의 전쟁 수단으로 바라보는 이런 상황 정의는 1990년 이후 본격화된 전 지구적 냉전 구도의 해체에도 불구하고 지속된다. 이는 부분적으론 정전停戰이라는 적과의 항구적 대치 상황 아래 만들어진 한국이란 국가의 발생 조건 때문이기도 했지만, 다른 국가와의 관계를 전쟁이란 관점에서 접근하는 한국 지배블록의 전 지구적 자본주의에 대한 대응 전략 때문이었다. 개발은 더 이상 공업화에 의한 경제 성장과 동일시될 수 없었지만, 탈공업화 이후 경제 성장을 위한 모든 수단과의 접속은 '개발'과 동일시되었다. 이런 동일시는 전 지구적 자본주의 질서 안에서의 생존을 위한 피할 수 없는 선택이란 이유로 정당화된다. 개발이 내전의 수단에서 국가 경쟁의 또 다른 수단으로 지속된 것이다. 그래서 민주화 이후 민주주의 국면에서도 '개발' 패러다임은 유지 존속되었고, 산업화 과정에 구축된 개발을 위한 "방법으로서의 군사주의"를 한국은 민주화하지 못했다. 이런 관점에서 본다면 밀양 이전의 밀양들뿐만 아니라 밀양 또한 민주주의의 '부재' 또는 한국 민주주의의 '한계'로부터 발생한 사건이라고 볼 수 있다.

국가 전력망의 구축 과정에서 발생한 1960년대와 1970년대의 중심 갈등은 수력발전을 위해 필요한 댐 건설과 해당 지역 주민들의 갈등이었다. 관련 주체가 1967년 설립된 한국수자원개발공사라는 차이는 있지만, 댐 건설은 수력발전을 위한 설비를 포함한다는 점에서 1960년대 이후 국가 전력망의 중심 사업이었다. 댐 건설 과정은 해당 장소의 '수몰'을 동반한다. 바로 이 때문에 수몰 예정 지역 주민들의 '집단 이주'와 이후의 '생계' 보장을 위한 정책이 동반되어야 했다. 제1차 전원개발 5개년 계획은 1965년 섬진강댐 수력발전소가 완공되면서 끝을 맺었다. 섬진강댐은 한국 최초로 건설된 다목적댐이었다. 그러나 집단 이주 대상 주민들의 새로운 정착지는 13년이나 지난 1978년 계화·동진·반월 일대에 뒤늦게 완성되었다. 이 과정에서 전북 임실군 운암면 일대의 국유지로 일부 주민들이 '임시 이주'했는데,[87] 이들에 대한 보상과 생계 대책은 2011년까지 공적 논의의 대상조차 되지 못했다. 더구나 이곳은 댐 만수위 내에 있어 폭우가 쏟아질 경우 주택이 침수되는 위험한 곳이었고, 국유지였기 때문에 일상적인 생산 활동도 할 수 없었다.

2011년 국민권익위에서 '합의'를 도출했다고 하지만, 이것 또한 2008년 착수된 섬진강댐 재개발 사업으로 임실군 운암면 일대가 다시 수몰 예정지로 지정되어 해당 지역 주민과의 재합의 필요성이 제기돼 이뤄진 것이었다. 그러나 댐 건설 과정에서 발생하는 이런 문제는 단지 과거 권위주의 체제의 문제만은 아니다. 경기도 연천의 군남댐과 한탄강댐 건설과 관련해 한국수자원공사는 주민들과 협의한 이주 및 생계대책을 이행하지 않았다. 그리고 섬진강댐 재개발 사업에서도 수몰되는 토지에 대한 부등가교환 곧 "약탈을 통한 축적"의 방식은 동일하게 진행되었다. 임실군 운암면 당시 주민대표는 "당시 건교부의 섬진강댐 정상화 사업으로 지난 40년간 관리해 온 농토가 한꺼번에 침식되어 할 일이 없어졌다. 이 때문에 주민 대부분이 수입원을 잃어 거리에 나앉을 상황에 처했으나 한국수자원공사는 현실적인 상황을 고려하지 않은 법적 규정 내의 보상만으로 해결"하려 한다고 비판했다.[88] '민주화 이후 민주주의' 국면에서도 정부와 한국전력의 수행 방식이 한국수자원공사를 포함한 모든 국가의 공공설비 사업에서 관철되고 있는 것이다.

고리 1,2호기 원자력발전소 건설 과정은 이를 잘 보여준다. 당시 권위주의 정부는 1964년부터 원자력발전소 입지를 검토하다가, 결국 부산시 기장군 장안읍 고리마을을 최종 부지로 확정했다.[89] 그리고 1971년 11월, 원전 공사가 진행되기 이전에 고리마을의 강제 이주가 진행되었다.

주민동의나 합의 과정은 없었다. 당시를 회상하며 한 이는 이렇게 말했다.[90]

"아직도 생생해요. 11월 농번기 가을방학 하던 날, 별안간 우리 마을로 불도 저가 들이닥쳤어요. 어른들은 불도저 앞에 드러눕고. 그런들 뭐합니까? 태산 같은 흙더미가 결국 우리 기와집을 덮쳤고 마을의 커다란 버드나무도 쓰러졌 습니다. 그때 열두 살이었는데 무슨 일인지도 모르고 떨면서 얼마나 울었던 지. 그날 기억은 평생 마음의 상처지예. 어째 잊겠는교."

강제 철거를 당한 주민들은 기장군 온장마을과 울산 울주군 신안마을 등으로 흩어졌다. 그런데 1985년 9월 고리원전 3, 4호기 건설이 결정 되면서 이들이 옮겨간 지역이 다시 이주 대상으로 지정된 것이다. 그런 데 더 큰 문제는 2012년 6월 신고리 5,6호기 건설이 확정되면서 3,4호기 건설 당시 이주에서 제외되었던 이들에게 다시 강제 이주 명령이 내려진 것이다. "신고리핵발전소 건설을 위해 2003년부터 효암, 비학마을 전체 와 신리마을 일부가 핵발전소 부지로 편입되었고, 이 마을의 이주민 중 에는 고리에서 이주해온 이들도 포함되어 있었다."[91] 그런데 2013년 세 번째 이주 명령을 받은 것이었다. 고리 1호기로부터 출발한 원전 확대 정 책으로 인해 이들은 매번 자신의 장소로부터 강제로 분리되어야만 했다.

댐 건설에 따른 수몰 지역 문제나 원자력발전소 건설로 인한 강제 이 주의 문제와 달리 송전 선로와 관련된 주민 갈등이 본격화한 것은 1990 년대 초반부터다. 물론 그 이전에도 알려진 사건들은 있었다. 1980년 11

월 한국전력의 주택가 고압전선 설비공사에 맞서 시민들이 벌인 '인격권 침해예방' 법정 투쟁이 시민들의 승리로 끝난 일이 있었다. 한국전력은 당시 부산시 서구 장림공업단지 입주업체에 산업용 동력을 공급하기 위해 부산시 서구 당리동과 하단동을 잇는 직선거리 680m, 154kV 고압 송전 선로를 건설하고자 했다. 그런데 이에 반발한 주민들이 공사 현장에 천막을 치고 하루 100여 명씩 교대로 나가 밤을 지새우며 공사를 저지했다. 그러나 권위주의 체제에서 장소를 약탈당한 지역 주민들의 문제는 미디어를 통해 대중에게 알려지지 않거나 국가에 의해 은폐됐다.

1932년 2월 17일 조선총독부가 제정한 '조선전기사업령'을 모방해 권위주의 군사정부는 1962년 전기사업법을 만들었다. 전기사업법에 의하면 전기설비를 세울 경우 토지 소유자와 협의를 해야 하지만, 합의가 이루어지지 않으면 상공부장관의 허가를 얻어 토지 소유자에게 공사 강행을 통보할 수 있었다. 또한 보상 액수 역시 합의가 이루어지지 않을 경우 한국전력이 상공부장관의 재정을 얻어 일방적으로 보상금을 지급하면 '적법한 절차'로 인정되었다. 1979년 공표된 '전원개발촉진법' 또한 동일한 구조를 갖고 있었다. 이런 법적 구조하의 권위주의체제에서 국가와의 갈등은 '법에 의한 지배(Rule by Law)'로 인해 무력화되거나, 국가 그 자체에 대한 도전과 동일시될 위험이 항상 존재했다. 그러나 1987년 민주화 이후 민주주의는 국가로 집중된 '조직화된 폭력'의 '방어적 민주화(Defensive Democratization)'의 과정을 동반했다. 국가가 보유한 '조직화된 폭력'의 '방어적 민주화' 과정이란 다음과 같은 이중 과정의 중첩을 말한다. 하나, 국가의 폭력이 "인민에 대해" 행사되는 것에서 "인민을 위해"

행사돼야만 한다는 공공성의 개념이 국가의 조직화된 폭력을 통제한다. 둘, 그러나 인민을 위한 폭력이 무엇인가에 대한 규정과 그 행사는 인민에게 개방되지 않고 여전히 국가 내부의 일부 집단과 개인들에게 위임되어 있는 국가폭력의 민주화 과정이 곧 '방어적 민주화'이다.

방어적 민주화의 과정을 통해 국가는 조직화된 폭력에 대한 '자기 제한'을 수용하는 동시에, 인민에 대한 조직화된 폭력의 우위를 유지 존속할 수 있었다. 왜냐하면 국가의 '자기 제한'은 국가 폭력의 행사를 결정하는 투입 과정의 민주화를 통해 발생한 것이 아니기 때문이다. 투입 과정은 여전히 권위주의 체제의 결정 방식을 유지하고 있었기 때문에, 국가의 조직화된 폭력은 민주정부가 발주하는 국가 프로젝트의 실현을 위해 민주정부가 단독으로 투입할 수 있었다. 그럼에도 이런 국가의 조직화된 폭력의 '방어적 민주화' 과정은 국가에 대한 인민의 저항이 국가에 대한 완전한 복종인가 아니면 죽음을 각오한 반항인가의 이분법적 양자택일의 상황에서 벗어나 국가와의 갈등에 개입할 수 있는 또 다른 수단을 획득할 가능성을 인민에게 부여했다. 곧, 수동적인 피지배자의 입장에서 벗어나 공공성의 개념을 통해 국가의 조직화된 폭력을 비판할 수 있는 수단을 획득한 것이다. 동시에 한국 민주주의의 '국민주의' 곧 국민이 국가의 주체라는 발상에 내재된 정치에 대한 평등한 접근 보장이라는 보편 권리가 국가 활동을 자신의 권리를 침해하는 범죄로 볼 가능성을 열어주었다. 카야노 도시히토의 주장처럼 "국민이야말로 국가의 주체가 되어야 한다고 주장하는 국민주의는 비록 포퓰리즘의 방식이기는 해도 평등의 관념을 널리 퍼뜨리는 강력한 이데올로기가 된다."[92] 한국 민주주의의 민주화 이후 '평등'에 대한 지배적인 상상은 국가에 대한 갈등을 자신의 '목소리'로 집단적으로 표출할 수 있는 공간을 열었다. 이런 배경 하에 1990년대를 경유하면서 한국사회를 관통하는 다양한 갈등이 폭발적으로 분출되기 시작하는데, 그 안에 국가 전력망 구축 사업 일반에 대한 다양한 '목소리'들 또한 포함되어 있었다.

1 1990년대

1991년 한국전력은 인천 일도화력발전소에서 김포를 거쳐 고양·양주군으로 이어지는 345kV의 고압 전류 송전을 위한 송전탑 6기를 경기도 김포군 양촌면 구래마을 인근 농지에 설치했다. 한국전력은 애초 수질검사 등 측량을 한다고 마을 주민들에게 말했지만, 1991년 6월 18일 한밤중에 골재와 장비를 들여와 공사를 강행했다. 농민들의 주장은 송전탑 자체를 반대한 것이 아니라 송전탑이 농지를 경유해 설치되기 때문에 농사를 방해하고 자연 경관도 해치며 인체에도 영향을 줄 수 있기 때문에 인근 야산으로 옮겨달라는 것이었다. 그러나 한국전력은 농민들의 의사를 무시했다. 이에 따라 마을 주민들은 마을 입구에 '송전탑 설치 반대'라고 쓴 플래카드를 내걸고 농사일도 포기한 채 농성을 진행했다.[93]

1992년엔 구리시 토평동 교문 2지구 럭키아파트 주민 200여 명이 한국전력이 154kV 송전탑을 설치하던 현장에서 점거 농성을 했다. 송전 선로가 인근의 부암국교와 구리중고의 통학로 앞과 아파트 단지를 불과 30m

[표5] 전자파 유해성에 관한 논쟁

시기	내용
2차 대전	– 구 소련과 미국 등 제2차 세계대전 참전국을 중심으로 전자파의 인체 영향에 관한 연구 시작
1950년대	– 구 소련에서 군 조직에 적용한 안전기준을 만들고 이를 점차 일반인에게도 확대 적용
1960년대	– 관련 학자들과 학회의 안전기준 제정요구를 받아들여 미국에서도 자체적인 기준 제정 – 미국에서 고압선 설치와 관련하여 전자파의 유해성이 공적 논의의 대상으로 부상
1970년대	– 미국과 유럽을 중심으로 전자파의 위험의 잠재적 가능성에 관한 미디어 보도가 활발하게 이루어지기 시작 – 가정으로 연결되는 배전선의 특성과 소아 백혈병의 상관성에 대한 최초의 역학연구결과가 발표됨 – 각국 정부는 일상생활에서 노출되는 수준의 전자파는 인체에 안전하다고 공식적으로 평가
1980년대	– 전자파에 대한 인체보호기준을 마련하는 국가들이 늘어남 – 전자파가 종양 등 각종 질환의 발생에 영향을 미칠 수 있다는 연구결과 보고들이 본격적으로 증가하기 시작했지만 후속 연구들을 통한 과학적 일반화는 이루어지지 못함
1990년대	– 전자파의 유해성에 관한 의문이 증폭되면서 세계 각국에서 전자파의 인체 유해성에 관한 소송과 반대운동 증가 – 이동전화에서 방출되는 전자파의 인체 유해성에 관한 연구결과들이 발표되기 시작함 – 이동통신 중계소의 설치 문제가 사회적 쟁점으로 부각 – 국내에서도 전자파 유해성에 대한 관심이 증가 – 미국은 전자파 인체보호기준을 법으로 규제
2000년대	– 전자파가 백혈병, 종양, 두통, 스트레스, 불임, 세포손상 등에 영향을 미칠 수 있다는 연구결과들이 지속적으로 보고됨 – 전자파의 인체 유해성에 관한 연구결과 보고에도 불구하고 과학적으로 확실한 증거는 밝혀내지 못하고 있는 상황 – 세계보건기구와 각국 정부기관은 일상생활에서 노출되는 수준의 전자파가 안전하다는 입장을 견지하면서 관련 연구 지속 진행 – 전자파 인체보호기준을 법적으로 강제하는 국가 증가

* 성균관대산학협력단, 《전자파에 대한 위험인식 특성 및 그에 따른 리스크커뮤니케이션 정책 방안》, 한국전파진흥원 KORPA 연구 2008-10, 2009, 20쪽에서 인용.

떨어져 지나기 때문이었다. 그러나 한국전력은 "초고압 선로가 아파트 인근을 지난다고 해서 위험한 것은 아니"라며 공사를 계속 진행했다.[94] 초고압 송전 선로에서 발생하는 전자파가 인간의 신체에 미치는 영향에 대한 한국전력의 입장은 확고하다. 전자파의 노출과 신체 유해성과의 명확한 인과관계가 밝혀지지 않았다는 것이다. 이 입장은 단지 과거의 입장이 아니라 현재 밀양 주민들이 제기하는 전자파 피해 문제에 대한 한국전력의 공식 입장이기도 하다. 병은 전체 사회를 구성하는 다양한 요소와 관계들의 연관 효과로 발생하기 때문에 병의 직접적인 원인을 밝히는 작업은 단순하지 않다. 문제의 핵심은 한국전력이 이 연관 효과를 전자파의 무해성으로 환원한다는 것이다. 이 때문에 송전 선로의 전자파로 인한 주민들의 신체 위험 발생 가능성 자체를 인정하지 않고, 이와 연결된 문제제기 자체를 공적 논의의 대상으로 취급하지 않는다는 것이다.

1990년대 초반부터 한국에서 가시화된 주민들의 전자파에 대한 불안을 공적 논의의 공간에서 배제하는 이와 같은 한국전력의 태도는 이후에도 지속적인 문제를 일으켰다. 송전 선로가 아니더라도 일상생활에서 전자파와의 접촉이 증가하면서 이에 대한 주민들과 대중매체의 관심이 증폭되었기 때문이다. 더욱이 이런 태도는 전자파의 유해성에 관한 논쟁이 격화되면서 세계 각국이 "과학적 불확실성이 높은 상황에서 과학적 입증을 위한 연구 결과를 기다리지 않고 잠재적 건강 유해성에 대해 조치를 취할 필요성"을 반영하는 유해성 관리정책 곧 '예방적 원칙(Precautionary Principle)'을 취한다는 사실을 볼 때 매우 문제가 많은 것이다.[95]

1993년에는 송전탑 이설공사를 둘러싼 법정 투쟁도 진행되었다. 구리시 수택동 교문지구 내 아파트 주민 35명은 송전탑을 인근 지역으로 이설하려는 경기도와 한국전력에 대항해 1991년 1월 10일 "공사 중지 가처분 신청"을 의정부 지원에 제출했다. 그리고 당시 심재홍 경기지사는 이에 반발해 1월 15일 서울지법 의정부지원에 반대 주민 35명에 대한 이설공사장 내 출입금지 및 공사방해금지 가처분 신청을 제출했다.[96]

1994년엔 충남 아산군 주민 70여 명이 마을을 가로지르는 송전탑 건설 계획의 철회를 요구하며 5월 12일 서울 한국전력 송변전 건설처 앞에서 시위를 벌였다. 한국전력이 태안-아산간 송전 선로 공사를 하면서 선로가 유력 인사의 땅 위로 지나가는 것을 피하기 위해 직선코스를 외면하고 마을 가운데를 지나는 송전선 건설 공사를 강행하려고 한 것에 대한 반대였다. 주민들은 송전 선로를 우회하게 된 배경을 밝히고, 건설 계획을 당장 철회할 것을 요구했다. 이 지역의 송전 선로는 유력인사 3명의 공동명의로 된 과수원을 피해 우회 설계된 것으로 알려졌다.[97] 또한 같은 해에는 시화방조제와 연결된 송전탑 갈등도 발생했다. 대부도 앞의 영흥도에 한국전력이 80만kW급 유연탄 발전소 12기를 건설키로 하고 2기를 허가받았다. 날아올 석탄 분진과 대기오염 물질, 온배수, 대부도를 관통할 70m 높이의 초고압 송전탑 112기 소식을 전해들은 대부도 주민들이 반대투쟁을 벌인 것이다.

1995년엔 마을 뒷산에 송전탑을 세우려는 한국전력 측과 갈등을 빚고 있는 전남 광양군 봉강면 지곡리 주민들의 사연이 MBC 〈PD수첩〉에 방영되기도 했다.[98] 마을 사람들은 마을 뒷산의 소머리산에 송전탑이 세워지면서 마을에 흉흉한 일이 계속 일어난다고 믿는다. 소머리산은 산의 모습이 고개를 뒤쪽으로 향한 채 엎드린 모습이어서 붙은 이름이었다. 그런데 송전탑이 세워진 93년부터 1년 동안 12건이나 사고가 일어나 5명이 숨지는 일이 발생했다. 마을 사람들에게 소머리산은 살아 있는 전설이었다. 마을 사람들은 흉사凶事의 원인이 소머리산에 철탑을 세워 소가 다쳤기 때문이라고 생각했고, 송전 철탑의 이주를 한국전력에 요청했다. 그러나 한국전력은 "민원에 밀려" 철탑을 옮기는 나쁜 선례를 남길 수 없다는 이유로 공사를 강행했다.[99]

한국전력은 1996년 북한산 국립공원 송추계곡 일대에 대형 송전탑 17기 건설을 추진했다. 경기 양주군 장흥면 삼하리와 의정부 녹양동을 잇는 고압 송전탑 45기중 17기를 북한산 공원구역 내 송추 일대에 세우고자 한 것이다. 문제는 한국전력이 송전 선로를 직선으로 이을 경우 전체 길이가 2~3km에 불과하고 국립공원과 주민 거주지역을 통과하지 않을 수 있는데도 인근 군부대에서 직선 노선이 군 작전지역을 통과한다는 이유로 반대하자 국립공원과 마을을 관통하는 우회 노선을 택한 것이다. 더욱이 한국전력은 국립공원 내에 송전탑 건설 공사를 할 경우 사전에 받아야 할 국립공원 점용허가를 받지 않고, 이를 무시한 채 착공을 시도했다.[100] 그리고 1996년엔 송전탑 건설을 둘러싼 갈등이 음독자살 사건을 빚었다. 1996년 5월 16일 전남 광양시 진월면 오사리 돈탁마을 김양섭 씨가 자신의 집 마당에서 농약을 마시고 사망한 것이다. 김양섭 씨는 4월 경 '한전 송전탑 건립 추진위원회' 위원으로 뽑혀 주민 대책회의서 "지나친 보상가 요구로 송전탑 건설을 막아서는 안 된다"고 주장해오다 다른 추진위원들과 의견 충돌을 빚자 이를 비관해온 것으로 알려졌다. [101] 그 이후 전남 광양시에선 또 다른 죽음이 발생했다. 6월 17일 전남 진상면 청암리 목과마을 정학기 씨가 비닐하우스에서 농약을 마시고 음독자살한 것이다. [102]

1997년엔 인천 남동구 도림동 1,000여 가구 주민들이 송전탑 건설을 반대하는 청원서를 인천시에 제출했다. 한국전력은 1996년 9월부터 신시흥변전소에서 남동공단변전소 간 9.9km의 구간에 36기의 송전 철탑 건설을 계획했다. 그리고 이중 10여 기가 인천 도림동 일대를 통과하도록 설계됐고, 주민들은 고압 송전탑이 "오봉산 곳곳의 산림을 마구 훼손하고 전자파로 인해 질병이 우려된다"며 송전탑 공사 구간을 남동공단 입구와 서해안 고속도로 간 도로 밑으로 이전해 달라고 요구한 것이다. [103] 그리고 1997년 4월에는 경기 성남시 분당구 구미동 무지개·하얀마을 등 1,100여 가구 4,000여 명의 주민들이 고압 송전선이 주택가를 지나고 있어 위험하다며 송전선 이설을 한국전력과 토지공사 그리고 성남시에 요구했다. 이는 95년 9월부터 7차례나 이어져온 요구였다. 높이 80m의 345kV 고압 송전탑 10기가 구미동 남쪽 아파트단지 인근을 관통하고 있었기 때문이다. 그러나 한국전력은 이를 무시했다. 1997년 경기도 내에서 5곳의 변전소와 10곳의 고압송전 선로 주변 주민들이 전자파 영향으로 인한 암 발생 위험과 생태계 파괴, 지가 하락 등을 내세워 대책 마련을 요구했다. 과천시 문원동 345kV 송전 선로를 비롯해 성남, 의왕, 고양, 파주시, 가평군 설악면 등지의 고압 송전 선로는 주민들의 거센 항의로 당시 공사가 중단되기도 했다. 또 용인시와 안성군에서는 신안성변전소로 인한 전자파 영향을 우려하는 주민들이 공사금지 가처분 신청을 제기할 움직임을 보이기도 했다.[104] 또한 1997년 11월 23일에는 경기도 양주군 장흥면 교현리 도봉산 북사면 기슭에서 환경단체 회원들이 송추계곡을 횡단해 건설 중인 한전 송전탑과 송전 선로 건설공사가 생태계를 파괴할 우려가 있다며 철거를 요구하는 현수막을 송전탑에 내걸었다.[105]

1999년 8월 10일에는 SBS에서 〈신음하는 백두대간〉이란 프로그램이 방영됐다. 강원도 원시림이 마구잡이로 파헤쳐지고 백두대간의 생태계가 파괴되고 있는 현장에 대한 보도가 이어졌다. 한국전력은 삼림 파괴를 최소화하겠다는 애초 약속과 달리 공사비용을 줄이기 위해 태백에서 가평에 이르는 산허리를 잘라 530여km의 작업도로를 내면서 대규모로 산림을 파괴했다. 그러나 환경부나 산림청 등 관련 부처는 별다른 제재를 하지 못했다.[106] 또 1999년엔 충북 영동군 상촌면 상도대리 어촌마을과 반점마을 주민들이 마을 상공으로 고압 송전 선로가 통과한 이후 주민들이 잇따라 암에 걸려 사망하고 있다며 한국전력 측에 고압선 철탑을 이전해 줄 것을 요구했다. 마을 주민들에 따르면 이 마을들에 고압 송전 선탑이 설치된 것은 1974년이다. 이들 마을 20m 상공에 대구–옥천 간 345kV 고압송전 선로가 설치된 이후 주민들은 의문의 질병에 시달리기 시작했다. 급기야 1987년부터 주민들이 차례차례 암으로 숨지기 시작해 1999년 당시까지 모두 17명이 각종 암으로 사망했고, 암 투병 중인 주민을 포함해 100여 명의 주민이 암 공포에 시달렸다. 주민들은 이의 원인이 고압 송전 선로에서 발생하는 전자파 때문이라며 송전탑 6기 모두를

1~2km 떨어진 산간 지역으로 이전해 달라고 촉구했다. 그러나 한국전력은 "고압 송전 선로 통과로 암이 발병되었다는 주민들 주장은 과학적 근거가 없다"는 주장만 반복했다. [107]

이런 상황은 제주 지역도 예외가 아니었다. 한국전력이 1980년대부터 제주에서 송전 선로 승압공사를 벌이면서 제주 자연미의 상징인 '오름' 주변에 송전탑을 세우고 있었기 때문이다. 제주 주민들은 오름에 송전탑을 건설하는 것은 제주인의 정서를 파괴하는 것이기 때문에, 송전 선로를 땅속에 묻는 지중화 사업을 통해 오름의 보존을 주장했다. 그러나 한국전력은 전력공급 용량의 한계와 5년 이상 걸리는 공사기간, 오히려 산림 훼손이 심해진다는 이유로, 그리고 무엇보다도 지상사업에 비해 공사비용이 20배 이상 들어 현실적으로 어렵다고 밝혔다. 제주도 당국도 처음엔 지중화 사업을 요구했지만 비현실적이라는 이유로 지중화 사업을 포기했다. [108]

이런 일련의 과정 속에서 녹색연합은 정부와 한국전력의 "약탈을 통한 축적"에 대항하기 위한 "내셔널 트러스트National Trust" 전략을 1999년 태백변전소 저지 투쟁에 도입했다. 한국전력이 765kV 고압 변전소를 지으려는 태백시 원동리 150번지 일대 부지의 중앙을 녹색연합이 지역 주민의 도움을 받아 미리 확보하고자 한 것이다. 이를 위해 녹색연합은 관련 토지 1,000평을 지역 주민으로부터 사들여 "한 사람 1평 땅사기 운동"을 통해 1,000명의 사람들에게 나누어서 다시 되파는 전략을 택했다. 이 전략은 19세기 말 영국에서 시작된 '내셔널 트러스트(국민신탁운동)' 전략을 국가 전력망 구축에 수용되는 토지에 적용한 한국 사례로, 토지의 집합적 소유(Collective Ownership)로의 전환을 통해 국유화나 사유화와는 다른 방식으로 토지를 국가 전력망 구축 과정에 개입된 약탈로부터 방어하는 동시에 해당 장소와 결합된 자연에 모두의 공통 접근을 실현하고자 한 전략이었다는 점에서 국가 전력망의 구축을 둘러싸고 진행되던 토지의 소유양식 투쟁에 제3의 대안을 제시한 의미 있는 실험이었다. 그러나 이런 전략은 한국에 적용되기 위해 하나의 산을 더 넘어야 했다. 왜냐하면 한국전력은 1996년 정비된 '전원개발에 관한 특례법'에 의해 토지 소유자의 동의 없이도 토지를 강제로 수용할 법적 권리를 보유하고 있었기 때문이다.

이처럼 전력설비의 설치를 둘러싸고 지역 주민과 한국전력의 갈등이 다양한 장소에서 격렬하게 그리고 새로운 양상으로 전개되자, 한국전력과 정부는 1990년대 들어 지역 주민들의 반발을 '지역이기주의' 혹은 '님비NIMBY'로 규정하는 담론 투쟁을 진행하는 동시에 1997년부터 '손해배상 소송'을 이용하기 시작했다. 공사현장을 지키며 농성을 벌여 잠시 사업 진행을 늦추는 데 지역 주민들이 성공하더라도 곧바로 지역 주민들에게 거액의 손해배상 소송을 제기하는 방식이 채택된 것이다. 한국전력의 영흥도 유연탄화력발전소 건설공사의 시공업체인 현대건설은 1997년 5월 9일 서울지방법원에 영흥도의 화력발전소 반대투쟁위원회 핵심 주민 11명을 상대로 1996년 10월 5일부터 4월 21일까지 주민들의 방해로 공사가 지연된 데 따른 손해배상금으로 2억4,800여만 원을 지불하고 4월 22일부터 공사가 재개될 때까지 하루에 1,077만6,170원씩 지급할 것을 요구하는 소송을 제기했다. 노동 현장에서 고용자 쪽이 노동자들의 파업을 무력화할 목적으로 사용해 효과를 발휘했던 손해배상 소송을 전력설비를 둘러싼 갈등 현장에 그대로 적용한 것이다. 이런 한국전력의 대응은 1996년 말에 개정 마무리된 '전원개발에 관한 특례법'을 통해 법적 정당성을 획득할 수 있었다. 전원개발에 관한 특례법은 도시계획법, 산림법, 자연공원법 등 21개 법률에서 요하는 인·허가 등 전력사업을 한국전력이 통상산업부장관의 승인만으로 모든 것을 집행할 수 있는 권력을 보장했다.

2 2000년대

2000년엔 고압 송전탑 주변에 초등학교가 지어져 문제가 되었다. 154kV 대형 송전탑 3기가 에워싸고 있는 부산 남구 대연3동 황령산터널 옆 대동골에 대남초등학교가 세워지고 있었던 것이다. 이 때문에 안전사고를 우려한 인근 주민들은 자녀를 이 학교에 보내지 않겠다는 입장을 발표했다. 주민들은 송전탑 이전 촉구 서명운동을 벌이고 시 교육청과 한국전력에 진정서를 제출했다.[109] 그리고 2000년엔 서울 강서구 일대의 고질적인 집단민원 대상이 됐던 화곡동—염창동 4.2km 구간의 고압 송전탑 철거 작업이 2004년까지 완료될 예정이라는 발표가 있었다. 고압 송전탑 철거의 전제 조건이었던 지중선로 설치 작업에 대해 서울시의 예산 지원 약속과 지중선로 공사구간에 있는 군부대의 적극적인 협조로 진행 계획이 나온 것이다. 이전될 고압 송전탑은 난지도 수색변전소—경기

부천시 중동변전소 6.4km 구간의 30기로 이중 강서구 지역에 20기가 있다. 강서 지역 주민들은 "도심 한 가운데 있는 고압선 철탑에서의 전자파 장애현상으로 건강 이상 증세가 나타나고 있다"며 철탑 철거를 요구해 왔다.[110]

이런 배경 속에서 2000년대를 경과하며 수도권의 도심 지역을 관통하는 송전 철탑의 '지중 송전 선로'로의 전환 요구가 봇물처럼 터져 나왔다. 과천시는 2000년 8월 21일 한국전력에 345kV 송전탑의 행위허가를 내주었다. 한국전력이 96년 3월 신성남~양지변전소 간 345kV 송전탑 7개를 세우기 위해 과천시에 그린벨트 행위허가를 신청하면서, 과천에서 송전탑 분쟁이 시작되었다. 주민들과 과천지역 4개 시민단체는 '과천생명민회'를 조직해 전자파 유해논란을 전국에서 처음으로 제기하는 등 강력 반발했고, 과천시도 행위허가를 불허했다. 경기도와 서울행정법원에 낸 행정심판과 행정소송도 효과가 없자 한국전력은 1999년 감사원에 심사를 청구했고, 결국 2000년 8월 21일 과천시로부터 5년 만에 행위허가를 받아냈다. 이에 마을 주민들은 "이미 154kV 초고압선이 마을과 180~300m 거리에 있고 마을 입구에 변전소가 있는데 345kV마저 들어오면 마을이 온통 고압선으로 둘러싸이게 된다"면서 7개 중 마을과 인접한 4개는 반드시 지중화할 것을 요구했다.[111] 과천 문원동 송전탑 분쟁은 행위허가 이후 격화되었다. 한국전력에서 공사를 강행하자 주민들이 실력 저지에 나서 대립이 격해진 것이다. 시민들은 2000년 9월 18일 한국전력이 굴착기를 앞세워 철탑 공사장 진입로를 내려하자 공사장을 가로막았다. 시민들은 매일 과천시청 앞에서 규탄집회 및 시장 퇴진 서명

운동을 전개했고, 과천시장과 감사원장을 상대로 '그린벨트 행위허가 효력집행 정지 행정소송' 및 '감사원 심사결정에 대한 위헌 심사청구'를 행정법원과 대법원에 제출하기도 했다.[112]

더욱이 2000년 한국전력이 전남 화순군 춘양면 대신리 일대 고인돌군## 인근에 고압 송전탑을 건설키로 하자 주민들이 크게 반발했다. 이 지역은 고인돌의 원형이 잘 보존돼 있는데다 200t이 넘는 세계 최대의 고인돌과 채석장이 있어 고인돌의 축조 과정을 밝힐 수 있는 귀중한 유적지다. 그런데 한국전력은 화순군과 나주시 남평면, 광주 남구 일부지역에 전력을 공급하기 위해 신화순~화순변전소 16.63km 구간에 154~354kV 고압 송전탑 58기 건설 공사를 착공하고자 했다. 그러나 춘양면 주민들은 20m 높이의 송전탑 20기가 청동기시대 고인돌 500여 기가 밀집돼 있는 대신3,4리 일대 지석묘군을 가로질러 마을 앞을 통과하도록 설계돼 유물 훼손이 우려된다며 노선 변경 등을 요구했다.[113] 또 경기 수원시 영생고등학교 학생과 교사들이 학교 앞에 세워질 예정인 고압 송전 철탑 건설을 철회하라며 2000년 11월 14일 집단 시위를 벌였다. 학생과 교사들은 "수업을 받고 있는 교실과 건설 예정인 송전 철탑과는 10~20m 거리에 불과하다"면서 전자파 피해와 교육환경의 황폐화를 주장했다.[114] 2001년에도 동일한 사건이 발생했다. 용인에서 신축 중인 초등학교 주변에 고압 송전탑이 지나가자 학부모들이 전자파로 인한 학생들의 건강 위협을 이유로 반발하고 나선 것이다. 신축 중인 용인 성복초등학교 본관 건물에서 15m 떨어진 곳에 154kV 고압 송전탑이 위치해 전자파 노출의 위험이 있다는 것이 주민들의 주장이었다. 11월에도 울산

동구 서부동 녹수초등학교 인근을 지나는 고압 송전탑 건설을 놓고 학교 측과 송전탑을 건설하는 현대중공업 사이에 마찰이 발생했다. 현대중공업의 전력 수요가 급격하게 늘자 현대중공업이 주거지역을 통과하는 구 송전 선로를 폐쇄하고 야산을 지나는 새로운 송전 선로 건설 계획을 추진했는데, 이 야산이 바로 학교의 자연학습원으로 사용되는 뒷산이었던 것이다.[115]

2001년 한국전력이 겨울 철새 도래지로 알려진 대구 달성군 다사읍 낙동강 '달성습지' 부근에 고압 송전탑을 건설하자 지역 환경단체들이 생태계 파괴가 우려된다며 크게 반발하는 사건이 발생했다. 한국전력 대구전력 관리처는 당시 대구 성서 지방산업단지 조성에 따른 전력을 공급하기 위해 대구시와 경북도 경계지역 지점인 달성군 다사읍 낙동강 달서 습지에서 100여m 떨어진 지점에 154kV 용량의 송전탑 3기와 송전 선로를 세우는 공사를 진행했다.[116]

2003년에는 경남 거제시 일원에 전력 공급량을 늘리기 위해 송전 철탑 건설을 추진했으나 지역 주민과 시민단체들이 계룡산 통과를 저지하면서 공사가 전면 중단되는 사태가 발생했다. 한국전력은 삼천포 화력발전소에서 고성과 통영을 거쳐 거제변전소에 이르는 구간에 154kV 용량의 송전 선로 신설사업을 추진해왔고 통영 구간까지는 2002년 10월 공사를 마쳤으나, 거제지역에 들어설 송전 철탑은 44기 가운데 16기만 세운 상태였다.[117]

그리고 2005년에 드디어 경기 성남시 분당신도시 구미동 주택가를 통과하는 고압 송전 선로의 지중화 문제가 10년 만에 타결되었다. 문제의 송전 선로는 신도시 조성 당시 분당 한복판인 서현동 일대에 있던 것을 1993년 7월~1995년 1월 분당 외곽인 구미동으로 옮겼던 것으로, 구미동이 개발되면서 1995년 이 일대 입주를 시작한 주민들이 소송을 내는 등 민원의 대상이 돼왔다. 이 사건이 중요한 이유는 한국전력이 도시 팽창에 따라 소규모의 도시 송전 선로를 땅에 묻거나 외곽으로 이전한 적은 있지만 지방자치단체와 주민의 요구를 받아들여 수 킬로미터 길이의 송전 선로 지중화에 나선 것은 처음이기 때문이다.[118]

2005년에는 또 다시 송전탑 설치 공사 문제로 자녀의 등교를 막는 사건이 발생했다. 인천 부평구 십정2동 백운초등학교 학부모들은 12월 초부터 학교 인근에서 100여m 떨어진 곳에 34만V짜리 고압 송전선이 지나는 송전탑 설치 공사가 시작되자 자녀 등교거부 운동을 벌였다.[119] 2006년 국회 교육위원회 소속 최순영 의원에게 교육인적자원부가 제출한 국감자료에 의하면 광주전남지역 48개 학교 주변 200m 안에 석유·가스 저장소, 고압 송전탑, 대규모 건축현장 등이 있는 것으로 나타나 충격을 주기도 했다. 특히 광주 각화초교와 경신여고, 금호고 등 3개교는 고압 송전탑이 학교 주변을 지나고 있었다. 그리고 전남 여수전자화학고, 순천공고, 완도 보길중 주변에도 고압 송전탑이 있었다.[120]

2007년에는 경기 포천시 일동면 주민들이 고압 송전탑 건설로 지역경제의 핵심인 관광시설이 파괴된다며 건설을 강행하려는 한국전력공사와 마찰을 빚고 있었다. 이 갈등의 특징은 한국전력이 일동면 시가지를 우회하는 노선을 채택했으나 주민들이 반대하자 2006년 11월 필로스, 일동레이크 골프장 사이를 거쳐 레저타운(콘도, 워터파크 등) 일부를

[표6] 송·변전 설비 건설관련 민원현황

구분	2008년	2009년	2010년	2011년	2012년	합계
건설반대	35	42	17	17	6	117
위치변경	25	18	24	10	10	87
피해보상	7	11	9	3	4	34
기타	7	5	4	0	3	19
합계	74	76	54	30	23	257

* 서경규, "가공 송전 선로 주변토지의 피해보상제도에 관한 소고", 《부동산포커스》 2013년 10월호, 2013, 46쪽에서 재인용.

지나는 노선을 최종 확정한 것이다. 그러자 주민들은 "지역경제를 떠받치는 관광시설 사이로 고압 송전탑이 지나가면 관광객이 크게 줄어든다"며 반대운동을 전개했다. [121]

2008년엔 경상남도와 밀양시가 추진 중인 풍력발전단지 건립에 울산시가 반대하는 운동이 확산되기도 했다. [122] 경상남도와 밀양시는 993억 원의 사업비를 들여 울산시 울주군과 경계지역인 밀양시 산내면 능동산에서 재약산 사이의 능선에 풍력발전기 22기를 설치하고자 했다. 울산시는 풍력발전단지 개발예정지에 생태복원사업을 추진하고 있었다. 그래서 울주군은 구간 내 풍력발전기 및 송전 철탑 설치와 관련 산지전용허가 불가 입장을 밝혔으며, 울주군의회도 울주지역의 자연환경 훼손만 강요하는 개발 행위는 도저히 용납할 수 없다며 전면 백지화를 촉구했다. [123]

2010년엔 울산 동대산 일원에 고압 송전탑을 설치하는 문제를 놓고 한국전력과 주민들 사이에 갈등이 발생했다. [124] 울산 북구 매곡지방산업 단지와 북구 지역의 급증하는 전력 수요 충당을 위해 2012년 4월까지 송전 선로가 설치되어야 한다는 것이 한국전력의 주장이었다. 계획에 의하면 울산 북구 창평동과 호계동, 매곡동 일원을 따라 약 3.7km의 송전 선로가 만들어지고, 여기엔 총 15기의 송전 철탑이 건립된다. 그러나 주민들은 '동대산 송전 선로 반대 비상대책위원회'를 만들어서 2008년부터 지역 주민 8,000명의 이름으로 송전 철탑 설치에 반대하는 운동을 전개했다. 그리고 한국전력이 진행하는 주민 설명회를 무산시키기도 했다. 하지만 한국전력은 이러한 지역 주민들과 환경단체의 반대에도 불구하고 전력 수요 충당이 시급하다는 판단하에 주민 설명회 무산 공고를 내고, 최종 검토서 작성, 각 기관과의 협의, 승인 절차를 거쳐 사업을 계속 추진했다. [125] 그러나 울산의 문제는 이것만이 아니다. 2013년엔 울산 울주군 서생면 연산 마을과 인근 주민들이 고압 송전탑과 원자력발전소에 둘러싸여 살 수 없다며 이주를 요구했기 때문이다. 울산저널에 의하면 한기태 연산마을 이장은 "원자력발전소가 지금 고리에 4개, 신고리에 2개 있지만 앞으로 6개 더 생기면 12개가 된다. 그게 모두 돌아가면 살 수 없다. 그래서 이주를 요구한다"고 했다. [126] 한국의 국가 전력망 구축 과정에서 울산에 발전설비가 몰리면서 울산 주민들에게 피해가 집중된 것이다.

4장

간략한 역사: 2000~2015

4장
간략한 역사: 2000~2015[127]

송전탑 건설을 둘러싼 밀양의 갈등을 잉태한 구간은 신고리 원전에서 경남 창녕군 북경남변전소에 이르는 '신고리-북경남' 송전 선로[128] 건설 구간이었다. 정부와 한국전력은 이 구간에 765kV의 송전 선로 90.5km 를 공사하고자 했다. 그런데 처음부터 이런 것은 아니었다. 2000년 1월 발표된 산업자원부의 제5차 장기전력수급계획에 의하면, 원래의 계획은 '신고리~신김천'과 '신김천~신안성' 구간을 연결하여 2011년까지 완공 하는 것이었다.[129]

그런데 이런 원래 계획이 그 이후 두 차례 변경돼 2006년 제3차 전력 수급기본계획에서 신고리~북경남 구간만 건설키로 확정된 것이다.[130] 아래는 제3차 전력수급기본계획에 포함된 북경남변전소 건설 계획과 신 고리~북경남 송전 선로 건설 계획이다.

그리고 이 계획은 산업자원부 고시 제 2007-138호 '전원개발사업실

[표7] 제5차 장기전력수급계획 중 765kV 송전 선로 건설 계획

가. 변전설비

구분	변전소명	위치	준공년도	필요성
765kV	북경남	경남 창녕군	2009	○ 고리원자력 후속기 발전출력 융통 ○ 고령, 대구 남부지역 전력공급
	신울진	경남 울진군	2013	○ 울진원자력 후속기 발전출력 융통

나. 송전설비

구분	구간	긍장(c~km)	준공년도	필요성
765kV	신안성–신가평	75	2008	○ 수도권 배후계통(남부–동부) 연계
	신고리–북경남	200	2009	○ 고리 후속기(제2부지) 계통 연결

구분	구간	사업목적	준공년도
765kV 사업	신당진↔신안성	충남발전력 수도권 융통	2000
	신태백↔신가평	울진원자력 수도권 융통	2000
	울 진↔신태백	울진후속기 계통 연결	2004
	신가평↔신안성	수도권 외곽망 구성	2006
	신고리↔신김천	고리후속기 계통 연결	2008
	신김천↔신안성	영남발전력–수도권 융통	2011

시계획'에서 "765kV 신고리~북경남 송전 선로(2구간) 건설사업"이란 이름으로 구체화된다. 이 제2구간 건설 사업 안에 밀양시가 포함된다. 그래서 밀양을 경유하는 송전탑 구간이 확정된 것은 2006년이지만, 밀양 송전탑 갈등의 출발은 2000년까지 올라간다.

그래서 밀양과 관련된 송전 선로 건설 계획의 변경을 이해하기 위해

[그림4] 765kV 신고리-북경남 송전 선로(제2구간) 건설사업 고시

765kV 신고리-북경남 송전선로(제2구간) 건설사업

1. 사업의 명칭 : 765kV 신고리-북경남 송전선로(2구간) 건설사업

2. 사업시행자의 성명 및 주소 : 한국전력공사 사장 이원걸

   서울특별시 강남구 삼성동 167번지

3. 사업의 목적 : 장기적인 전력수요 증가에 대비 현재 건설 중인 신고리원자력발전소의

   발전전력을 전력계통에 병입하여 대전력 수송체계 구축 및 경남북부

   지역의 안정적인 전력공급을 위한 전력설비를 확충하고자 함.

4. 사업개요

   가.   선로길이 : 69.959km

   나.   철탑 : 123기(2회선)

5. 사업시행기간 : 2007. 11 ~ 2011. 5 (42개월)

6. 사업구역의 위치 및 면적

   가.   위치 : 경상남도 양산·밀양시, 창녕군 일원

   나.   면적 : 2,562,212 (철탑 : 55,988 , 선하지 : 2,506,224)

7. 도시계획시설(전기공급설비) 결정조서 : 별항

8. 수용·사용할 토지 등의 명세 : 별항

9   토지 등의 소유자와 이해관계인의 성명 및 주소 : 별항

10. 도시관리계획에 관한 지형도면의 고시는 국토의계획및이용에관한법률 제32조 제5항의

    규정에 따라 지형도면을 따로 작성하여 고시하지 아니함

* 산업자원부 고시 제2007-138호 '전원개발사업실시계획', 78쪽.

서는 일차적으로 2000년을 전후해 변경된 한국의 전력계획 수립 방식을 이해해야 한다. 과거 전력계획의 방식은 정부가 '장기전력수급계획'을 수립하고 한국전력이 이를 수행하는 방식이었다. 그러나 전력산업 구조 개편이 진행되면서 전력설비와 관련된 다양한 전기사업자의 사업계획을 수용하는 체제로 전력계획의 성격이 변경되었다. 이에 따라 과거의 '장기전력수급계획'은 2000년 전기사업법 개정 이후 '전력수급기본계획'으로 변경되었다. [131] 전기사업법에 의하면 정부는 매 2년 단위로 수립되는 전력수급기본계획을 작성해야 한다. 그리고 이 전력수급기본계획에서 결정된 계획에 따라 송변전 설비 확충을 위한 장기 송변전 설비계획을 구축해야 한다. 밀양 송전탑 구간은 2000년 마지막 만들어진 제5차 '장기전력수급계획'을 통해 처음 도입되었고, 이와 연결된 계획은 이후세 번의 전력수급기본계획을 통해 변경되었다.

2000년 제5차 장기전력수급계획에서는 신고리 원자력발전소 지역의 전력 수송을 위해 신고리~신김천~신안성 노선이 검토되었다. 정부는 1997년 12월, 부산 기장군 장안읍과 울산 울주군 서생면 일대를 전원개발사업 구역으로 예정 고시했다. 이 지역에 신고리 원자력발전소 1~8호기가 건설될 예정이었다. 이에 기존 고리 원자력발전소와 연계되는 345kV 송전 선로 중 일부는 철거하고, 765kV 송전 선로를 신설하는 방안이 검토되었다. 이에 따라 2000년 제5차 장기전력수급계획에 신고리에 건설될 원자력발전소의 전력 수송을 위한 신고리~신김천~신안성 노선이 검토된 것이다. 이후 한국전력은 765kV 사업 타당성 재검토 과정에서 신고리~신김천변전소 사이에 765kV 변전소 1개를 추가 건설키로 결정했다. 이 변전소가 현재 밀양 투쟁에서 거론되고 있는 북경남변전소이다. 그런데 2002년 제1차 전력수급기본계획이 수립되는 과정에서 신김천 경유 안이 폐지되고, 신고리~북경남~서경북~신안성을 잇는 방안으로 변경되었다. 제5차 장기전력수급계획에선 원래 신고리 원자력발전소의 전력이 김천을 경유해 수도권으로 바로 연결될 계획이었다. 그러나 2002년 제1차 전력수급기본계획에선 계획이 변경되어 북경남변전소가 위치할 창녕을 경유해 대구 남부 지역으로 연결되는 방향으로 전환되었다. 한국전력은 영남권의 전력 수요 증가 추세를 반영하여 대구권 송전 계획을 수립하는 과정에서 변경되었다고 그 이유를 말했다. 그러나 2004년 제2차 전력수급기본계획에선 북경남~서경북 노선이 폐기되고, 북경남~신충북으로 변경되었다. 또 2006년 제3차 전력수급기본계획에선 북경남 이후의 765kV 송전망 연결계획이 완전히 폐기되어 신고리~북경남 노선만 남게 되었다. 신고리~북경남 송전 선로의 건설 목적은 신고리 1~8호기의 원자력발전소 전력을 북경남변전소까지 송전하는 것이다. 이런 이유 때문에 밀양송전탑 서울대책회의는 "애초 계획된 사업 목적이 상실된 사업이라서 사업 추진의 타당성을 잃었음에도" 밀양 송전탑 건설 사업이 추진되고 있다고 비판한 바 있다.[132] 왜냐하면 신고리~북경남 송전 선로 신규 건설 사업이 타당성을 인정받으려면 부산-울산-경남과 대구-경북 지역에 전력 부족 현상이 예측되어야만 하는데, 이 지역은 2011년 기준으로 각각 전력소비량보다 전력발전량이 166%, 139% 높기 때문이었다. 곧, 부산-울산-경남과 대구-경북 지역은 전력 부족이 아니라 전력 과잉 상태이고, 765kV가 의미를 가지려면 원래의 계획대로 수도권으로 연결될 때에만 한국전력의 주장이 타당할 수 있다.[133] 바로 이 부분이 밀양에 설치하는 송전탑이 영남권의 전력 수요 충족을 위한 설비라는 한국전력의 주장을 밀양 주민들이 믿지 않는 핵심 근거가 되고 있다.

2002년부터 2006년까지 계획이 계속 변경되었지만, 신고리~북경남 765kV 송전 선로 건설 계획은 유지되었다. 더욱이 "2006년 북경남 이후 송전선 계획이 폐지된 시점에서는 이미 경과지 선정과 상세 설계가 마무리되고 환경영향평가 초안 공람과 주민 설명회가 진행된 이후였다."[134] 산업자원부는 2000년 1월 제5차 장기전력수급계획을 발표하고, 8월 765kV 신규 사업 관련 설비계획을 확정했다. 그리고 2001년 5월 765kV 신고리~북경남 송전 선로의 경과지 선정, 환경영향평가 및 북경남변전소 부지선정 용역을 착수했다. 송전 선로 경과지 선정은 2001년 5월과 2002년 9월 사이에 진행되었고, 2003년 10월 확정됐다. 바로 이 기간에 밀양이 765kV 신규 송전 선로의 경과지로 선정·확정된 것이다. 한국전력은 765kV 신고리~북경남 송전 선로 건설사업을 1구간과 2구간으로 나누어 진행하고자 했는데, 밀양은 제2구간에 포함되었다. 한국전력은 2002년 10월부터 2003년 3월까지 경과지에 대한 지자체 의견을 조회하고, 2004년 2월부터 2005년 2월까지는 1년간 송전 선로 경과지 설계 및 지적측량을 완료했다. 그리고 2005년 7월 환경영향평가 초안을 제출하고, 2005년 8월에 환경영향평가 초안 공람 및 설명회를 개최하는 동시에 주민 설명회 개최를 공고했다.

2005년 8월 765kV 송전 선로 건설 사업 주민 설명회를 밀양에서 개최했다. 주민 설명회를 통해 밀양 주민들은 송전 선로 건설에 대해 처음 알게 되었으나, 주민 설명회는 일부 주민들만을 대상으로 형식적인 차원에서 진행되었을 뿐이다. 주민 설명회에 참여한 밀양 주민들은 단장면 50명, 상동면 38명, 부북면 10명, 청도면 32명이었다. 이는 송전 선로가 경과하는 5개 면의 인구 2만1,069명의 0.6%에 불과한 참석률이었다.[135] 이 때문에 주민 설명회에 참여하지 않았던 다수의 주민은 우연한 기회에 송전탑 건설 계획을 알게 되는 경우가 많았다. 산외면 금곡리에 거주하는 주민의 다음과 같은 언급은 이를 잘 보여준다. "공사를 하기 전에 토지 측량 등을 위해 낯선 사람들이 왔다 갔다 하는 것을 보고 알게 되었다." 이런 상황은 환경영향평가 초안 설명회도 마찬가지였다. 2구간 전체 설명회 참석자는 204명뿐이었다. 밀양시 단장면의 경우 가장 많은 50명이 참석했지만, 단장면의 전체 인구인 4,215명과 비교하면 참석률은 매우 제한적이었다.[136] 한국전력 또한 경과지 선정 과정에서 주민들에 대한 홍보나 참여 부족, 그리고 주민의견을 모두 수용하지 못했음을 인정한다. 그러나 참여 부족을 "지역 주민의 관심 부족"으로 돌리면서, 2005년 8월을 경과할 때 "관련 규정에서 정한 절차는 모두 거쳐서 합리적인 요구는 수용"했다고 말하고 있다.[137]

2005년 9월 여수마을에서 '송전탑 건설 저지 여수마을 비상대책위원회'가 만들어졌다.[138] 그리고 2005년 12월 상동면 옥산리 주민들이 한국전력 밀양 지점 앞에서 처음 반대 집회를 진행했다. 초고압 송전탑이 마을 인근에 들어선다는 사실이 전해지면서, 주민들 사이에 반대 기류가 형성된 것이다. 2006년 반대 여론이 확산되면서 송전 선로가 지나는 밀양시 청도·부북·상동·단장·산외 5개 면 주민들이 함께 한국전력의 공사 시행을 반대하며 일어났다. 2006년 3월 25일에는 밀양참여연대, 밀양농민회, 전교조밀양지회, 밀양녹색평론독자모임, 지역 주민 등이 참여하여 '765kV 변전소 및 송전탑 건설 반대 밀양·창녕 공동대책위원회'를 결성한다. [139]

2007년 7월엔 밀양시의회가 한국전력이 시행하는 밀양−창녕 간 송전 선로 공사계획의 전면 백지화를 촉구하는 대정부 건의문을 채택했다. 이날 건의서를 낸 손진곤 의원은 "한전의 765kV 초고압 송전 선로 건설 사업은 밀양시의 발전을 가로막고 자연과 사람의 목숨까지 앗아갈 수 있는 환경파괴 행위"라고 전제하고 "초고압 송전 선로에서 발생하는 전자파는 밀양 시민들의 건강을 위협하게 될 것"이라고 주장했다. [140]

그러나 한국전력은 2007년 4월 산업자원부에 사업 승인을 의뢰했고, 산업자원부는 중앙 11개 부처와 합의해 2007년 11월 30일에 사업을 승인했다. 그리고 한국전력은 2008년 8월 765kV 송전 철탑과 송전 선로 건설 사업을 착공했다. 밀양 주민들은 이에 송전탑 건설의 백지화와 송전 선로 경과지 변경, 지중화 등을 요구하며 집단 투쟁을 전개했다. [141] 2008년 7월 1차 765kV 백지화 밀양시민대회가 열리고 공사가 착공된 8월에 곧바로 2차 시민대회가 열렸다. 2009년 2월에는 송전 선로 건설 백지화 및 토지 강제 수용 반대집회가, 3월에는 송전탑 건설 반대 전국연합회 출범 대회가 밀양에서 진행되었다. 2009년부터는 당시 밀양과 동일하게 송전 철탑 갈등을 겪고 있던 경기 광주·가평, 충남 당진, 전남 진도, 경남 창녕 등이 참여하는 '송전탑 건설 반대 전국연합회'가 출범해 밀양

[그림5] 토지수용위원회 수용 재결 이의신청 절차

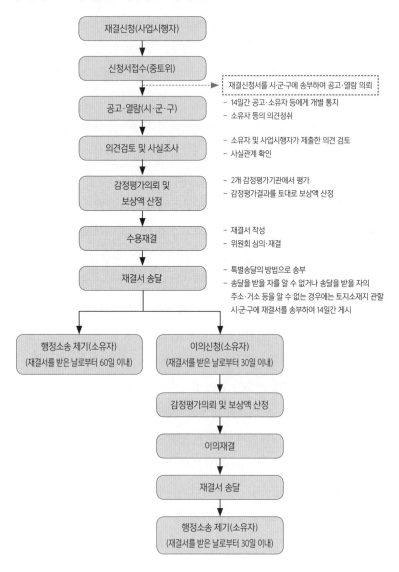

재결신청(사업시행자)

신청서접수(중토위) --------→ 재결신청서를 시·군·구에 송부하여 공고·열람 의뢰

공고·열람(시·군·구)
- 14일간 공고·소유자 등에게 개별 통지
- 소유자 등의 의견성취

의견검토 및 사실조사
- 소유자 및 사업시행자가 제출한 의견 검토
- 사실관계 확인

감정평가의뢰 및 보상액 산정
- 2개 감정평가기관에서 평가
- 감정평가결과를 토대로 보상액 산정

수용재결
- 재결서 작성
- 위원회 심의·재결

재결서 송달
- 특별송달의 방법으로 송부
- 송달을 받을 자를 알 수 없거나 송달을 받을 자의 주소·거소 등을 알 수 없는 경우에는 토지소재지 관할 시·군·구에 재결서를 송부하여 14일간 게시

행정소송 제기(소유자)
(재결서를 받은 날로부터 60일 이내)

이의신청(소유자)
(재결서를 받은 날로부터 30일 이내)

감정평가의뢰 및 보상액 산정

이의재결

재결서 송달

행정소송 제기(소유자)
(재결서를 받은 날로부터 30일 이내)

과 공동행동을 전개하기 시작했다. [142]

2009년 1월 19일 중앙토지수용위원회가 밀양시에 토지 수용 재결 신청서 및 관련 서류 공고를 의뢰했지만 밀양시가 이를 거부했다. 중앙토지수용위원회란 공익사업에 필요한 토지의 수용 과정에서 합의 보상이 어려울 때 사업 시행자의 수용 재결 요청에 따라 구성되는 당시 국토교통부의 행정위원회다. 재결裁決이란 행정기관이 이의 신청 등에 대해 판정을 내리는 과정을 의미한다. 중앙토지수용위원회가 한국전력의 재결 신청을 받아들여 밀양의 토지 수용을 인정하게 되면, 한국전력은 재결일로부터 55일 전까지 토지 소유자에게 보상금을 지급하거나 혹은 공탁을 통해 소유권을 이전할 수 있다. 밀양 주민들이 재결에 이의가 있는 경우에는 수용 재결서 정본을 받은 날로부터 30일 이내 이의신청 또는 60일 이내 행정소송을 할 수 있다. [143] 밀양 주민과의 갈등이 장기화되자, 한국전력이 밀양 주민들의 토지를 합의 수용에서 강제 수용하는 방향으로 노선 전환한 것이다. 중앙토지수용위원회는 사업 시행자가 재결 신청을 하면, 재결 신청서를 시·군·구에 송부하여 공고 열람토록 해야 한다. 해당 지역자치단체는 관련 토지 소유자들에게 개별 통지나 전체 공고를 통해 재결 신청이 진행되고 있음을 공지해야 한다. 그리고 각 지방자치단체는 토지 소유자 등의 의견을 청취하고 종합해 중앙토지수용위원회에 제출해야 한다. 그런데 밀양시가 바로 재결 신청서의 공고 열람을 거부한 것이다. 그 이후 한국전력과 밀양 주민들과의 갈등을 해결하기 위해 국민권익위원회의 갈등조정위원회, 경실련의 보상제도 개선추진 위원회, 전문가협의체 등이 잇달아 운영됐으나 합의 도출에 실패했다.

2009년 8월 26일 송전 선로가 경과하는 5개 면 대책위원회와 밀양 시민단체 등이 결합해 '국토를 사랑하는 범밀양시민연대'를 구성했다. 그리고 이날 밀양 시장, 시의원, 시민단체, 지역 주민 등 300여 명이 참석하는 '765kV 송전 선로 밀양 관통 전면 백지화 요구 토론회'가 개최됐다.[144] 공사가 시작된 지 1년 후인 2009년 9월 1일 밀양과 창녕을 지역구로 하는 조해진 국회의원의 주관으로 국회에서 "한국의 전력사업 어떻게 개혁할 것인가?"라는 토론회가 열렸다. 국회 토론회를 마치고 범밀양시민연대는 지식경제부 이호준 전력사업과장에게 송전탑 건설 백지화를 요구하는 대정부 건의안과 서명 명부를 전달했다.[145] 그리고 이날 밀양 주민들은 공개적으로 국민권익위원회와 경실련 갈등해소센터에 갈등 조정을 제안했다.[146]

이후 국민권익위원회는 2009년 12월 2차례의 현장 조사와 수차례의 실무조정회의를 통해 한국전력, 지역 주민, 밀양시 등 이해관계자들이 참여하는 '갈등조정위원회'를 구성했다. 이에 따라 주민 추천 위원 3명, 한국전력 추천 2명, 관계기관인 지식경제부, 경상남도, 밀양시 각각 추천 1명, 경실련 갈등해소센터 추천 1명 등 모두 9명으로 구성된 갈등조정위원회가 출범했다. 위원장은 경실련 추천위원이 맡았다.[147]

밀양 주민들의 집단 민원에 따라 출범한 밀양지역 765kV 건설 사업 갈등조정위원회는 2010년 6월 25일까지 운영되었지만 논의는 진전되지 않았다. 더구나 갈등조정위원회의 운영 기간이 종료된 이후 합의문을 작성하는 과정에도 한국전력과 주민의 대치는 계속됐다. 2010년 8월 3일 현장사무실 설치 문제로 시공사와 밀양 주민대책위원회 사이에 발생한 갈등이 이를 잘 보여준다. 그리고 한국전력은 2010년 8월 16일 밀양시장, 밀양시 경제투자과장을 형사 고소했다. 2009년 1월 29일부터 중앙토지수용위원회에서 의뢰한 토지 수용 재결 신청서 및 관계 서류에 대한 열람을 이행하지 않는다는 이유로 밀양시장 등을 직무유기로 고발한 것이다. 이뿐만이 아니라 8월 26일에는 밀양 현장에서 발생한 손해 중 일부인 20억 원에 대한 손해배상 청구소송을 밀양시장과 밀양시 경제투자과장, 창녕 군수 등을 상대로 제기했다. 이에 밀양시는 2010년 10월 25일부터 중앙토지수용위원회에서 의뢰한 토지 수용 재결 공고 및 열람을 이행했다. [148] 주민들은 또 한 번 강력하게 반발했다. 왜냐하면 이 공고 이행은 한국전력이 송전 선로가 지나가는 지역 주민들의 토지를 강제 수용할 수 있는 법적 근거를 제공하기 때문이다. [149]

경실련이 주관한 보상제도 개선추진위원회도 2010년 11월부터 1년간 10여 차례 회의를 열어 지속적 지역 지원 사업, 지가 하락 보상 등을 논의했으나 해결책을 내지 못했다. 주민들은 밀양시의 일방적 열람 공고 허용에 대해 강력 항의했고, 밀양시는 2011년 11월 8일까지였던 열람 공고를 2011년 1월 17일까지로 변경했다. 그리고 2011년 1월 28일 토지 수용 재결 신청서 열람 공고 결과를 중앙토지수용위원회에 제출했다. 이에 주민들은 2011년 2월 8일 3만133명의 서명을 받아 중앙토지수용위원회에 토지 수용 심의 보류 청원서를 제출했다. 그러나 중앙토지수용위원회는 이를 보류시켰다. [150] 2011년 4월 1일 중앙토지수용위원회에서 한국전력의 안을 받아들여 밀양의 토지 수용을 재결했다. 이는 곧 한국전력이 밀양의 토지를 합법적인 강제력을 통해 수용할 수 있다는 의미였다. 이에 따라 한국전력은 2011년 4월 4일 오전 8시부터 단장면 고례와 범도리, 상동면 금산리, 청도면 요고와 소태리 등 5개소 철탑부지에서 공사를 강행했다. 2011년 5월부터 7월까지 한국전력과 주민 간 대화위원회가 구성돼 합의를 시도하고 8월부터 10월까지는 경실련 주재로 보상협의회를 진행했으나 별다른 진전은 없었다. 이 와중에 2011년 10월 5개 면 가운데 청도면이 처음으로 보상안에 합의했다. 그러나 나머지 4개면 주민의 반대는 여전했다.

2011년 11월부터 다시 공사가 강행되었다. 한국전력의 공사가 강행되자 밀양 주민과 한국전력의 갈등은 격화되었다. 한국전력은 반대 투쟁을 전개하는 주민들을 대상으로 공사방해금지 가처분 신청을 하거나 형사 고발했다. 공사 현장에서 인부들과의 갈등도 증폭되었다. 주민들은 공사를 저지하기 위해 철탑 부지에 텐트를 치고 밤낮으로 불침번을 섰다. 당연히 일상생활을 할 수 없었다. 매일 이루어지는 한국전력 측의 사진 채증으로 인해 모두 모자와 마스크를 쓰고 있어야만 했다. 어떤 주민들은 70여 건 이상의 고소고발에 묶여 있었다. 주민들은 공사를 막기 위해 굴착기 아래에 들어가거나, 송전 철탑 위치에 있는 나무를 끌어안는 방식으로 공사 진행을 막으려 했다. 그러나 "인부들은 주민들을 개 부르듯 '워~리, 워~리'하며 부르고, 주민들이 나무를 안고 있는 상태에서도 전동 톱으로 나무를 잘랐다."[151] 주민들은 말했다.[152]

"테러범에게도 이렇게 대하지는 않을 겁니다. 따라다니면서 협박하고 평상에 앉은 노인들을 그대로 들어 내팽개치고 질질 끌고 다닙니다. 세상에 법이 있고 민주주의 국가라면 이럴 수 있습니까? 있을 수 없는 일입니다. 정부가 어떻게 생겼습니까. 우리가 없이 정부가 있습니까? 사람을 죽이면서 만든 전기 팔아서 돈을 벌겠다고 합니다. 정말로 기가 막혀요."

2012년 1월 16일 새벽 4시 경 한국전력 소속 감독관, 시공사인 동양건설 그리고 하도급 업체 직원 10여 명과 용역업체 직원 50여 명이 밀양 산외면 희곡리 보라마을 주민들이 막아선 곳을 뚫고 들어와 공사를 강행했다. 이날 오후 8시 경 보라마을 이치우 할아버지가 마을회관에서 분신했다. 그리고 1월 17일부터 다시 공사가 중단되었다. 2012년 2월 '밀양 765kV 이치우 열사 분신대책위원회'가 출범했다. 분신대책위원회와 한국전력은 2012년 3월 7일부터 3달간 공사를 중단하기로 합의했다. 그리고 분신 이후 53일 만인 바로 이날 이치우 할아버지의 장례식이 진행되었다. 하지만 이치우 할아버지의 마지막 가는 과정 또한 순탄하지 않았다. 장례 날짜를 두고 유가족과 765kV 대책위원회 및 마을 주민들과 갈등이 발생했기 때문이다. 유가족은 고인의 시신을 오랫동안 냉동 보관할 수 없어 한국전력 측과 합의 하에 3월 7일 장례식을 진행하고자 했다. 그러나 분신대책위원회와 마을 주민들은 유가족의 이런 태도가 고인의 뜻을 훼손하는 결정이라고 보고 장례를 3월 23일에 진행하자고 주장했다. [153] 장례식은 유가족의 뜻에 따라 진행되었지만, 이치우 할아버지의 장례 준비 과정은 한국전력이 밀양의 마을 주민 내부에 주입시킨 혼란과 불신, 분열의 씨앗이 어떻게 작동하고 있는가를 그대로 보여주는 과정이었다. 그 핵심은 언제나 보상금이었다. 유가족이 한국전력의 보상금 때

문에 장례일자를 앞당겼다는 이야기들이 유포되었기 때문이다. 밀양 상
동면 도곡마을의 김말해 할머니는 이치우 할아버지 죽음 이후의 과정을
다음과 같이 기억한다. [154]

"사람 죽고 한 1년간 공사 중단했다 카이. 휘발유를 자기 몸에 뿌려가 죽고.
그 엄마한테는 처음에 말도 못했다 카대. 친구네 갔다고 카고, 우리 아무것이
와 이리 안 오노 카이 병원 갔다 카고."

그러나 이치우 할아버지의 분신은 밀양에서 발생하는 갈등에 대한 전
국적인 관심을 불러 일으켰다. 밀양의 갈등이 단지 밀양만의 갈등이 아
닌, 밀양 외부가 참여할 수 있는 전체 사회의 갈등으로 구성하는 계기를
제공한 것이다. 동시에 이치우 할아버지의 분신은 2011년 3월 후쿠시마
핵발전소 사고 이후 활기차게 진행되던 한국의 탈핵운동과 밀양의 투쟁
을 연결시키는 계기를 제공했다. 왜냐하면 분신까지 불러온 송전탑 건설
강행의 원인을 추적하는 과정에서 밀양 주민들뿐만 아니라 전체 사회의
반성 능력이 송전탑 건설과 핵발전소 건설의 연관성에 대한 인식을 심화
하는 단계로 나아갔기 때문이다. [155] 곧, 밀양 송전탑 건설의 배후에 신고
리 원자력 발전소 건설뿐만 아니라 신고리 3호기의 원전 수출이 존재하
고, 고리 1호기를 폐기한다면 더 이상의 송전 철탑 건설이 필요하지 않다
는 인식과 밀양의 송전탑 반대 투쟁이 조우한 것이다. 이는 밀양 투쟁의
내부 동력을 만들어내는 인식의 프레임Frame이 송전 철탑으로부터 발생
하는 직접적인 피해와 나의 생활 세계 파괴에 대한 문제로부터, '탈핵'이

란 또 다른 프레임과 조우하는 과정이었다. 밀양을 구성하고 있던 두 프레임의 조우 과정에서 발생한 행사가 2012년 3월 17일과 18일 진행된 1차 탈핵 희망버스였다. 1차 탈핵 희망버스를 통해 전국에서 1,200여 명이 밀양을 방문했다. 더욱 중요한 점은 밀양 주민들이 단지 밀양과의 연대만이 아닌 한국의 탈핵을 위한 출발을 밀양으로부터 하자는 의미에서 탈핵 희망버스를 제안하고 기획했다는 점이다. 이런 '탈핵' 희망버스의 등장은 밀양의 투쟁이 단지 밀양만의 투쟁이 아닌 한국의 탈핵을 위한 투쟁의 단계로 도약하고 있음을 보여주는 상징이 되었다. 동시에 이는 한국의 탈핵운동이 핵발전 운영의 위험성으로부터 핵발전을 통해 생산된 전기의 공급 과정 전체를 운동 대상으로 전환하고, 이 과정에서 발생하는 갈등 현장과 구체적으로 결합하는 계기를 제공했다.[156] 2012년 3월 시작된 탈핵 희망버스는 7회에 걸쳐 진행되었다. 밀양 주민들은 다른 지역의 탈핵투쟁과도 활발히 연대했다. 2012년 6월에는 신고리 핵발전소 5, 6호기 주민공청회, 7월에는 삼척시장 주민소환 결의대회, 10월에는 반핵 서울집회에도 참여했다.[157]

주민과의 합의 기간이 만료되자 한국전력은 곧바로 2012년 6월 11일 공사를 다시 강행했다. 한국전력은 내부에 밀양 송전 선로 건설 대책위원회를 발족하고, 밀양 문제에 보다 능동적이고 효과적으로 대응하기 위한 내부 준비를 진행했다. 이런 전략의 하나로 밀양 주민 3명에게 10억 원의 손해배상 소송을 제기했고, 주민 13명에겐 매일 100만 원씩 공사방해금지 가처분 신청을 진행했다. 2012년 10월에 한국전력 측이 제기한 모든 소송은 취하되었으나, 시공사 측의 고소는 취하되지 않았다.

민주화를위한변호사협의회의 고소장에 근거하면, 당시 한국전력은 주민 210명의 고소를 계획했다고 한다. [158] 2012년 7월 23일에는 국회에서 민주당 초선 의원 모임인 '초생달', 통합진보당 김제남 의원실, 대책위의 주최로 '밀양 765kV 송전탑 피해자 국회 증언 대회'가 개최됐다. 2012년 8월 '밀양송전탑 공사 중단 및 백지화를 위한 공동대책위원회'가 출범했다. 그리고 밀양 주민들이 공사를 저지하는 과정에서 계속 실신하자, 2012년 9월 24일 한국전력은 일시적으로 공사를 다시 중단했다. 할아버지와 할머니들이 폭염 속에서 공사를 막기 위해 투쟁하는 과정에서 실신한 것이다. 7월 27일 엄복이(73세), 7월 28일 양윤기(64세) 두 분이 95호 현장에서 쓰러져 헬기로 긴급 후송되었고, 7월 31일엔 송영숙(57세) 씨가 헬기 이륙 차단 농성 중 쓰러져 밀양병원으로 긴급 후송되었다. [159]

2009년 7월 조해진 국회의원과 밀양시의 요청으로 송전탑 현장의 벌목작업이 처음 중단되었다. 그리고 2009년에 총 3번의 공사 재개와 중단이 되풀이됐다. 2010년 1차례, 2011년 3차례 더 공사가 재개됐다가 중단되었다. 2012년 9월 24일 공사 중지 이후 10월 9일부터 11월 9일까지 한 달간 송전탑 반대 대책위원회와 한국전력이 실무 협의를 3회 진행했다. 이 과정에서 '이치우 열사 분신대책위'의 명칭이 2012년 11월 19일 '밀양 765kV 송전탑 반대 대책위원회'로 변경되었다. 2013년 1월 28일 한국전력은 '전력수급 불안'을 이유로 또 다시 공사를 재개한다는 방침을 밝혔다.

2013년 2월부터 5월까지 조경태 의원 주관으로 주민과 한국전력이 여섯 차례 토론회를 진행했으나 진전은 없었다. 이에 국회 산업통상자원

[표8] 밀양 공사 재개-중단 일지

차수	날짜	내용
	2008년 8월	765KV 송전 선로·송전탑 건설사업 공사 착공, 시공사 선정 이후 공사 중단.
1	2009년 7월 2일	한전, 1차 공사 추진. 7월 5일까지 벌목 완료(2기). 주민 저항, 밀양시 등의 요청으로 작업 중단.
2	2009년 8월 6일	한전, 2차 공사 추진. 벌목 시도(2기). 폭행 발생으로 작업 중단.
3	2009년 9월 15일	한전, 3차 공사 추진. 벌목 완료(1기), 17일까지. 번밀양시민연대, 가을걷이 전까지 작업중지 요청.
4	2009년 10월 8일	한전, 4차 공사 추진. 벌목 완료(1기). 폭행사건으로 작업 중단.
	2010년 8월 3일	한전, 합의사항 깨고 현장 사무실 설치 명목으로 단장면 단장리(현 4공구 헬기장 및 현장사무소 위치) 공사 강행, 주민과 대치. 밀양시의회 손진곤 의장 등의 중재로 공사 중단 후 철수.
5	2010년 12월 8일	한전, 5차 공사 추진. 벌목(2기). 10일 이후 공사 중단.
6	2011년 4월 4일	한전, 6차 공사 추진(89번: 단장면, 93번: 단장면, 121번: 상동면, 140번: 청도면, 147번: 청도면 등 5개소 철탑부지). 벌목 7기 추진. 주민과 대치. 격분한 단장면, 상동면, 청도면 주민 600여 명이 공사 현장 항의 방문. 2011년 4월 19일 공사 중단.
7	2011년 7월 6일	한전, 7차 공사 추진. 벌목 6기 추진. 주민과 대치. 보상 협의 조건으로 작업 중단.
8	2011년 9월 3일	한전, 8차 공사 추진. 기초완료(1기), 문화재 시굴조사(1기). 제3자 중재/보상협의 재개 조건 작업중단.
9	2011년 11월 1일	한전, 9차 공사 5개면 전역에서 시작. 각 현장별로 매일 충돌 발생. 주민들 노숙 농성 돌입. 벌목 인부들과 충돌과 인권유린 발생. 매일 산을 오르내리며 인부들의 폭력에 맞서 고초를 겪음. 2012년 1월 16일 이치우 할아버지 분신 사망 이후 공사 중단.
10	2012년 4월 12일	한전, 10차 공사 재개. 2012년 3월 7일 한전은 이치우 할아버지 장례 합의 조건으로 밀양 지역에서 90일간 송전탑 공사를 중단하기로 한 바 있음.
11	2012년 6월 11일	한전, 밀양시 단장, 산외, 상동, 부북 등 4개면의 송전선로 공사 재개 선언. 일부 반발이 적은 지역부터 공사 재개.
12	2013년 5월 20일	한전, 밀양시 4개면 6개 지역 공사 재개. 12차 공사. 주민 대치 중 3명 부상. 한전-밀양 주민 "공사 중단 및 전문가협의체를 통한 대안연구"합의. 밀양 송전탑 공사 중단.
13	2013년 10월 2일	한전, 13차 공사 전면 재개.

밀양765KV송전탑반대대책위원회, 《밀양송전탑 반대투쟁백서 2005~2015》에서 재구성.

위원회는 2013년 5월 29일 밀양 송전탑 건설 관련 전문가협의체를 구성, 밀양 주민들이 제안한 대안을 기술적으로 검토하자는 데에 밀양 반대 대책위원회와 한국전력 간의 합의를 도출해냈다. 이에 따라 2013년 6월 5일 대책위 추천 위원 3명, 한국전력 추천 위원 3명, 여야 각각 1명씩, 그리고 여야 합의에 의해 추대된 위원장 등 모두 9명으로 구성된 전문가협의체가 구성되었다.[160] 그러나 40일의 짧은 활동 기간 이후 한국전력 측 전문가들이 보고서를 대필하거나 베꼈다는 의혹이 불거지면서 밀양 문제에 대한 기술적인 검토는 이뤄지지 못했다.[161]

이어 국회 산자위는 7월 전문가협의체의 보고를 토대로 지중화, 우회 송전 등에 관한 입장을 발표했다. 그러나 한국전력과 밀양 주민들 간의 견해 차이는 줄어들지 않았고, 오히려 이 과정에도 한국전력과 밀양 주민들 간의 대립은 계속되었다. 2013년 4월 29일 대책위는 기자회견을 열어 한국전력이 발표한 주민 지원안에 반대 입장을 표명했다. 이에 2013년 5월 15일 한국전력은 송전탑 공사 재개 방침을 공식화했고, 5월 18일엔 한국전력 사장 명의로 송전탑 공사 재개 관련 대국민 호소문을 발표했다.

2013년 5월 20일 한국전력은 밀양시 4개 면 6개 지역에서 공사를 재개했다. 공사현장은 이후 9개 지역으로 늘어났는데, 경남지방경찰청 기동대원 500여 명이 각 현장에 투입되었다. 경찰이 밀양 현장에 투입된 건 이날이 처음이었다. 88번 현장에는 공사용 삽차가 투입되었다. 할머니들은 삽차의 삽 위에 걸터앉거나 삽차 밑으로 들어가 삽차가 움직일 수 없도록 만들었다. 삽차 밑으로 들어간 할머니들은 밧줄로 삽차에 자신의 몸을 묶었다. 경찰과 한국전력 직원들은 강제로 삽차와 할머니들을 떼어내려 했다. 이 과정에서 공사용 커터 칼을 할머니들의 목에 바로 사용하기도 했다. 몸부림치며 저항하는 할머니들이 쓰러져 나왔다. 119 구급대원들이 도착했고, 할머니들이 헬기로 이송되기도 했다. 127번 현장에서 할머니들이 상의를 벗고 인분을 던지면서 한국전력 직원들과 몸싸움을 벌였다. 경찰과 한국전력 직원들은 담요와 공사용 포대기를 할머니들에게 덮어씌운 상태에서 사지를 들어 공사 현장 밖으로 이동시켰다. 많은 할머니들이 119 구급차로 실려 갔다.[162] 127번 현장에서 병원으로 응급 후송된 할머니들은 모두 7명이었다.[163]

2013년 하반기부터 정부의 본격적인 개입이 시작되었다. 윤상직 산업통상자원부 장관은 반대 주민을 설득하려고 2013년 7월과 8월 초 3차례 밀양을 찾아 이장과 통장 그리고 유림 대표 등과 대화를 나눴다. 그리고 윤 장관은 당시 여름휴가를 밀양에서 보내며 밀양 5개면 1,900여 가구에 송전탑 공사에 협조를 당부하는 서한을 발송하기도 했다. 편지의 내용은 다음과 같았다.[164]

"밀양 송전탑 건설의 대안을 찾아보려 했지만, 아무리 검토해도 신고리 원자력발전소에서 생산하는 전기를 보낼 수 있는 현실적인 대안이 없다. 국책사업에 협조를 부탁한다."

윤상직 장관의 편지는 사실상 다른 대안이 없기 때문에 공사를 강행하겠다는 것이다. 정홍원 국무총리도 2013년 9월 11일 밀양시청과 단장면·산외면사무소를 차례로 방문해 송전탑 건설의 불가피성과 당위성을 전달했다. 국무총리의 밀양 방문은 "사실상 정부의 최후통첩이었다."[165] 그리고 정홍원 국무총리는 밀양 송전탑 건설을 반대하는 주민들은 배제한 채 주민과의 합의안을 발표했다. 그런데 이 합의안은 밀양 내부의 갈등을 걷잡을 수 없이 증폭시켰다. 왜냐하면 정부와 한국전력이 보상금 가운데 일부를 송전탑 건설 예정지 주변 개별 세대에 직접 지급하기로 했기 때문이었다. 정부는 보상안을 확대한 것이라고 발표했지만, 개별 보상금은 밀양 내부의 공동체를 파괴하는 결과를 낳았다. "마을 찬성파가 영문도 모르는 할머니에게 다짜고짜 계좌번호를 물어보고는 현금을 입금해 버리거나 정해진 날까지 보상금을 찾아가지 않으면 그 돈을 회수해 버린다고 협박하고, 그렇게 마을이 개별 보상금의 수령 여부로 쫙 갈라져 버린 것이다."[166]

이와 함께 2013년 10월부터 한국전력과 합의한 청도면과 산외면을 제외한 3개 면에 4개의 농성장이 만들어졌다.[167] 주민들과 연대자들은 송전탑 번호를 따라 101번 농성장, 115번 농성장, 127번 농성장, 129번 농성장으로 불렀다. 그리고 각 농성장을 지역이나 단체별로 담당해 지속적이고 안정적으로 연대활동을 하도록 했다.

2013년 10월 2일 송전탑 공사가 재개되었다. 2008년 8월 공사가 시작된 후 밀양 현장에선 12번의 공사 강행과 중단 상태가 반복되었다. 10월 2일 공사는 13번째 공사 강행이었다. 그때 경찰은 한국전력의 공사를 보호하려고 32개 중대, 여경 6제대의 약 3,000여 명을 투입했다. 현장에 있던 연대자들과 마을 주민들은 13번째 공사 강행일인 10월 2일 정부의 태도가 그 이전과 달랐다고 증언한다. 밀양 투쟁의 현장 사진을 담아온 사진가 장영식은 다음과 같이 썼다. "이전에는 최소한 공권력은 형식적 중립을 취했다. 공사가 재개된 10월 이후부터 한전은 뒤로 빠지고 공권력이 전면에 나섰다."[168] 경찰의 적극적 보호 아래 강행된 한국전력 공사를 막으려는 과정에서 많은 밀양 주민과 연대하러 온 이들이 부상을 당하고 현장에서 체포되어 구금되고 조사를 받았다. 이는 예고된 것이었다. 하루 전인 2013년 10월 1일 창원지방검찰청은 창원지검 밀양지청, 경남지방청, 밀양경찰서 등 유관기관과 함께 '공안대책지역협의회'를 개최해 밀양 765kV 송전 선로 공사를 방해하는 불법 폭력 행위에 엄정 대처한다는 방침을 발표했다.[169] "이후 경찰은 각 송전탑 공사현장을 3중으로 통제하며 주민들의 통행을 제한"했다.[170]

밀양에 대한 정부의 본격적인 개입이 진행되던 2013년 8월 4일 한국전력시스템에 내재된 구조적인 부정의를 폭로하고 이의 정의로운 전환을 요구하는 '정의롭고 지속가능한 전력시스템을 위한 초고압 송 · 변전시설 반대 전국 네트워크', 약칭 '전국 송전탑 반대 네트워크'가 구성되었다. 이 네트워크 안에는 밀양뿐만 아니라 국가 전력망 구축 과정에서 폭력에 노출되었거나 현재 노출된 청도 각북면 삼평리, 달성 유가면, 북당진—신탕정, 울진 신화리, 구미 신동마을 등의 주민들과 각 지역 환경운동연합 등이 함께했다. '전국 송전탑 반대 네트워크'는 결성 선언문에서 "우리는 정의롭고 지속 가능한 전력시스템을 만들기 위해서, 그리고 우리 자신의 생명과 재산, 우리의 마을을 지키기 위해서 뭉치고자 한다"고 결성 취지를 설명하고 있다.[171] 밀양의 투쟁을 매개로 한국의 전력계통 전체의 정의로운 전환을 요구하는 현장 장소 기반의 연대 운동단체가 출현한 것이다.

한국전력은 2013년 10월 1일 공사 재개 호소문을 발표하고, 10월 2일부터 공사를 재개했다. 그리고 2013년 10월 23일 밀양 송전 선로 건설의 문제점을 지적하면서 230여 개 시민사회 단체로 꾸려진 '밀양 송전탑 서울대책회의'는 '밀양 765kV 송전탑 반대 대책위원회'와 함께 이 사업에 대한 감사를 감사원에 청구했다. "밀양 송전탑 사업으로 대표되는 '신고리-북경남' 송전 선로 사업은 애초 계획된 사업 목적이 상실된 사업이라서 사업 추진의 타당성을 잃었다"는 것이 이들의 주장이었다. [172]

2013년 11월 25일 밀양에서 첫 번째 송전탑의 공사가 완료됐다. 2013년 10월 공사가 재개된 이후 송전탑 반대 주민을 지원하는 '희망버스'가 2013년 11월 30일 밀양을 방문했다. 전국 26개 도시에서 3,000여 명이 참여했다. 희망버스 참여자들은 상동면 여수마을 122번 철탑과 상동면 도곡리 110번 철탑, 단장면 동화전 마을 96번 철탑 현장으로 나누어 올라갔다. 각 철탑 현장에선 참여자들과 경찰 사이에 충돌이 발생했다. 경찰은 밀양 희망버스 참가자들을 막으려고 4,000여 명의 경찰을 철탑 주변과 마을마다 배치했다. 각 철탑 현장을 찾아갔던 이들은 저녁 7시 밀양역 광장에 모여 문화제를 열었다. 대동놀이로 문화제를 마친 참가자들은 각 마을로 들어가 주민들과 이야기를 나눴다. 12월 1일 참여자들은 산외면 보라마을에 모두 모여 마무리 집회를 열고 일정을 마쳤다. [173] 그러나 송전탑과 송전 선로가 지나는 밀양시 상동면 주민 유한숙 할아버지가 2013년 12월 2일 자신의 집에서 농약을 마신 뒤 병원에서 치료받다 나흘

만에 세상을 떠나는 사건이 발생했다. 경찰은 유한숙 할아버지의 음독 원인이 밀양에 건설되는 송전탑과 관련 있다는 사실을 은폐하고자 했다. 밀양경찰서는 2013년 12월 7일 유한숙 할아버지 사망에 대한 수사 결과를 발표하면서 "고인은 부인이 송전탑 반대 집회에 나가는 것을 싫어했고 돼지값 하락으로 고민이 많았다"며 "고인의 음독 원인은 복합적인 것으로 보이므로 고인의 사망이 지역 사회 안정을 저해하는 수단으로 호도되지 않기를 바란다"고 발표했다. 그러나 2014년 5월 8일 장하나 국회의원이 공개한 부산대학교병원에서 이루어진 대화 내용에 의하면, 왜 음독을 시도했느냐는 담당 형사와 딸의 물음에 유한숙 할아버지는 "송전탑 때문에 그래"라고 대답했다. [174] 유족들은 유한숙 할아버지가 운명하자 "송전탑 공사 중단될 때까지 장례를 치르지 않겠다"고 말했다. 유한숙 할아버지의 시신은 장례식장 냉동고에 보관되어 있다가 2014년 10월 22일에야 장례를 치렀다. 2014년 1월 25일 2차 밀양 희망버스가 다시 밀양을 방문했다. 2차 희망버스에는 전국 50개 도시에서 4,000여 명이 참여했다. 참가자들은 송전탑 공사 중단과 원자력 발전 폐기를 외치면서 밀양 시내를 횡단하는 거리 행진을 벌이고, 밀양역 앞에서 문화제를 진행했다. 그리고 1월 26일 오전 고(故) 유한숙 할아버지 분향소 앞에서 집회를 하고 1박 2일 일정을 마쳤다. [175]

이 와중에 한국전력은 2013년 9월 30일부터 시작한 개별 보상을 통해 2013년 12월 말까지 전체 지급대상 2,200가구 가운데 1,783가구에 보상금 지급을 완료했다고 발표했다. 그러나 반대 대책위원회는 2013년 12월 27일 주민 401명의 서명을 받아 감사원에 또 다시 국민감사를 신청했다. 개별 지급되는 보상금은 법적 근거와 객관적인 기준이 없을 뿐만 아니라, 마을을 파괴하고 있다는 것이었다.[176] 그러나 이 과정 자체가 더 큰 문제였다. 한국전력은 신청 마감기일을 정해 놓고 그때까지 신청하지 않으면 개별 보상금을 마을 공동사업비로 전환하겠다는 방침을 발표했다. 마을과 개인의 대립이 만들어질 수밖에 없는 구조였다. 게다가 마감 기한을 넘기면 보상조차 못 받을까 우려한 주민들이 약정서의 내용을 정확히 알지 못한 상태에서 개별 보상을 신청하기도 했다. 문제는 개별 보상 약정서의 내용이었다. 이 안엔 "이후 발생한 손해배상 책임을 묻지 않는다"라는 부분이 있었다. 개별 보상은 한 가구당 400만 원 가량이었다. 한국전력은 이 돈을 입금한 이후 스스로 밀양 주민들의 삶에 대한 모든 책임을 면제했다.[177]

한국전력과 밀양 지역 주민들과의 투쟁은 법정으로까지 연결됐다. 2014년 4월에는 한국전력과 반대 주민이 신청한 송전탑 공사 중지 가처분과 공사방해금지 가처분, 행정대집행 계고처분 집행정지 가처분에 대한 재판이 잇달아 열렸다. 법정에서 한국전력은 국가의 전력수급계획을 내세우며 송전탑 공사의 필요성을 강조했고, 주민들은 한국전력의 환경영향평가법 위반 등을 지적하며 공사 중단을 촉구했다. 정부와 밀양시청은 2014년 5월 마지막으로 남은 부북면과 상동면 그리고 단장면의 127번, 129번, 115번, 101번, 위양마을 장동 농성장 움막에 대한 행정대집행을 계고했다. 긴장은 극에 달했다. 그리고 2014년 6월 밀양시와 경찰은 행정대집행을 결행했다. 주민들은 움막 농성장을 24시간 지켰다. 움막 농성장에 무덤을 팠고 가스통과 휘발유통을 갖다 놓기도 했으며 쇠줄도 매달았다. 움막을 강제로 철거할 경우 이에 저항하기 위해서였다. [178] 그러나 행정대집행은 예정대로 진행되었다. 행정대집행에 이어 곧바로 한국전력은 그동안 미뤄뒀던 밀양시 부북면과 단장면, 상동면 송전탑 5 기의 공사를 재개했다. 한국전력은 2014년 9월 23일 밀양시 단장면 사 연리 99번 송전탑을 끝으로 청도·부북·상동·산외·단장면 등 5개 면 에 송전탑 69기를 건설하는 공사를 완료했다고 발표했다. 그러나 밀양 765kV 송전탑 반대 대책위원회와 주민들은 당일 밀양시청 앞에서 한국 전력을 규탄하는 대회를 열었다. 주민들은 "끝까지 싸울 것"이라고 말했 다. [179] 밀양 주민들은 이날 송전탑 모형을 부수는 퍼포먼스를 진행했다. 이 퍼포먼스가 밀양 투쟁의 현재를 보여주는 동시에 미래를 예시하고 있 었다.

이런 예시는 이미 2014년 6월 23일 자로 밀양 765kV 송전탑 반대 대 책위원회 웹사이트에 올라온 "굴하지 않는 인간 정신이 여기에 있습니 다!"라는 글을 통해 선언된 바 있다. 대책위원회와 주민들은 "송전탑이 건설되고 송전선이 걸리더라도, 언젠가 우리는 이 송전탑을 뽑아내고 말 것이라는 믿음으로 버텨나가야 할 시간과 마주하고 있다"고 말하면서 이를 위해 '밀양 송전탑 반대 투쟁 시즌2'를 시작한다고 선언했다. 이와 함께 밀양 송전탑 반대 투쟁 시즌 2의 핵심 과제 9개를 다음과 같이 정리 했다. [180]

[과제1]   6.11 행정대집행 참사의 진상 조사, 책임자 처벌

[과제2]   7개 마을 농성장, 새롭게 마련

[과제3]　　"미니팜 협동조합: 밀양의 친구들"

[과제4]　　밀양 인권 침해 종합보고서 발간 / 마을공동체 파괴 기록과 증언 / 백서 발간

[과제5]　　집단소송

[과제6]　　밀양 송전탑 3대 악법 '송주법 + 전기사업법 + 전원개발촉진법' 개정 운동

[과제7]　　고리 1호기 월성 1호기 노후 원전 폐쇄 투쟁

[과제8]　　연대투쟁

[과제9]　　마을공동체 복원

　밀양 주민들은 이런 과제를 실현하기 위한 활동을 지속적으로 전개하고 있다. 행정대집행 이후에도 여전히 225가구가 보상금 수령을 거부하며 투쟁을 계속하고 있기 때문이다. 2014년 7월부터 농성장을 대신하는 8개의 사랑방이 설치되었다. "지금은 거기서 매주 몸살림 강좌도 하고, 함께 밥도 먹고, 연대자들이 오면 숙소로도 내준다."[181] 2014년 창립한 "미니팜 협동조합: 밀양의 친구들"을 통해 밀양 주민들과 연대자들의 일상적인 교류 사업도 출발했다. 협동조합 운동과 결합한 밀양은 단지 물품 판매를 위한 활동뿐만 아니라 '장터'를 개설해 주민과 연대자들의 상호작용을 강화하는 방식을 택하기도 했다. 2014년 8월 30일 밀양 상동면 고정마을 주차장에서 열린 장터에선 밀양 주민들이 직접 기른 작물 판매와 밀양과 연대하는 단체들의 문화제까지 어우러졌다. 규모는 다르지만 이와 유사한 활동들이 밀양뿐만 아니라 서울, 부산, 대구, 청도, 울

산 등지에서 연대자들의 활동으로 만들어지기도 했다. 2014년 11월 29일에도 장터가 열렸다.

밀양 주민들은 환경단체와 법조인 등과 함께 2014년 10월 24일 "송·변전설비 주변지역의 보상 및 지원에 관한 법률과 전기사업법은 헌법에서 보장하는 평등권과 재산권, 환경권을 위반한다"며 헌법소원 심판 청구서를 제출했다.[182] 국가와 경찰은 2014년 6월 11일 행정대집행 과정의 폭력에 대해 단 한 번도 공식적으로 사과하지 않았다. 당시 행정대집행 책임자였던 밀양 경찰서장은 그 뒤 청와대 25경호대장으로 자리를 옮겼다.[183] 밀양 주민들은 행정대집행의 부당성과 당일 발생한 폭력의 책임을 묻기 위한 투쟁을 계속 전개하고 있다. 연대투쟁도 지속되었다. 2015년 1월 15일부터 진행된 '2015 푸른하늘 겨울캠프'에 참여한 한국, 일본, 대만 청년 활동가들은 2015년 1월 18일 밀양 상동면 고답마을에 있는 115번 철탑 아래 천막농성장을 찾아 '푸른하늘 밀양선언문'을 발표했다. 이들은 이 선언문에서 다음과 같이 밝혔다. "오늘, 그 폭력의 현장 중 하나인 밀양에 일본과 대만, 그리고 한국의 청년들이 모였다. 인간과 핵의 전쟁 70년을 맞아 여기 선 우리는 이윤을 위해 인간을 도외시하는 핵 성장주의에 단호한 반대를 선언한다."[184] 탈핵운동과 연결된 밀양 운동, 그리고 밀양 주민들과 다른 지역 주민들과의 연대 활동을 기록한 책이 발간되기도 했다. 밀양 주민들과 활동가들이 전국에 흩어져 있는 핵 발전소와 송전탑 지역을 누빈 대화의 기록이 《탈핵탈송전탑원정대》(한티재)라는 제목으로 2015년 5월 6일 발간된 것이다.[185] 2015년 7월 18일에는 밀양역 광장에서 송전탑 반대 제200회 촛불집회가 열렸다. 1년 전

2014년 6월에 있었던 행정대집행의 폭력을 다시 고발하면서 지속적인 밀양과의 연대를 확인하는 자리였다.

하지만 국가와 한국전력의 밀양 반대 주민들에 대한 탄압은 계속되었다. 2015년 6월 1일에는 검찰이 송전탑 반대 운동에 동참한 주민의 DNA를 채취하려 해 논란이 일었다. 또한 반대 운동 참여 주민과 활동가에 대한 벌금형이 계속 부여되었다. 대책위는 재판 회부 예정자들에게 선고될 벌금액이 약 2억여 원에 이를 것으로 예상했다.[186] 이에 대해 대책위 관련 활동가, 주민들은 반대 시위로 기소된 사람들의 법률 비용을 지원하기 위한 모금운동을 전개함과 동시에 부당한 판결에 저항하는 뜻에서 벌금을 내는 대신 구치소에서 노역형을 살기로 결정했다. 2015년 8월 19일에는 밀양 송전탑 반대 투쟁과 관련해 기소된 65명의 주민과 활동가에 대한 결심공판이 진행되었다. 검찰은 이날 18명에 대해 구형했는데, 구형된 형량을 모두 합하면 징역 28년 4개월, 벌금은 1,300만 원이었다. 이날 법정에서 있었던 아래의 최후진술은 밀양 투쟁이 어디에서 와서, 어디로 가고 있는가를 보여준 진술이었다.[187]

"처음에는 내 재산과 생존권을 지키기 위해서 싸웠다. 그러나 싸우면 싸울수록 이건 아니다 싶었다. 이 나라가, 이대로 가다가 이렇게 마구잡이로 원전 짓고 온 산천에 철탑 꽂아가다 보면 어떻게 되겠느냐. 우리는 후손에 떳떳하고 싶었고 부끄럽지 않은 어버이가 되고 싶었다."

5장

밀양 전쟁: 삶—장소 투쟁

5장
밀양 전쟁: 삶–장소 투쟁

국가 전력망 구축에 요구되는 전기설비 설치에 대한 해당 지역 주민들의 반대는 밀양만의 사건은 아니다. 그러나 밀양의 투쟁은 다른 지역에 비해 장기간 지속적이고 격렬하게 진행되었다. 한국전력은 이의 원인을 환경단체 등 외부 세력의 '개입'에서 찾거나, 밀양 주민들의 송전 선로에 대한 무지와 이로부터 비롯된 심리적 불안으로부터 발생했다는 입장을 견지했다. 이런 입장에 근거해 한국전력은 송전 선로 구축을 법에 의한 정당한 행정 집행 과정으로 만들기 위한 유일한 전제조건인 토지 수용에 대한 경제적 보상으로 모든 문제를 환원시켰다. 이는 토지의 경제 가치로 환원되지 않는 다른 가치들을 교환 과정 외부로 배제하는 것이었다. 그래서 한국전력에게 토지와 결합된 주민의 일상생활이 토지와 분리되면서 발생하는 문제는 교환을 위한 합의의 내용이 아니었다. 동시에 다른 가치들의 배제 문제는 차치하고라도 토지 수용 과정 자체도 "약탈"과 구별되지 않았다. 철탑 부지를 제외하곤 토지의 감정평가 금액의 25~30% 수준으로만 보상이 이루어졌고, 765kV 송전 선로의 경우 가공 전선 최외측으로부터 수평거리 3m 이내는 건조물의 축조가 금지되어 주민들이 토지 이용에 실질적인 제한을 받지만 이에 대한 보상은 없었 다. 게다가 가공 전선이 지나는 공중 공간에 구분지상권이 설정됨으로써 해당 토지의 이용행위가 제한된다. 2011년 1월 1일부터 시행되는 농지 연금제도는 구분지상권이 설정된 농지는 농지연금제도 대상에서 제외 하고 있고, 은행은 해당 토지에 대한 담보대출을 거부한다. 재산으로서 의 가치가 인정되지 않기 때문에 토지를 팔려고 해도 구매할 사람이 없 는 상태가 발생한다. 관련 지역 주민들의 "땅값이 떨어진 게 문제가 아니 라 아예 거래가 안 되고 담보도 잡을 수 없는 게 문제"라는 하소연은 바로 이런 상황에서 나온 것이다.[188] 이렇게 토지 소유자의 재산권을 침해하 는 행위를 한국전력이 진행할 수 있는 이유는 국가 전력망의 구축이 전 체 국민의 공익을 위한 전력사업이기 때문이 아니라, 국가와 개인의 교 환 과정에서 한국전력이 '교환정의'를 지키지 않아도 되기 때문이다. 왜 냐하면 한국전력은 부등가교환을 부과할 수 있는 경제 외적 강제, 곧 국 가의 조직화된 폭력 수단인 법과 이 법의 집행을 위한 공권력을 동원할 수 있기 때문이다. '교환정의'란 계약관계에서 손해와 배상 간에 절대적 평등이 이루어져야 한다는 것이다. 이는 나뿐만 아니라 타자의 소유와 그 소유에 기반을 둔 권리 일반을 옹호하고 보호하기 위한 권리다. 교환 정의는 다른 사람의 권리 침해를 금하는 것은 물론 경제 외적 강제를 동 원해 부등가교환을 강요하는 행위를 '부정의' 혹은 '범죄'로 규정한다. 곧,

교환정의는 각자에게 각자의 몫을 귀속시키는 것을 정의의 핵심 원리로 제시한다. 토지보상은 형식 절차의 관점에 본다면 한국전력과 밀양 주민 간의 '계약'에 대한 합의를 통해 진행된다. 그런데 이 과정은 손해와 배상 간의 절대적 평등이 이루어지는 교환 관계가 아니라 교환 관계 외부의 조직화된 폭력의 주체인 국가의 개입을 통해 주민의 몫을 국가로 이전하는 부등가교환의 과정이다. 국가는 교환될 수 없는 밀양 주민들의 일상생활을 구성하는 다원적인 가치들은 보상의 범위 외부로 배제하고, 교환될 수 있는 경제적인 가치는 경제 외적 수단을 통해 부등가교환을 강제한다. 그러나 동시에 교환될 수 없는 일상생활의 가치들이 보상 범위 자체에서 원천 배제되어 있다는 점에서 밀양 주민과 한국전력의 교환 과정에 '교환정의'가 실현된다고 하더라도, 이 과정 자체의 "부등가교환"의 속성이 소멸하지는 않는다. 보상의 대상은 재산의 손해일 뿐이기 때문이다. "삶"은 교환될 수 없다. 삶을 비교할 수 있는 '척도'가 없기 때문이다. 척도가 없기 때문에 모두의 삶은 고유하다.

토지를 징수하는 과정에서 부등가교환이 이뤄지면서 주민들은 자신들에게 부과되는 '경제 외적 강제'로 인해 자신들이 국가가 제공하는 안전의 대상에서 배제된 존재라는 경험을 하게 된다. 토지 소유의 권리를 국가가 박탈하는 과정에서 국가의 조직화된 폭력이 주민에게 향해 있음을 경험한다. 이런 누적된 폭력의 경험은 자신들이 한국에 거주하기는 하지만, 국가가 권리 보장의 의무를 포기한 대상, 곧 국민으로부터 배제된 인민일 뿐이라는 상황 정의를 강화했다. "우리는 국가가 버린 사람들"이라고 말하며 한숨짓는 밀양 지역 주민들의 고백은 이런 상황 정의를 보여준다.

또한 소유권의 파괴 과정은 주민들의 정체성 와해 과정으로 발전했다. 토지는 단지 '소유'의 대상일 수 없었기 때문이다. 토지 소유의 권리가 주민들의 삶을 방어하는 권리로 작동하지 못하는 상황에서 한국전력과 정부가 교환 과정 외부로 추방한 주민들의 "삶"을 방어할 밀양 주민들의 법적 수단은 존재하지 않았다. 물론 밀양 투쟁을 토지 소유와 분리된 비경제적인 투쟁으로 환원하는 것은 밀양 투쟁 전체의 모습을 왜곡시킨다. 그러나 이 안에는 토지의 '소유'를 단지 물리적인 공간으로서의 토지에 내재된 경제적인 가치의 독점적인 사용 권리로 한정할 수 없는 또 다른 차원이 존재한다. 물리적인 공간으로서의 토지에는 경제적 기능으로 환원되지 않는 각 개인의 내부에 침투해 '자아'를 구성하는 하나의 세계라는 기능이 동시에 존재하기 때문이다. 이들에게 '소유'란 바로 그 세계 내부에서 자아에 대한 인정을 획득할 수 있는 관계였다. 반대 투쟁을 전개하는 지역 주민들은 밀양이란 장소와 분리된 사람들이 아니었다. 밀양으로 들어온 배경과 그 경로는 모두 상이하지만, 이들은 모두 밀양이란 장소에 대한 강한 '애착'을 느낀다는 공통점을 지닌다. 그래서 이들은 밀양이란 장소의 내부에 있을 때, "개인으로서 그리고 공동체의 일원으로서 나의 장소에 속해 있다는 느낌"[189] 곧 '장소감'을 느낀다. 이런 장소감은 밀양을 '재산'으로만 바라보는 척도에 의해 규정되는 '객관적 외부성'의 태도와 완전하게 대립할 뿐만 아니라 '계량'될 수 없는 태도의 바탕이 된다. 에드워드 렐프가 '실존적 내부성'이라고 말한 주민들의 이런 태도는 밀양에 대한 '소유'로 출발해 밀양과 '나'를 동일시하는 정체성의 구조를 형성한다. 이 과정에서 '소유'는 매개일 뿐이다. 그런데 한국전력과 중앙정부의 경제 외적 강제를 통한 부등가교환의 부과는 각 개인 소유의 토지와 결합되어 있는 고유한 개별성을 배제하는 동시에, 이를 매개하는 '소유'를 '가치절하'한다. 문제는 이 과정에서 그 장소에 귀속되어 있는 나 자신에 대한 '가치절하'까지 발생시킨다는 점이다. 곧 '무시'된다. 이 종영은 《영혼의 슬픔》에서 다음과 같이 말한 바 있다. 정체성을 구성하던 요소들과의 분리 현상은 "존재의 한 귀퉁이 또는 전부가 사라지는 비탄의 슬픔을 가져온다. 이 슬픔의 강도는 애착의 강도에 비례한다."[190] 그래서 밀양에 대한 애착의 강도가 큰 만큼 이 과정에서 느끼는 자신에 대한 '무시'는 자신의 존재 전체가 무너지는 경험으로 다가온다.

1 인정투쟁 : '현장'에서 '전장'으로의 전환

소유를 통해 밀양이란 장소의 정체성과 결합되어 있던 각 개인의 고유한 개별성의 '무시'와 경제 외적 강제로 부과된 '부등가교환' 양식으로부터 발생한 국민으로부터의 '배제'라는 두 감정은 밀양을 토지 수용 과정에 대한 갈등이 발생한 '현장現場'에서 생사를 건 인정투쟁의 '전장戰場'으로 전환시켰다. 소유에 대한 두 경로의 침해로부터 발생한 무시와 배제의 감정 구조는 모멸감을 낳았다. 모멸감은 "인간이 모든 것을 다 포기하고 내준다 해도 반드시 지키려는 그 무엇, 사람이 존립할 수 있는 원초적인 토대"를 짓밟는다. 이런 모멸의 구조 안에서 인간은 죽음보다 더 큰 고통, 곧 굴복과 치욕을 경험한다. 그래서 소유에 대한 한국전력과 정부의 침해는 '보상'을 통해 교환될 수 없는 단계로 나아간다.

(1) 경제 외적 강제로 부과된 부등가교환의 양식은 밀양 주민들이 교환의 상대방인 한국전력과 정부에 갖고 있던 긍정적 기대를 붕괴시켰다. 이 '기대'란 자신이 한 명의 국민으로서 혹은 토지의 소유 권리 주체로서 한국전력과 정부에 의해 하나의 권리를 지닌 인격으로 존중받을 것이라는 기대였다. 그러나 이런 기대는 곧 '붕괴'된다. 자신의 소유에 대한 한국전력과 정부의 공격은 국가에 대한 인식 없이 밀양이란 장소의 세계에서 일상생활을 영위하던 이들에게 '국가'의 존재를 각인시킨다. 다시 말해 기대의 붕괴 이전에는 밀양의 일상생활 내부에 국가가 존재하지 않았다. 일상은 오직 자기 자신과의 관계 안에서만 재생산되기 때문이다. 토지의 소유와 활용 또한 오직 자기 자신과만 연관된다. 경제활동의 목표 또한 자신의 일상의 재생산일 뿐이다. 그런데 송전 철탑 입지를 둘러싼 갈등은 주민의 자기인식 속에 '국가'를 편입시켰다. 그리고 국가에 대한 긍정적 기대의 붕괴는 국가로부터 침해당한 대상이 자신의 토지가 아니라 바로 하나의 인격으로서의 '자기 자신'이라는 인식으로 나아간다. 왜냐하면 국가와 국민 사이에 존재하는, 혹은 일상생활의 상식 속에서 구현되어 있는 권리의 주체로서 한 개인에게 부과된 인격이 국가에 의해 부정당하기 때문이다. 동시에 구조화된 폭력의 비대칭성으로 인해 자신의 의지를 국가에 부과하여 자신의 인격에 대한 인정을 획득할 수 있는 경로 또한 봉쇄되어 있다. 이런 비대칭적 구조 안에서 밀양 지역 주민들

이 자신에 대한 인정을 획득하기 위해서는 토지의 경제적인 보상 요구가 아닌 인격에 대한 인정의 투쟁을 전개해야 한다. 그러나 악셀 호네트의 지적처럼 "이런 신념이 상대방의 인정을 획득할 수 있는 것은 오직 그가 삶과 죽음이 걸린 투쟁에 임할 각오로 자기 요구의 정당성을 확보하는 것이 신체적 생존보다 더욱 중요하다는 것을 증명"[191]해 보이는 과정으로 나아갈 때뿐이다. 이 때문에 밀양 주민들은 자신들의 도덕적 정당성과 부정당하고 배제당한 권리 주체로서의 가치를 국가와 한국전력에 증명하기 위해 생사를 건 투쟁을 전개하게 된다.

(2) 소유에 대한 침해는 또한 소유를 매개로 밀양과 각 개인의 정체성을 연결하던 장소의 정체성에 대한 침해로 나타났다. 장소의 정체성에 대한 침해는 그 장소 안에서 자신의 세계를 구축하고자 했던 모든 이들의 정체성에 대한 침해로 귀결된다. 그리고 밀양이란 장소의 정체성에 대한 침해가 곧 자신의 삶 전체에 대한 격하로 인식된다. 이런 상황에서 발생하는 감정이 바로 '모멸감'이다. 모멸의 상황에 직면한 인간은 모욕과 멸시로부터 '도피'하기 위해 각 개인이 동원할 수 있는 모든 수단을 동원하고자 한다. 이런 도피는 때론 자기비하로 나아가기도 하지만, 그 반대로 모멸의 상황 전체로부터 자신의 삶을 방어하기 위한 경로로 나아가기도 한다. 모멸과 멸시로부터 도피하는 동시에 자신의 삶이 모멸과 멸시의 대상이 아님을 보여주기 위해서는 이 경로에서도 자신의 인격이 신체의 죽음을 뛰어넘는 가치를 지니고 있음을 증명해야 할 필요성이 제기된다. 곧, 전부를 걸어야 한다.

"우리 마을의 주축인 70~80대 할머니들, 이분들은 일제시대 태어나서 전쟁을 겪었고, 다들 소작 살던 집에서 나고 자란 분들이다. 산에 가서 나무해서 밀양장까지 걸어가 팔고, 어쩌다가 돈 조금 모아서 밭뙈기 하나 사고, 이렇게 모은 논밭인데, 그것이 철탑 밑에서 가치 없는 재산이 되었을 때 그 절망이 오죽했겠나. 그러니 내가 철탑을 못 뽑아도 자식 대에는 뽑아내서 땅을 지켜내고 싶다는 생각을 하시는 것이다."**192**

그래서 동등한 권리를 지닌 인격체로 대우받고 있지 못하다는 무시의 감정과 소유를 매개로 밀양과 동일시되었던 각 개인 정체성의 와해 과정이 결합하면서 내적 차이를 보이지만, 다음과 같은 '인격 → 무시 → 모멸 → 생사를 건 투쟁'의 경로로 수렴된다.

이런 '인정투쟁'의 속성으로 인해 밀양에서는 경제적인 보상으로 환원되지 않는 동시에 죽음의 언어와 방법이 현장을 지배하는 생사를 건 사활적인 투쟁이 지속된다. 이런 투쟁의 구조는 언제나 죽음의 언어를 동원한다. 밀양 현장에 붙은 "날 죽이고 가라", "죽음의 765kV 송전탑 공사 중단하라", "다 죽이고 공사해라"는 구호들이 이를 보여준다. 그러나

[그림6]

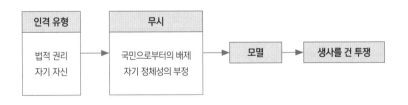

무엇보다 밀양 주민들이 '유서'를 써놓고 살아간다는 사실이 밀양 현장을 관통하고 있는 죽음의 언어를 단적으로 보여준다. 도미야마 이치로가 〈폭력의 예감〉에서 밝힌 것처럼, "무장 면에서 압도적으로 불리한 상황에 처한 위치에서 이루어지는 언어행위에서는 정리된 지배의 구조적인 배치도나 객관적인 혹은 법칙적 역사관이 아닌, 폭력에 대치하는 언어의 임계가 우선 발견되어야 한다."[193] 밀양 주민들이 직면한 폭력과 이에 대항하기 위한 방어 태세의 과정은 밀양 주민들이 활용할 수 있는 언어의 가능성의 임계인 죽음의 동원과 언어를 결합시킨다. 죽음의 언어는 두 역할을 한다. 하나의 역할은 밀양 주민들이 직면하고 있고, 밀양 내부에서 진행되고 있는 폭력의 구조를 보여준다는 점이다. 또 다른 역할은 죽음의 언어가 "이 말에 거는 기대"를 동시에 보여준다. 곧, 죽음을 발생시킬 수도 있는 사건을 만들지 않을 것이라는 주민들의 기대가 이 말에는 동시에 존재한다.

자신들 요구의 정당성을 증명하기 위해 신체적인 생존보다 더 우위에 둔 가치와 자신이 접속해 있음을 증명해야 하기 때문에 밀양 투쟁의 현장은 언제나 "죽음의 동원"을 자신의 잠재적인 투쟁 수단의 하나로 제시한다. '현장'이 단지 "일이 발생하는 곳"을 의미하는 것은 아니지만, 죽음을 수단으로 언제나 동원할 수 있는 잠재성이 있는 현장은 '현장'이기보다는 '전장'으로 보아야 한다. 모든 갈등이 죽음을 잠재적 수단으로 하는 갈등으로 전환하는 것은 아니다. 죽음을 잠재적 수단으로 하는 갈등은 자신이 마주하는 대상과의 관계가 정치적인 적이 아닌 군사적 적과의 관계와 동일함을 의미한다. 한국전력과 정부의 폭력을 매개로 진행된 소유에 대한 침해와 권리의 부정 그리고 인격의 훼손 과정이 국가와의 갈등을 정치적인 적과의 경쟁을 통한 해결이 아닌 군사적인 적과의 죽음을 수단으로 하는 전쟁 관계로 전환시킨 것이다. 그러나 이 '전장'은 군대와 군대가 국경에서 조우하는 '전장' 아니라, 국가의 치안과 인민의 안전이 분리되는 장소에서 발생하는 '전장'이다. 곧, 동일 영토 내에서 국민의 범주 외부로 배제된 이들이 자신의 삶과 동일시되는 장소의 정체성을 방어하기 위해 상대방의 죽음을 목적으로 하는 전장이 아닌 자신의 죽음을 수단으로 치안의 주체인 국가경찰과 대립하는 인정투쟁의 전장인 것이다. 바로 이 때문에 정치적 적과의 적대관계가 발생하는 곳을 '현장'이라고 부르고, 군대와 군대라는 군사적 적과의 적대관계가 발생하는 곳을 '전장'이라고 부른다면, 밀양은 현장과 전장의 경계에 존재하는 혹은 두 특성들이 모두 중첩되어 나타나는 "치안-전장"이라고 부를 수 있을지도 모른다.

현장이 정치의 원리, 전장이 전쟁의 원리에 의해 구조화된 사건이 발생하는 장소라면, 치안-전장은 "치안治安"의 집행이 전쟁의 원리에 의해

[그림7]

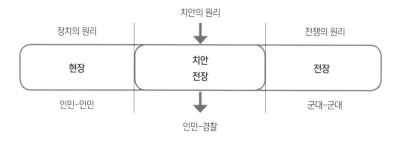

구조화된 사건이 발생하는 장소다. '치안'이란 원래 국가 전체의 질서를 방어하기 위해 인민에게 국가의 질서를 부과하는 과정이다. 이때 질서의 부과란 결국 인민이 점유해야만 하는 '위치'를 정의하고, 그 위치에 부합하는 인민의 행위양식을 고안하는 과정이다. 자크 랑시에르는 그래서 〈정치에 대한 열 가지 테제〉에서 치안의 본질을 '억압'이나 '통제'와는 다른 것이라고 말한다. 치안의 본질은 전체 사회 내부의 위치 할당을 통해 각 위치에 인민을 참여시키는 과정이기 때문이다.[194] 그리고 인민의 외부로부터 인민에게 부과되는 국가의 질서는 인민과 인민 사이에 발생할 수 있는 전쟁 상태로부터 인민의 안전을 확보하기 위한 필수적인 요청으로 정당화된다. 이런 국가의 치안 행위의 정당성은 각 인민에게 할당되어야 할 위치가 불안정할 경우, 인민 자신의 힘으로 위치의 공동 조정을 진행할 수 없다는 전제로부터 나온다. 위치의 불안정성은 인민과 인민의 전쟁 상태로 이어진다는 이런 전제로 인해 국가는 인민의 외부에서 인민에게 질서를 부과하는 역할을 수행해야만 한다. 이것이 곧 '치안'이다.

이를 위해 국가는 인민과 폭력 수단을 분리하고 이를 국가로 집중하는 폭력의 중앙 조직화 과정을 진행했다. 국가의 중앙 조직화된 폭력은 전체 인민에게 질서를 부과할 수 있는 국가 능력의 원천이다. 이 과정은 국가의 자의적인 권력 확장이나 개입을 방지하기 위해 법의 원리에 종속된다. 법은 인민에게 부과하는 국가의 질서이자 동시에 국가권력의 자기 제한을 위한 굴레로 작동해야 한다. 치안을 구성하는 법과 국가의 조직화된 폭력의 결합은 할당된 위치로부터 어긋난 행위양식을 수행하는 인민을 상대로 한 국가의 질서 부과를 법의 원리와 이 원리가 정한 절차에 따라 진행할 것을 요구한다. 이에 법의 민주적인 변형을 통해 인민의 권리가 확장될수록 국가의 조직화된 폭력은 치안의 집행 과정 자체를 인민의 권리 방어를 위한 과정에 종속시켜야 한다. 이런 관점에서 본다면, 현대 치안의 집행 과정에 존재하는 일차적인 특성은 인민의 생명을 박탈하는 방식이 아니라 인민의 자유를 구속하고 통제하는 방식으로 치안의 확립 과정이 변형되어 왔다는 것이다. 이는 국가의 인민에 대한 통제기술의 변화이기도 하지만 동시에 인민의 권리 확장이 법을 통해 전체 사회의 질서 부여자인 국가 또한 구속하기 때문이다. 그래서 치안은 곧 "법의 지배"(Rule by Law)이다.

그런데 치안—전장에선 치안의 원리가 전쟁의 원리에 의해 변형된다. 치안의 원리 내에서 인민은 치안에 대립한다. 또한 이런 대립은 법의 원리와 그 절차 안에서 진행되어야 한다. 그러나 치안의 원리가 전쟁의 원리에 의해 변형되면, 인민과 치안의 대립은 군사적인 상황 정의 내에서 파악된다. 군사적인 상황 정의는 사건이 발생한 장소를 '예외상태'로 파악한다. 예외상태에서 국가는 법의 구속으로부터 풀려나고, 반대로 인민에겐 국가의 질서에 대한 무조건적 순응만이 할당된다. 곧, 법은 인민에게만 적용된다. 법이 인민에게만 적용된다는 것은 법적 제약을 받지 않는 국가의 조직화된 폭력 앞에 인민이 선다는 것을 말한다. 이런 폭력의 비대칭성 안에서 인민은 언제나 죽음의 공포와 대면할 수밖에 없다. 그러나 치안—전장 내엔 동시에 정치의 원리가 존재한다. 정치의 원리는 치안과 대립하는 인민들의 행위 안에 존재한다. 인민들은 자신에게 부과되는 질서에 저항하며 자신들의 위치 변형을 요구한다. 이때 위치의 변형은 이중과정을 통해 진행된다. 인민에게 국가가 부과하는 질서 안의 위치가 부여하던 권리−의무체계의 동원과 동시에 그 위치로 환원되지 않는 외부의 위치 구성을 통해 진행되기 때문이다. 곧, 권리의 방어와 권리의 확장을 위한 투쟁이 동시에 진행된다. 권리의 방어를 위한 투쟁은 국가를 다시 법적 제약 안으로 끌고 들어와 국가에 의무를 부여하고자 한다. 곧, 권리의 방어를 위한 국가의 의무를 환기시킨다. 권리의 확장을 위한 투쟁은 질서 외부의 위치를 질서 내부로 통합하기 위한 투쟁이다. 여기에서 정치의 원리가 발생한다. 권리의 방어를 위한 투쟁은 이미 할당된 권리−의무체계의 동원이란 점에서 치안의 원리를 인민의 원리로 전유하는 과정일 뿐이다. 그러나 권리의 확장을 위한 투쟁은 현행 치안의 원리 내에 기입되어 있지 않은 인민의 위치에 권리를 부여하고자 한다. 이는 '정치적 불일치'를 발생시킨다. 국가는 이런 정치적 불일치를 군사적 상황 정의를 통해 파악하지만, 인민들은 정치적 불일치로부터 권리의 확장으로 나아가기 위한 정치적 논증을 진행한다. 국가는 전쟁을 강요하지만, 인민은 자신의 논증을 국가에 강제한다. 논증을 통해 적대관계를 재구성하는 원리, 이것이 정치의 원리다. 그래서 치안−전장 안엔 국가가 강요하는 전장의 구조와 인민이 만들어가는 현장의 구조가 중첩되면서 각축한다. 이런 "치안−전장"이란 개념화는 밀양이란 전장의 구조에 내재된 정치의 가능성을 우리가 다시 불러내기 위한 의도적인 개념화이기도 하다. 전장은 대립하는 대상의 소멸을 전제로 하기 때문에, 이 장소에선 '정치'의 역할이 봉쇄된다. 그러나 '치안−전장'은 정치적인 대립이 군사적인 대립을 통해 매개되고 있지만, 그 내부엔 정치적인 대립을 통해 갈등에 대한 합의로 나아가려는 갈등적인 합의(Conflictual Consensus)의 의지가 존재한다. 이 '의지'가 죽음의 동원 구조와 대항하면서 전장을 다시 '일상'으로 복원하려는 대안정치의 공간을 열어낸다. 모든 유형의 전장은 일상으로의 복귀에 대한 열망으로 지배된다. 왜냐하면 죽음을 동원하는 전장의 구조에 대립하여, 삶에 대한 우리들의 사랑은 그 삶의 유지와 존속에 대한 안전이 전장과 분리되어 있던 '일상'을 향한 열망과 연결되기 때문이다. 그러나 일상에 대한 열망은 전장의 구조가 해체되고, 갈등에 대한 대안적인 합의가 도출되지 않는 이상 실현될 수 없는 '급진적인 필요(Radical Need)'가 된다.[195] 왜냐하면 '일상'으로의 회귀 요구는 그 자체로 현재 질서 내부에서 실현될 수 없기 때문이다.

2 삶–장소 투쟁

일상의 '반복'에 대한 요구가 밀양 투쟁의 중심 구호라는 점은 한국전력과 정부의 화폐를 통한 보상과 전문가를 매개로 진행된 다양한 갈등 조정 제도들과 대의제도들이 왜 밀양의 갈등을 조정하는 데 실패했는가를 설명할 수 있는 또 하나의 시각을 제공한다. 왜냐하면 밀양의 갈등은 "제공해줄 수 있는 보상이 아니라, 위협에 처한 삶의 방식의 방어와 복구, 혹은 개혁된 삶의 방식의 관철"[196]과 연결되어 있었기 때문이다. 단장면에 거주하는 고준길 할아버지의 2013년 10월 4일 《뉴스타파》와의 인터뷰는 이 점을 분명하게 보여준다.[197]

"장관이나 총리까지도 밀양 문제의 본질이 뭐냐 그걸 찾아보고 거기서 해법을 찾아야 하잖아요. 그걸 외면한 채 한전이 하는 말을 그대로 하는 거예요. 보상 외 대안이 없다, 장관이 와도 보상 외 대안이 없다. 한전 사장도, 총리도. 중요한 것은 밀양 문제는 보상으로 풀 수 없다는 거예요. 그것은 주민들이 돈보다는 내 삶터, 내가 가꾼 삶의 터전, 그걸 요대로 살고 싶다는 거예요. 그걸 잘 생각해 보고 답을 찾아야 되는데, 거기에는 관심이 없고, 외면하고……."

일상의 '반복'에 대한 요구는 분배의 문제가 아니라 삶의 방식의 방어와 복구 그리고 관철을 향한 문제이기 때문에 타협과 조정의 대상이 될수 없는 것이다. '일상日常' 혹은 '일상생활'이란 "날마다 반복되는 생활"을 말한다. 이런 일상의 내부에 특별한 요소들은 존재하지 않는다. 오히려 뛰어나거나 색다른 점이 없는 평범한 요소들이 일상을 구성한다. 단지 일상은 "대부분의 사람이 대부분의 시간을 보내게 되는 생활"[198]일뿐이다. 그런데 바로 이러한 '일상'으로의 회귀 요구, 곧 밀양이 송전 선로 경과지로 선정되기 이전의 '일상'으로 돌아가려는 요구가 밀양 지역주민들을 '전장' 안으로 끌어들였다. 밀양의 '일상'을 구성하던 경관景觀이 한국전력과 정부의 계획과 개입으로 인해 파괴돼 갈등의 중심으로부상했기 때문이다. 밀양의 갈등 중심에 '일상'의 문제가 있다는 이와같은 분석은 왜 '할매'라고 불리는 밀양의 할머니들이 밀양 투쟁의 중심주체로 부상했는가를 설명하는 데도 도움을 준다.

한국의 산업화 과정은 농촌과 도시의 경계를 따라 세대 분리 현상을 만들어냈다. "소농 가족이 공동체를 유지하면서 시골에서 소농+부업체제를 유지하고, 자녀들은 도시에서 산업부문에 취업하여 점차 자립하는 방식"[199]으로 세대 분리가 이루어졌기 때문이다. 밀양 또한 마찬가지였다. 밀양 주민 대부분은 바로 이런 세대 분리에 기반을 둔 할아버지와 할머니들이었고, 이들의 일상생활은 소농 방식에 기반을 둔 부업활동이었다. 밀양의 경관을 활용한 식당이나 숙소대여 등과 같은 부업활동을 하는 이들이 많았지만, 중심은 논과 밭을 운영하는 소농 방식이었다. 이런 소농 방식에서 일상생활을 관통하고 있는 가부장제로 인해 일상생활의 재생산은 할머니에게 의존한다. 여성은 남성과 다른 방식으로 토지와 관계를 맺는다. 토지는 할매들에게 자신뿐만 아니라 가족을 위한 노동의 대상이기 때문이다. 이 과정에서 할매들은 남성과는 다른 방식으로 장소에 대한 감정을 발전시킨다. 할매에게 토지를 방어한다는 것은 단지 물리적인 장소를 방어하는 것이 아니라, 자신의 '가족'의 경제를 방어하는 동시에 이에 대한 자신의 책임을 다하는 문제가 된다.

이 때문에 밀양 투쟁의 전면에 초기에 등장했던 남성들이 "국가에 저항해봐야 소용이 없다며 좌절하거나 한전의 경제적 유혹에 굴복해 반대운동 대열에서 빠져"[200]나가도 할매들은 자신의 장소에 대한 책임을 다하기 위해 투쟁을 지속했다. 2012년 반대대책위가 만들어질 때, 각 면별로 주민대책위원회도 함께 만들어졌다. 그리고 면 대책위원회의 위원장은 이장이 맡았다. 그런데 대책위원장이 세워질 때마다 반대 주민들의 의사와는 상관없이, 대책위원장들은 한국전력과 합의를 시도했다. 그리고 합의를 공개적으로 추진하기 어려운 경우에는 반대 주민들이 투쟁을 적극적으로 진행하지 못하도록 방해하기도 했다. 이 때문에 대책위원장

지위 자체를 없애버리기도 했다. 이런 과정에서 투쟁의 중심이 남성에서 여성으로 전환되기 시작했다. 다음과 같은 말은 이를 보여주는 전형적인 예다. [201]

"밀양은 할머니와 여자들이 앞장섰습니다. 남자들 하는 대로 따라가면 안 됩니다. 넘어간 사람들, 찬성으로 돌아선 사람들 대부분 남자들입니다. 이 좋은 땅을 다 못쓰게 해놓고 쓸데없는 땅을 물려주게 생겼어요. 우리 아들딸이 죽어갑니다. 남자들 하는 대로 놔둬서는 안 됩니다."

물론 이것만은 아니었다. 이 전환에는 "위계적 성별분업하에서 남성들이 점유하고 있던 우월한 지위와 그 속에서 형성된 남성문화"[202]도 개입했기 때문이다. 남성들은 투쟁에 참여한다고 하더라도 전체 상황의 책임자 혹은 대표자로 자신을 규정하는 경향이 강했다. 이 때문에 남성들은 한국전력과 합의를 하거나 대화하는 역할을 맡고자 했다. 또 하나의 문제는 한국전력과 국가의 개입에 대해 폭력을 통해 해결하려는 경향이 강했다는 점이다. 그래서 할매들은 남편이 투쟁 현장에 못 오도록 하거나 뒤편으로 물러나도록 끊임없이 요구해야만 했다. 왜냐하면 폭력이 발생할 경우, 이 폭력으로 인해 투쟁이 왜곡되거나 한국전력과 국가에 의한 법적 탄압을 받을 확률이 높았기 때문이다. [203]

일상생활의 재생산 담당주체인 여성이 투쟁 주체로 부상하는 이런 과정은 2003년과 2004년 부안 핵폐기장 건립 반대 투쟁에서도 나타났다. 부안의 여성은 밀양의 여성과 동일하게 모든 유형의 운동과 투쟁 일정에 핵심 주체로 참여했다. 고길섶은《부안, 끝나지 않은 노래》에서 '어머니-아내-며느리'라는 가부장제 구조하의 위치를 통해 자아自我를 규정하던 이들이 이렇게 투쟁의 전면으로 부상할 수 있었던 이유를 다음과 같이 말한다. "분노의 차원을 넘어 지역 공동체 내의 실존적인 생활환경을 수호하고 민주적인 주민자치를 소망하는 생명-민주효과의 역동적인 내면화"[204]로 인해 '어머니-아내-며느리'에서 투사로서의 정체성을 발견했다는 것이다. 고길섶의 분석과 같이 밀양의 여성들은 일상생활을 구조화해 온 전통적인 가부장제 내부의 성역할이나 위계와는 다른 '위치'를 투쟁 과정에서 부여받게 된다. 투쟁하는 마을 공동체 혹은 연대운동이 만들어낸 투쟁 공동체 안에서 일상의 위치와는 다른 현장의 '위치'를 점유하게 된 것이다. 현장의 '위치'는 할매들이 가부장제 내부의 위치에서 경험할 수 없던 또 다른 이들과의 만남을 통해 할매들에게 자기 자신에 대한 존중뿐만 아니라 권리-인격에 대한 감각을 부여했다. 일상의 와해가 일상과는 다른 방식으로 '자신'을 경험할 수 있는 또 다른 가능성을 제공한 것이다. 그러나 이 투쟁 공동체의 위치가 가부장제 내부의 위치를 치환하거나 파괴한 것은 아니다. 이와 달리 밀양 할매들에게 두 위치는 중첩되어 전개된다. 그런 점에서 고길섶의 설명은 불완전하다. 왜냐하면 부안뿐만 아니라 밀양의 '어머니-아내-며느리'들이 "투사"로서의 정체성을 발견하는 과정은 '어머니-아내-며느리'의 자아에 대한 기각이 아니라, 그 가부장제의 위치에 충실하고자 하는 열정 또한 자신의 동력으로 하고 있기 때문이다. 밀양 덕촌댁 '할매'의 이야기는 아마도 이를 보여주는 가장 적합한 사례일지도 모른다. 덕촌댁 할매가 판사에게 쓴

탄원서의 내용은 다음과 같다. [205]

> "17살에 시집와서 80평생 농사지으면서 자식 낳고 위양마을에 살고 있습니다. 송전탑이 들어서면 조상님한테 죄가 되는 짓 같아 죽고 싶은 마음입니다. 우리 땅 우리가 지키는 짓이 죄가 됩니까. 도와주십시오, 판사님. 죽고 사는 것은 판사님의 양심입니다. 부북면 위양리, 손희경."

덕촌댁 할매에 의하면, 임종을 앞둔 시아버지가 며느리 중 제일 못난 자신을 불러 논 세 마지기를 남기며 당부했다. "잘 갈아먹고 살다가 네 자식에게 물려주어라." 덕촌댁 할매는 시아버지와의 약속을 지키기 위해 투쟁한다. 이런 일화는 단지 밀양 할매들에게서만 나타나는 것은 아니다. 청도군 삼평리에서 송전탑 반대 투쟁을 진행하고 있는 할매들의 삶을 기록한 《삼평리에 평화를》 서문에서 청도 345kV 송전탑 반대 공동대책위원회 공동대표인 백창욱은 "왜 다른 사람들이 아니고 '할매들'인가?"라는 질문에 대해 다음과 같이 쓴다. "그것은 '자식들에 대한 미안함'이다." [206] 송전탑이 들어서고 나면 본인이 소유한 토지가 농사도 짓지 못하고 은행에 담보대출도 받지 못하게 되는 "쓸모 없는 유산"이 되어 버린다. "그것은 그저 논 한 마지기, 밭 한 뙈기가 날아가는 게 아니다. 할매들의 자존심이, 거기에 쏟은 인생이 송두리째 무너지는 일이다. 그것은 할매로서는 견딜 수 없는 일이다." [207] 밀양의 할매들도 청도 삼평리의 할매들도 모두 '어머니-아내-며느리'의 위치를 받아들였다. 그러나 받아들이는 동시에 받아들이지 않았다. 밀양의 여성들이 '어머니-아내-며느리'의 위치로부터 투사의 정체성을 발견한 이유는 한국 전력과 정부의 요구가 바로 '어머니−아내−며느리'의 정체성의 장소인 밀양을 여성들로부터 박탈하는 것이었기 때문이다. 곧, '어머니−아내−며느리'의 정체성을 한국전력과 정부가 부정하고자 한 것이다. 이 때문에 밀양의 여성들은 어머니이자 아내 그리고 며느리의 입장에서 이 위치에 부여된 역할에 대한 책임과 그 위치 안에서 행해온 자신의 전체 삶에 대한 부정에 항거하여 투쟁을 전개한다. 그러나 이때의 '어머니−아내−며느리'는 가부장제 내의 위치이면서도 동시에 그 '위치'를 벗어난다. 왜냐하면 역설적으로 전체 사회가 그들에게 부여한 정체성인 '어머니−아내−며느리'의 위치에 대한 기각을 통해서만 투사로서의 정체성을 발견하고, 이를 발전시킬 수 있었기 때문이다. 곧, 밀양의 여성들은 가부장제 내부의 위치와 외부의 위치의 중첩을 통해 나아간다. [208] 어쩌면 이것이 밀양구술사 프로젝트 모임이 《밀양을 살다》에서 다음과 같이 말한 또 다른 이유일지도 모른다. 밀양은 "가부장제 아래서 배치되는 시간이기도 하고, 가부장제를 뒤틀며 스스로를 배치하는 시간"[209]의 장소라고 그들이 말하기 때문이다.

그리고 바로 이런 '어머니−아내−며느리'의 위치 내에서 그에 대항하는 방식이 밀양 할매들 자신의 투쟁을 재구성하는 동력이 되었다. 단지 밀양 투쟁에 참여하게 되는 동기로서가 아니라, 투쟁의 의미로 작동한 것이다. 어머니의 역할, 아내의 역할, 며느리의 역할이 투쟁 과정에 투영되면서 남성들의 사유와 실천에서는 볼 수 없는 여성들의 고유한 인식 패러다임이 등장한 것이다. 이를 한 마디로 요약한다면, "모성母性의 투쟁"이라고 말할 수 있을지도 모른다. 여기에서 '모성'은 여성의 신체 혹은 생물학적 특성 위에 가부장제가 만들어낸 이데올로기에 의해 부과된 아이의 양육자라는 의미만은 아니다. 가부장제는 이런 모성을 남성들의 여성에 대한 지배를 정당화하는 하나의 이데올로기로 동원했다. 밀양 투쟁이 이런 '모성'으로부터 완전히 벗어났다고 말하기는 힘들다. 그러나 '모성' 또한 밀양 투쟁과 만나면서 비틀어지고 탈구된다. '모성'은 각 개인의 가정에서 행해지는 어머니-아내-며느리의 역할, 곧 가정 내적인 존재로서가 아니라, 가정을 넘어 사회 내적인 존재로서 전체 사회의 재생산을 책임지는 문제의식으로 나아간다. 다시 말해 밀양 투쟁의 의미가 단지 각 개인이나 자신만의 가정을 보존하는 문제에서 전체 사회의 재생산에 대한 책임 문제로 바뀐다는 것이다. 김영의 논문에서 재인용한 아래 인터뷰는 이를 보여주는 하나의 예일 것이다. [210]

"정말 처음에는 내 건강, 내 재산 지키려고 남편과 같이 나갔는데, 하다가 보니까 그게 아니더라고요. 이 나라가, 국회 가니까 너무 한전하고 나라하고 이렇게 짜고 거짓말을 너무 많이 하는 겁니다. 어떻게 그렇게 금방 탄로날 것을, 거짓말을 하고… 이거는 아니다. 이거는 정말로 이렇게 하면 우리 후손, 후손들이 갈 곳도 없고 설 곳도 없겠구나. 이것은 우리가 정말로 죽을 때까지 막아야 하겠다. 이런 마음이 들었어요(오명자)."

"2009년까지도 우리가, 제대로 보상해주면 우리는 보상받고 나간다고 생각했는데, 인자 2012년도 들어서니까 이거는 보상이 필요 없다. (중략) 우리 때는 괜찮아요. 나(나이) 70 넘어가 이제 언제 죽을지 모르겠는데, 우리는 괜찮지마는, 우리 후손들을 살릴라카믄 이거는 아니다. 그렇기 때문에 우리는 끝까지 해야 된다. 우리는 돈 필요 없다. (중략) 아무리 돈을 억만금을 준다케도 우리는 안 된다. 인자는 필요 없다. 폐쇄하라, 그리 부르짖고 있죠. 우리가 하다가 못하면은 우리 후손이 나서서 해야 해요(조임숙)."

한국전력과 정부는 송전 철탑의 건설과 송전 선로의 경과를 해당 장소의 '내부' 변형 없는 '외부' 경관의 변형으로 바라본다. 공사로 인해 경관의 변화는 존재하겠지만, 이런 변화가 해당 장소 주민들의 생활 세계를 파괴하거나 변형시키지 않을 것이라고 생각하기 때문이다. 이런 인식은 장소를 입지로만 바라보는 객관적 외부성의 태도로부터 기인하는 것이다. 이들은 장소가 가진 의미를 인정하지 않는다. 그러나 렐프의 지적처럼 "장소는 추상이나 개념이 아니다. 장소는 생활 세계가 직접 경험되는 현상이다."[211] 밀양 송전 선로와 송전 철탑은 밀양이란 장소와 결합되어 있는 각 개인들의 고유한 '실존적 내부성'을 와해시킨다. 해당 장소로부터 주민들을 한국전력과 정부가 '집단 이주'시킨다거나, 해당 장소에 대한 활용과 모든 접근 일반을 한국전력과 정부가 부정하는 것은 아니다. 한국전력과 정부가 부정하는 것은 밀양 지역 주민들이 장소와 맺고 있는 '실존적 내부성'의 차원이다. 이는 곧 자신의 장소와 관련을 맺고자 하는 주민들의 실존적 내부성에 대한 주민들의 뿌리 깊은 욕구에 대한 부정이다. 경제학의 가치로 환원될 수 없는 밀양의 가치가 존재하는 일차적인 이유는 밀양이 이 장소에 "뿌리"를 내리고 살아가는 이들의 생활 세계이기 때문이다. 이 장소는 자신의 '집'인 동시에 집의 '위치'이고 동시에 그 위치를 둘러싸고 있는 경관이기도 하다. 곧, 이 장소가 실존의 토대이고, 각자의 활동에 대한 맥락, 각자의 삶을 구성하는 서사(Narratives), 개인과 집단에 대한 안전과 정체성을 제공한다. 그래서 장소에 대한 심리적인 애착과 그 장소를 소중하게 여기는 입장이 발생한다. 이런 과정에서 '실존적 내부성'이 발생한다. "실존적 내부성은 이 장소가 바로 당신이 속한 곳이라는 사실이 암묵적으로 인지될 때 생긴다. 즉, 이 장소가 아닌 다른 모든 곳에서는 우리가 아무리 그곳의 상징과 의미에 개방적이라고 해도 실존적 외부인이다."[212] 실존적 내부성의 핵심은 장소와 사람 사이에 존재하는 강하고 깊은 유대이다. 이런 관점에서 본다면 밀양 투쟁은 자신의 '장소' 혹은 자신의 일부인 장소를 빼앗기고 그 장소에서 뿌리 뽑힌 사람들의 저항, 곧 자신의 장소를 박탈당한 이들의 투쟁이다.

한국전력과 정부의 개입 이후에도 주민들은 자신의 장소에서 날마다 반복되는 생활을 만들어낼 것이다. 그러나 이때의 장소는 실존적 내부성의 와해 이후의 장소일 것이다. 반다나 시바는 뿌리 뽑힘 당하는 인민들을 '난민' 혹은 '실향민'이라고 불렀다. 장소로부터의 뿌리 뽑힘을 '고향'을 잃어버리는 실향의 과정으로 바라본 것이다. 이런 관점은 2014년 6월 11일 행정대집행이 진행되던 바로 그 현장에서 왜 밀양 주민들이 "고향의 봄"을 부르면서 저항했는가에 답할 수 있는 실마리를 제공한다. 장소와의 유대가 파괴되는 과정은 곧 '고향'의 상실과 동일시되었기 때문이다. '집'을 잃어버리는 것(Homeless)이다. 그래서 고향을 잃어버린 이후의 일상은 동일 장소에 거주한다고 하더라도 '실향민' 혹은 '난민'의 삶일 뿐이다. 이런 의미에서 송전 철탑과 송전 선로는 장소로부터 주민을 분리하고, 주민을 난민으로 전환시킨다. 만약 일상의 생활 세계가 이루어지는 장소를 추상과 개념을 통해 파악된 장소와 구별하여 "삶-장소"라고 부를 수 있다면, 한국전력과 정부가 추진하는 것은 삶과 장소의 분리를 통해 장소를 사물의 '입지'로 전환하는 과정이다. 그래서 밀양 투쟁은 장소로부터 삶을 추방하려는 한국전력과 정부의 전략에 대항하여 장소와 삶의 결합을 방어하려는 주민들의 투쟁으로 구조화된다. 이런 투쟁을 '삶-장소 투쟁'이라고 부를 수 있다고 본다. 이런 "삶-장소" 투쟁은 장소로부터 인간의 삶을 분리하려는 "무장소화"와 장소와 인간의 삶의 결합을 유지하려는 "장소화"의 대결인 동시에, 구체적인 장소를 '점유'하는 과정을 통해 전개된다. 왜냐하면 장소로부터 삶을 추방하거나 장소와 삶의 결합을 유지하기 위해서는 장소에 대한 권력을 확보해야 하기 때문이다. 밀양의 삶-장소 투쟁은 한국전력과 정부, 지역 주민 간의 경합대상인 송전 철탑의 위치를 둘러싸고 진행되었다. 한국전력과 정부는 장소로부터 삶을 추방하기 위해 송전 철탑의 위치를 포함하는 토지에 대한 수용을 진행했고, 주민들은 장소로부터 송전 철탑을 추방하기 위해 투쟁을 진행했다. 이 과정은 다음과 같은 두 경로로 진행되었다. 하나의 경로는 한국전력의 보상 제안을 거부하는 것이다. 그리고 다른 또 하나의 경로는 송전 철탑이 들어설 위치에 대한 물리적인 방어다. 첫 번째 방법은 토지에 대한 소유의 권리를 통한 투쟁이었고, 두 번째 방법은 토지에 대한 '점유'를 통한 투쟁이었다.

1) 소유의 이전 : 합의

한국전력은 밀양 송전 선로가 경과하는 5개 면 30개 마을에 대한 보상 합의를 진행했다. 그리고 동시에 30개 마을 중 합의를 한 마을의 수를 주기적으로 언론에 공표했다. 한국전력의 계속적인 설득에 2011년 10월 송전 선로가 통과하는 밀양 내 5개 면 중 청도면은 보상안에 합의했다. 하지만 단장, 상동, 부북, 산외면 등 4개 면은 송전 선로의 '백지화' 또는 송전 선로의 '지중화'를 주장하며 반대투쟁을 지속했다. 이 과정에서 한국전력의 보상 합의는 그 자체로 한국전력의 사업에 절차적 정당성을 부여하는 동시에 전체 30개 마을 중 합의한 마을의 비율 증가는 합의를 거부하고 송전 선로 구축에 반대하는 다른 마을 주민들에게 심리적인 고립감을 발생시키는 역할을 했다. 실제로 한국전력은 보상에 대한 합의의 비율을 국책사업을 일부 지역 주민들이 막는다는 것의 불가능성을 인식시키기 위한 도구로 활용했다. 그리고 이와 함께 보상에 대한 무조건적 거부의 경우 보상 철회와 함께 손해배상 소송의 대상이 될 수도 있다고 협박했다. 그러나 반대 주민들은 각 마을회의에서 한국전력의 보상합의를 '거부'하는 동시에 한국전력의 '합의' 도출 과정에 내재된 문제들을 폭로하며 합의를 무효화하기 위한 투쟁을 진행했다. 마을의 합의를 둘러싼 한국전력과 마을 주민 간의 경합 과정은 한국전력과 정부가 경찰력을 동원해 밀양 송전탑 공사를 재개하기로 예정된 2013년 10월 이전보다 치열하게 전개되었다.

한국전력은 2013년 10월 2일 공사재개를 앞두고 밀양 15개 마을이 보상안에 합의했다고 발표했다. 그리고 남은 15개 마을과의 합의를 위한 노력을 계속하고 있다고 밝혔다. 그러나 한국전력의 합의 도출 과정은 마을과 마을 그리고 마을 내부의 찬성과 반대 주민의 경계를 따라 "분할-포섭"하는 전략을 통해 진행되었다. 한국전력의 분할-포섭 전략은 한국전력과 지역 주민들의 중심 갈등을 마을과 마을, 그리고 마을 내부의 찬성과 반대의 갈등으로 '치환'하는 전략이었다. 일부 마을회의에는 반대 주민들의 행동을 우려해 한국전력이 경찰에 보호 요청까지 한 것으로 알려졌다. 이 전략으로 인해 주민 내부의 갈등이 고조되어 갔다. 알려진 다양한 사례들이 존재한다. 2013년 10월 24일 한국전력은 동화전마을 주민 66가구가 서명한 보상합의서를 접수했다고 발표했다. 90여 가구가 사는 동화전마을은 95~99번의 다섯 개 송전탑 공사와 관련된 마을이었다. 동화전마을 이장은 "주민회의에서 80%가량이 송전탑 공사 반대활동을 하지 않겠다"는 결론을 도출했고, 이에 따라 보상합의서를 제출했다고 밝혔다. 그러나 2013년 10월 31일 동화전마을 청년회 등은 주민 87명으로부터 송전탑 공사를 막기 위해 끝까지 투쟁하겠다는 서명을 받았다. 송전탑 공사 강행을 막을 수 없다고 판단한 일부 주민들이 마을 반대 대책위원회 등을 제외한 주민들과 '마을회의'를 열고 보상합의서를 작성한 것이다. 더욱 큰 문제는 이 과정에서 같은 마을 주민을 속이는 일까지 발생한 것이다. 송전탑 공사를 반대하다 구속된 이웃마을 주민을 풀어달라는 탄원서인줄 알고 서명한 마을 주민들까지 나타났기 때문이다. [213]

2014년 6월 11일 행정대집행을 앞두고 밀양 평밭마을 주민 21명이 개별 보상금 890여만 원을 한국전력에서 받았다. 그러나 14가구는 여전히 보상거부와 송전탑 반대를 주장하며 투쟁을 지속해나갔다. 그런데 문제가 발생했다. 한국전력과 찬성 주민들이 마치 마을 주민 과반수가 합의한 것처럼 꾸미기 위해 수령 자격이 없는 이들까지 개별 보상을 받았다는 문제제기를 반대 주민들이 한 것이다. 이 문제는 2014년 11월 1일 평밭마을에서 개별 보상과 마을공동발전 지원금을 논의하는 자리에서 폭발했다. 위해 모인 자리였다. 반대 주민들은 "무허가 건물, 세입자들 이름으로 동네를 팔아먹느냐"고 항의하고, 찬성 주민들은 "문제가 있으면 한전에 말하라, 못살겠으면 땅 팔고 떠나라"고 응전했다.[214]

합의 보상을 둘러싼 이런 갈등은 마을 내부에 치유될 수 없는 불신과 불화를 만들었다. 보상금을 받은 이들은 반대 투쟁을 진행하는 이들과 인사도 나누지 않거나 보아도 못 본 척 지나가는 일이 많았다. "심지어 사촌 간에도 찬반으로 나뉘어서 의절한 일"도 있었다.[215] 반대 주민들은 보상 합의를 위해 돌아다니는 마을 사람을 '찬성파 한전 앞잡이'라 부르기도 했다.[216] 그리고 합의를 한 주민들을 "한전 놈한테 돈 받아 처묵은 놈"이라고 말했다. '앞잡이'란 표현엔 찬성을 조직하기 위해 동네를 돌아다니는 이에 대한 분노와 노골적인 비하가 투영되어 있었다. 같은 동네의 마을 주민을 한국전력의 사주를 받고 끄나풀 노릇을 하는 사람이라고 보기 때문이다. 찬성 주민들은 반대 주민들을 "보상금 더 받으려하는 하는 수작"이라고 비난했다.[217] 그러나 이런 분노와 비하에도 불구하고 마을 사람들의 합의를 막을 수는 없었다. "이미 탑은 다 들어섰고 전기까지 흐르는데, 그 돈 안 받아가면 회수한다는데, 결국 울며 겨자 먹기로 합의서에 도장을 찍는 걸 두고서 뭐라 말하기"[218]도 어려웠다. 반대 투쟁을 하는 주민들은 극단적인 고립감정에 빠져들거나 인내할 수 없는 고통을 느꼈다. 밀양 김영자 할머니는 이렇게 말한다.[219]

"내 이웃이 있어줘서 내는 참 감사한데, 송전탑 싸움하면서 참 아무것도 아닌 걸 가지고 이웃과 다퉈야 하는 게 너무 힘들어요. 예전에 다툴 일이 있었는데 너무너무 속상해서 송전탑 안 막으면 안 막았지 이웃하고 이렇게 살기 싫다 그랬어요."

한국전력이 주입한 불화는 이웃관계만 파괴한 것이 아니다. 마을과 마을을 따라서도 불화는 번져 나갔다. 밀양시 산외면에 있는 골안마을과 양리마을의 관계는 이를 잘 보여준다. 골안마을과 양리마을은 두 곳을 묶어 '괴곡마을'이라고 불릴 정도로 송전탑 문제가 불거지기 전까진 한 마을이나 마찬가지였다. 그런데 양리마을이 한국전력과 합의했다는 사실이 알려지자 이전의 관계는 완전 파괴되었다. 그러나 양리마을의 합의 또한 문제가 많았다. "양리마을 주민 대표 몇 명이 주민 서명 연명부를 위조"해 한국전력과 합의했기 때문이다. 양리마을은 한국전력과 10억5,000만 원에 합의했고, 이중 먼저 입금된 7억5,000만 원으로 단장면 미촌리 지역의 토지를 매입했다.[220] 그러나 문제는 위조와 땅 매입 자체보다도 양리마을과 골안마을의 송전탑에 대한 입장 차이였다. 왜냐하면 골안마을은 송전탑 피해가 훨씬 큰 반면, 양리마을은 상대적으로 피해가 적었기 때문이었다. 밀양 765kV 송전탑 반대 대책위원회 이계삼 사무국장은 다음과 같이 밝힌 바 있다. "가장 중요한 원인은 송전탑

이 세워지거나 송전선이 지나가는 곳과 주거 공간의 거리"라는 것이다.

"양리 사람들은 송전탑이 들어서는 107번 현장에서 상대적으로 멀기 때문에 심리적 위압감을 훨씬 덜 받는다. 다른 마을에서도 주민들의 찬반 입장은 대부분 '현장과의 거리'로 갈리는 경우가 많다."[221]

골안마을의 반대 주민입장에서 보면, 양리마을은 골안마을을 팔아 자신의 배를 채운 이들의 마을이었다. 이 때문에 일부 골안마을 주민들은 "양리에 있는 슈퍼에도 안 가고", "아버지 친구분이 돌아가셨는데, 상가에도 안 갔다."[222]

"송전탑 문제만 아니면 갈등이 있을 이유가 없죠. 저 밑에(양리마을)하고는 완전 원수지간 아닙니꺼. 본래 한전 사람들은 그래 한다 합니다. 동네끼리 싸움 붙이놓고 빠져나가고는 그런답니다. 어데든지 다 그래 한다합니더."[223]

2) 점유를 통한 투쟁 : "점거-야영"

2010년부터 주민들의 반대가 심해지자 한국전력은 송전탑 부지를 강제 수용했다. 그리고 중장비와 용역직원을 앞세워 공사를 강행했다. 이 때문에 밀양 곳곳에서 한국전력과 밀양 주민들 간에 충돌이 발생했다. 이들은 철탑을 설치할 위치에 자라고 있는 나무의 벌목을 진행했다. 70, 80대의 할머니들을 포함한 밀양 주민들은 나무 사이를 돌아다니면서 벌목을 막기 위해 온몸으로 용역직원들과 싸워야 했다. 매일 산을 올라야 하는 고통 때문에 주민들은 철탑 예정 위치에 움막을 설치하고, 용역직원들의 벌목 행위를 막아내고자 했다. 이 과정에서 심한 욕설뿐만 아니라 노골적인 성폭행이 발생하기도 했다. 주민들과 함께 송전탑 공사를 저지하는 투쟁을 전개하던 태고종 약산사 주지인 법성스님은 당시를 이렇게 기억한다. 법성스님은 끝내 울음을 터뜨렸다. **224**

"아주, 표현을, 한두 번 한 것이 아닙니다. 그 음부의, 그 이상한 소리는 지속적으로 저를 따라다니면서 했어요. 제가 넘어진 이후에 남자 3명이 한꺼번에 저한테 갑자기 들이닥쳤어요. 이 한전 간부라는 사람이 완전히 자기 몸을 통째로 저 허벅지 쪽으로 올라와서, 제 왼쪽 다리를 들기 시작했어요. 일직선으로 들어 올렸어요. 다리가 180도 완전히 꺾여 가지고. 저를, 저는 그 음부를 진짜 노골적으로, '보지를 찢어서 죽여버려야 된다고', 찢어버린다고 하면서, 제 음부를 주먹으로 치고, 손으로 찢고, 마지막엔 발로 이렇게 짓밟히면서 차였어요. 제가, 발로, 죽여버린다고. 그 부분을 찢어서 죽인다고 하면서, 지속적으로 그 부분을 발로 차면서. 그때 그 순간 통증이, 갑자기 머리의 피가 밑으로 다 쏟아지는 것 같았습니다. 화장실 가기도 어려웠습니다."

이 공사가 중단된 것은 이치우 할아버지의 분신 때문이었다. 그러나 한 순간의 중단 이후 밀양 주민들의 투쟁은 한국전력에서 정부와의 투쟁으로 전환되었다. 그리고 이 과정에서 투쟁의 양상도 바뀌기 시작했다. 한국전력과 정부가 2013년 10월 초 전후로 보상안과 공권력을 앞세워 공사 강행 의지를 밝히면서 삶-장소 투쟁은 점거-야영 투쟁의 양상으로 전개됐다. 노인들은 공사재개 이야기가 나오자 송전 철탑 위치를 선점하고, 며칠 동안 그곳에 움막을 짓고 구덩이를 팠다. '움막'이란 원래 땅을 파고 그 위에 거적 등을 얹어 비나 바람을 피하기 위한 장치를 말한다. 그러나 밀양의 노인들에게 움막은 송전 철탑을 공사하기 위해 들어오는 집단 및 개인들과 싸우기 위한 위치 '점거'의 수단이었다. 그래서 이 움막에서의 생활은 곧 "야영"이었다. 주민들은 점거-야영을 위해 송전 철탑 101번, 115번, 127번 그리고 129번 위치에 농성장과 움막을 설치했다. 부북면 평밭마을의 화학산에 위치한 송전 철탑 129번 위치에 설치한 움막에서 평밭마을 노인들은 "추석 아래부터 먹고 자고" 하면서 한국전력의 공사강행에 대비했다. 129번의 할머니들은 한국전력이 공사를 강행하면 끌려나오느니 무덤에 들어가 죽겠다는 말도 했다. 한 할머니는 이렇게 말했다. "공사 들어오면 죽어준다."[225] 127번과 129번 움막 안엔 공사강행 시 사용하기 위해 휘발유 등의 위험물질까지 반입한 상태였다.

이에 밀양시는 움막과 농성장의 철거를 요청하는 계고장을 여러 차례 주민들에게 보냈다. 주민들의 점거-야영을 종식시키기 위한 "행정대집행"이 예고되었다. 그리고 2013년 10월 2일 밀양 송전 선로 공사가 재개되면서, 경찰은 송전탑 건설을 반대하는 주민들의 공사 방해와 집회 등을 막기 위해 32개 중대, 여경 6개 제대 등 총 3,200명 가량의 경찰 병력을 밀양에 배치했다. 한국전력의 현장 보호 요청 때문이었다. 행정대집행을 기다리는 밀양 주민들의 일상은 방어 태세의 구축에 집중되었다. 일상적인 방어 태세의 구축 과정은 밀양 주민들의 마음과 신체 모두를 '소진'시켜 나갔다. 이로 인해 주민들의 내면에 전쟁, 자연재해, 폭행, 강간 등을 목격 또는 경험하고 나서 당시 상황이 지속적으로 떠올라 공황

상태에 빠지는 불안장애인 PTSD(외상후스트레스장애)가 발생했다. 천주교인권위원회, 국제앰네스티 한국지부 등 9개 시민단체로 구성된 '밀양 송전탑 인권침해조사단'이 현지 4개 마을 300여 명 가운데 79명을 상대로 건강상담과 심리검사를 실시한 결과 PTSD 유병률이 9.11 사태 당시 미국 시민보다 4.1배, 레바논 내전을 겪은 이들보다 2.4배 높다는 결과가 나온 것이다.

3 "전쟁": 치안과 안전의 분리

2013년 10월 2일 유례없이 경찰이 대규모 투입되면서 밀양의 갈등은 한국전력과 주민들의 갈등에서 국가와 주민들 간의 갈등으로 치환되었다. 경찰 투입의 직접적인 원인은 한국전력의 현장 보호 요청 때문이었지만, 이를 수용한 정부의 입장은 법―질서 수호를 위한 '치안' 확립이었다. 이런 입장은 2013년 9월부터 명확하게 표명되기 시작했다. 2013년 9월 11일 정홍원 국무총리에 이어 이성한 경찰청장은 9월 26일 밀양을 방문해 "밀양 송전탑 현장의 불법 행위에 대해서는 엄정 대응하겠다"고 밝혔다. 그런데 이런 경찰의 '치안治安' 활동은 군사작전과 유사하게 진행되었다. 경찰이 공사 재개를 앞두고 작전계획을 검토하기 위해 각 마을의 송전탑 위치와 이동경로, 주민의 동향 등을 파악하기 시작한 것이다. 이는 곧 밀양 주민들을 국가의 치안을 방해하는 집단과 동일시하고 있으며, 군사작전의 수행을 통해 종결지어야 할 대상으로 파악하고 있음을 보여주는 것이었다. 경찰의 '치안' 행위가 밀양 지역 주민들을 위한 것이 아니라, 바로 자신들을 대상으로 하는 행위임을 직접 경험을 통해 알게 되었을 때, 밀양 지역 주민들은 자신들이 국가로부터 버림받은 존재라고 인식할 수밖에 없었다. 국가로부터 배제된 존재이자 국가에 반대하는 '적'으로 치안의 대상이 된 것이다. 따라서 자신들의 '안전安全'은 국가에 의해 보장될 수 없었다. 송전 선로로부터 발생하는 생활 세계의 위협으로부터 '안전'을 요구했으나, 치안에 의해 안전이 부정되는 국가의 치안과 주민의 안전이 분리되는 현상이 발생한 것이다.

국가경찰의 이런 치안과 안전의 분리를 지향하는 개입은 "치안-전장"에서 전장의 원리를 제1원리로 만들고 정치의 원리를 주변화한다. 한국전력과 정부는 밀양 주민들과 합의를 도출해내기 위해 가능한 모든 정치적인 실천을 진행했다고 자임했다. 그래서 그 정치적인 실천의 종결이 선언되는 순간, 정치의 원리는 전장의 원리에 의해 치환되었다. 전장의 원리가 갈등을 구조화하는 제1원리로 부상한다는 것은 인민과 국가와의 관계가 '내전' 관계와 동일시된다는 것을 말한다. 다시 말해 정치 관계가 은폐하던 내전 관계가 수면 위로 부상하는 것이다. 동시에 내전 관계가 갈등을 구조화하는 원리로 부상하게 되면, 정치 관계를 규정하는 원리인 민주주의는 '유예'될 수 있다. 왜냐하면 전쟁 상태에서 모든 민주적인 원리는 독재적인 원리에 종속되어야 하기 때문이다.[226] 국경 외부의 적과 대립하는 집단이 군대라면, 국경 내부의 적과 대립하는 집단은 경찰이다. 군대는 전쟁을 수행하고, 경찰은 치안을 담당한다. 그래서 군대와 경찰의 경계는 전쟁과 치안의 경계를 따라 구별된다. 그러나 국경 내부의 갈등을 민주적인 정치원리가 아닌 독재적인 원리에 종속시키기 위한 과정에서 발생하는 '전장', 곧 전쟁 상태라는 상황 정의는 군대와 경찰의 경계를 모호하게 만들면서 군대와 경찰을 중첩시킨다. 그래서 군사활동과 치안활동이 교차한다. 고강도 치안과 저강도 전쟁은 구별되지 않는다. 경찰은 밀양에서 자신들의 '치안' 행위를 '전쟁'과 구별하지 않았다. 밀양 주민들은 다음과 같이 고발한다. "전쟁이라는 말은 제가 만들어낸 말이 아닙니다. 여기서 송전탑, 경찰이 와가지고 그래 캅디더. 원래 지금 전쟁 상황입니다. 이랬다고예."[227] 밀양 할매들에게 외부로부터 부과된 이 '전쟁'은 할매들이 이전에 경험했던 모든 전쟁과도 다른 것이었다. 밀양 상동면 도곡마을 김말해 할머니는 이 '전쟁'을 이렇게 말한다.[228]

"이 골짜기서 커갖고, 이 골짜기서 늙었는데 6.25 전쟁 봤지, 오만 전쟁 다 봐도 이렇지는 안 했다. 이건 전쟁이다. 이 전쟁이 제일 큰 전쟁이다. 내가 대가리 털 나고 처음 봤어. 일본시대 양식 없고 여기 와가 다 쪼아가고, 녹으로다 쪼아가고 옷 없고 빨개벗고 댕기고 해도 이거 카튼. 대동아전쟁 때도 전쟁 나가 행여 포탄 떨어질까 그것만 걱정했지 이렇게는 안 이랬다. 빨갱이 시대도 빨갱이들 밤에 와가 양식 달라 카고 밥 해달라 카고 그기고. 근데 이거는 밤낮도 없고, 시간도 없고. 이건 마 사람을 조지는 거지. 순사들이 지랄병하는 거보래이. 간이 바짝바짝 마른다. 못 본다 카이, 못 봐."

이 현상의 원인을 이해하기 위해서는 한국이란 국가에서 국가와 인민의 관계가 '내전'의 원리로 구조화되어 있고, 인민의 국가에 대한 개입을 정당화할 수 있는 민주주의의 작동은 내전의 원리에 대한 '방어적 민주화(Defensive Democratization)'의 차원으로 제한되어 있음을 이해하는 과정이 필요하다. 국가를 특정 영토의 경계와 그 경계 내부에서의 "정당한 물리적 폭력 행사의 독점"을 통해 정의하는 막스 베버Max Weber의 통찰을 따른다면, 국민국가(National State)와 그 이전 다른 유형의 국가의 핵심적인 차이는 국가의 폭력을 조직하는 방식의 차이에 있다. "국민국가란 영토 내의 주민 전체가 국민으로 규정되어 국가의 주체가 되는 국가 형태"[229]를 말한다. 그런데 이때 주민이 국민이 되고, 다시 국가의 주체가 된다는 것은 무엇을 의미할까? 그것은 무엇보다 국가를 다른 조직들과 구별하는 핵심 요소인 '폭력의 조직화'가 국민이라는 단위에 의해 수행되는 것을 의미한다. 국민국가 이전까지 국가의 폭력 조직 과정은 신분제도를 매개로 일부 집단과 개인들을 대상으로 진행되었다. 그러나 국민국가에서 국가의 조직화된 폭력은 '군대'를 통해 전체 국민 모두에게 개방된다. 이런 관점에서 보았을 때, 주민이 국가의 주체인 국민으로 전환되는 과정은 '군인'을 통해 매개된다.

그리고 국민이 곧 군인이기 때문에 국민과 국가 사이의 군사적인 대립은 인정되지 않는다. 왜냐하면 군사적인 대립은 국민과의 관계가 아니라 국가와 국가와의 관계로만 한정되기 때문이다. 그래서 군대의 위치는 원론적으로 국경 내부가 아닌 국가와 국가의 접점인 국경 일대가 되어야 한다. 군대는 국경을 방어하고 국민과 국가 그리고 국민과 국민 사이의 관계는 '치안'의 담당주체인 경찰을 통해 실현된다. 곧, 국민국가의 조직화된 폭력은 외부의 적에 대한 군대와 내부의 치안을 위한 경찰로 분화된다. 국민국가 내부에 군사적인 개입이 옹호될 수 있는 유일한 '예외'는 국민국가 내부에서 다른 국가를 창출하려는 내전 상황이 발생했을 때뿐이다. 오직 이 경우에만 국민에 대한 국가의 군사적인 개입이 정당화된다. 왜냐하면 국가의 군사적인 개입은 오직 '국가'를 향할 때에만 옹호될 수 있기 때문이다. 국가 이외의 다른 폭력은 '치안'을 통해 통제되지만, 국가를 지향하는 폭력은 군대에서 해결되어야 한다. 바로 이 때문에 네그리와 하트는 《다중》에서 근대 주권 이론의 정치 기획이 정치로부터 전쟁의 분리를 지향한다고 분석한 바 있다. "오직 주권적 권위만이 전쟁을 수행할 수 있었고, 다른 주권권력에 대항해서만 그렇게 할 수 있었다. 다르게 말해 전쟁은 국내의 사회적 장에서 추방되어 오직 국가들 사이의 외부적 갈등에만 국한되었다."[230] 바꾸어 말한다면, "국민 내부의 갈등은 정치적 상호작용을 통하여 평화적으로 해결"해야만 했다. 곧, 국가는 내전을 끝내고 전체 사회 내부로 정치를 통한 갈등 조정을 도입해야만 했다.

그러나 한국에선 이런 국민국가의 조직화된 폭력의 이중분할, 곧 군대와 경찰의 분할이 분명하게 나타나지 않는다. 일본의 식민지배로부터 해방 이후 한국전쟁을 통해 북한과의 내전을 종결짓지 못한 한국은 정전이라는 또 다른 수단의 내전의 지속 속에서 폭력을 조직해야 했다. 국민국가는 조직화된 폭력을 확장하기 위해 대중의 협력을 요구했다. 그래서 이 과정은 군대와 국민의 권리가 교환되는 과정으로 나타났다. 그런데 한국은 대중의 협력에 기반을 둔 방법을 통해 폭력을 조직하지 않았다. 그 반대였다. 왜냐하면 국가 안보를 인민의 협력을 통해 구축한 것이 아니라, 강압적으로 인민을 동원해 폭력을 조직화했기 때문이다. 내전은 두 개의 국가를 자임하는 군대가 자신의 영토 내로 또 다른 영토를 통합하기 위한 영토전쟁의 속성을 띤다. 군사전쟁의 목적은 인민의 통합이 아니라 영토의 점령이기 때문이다. 그래서 내전상황에서 모든 영토에 대한 군대의 관계는 '군사점령'으로 나타난다. 이때 해당 영토의 인민은 군사점령한 군대의 국가를 위해 동원되는 대상일 뿐, 협력의 대상이나 안전을 보장할 대상으로 규정되지 않는다. 이런 상황에서 "국가가 폭력을 축적함으로써 지키고자 하는 것은 주민의 안전이 아니라 그 자신의 보전이다. 국가에서 있어서 '군사적인 보호'의 의미는 다른 행위 주체들의 공격으로부터 그 토지에서 자신의 폭력의 우위성과 부의 징수 권리를 지키는 것뿐이다."[231]

군대가 점령한 영토의 인민에 대한 강압적인 동원을 통해 폭력을 조직화한 한국에서 인민과의 관계는 그래서 '내전'의 원리로 구조화된다. 국가의 폭력은 인민을 위한 폭력이 아니라 인민을 동원하기 위한 폭력이고, 인민의 안전을 위한 폭력이 아니라 국가에 대항하는 또 다른 국가의 폭력으로부터 국가의 안전을 보호하기 위한 폭력이다. 그래서 국가와 인민의 갈등은 국가의 안전을 위협하는 갈등으로 치환되고, 바로 이 때문에 경찰은 국가와 인민의 갈등을 국가의 안전을 위협하는 군사적인 갈등과 연결하여 파악하는 '군사적인 상황 정의' 내에서 움직인다. 곧, 군사활동과 치안활동이 중첩된다. 이런 한국이란 국가의 조직화된 폭력 과정에 내재된 특성은 한국 민주주의 투쟁을 통해 '민주화'되어 왔다. 한국 민주주의는 '국민주의'의 원리를 고안해 내었고, 국민주의의 원리는 국가의 조직화된 폭력이 독재적인 원리에 종속되는 것이 아니라 민주적인 원리에 종속될 수 있는 가능성을 열어냈다. 왜냐하면 군대-국가의 조직화된 폭력에 국민의 안전을 위한 조직화된 폭력의 '자기제한'을 부여했기 때문이다. 그러나 이러한 '자기제한'이 조직화된 폭력의 내적 요구로부터 출현한 속성이 아니었다. 그보다는 민주주의라는 '외부'로부터 부과된 규범이라는 점에서, 내전의 원리는 언제나 민주주의 원리의 심층인 동시에 민주주의 원리를 '예외'로 전환하려는 강력한 운동 속성을 가지고 있다. 이런 관점에서 보았을 때 밀양은 민주주의의 부재로 인해 발생한 사건이다. 밀양 현장에서 민주주의가 소멸하면서 밀양은 "치안-전장"으로 전환되었기 때문이다. 전쟁상태의 상황 정의가 전면화되면서 민주주의가 소멸한다. 전쟁 상황과 민주주의는 대립한다. 국가는 인민을 동원해야 할 필요성에 직면했을 때, 민주주의를 포기하고 전쟁 상황을 선택한다. 인민은 군사 점령의 대상이 되고, 그 실행 과정은 치안 확립을 위한 경찰의 장소 점령으로 나타난다.

4 점령과 내부 식민화 : 점거에 대항하는 식민국가의 지배

인민의 '점거-야영'에 의해 점유된 장소를 탈환하기 위해 경찰은 인민에게 '전쟁'을 선포하고, 밀양에 대한 점령 작전을 수행했다. 이 때문에 밀양 주민들은 경찰을 국가의 공권력이 아닌 '점령군'으로 파악한다. 밀양 구술사 모임에서 기록한 '희경'과의 대화에 이런 내용이 나온다. 희경의 큰 아들이 다음과 같이 말했다 한다. "엄마, 엄마, 5천 명이 들어온다카는 데, 점령군이 들어온다 하는데, 5월에는 그래 넘어갔고, 어떻게 막아낼랍니까?"[232] 점령군이란 점령국의 군대를 말한다. 곧, 밀양의 주민에게 경찰은 군대와 구별되지 않고, 국가는 밀양을 점령하려는 점령국일 뿐이다. 이때 핵심은 '점령占領'이 국가의 활동과 결합될 때, 타국의 영역을 실제로 자기의 권력 아래 두는 것을 의미한다는 점이다. 밀양 주민들의 입장에서 국가는 인민과 전쟁 중인 '교전국'이고, 경찰은 밀양의 주민과 재산에 대한 점령국의 통치를 위한 군대일 뿐인 것이다.

밀양은 물론 한국의 영토다. 그러나 밀양과 국가의 대립이 발생할 경우, 국가가 다시 '점령'해야 할 내부 영토일 뿐이다. 국민국가가 아닌 "군대의 국가"를 통해, 인민과의 관계보다 영토와의 관계를 통해 국가의 조직화된 폭력을 구축해온 한국에서 인민과 국가의 관계는 '내전'의 원리에 기반을 둔 식민주의(Colonialism)다. 그래서 조직화된 폭력에 대한 공적 통제를 실현해야 할 민주주의가 후퇴하고, 갈등이 정치를 통한 합의에 실패하게 되면 어김없이 식민주의에 기반을 둔 인민의 삶—장소에 대한 '내부 식민화' 과정이 출현한다. 한국에서 "내부 식민화"의 과정은 한국 전쟁 이후 군사 점령한 영토에 그 이후 경제적 착취를 위해 해당 지역에 대한 점령통치를 구체적으로 실현해야 할 필요성에 국가가 직면했을 때 발생한다. 그런데 밀양과 같이 삶—장소를 방어하기 위한 투쟁이 '점거—야영'의 방식으로 진행되는 장소에 내부 식민화의 과정은 '점거—야영'의 장소를 탈환하기 위한 '재점령화' 과정과 결합되어 '전장'을 형성하게 된다.

군대가 1차 점령한 장소를 경찰이 2차 재점령하는 국가는 인민의 '외부'에서 인민에 대한 '착취'를 위해 인민의 장소를 점령하는 '식민국가'의 모습일 뿐이다. 오스터함멜에 의하면 '식민국가'의 지배양식의 구조적인 특성의 하나는 행정결정의 집행만을 아는 '국가'라는 것이다.[233] 식민국가에선 행정이 곧 법의 명령이고, 바로 그렇기 때문에 행정에 대한 입법부와 사법부의 '법의 지배'는 사실상 무력화된다. 그래서 식민국가는 행정 집행을 위해 '법에 의한 지배'를 내세우지만, 법으로 자신의 권력을 제한하지 않는다. 정부는 밀양 주민들의 투쟁을 법에 대한 도전과 동일시했지만, 정부와 한국전력의 전력사업 추진 과정 일반은 법을 지키지 않고 추진되었다. 갈등의 당사자인 밀양, 정부와 한국전력 중 일방에게만 법을 강요할 때, 법은 국가의 지배를 위한 도구로 전락될 뿐이다. 스티븐 홈즈는 '법의 지배'와 '법에 의한 지배(Rule through Law)'를 구분하면서 다음과 같이 말했다. "권력이 독점될 경우 법은 기껏해야 누군가의 지배를 위한 도구일 뿐이다. 상호 갈등적인 정치 행위자들이 법에 따라 갈등을 해결하려 할 때, 그때 법이 지배한다."[234] 정부는 밀양 주민들과의 갈등이 법의 안정성을 훼손하고 있다고 계속 경고했다. 그러나 밀양 주민들과의 갈등 해결을 위해 주민들에게 권력을 분배하지는 않았다. 갈등 해결의 권력은 독점한 채 주민들에게 법을 통한 갈등 해결을 강요했다. 곧, 법은 국가의 의지 관철을 위한 수단일 뿐이다. 홈즈는 이런 상황을 "법에 의한 지배"라고 불렀다. 갈등의 당사자와 권력을 공유하지 않고, 권력을 국가가 독점하고 있기 때문에 국가는 자신에게 법의 구속을 적용할 의지가 없다. 국가가 갈등이 부과하는 제약을 받아들이는 경우는 "반란이 두려워서라기보다는 정부가 특정한 숙련과 자산을 소유하는 있는 특정한 사회집단들의 자발적인 협력이 상당히 필요"[235]하기 때문이다. 그 반대의 경우는 인민들의 자발적인 협력이 필요 없기 때문이다. 국가가 인민들의 자발적인 협력에 대한 의존 없이 작동하기 때문에, 인민들은 갈등을 다룰 수 있는 법적 수단을 획득할 수 없다. 법적 수단이 없기 때문에 법률 외적 수단을 통해 인민의 저항이 조직된다. 그런데 이를 근거로 국가는 "법에 의한 지배" 상황을 창출한다. 법에 의한 지배는 국가의 의지 실현 과정을 국가의 절대권력인 주권으로부터 도출한다. 곧, 법에 의한 지배를 국가의 능력과 동일시하는 것이다. 이 때문에 국가 행정에 대한 반대 혹은 이에 대한 저항에 개입하는 국가의 행위는 사실상의 '치외법권'의 영역이 된다. 국가에 대한 반대가 발생하는 장소에서 국가는 자신에게 부과된 법의 한계를 넘어서고, 해당 장소에 대한 점령을 통해 그 장소에 속한 모든 인민에게 무조건적인 행정 집행 명령 복종을 요구하는 점령통치 및 '식민국가'의 지배양식이 출현한다는 것은 무엇일까? 이는 일본의 식민지배와 한국전쟁 그리고 산업화와 민주화의 단계를 지나면서 만들어진 한국이란 국가 내부에 '식민국가'의 구조가 유지−존속되고 있음을 보여준다.[236]

인민과 국가의 관계가 식민국가와 내부 식민화의 대상으로서의 인민으로 구조화될 때, 인민에게 질서를 부여하는 치안의 주체인 경찰과 인민의 관계는 언제나 적대적이다. 이런 관점에서 본다면 1948년 여순사건이 발발한 후 순천 경찰서장이 했다는 다음과 같은 언급 "경찰은 언제나 민중과 적대 관계에 있는 것이다. 예수나 공자님이 경관이 되더라도 별수 없는 것이다"[237]는 단지 1940년대 후반의 인민과 국가의 관계를 보여주는 것이 아니라, 한국에서 지속적으로 반복되는 인민과 국가의 관계, 그리고 이를 매개하는 경찰의 역할을 예시하는 것이라고 할 수 있다. 밀양에서 2014년 6월 진행된 '행정대집행'은 바로 이러한 내부 식민화를 위한 식민국가의 점령통치가 전개되는 과정의 다른 이름이었다. 이런 식민국가의 점령통치의 속성은 행정을 집행하는 하위 심급, 곧 밀양의 주민들과 실제로 접촉하는 한국전력과 경찰들의 모습에서 분명하게 나타난다. 이들은 밀양 지역의 주민들을 국민의 권리를 지닌 권리 인격체로 대우한 것이 아니라 자신들이 점령한 국가에 종속된 열등한 피식민자들로 대우한다. 이 때문에 행정 집행의 하위 심급일 뿐인 이들에게선 열등한 피식민자에게 권력을 행사하는 과정에서 발생하는 자기효능의 행동이, 그리고 밀양 지역 주민들은 이들의 행동으로부터 격심한 모멸감을 느끼는 인민에 대한 행정 하위 심급의 모멸 구조가 출현한다. 군사행위와 치안 행위가 중첩될 때 인민에 대한 국가경찰의 근본 형태는 '고문'이된다. 네그리와 하트의 분석처럼 "고문은 치안 행위와 전쟁이 맞닿는 하나의 핵심적 접점이다."[238] 왜 그런가? 신체의 죽음을 동원하는 전쟁의 기술이 인민의 행위에 질서를 부과하는 기술로 활용되기 때문이다. 치안을 위한 예방의 이름으로 육체적 고통을 주며 인간을 심문하는 고문은 한국 민주화 이후 공적으론 종결되었지만, 치안 행위 자체에 내재된 고문 구조는 해체되거나 변경되지 않았다. 밀양 평밭마을 한옥순 할머니의 증언에 의하면, 밀양에 주둔하는 경찰 중 일부는 할머니들의 손등에 몰래 칼을 대서 일부러 상처를 냈다.[239]

"경찰이 칼을 갖고 댕기면서, 할매들, 한 지금 4월달쯤 됐나, 산동에 사는 할매

들을, 싹 스쳐가면서 이래, 싹, 긁어 뿐다. 이게 무슨 꼬라지고. 그래가지고 할
매들 손등이 이래 확 뒤집어져서, 70, 80먹은 할매들이 병원 다녀왔다. 안 했
다 칸다."

주민의 신체에 고의로 상처를 내는 이런 행위는 그 자체로 하나의 '고
문'이자 밀양의 치안 행위 과정에 내재된 고문의 구조가 발현되는 하나
의 예일 뿐이다. 경찰은 치안 행위를 통해 단지 인민을 국가의 명령에 종
속시키는 과정을 수행하는 것이 아니라, 인민에게 신체적−심리적 고통
을 가해 명령에 복종시키는 행위구조를 만들고자 한다. 주민들은 송전
철탑 건설 반대 현장에서 한국전력이나 경찰과 조우할 때마다 인간 이
하로 취급받는 모멸감을 느꼈다. 한국전력과 경찰의 주민에 대한 무시
와 경멸의 태도는 행정을 집행하는 과정이나 주민을 진압하는 과정에서
자신도 모르는 사이에 표출된다. 이 행정의 하위 심급들은 국가의 조직
화된 폭력과 인민의 무력화된 저항 사이에 존재하는 폭력의 비대칭성을
'주민'에 대한 자아의 우월성으로 전유해버린다. 조직화된 폭력을 점유
하고 직접 실행하는 과정에서 경험하는 자기효능감(Self-efficacy)이 주민
보다 자신이 우월한 위치에 있다고 느끼도록 하는 것이다. 그래서 실제
저항 과정에서 발견되는 인민의 무력한 대응을 경험할 때, 이에 대한 무
시와 경멸의 태도가 발생한다. 국가와 인민 간의 폭력의 비대칭성에서
발생하는 폭력의 우위를 자아의 우위로 확인하는 과정, 그리고 인민에
대한 무시와 경멸을 통해 자기 존재의 가치를 확인하는 과정이 중첩되는
것이다. 그래서 일반인의 상식으론 이해할 수 없는 '웃음'들이 경찰의 폭

력적인 집행 과정에서 나타난다. 자신의 공격에 고통 받는 주민들의 존재가 자신의 고통이 아닌, 자신의 존재 가치 입증을 위한 과정으로 느껴지기 때문이다. 곧, '희열'이 된다. 희열과 무시와 경멸이 중첩되면서 한쪽엔 '점거-야영'의 장소를 방어하기 위한 죽음의 동원 과정이, 그리고 다른 한쪽엔 장소의 '점령' 과정을 집행하는 과정에서 우연적으로, 그러나 내적으론 준비된 '웃음'이 튀어나온다. 이 '웃음'이 2014년 6월 11일 행정대집행으로 주민들을 강제 철거한 이후 동일 장소에서 경찰들이 기념사진을 찍을 수 있었던 또 다른 이유다.

경찰은 2014년 6월 11일 행정대집행을 통해 송전 철탑의 위치와 주변을 '점거-야영'하던 주민들을 강제 철거했다. 주민들의 '점거-야영'에 대항해 점령 통치를 위해 경찰을 투입한 한국전력과 정부 앞에서 주민들의 움막은 무력하게 철거되었다. 장소와 입지의 경계를 둘러싸고 진행된 주민과 한국전력 그리고 주민과 정부의 '점거-야영'과 '점령'의 대립은 국가의 조직화된 폭력의 비대칭성으로 인해 주민들의 완전한 패배로 귀결된 것이다. 그러나 주민들의 '점거-야영' 운동의 물리적 패배가 곧 밀양 투쟁의 패배로 귀결된 것은 아니다. 왜냐하면 주민들은 자신들의 '전장'을 언제나 연대에 열린 공간으로 만들어왔기 때문이다. 한국전력과 정부 그리고 경찰은 밀양의 문제를 밀양 '내부'의 문제로만 국한시키려는 고립과 폐쇄 전략을 실행한 반면 밀양 주민들은 이들과 다른 방향으로 움직였다. 밀양 주민들의 '점거-야영' 투쟁은 과거와 현재의 한국의 전통적인 '점거-농성' 투쟁과 한 지점에서 매우 달랐다. 고병권이 뉴욕의 점거운동을 목격한 이후 남긴 글의 한 부분을 인용해본다면, 밀양은 "이해와 요구를 내걸고 방어적 자세로 버티는 것이 아니다. 오히려 문을 열고 모두에게 들어오라고 말하는 것"[240]의 차원을 지니고 있었다. 그러나 밀양의 '점거-야영'은 또한 뉴욕의 점거투쟁과도 달랐다. 왜냐하면 장소의 내부와 외부를 만들어내는 경계를 투쟁의 중심 전략으로 삼았기 때문이다. 주민들은 장소를 방어하기 위해 장소의 내부와 외부의 경계를 구획하고, 이 경계의 일대에 '진지'를 구축했다. 그리고 이 '진지'로서의 '점거-야영' 장소는 밀양의 내부와 접속하는 외부의 연대자들에게만 개방했다. 곧, 내부를 파괴하는 외부는 폐쇄하고, 내부의 능력을 강화하고자 하는 외부의 연대에만 선별적으로 개방한 것이다. 그래서 '점거-야영' 투쟁의 패배로 장소 내부의 식민화는 막을 수 없었지만, 외부와의 연대를 통한 투쟁은 끝나지 않았다.

6장

고립과 연대

6장
고립과 연대

한국전력과 중앙정부는 밀양을 '외부'로부터 고립시켜 분할-포섭하는 전략을 활용했다. 분할 과정 또한 한 마을을 다른 마을로부터 그리고 반대 주민을 마을 전체로부터 '고립'하는 과정을 통해 진행되었다는 점을 돌아본다면, '고립'은 한국전력과 중앙정부의 일관되고 유일한 전략이었다고 할 수 있다. 밀양 주민들의 연대의 기록인《탈핵탈송전탑원정대》에선 이런 고립 전략을 다음과 같이 기술했다. [241]

"마을과 마을을 떼어놓고, 마을 안에서도 강경파와 수용파를 떼어놓고, 마을 주민들과 연대 단체들을 떼어놓고, 그런 다음 힘없고 약하고 순한 사람들부터, 자신들이 다루기 좋은 마을부터 하나씩 밟아 끝내 마지막 남은 곳까지 정복하는 방식"

'외부'로부터 밀양을 '고립'하려는 과정은 또한 밀양 '내부'와 연대하기 위해 '외부'에서 접속한 연대운동 단체와 집단 그리고 개인들에 대한 한국전력과 중앙정부의 비판과도 연결되어 있다. 밀양의 지역 제도정치 또한 밀양과 외부와의 연결을 비판했다. 밀양과 창녕의 국회의원은 새누리당이었고, 기초의회도 새누리당이 거의 독점하고 있었다. 이런 구조는 밀양의 갈등을 정치제도 내부로 도입하기보다는 봉쇄하는 역할을 했다. 지역 제도정치 내에서 한국전력과 중앙정부가 추진하는 국책사업에 대한 대안적인 토론 자체가 불가능했기 때문이다. 오히려 지역 제도정치는 국책사업 추진 과정에서 발생하는 개발이익을 어떻게 분배할 것인가에 관심이 많았다. 그리고 이 과정은 지역 개발주의를 뒷받침하고 있는 중소 규모의 기업들과의 동맹에 의해 뒷받침되었다. 당시 장병국 무소속 시의원의 다음과 같은 발언은 이를 잘 보여준다. "이제는 구체적 보상 방안을 고민해야지, 지금처럼 갈등이 계속돼선 안된다. 외부 세력들도 이를 자꾸 정치적으로 이용해서는 안 된다." 한겨레 보도에 의하면, 장병국 의원은 지역의 한 전기건설업체 대표와 건설사 이사를 맡고 있었다.[242] 중요한 점은 이런 지역개발주의의 실현 과정에 외부는 언제나 장애물이라는 점이다.

이른바 "외부 세력"의 개입에 대한 이런 비판은 밀양의 보수 시민단체들로부터도 제기됐다. 2014년 7월 15일 밀양송전탑 경과지마을 주민대표단, 밀양바로세우기 시민운동본부, 밀양송전탑 갈등해소 특별지원협의회는 "외부 세력은 밀양 송전탑에 더 이상 개입하지 말라"고 촉구하는 기자회견을 경남도청에서 진행했다.[243] 이들의 기자회견은 한국전력과 중앙정부 그리고 한국의 보수시민사회가 갈등의 현장에 개입하는 외부 '연대' 활동을 어떻게 인식하고 있는가를 잘 보여준다. 이들은 "밀양 송전탑 경과지 마을의 97%가 합의(30개 마을 중 29개 마을이 한전과 합의)하고 송전탑 공사가 막바지에 다다른 시점에서 여전히 시골의 순진한 농심을 각종 사회운동의 동력으로 이용하고 있는 외부 세력들은 어서 빨리 밀양을 떠나 달라"고 주문했다. 밀양의 이런 현실 때문에 반대 주민들은 밀양에서 완전히 고립되었다고 인식하고 있었다. 밀양이 자신들에게 완전히 등을 돌렸다는 것이다. "우리는 밀양 지역사회로부터 '현대판 고려장'을 당한 것이다."[244] 그런데 바로 고립 밖으로 나갈 수 있는 통로가 외부와의 연대를 통해 만들어지고 있었다. 표면적으로 본다면 이는 매우 역설적인 상황이었다. 위기에 직면한 동료 주민들의 삶을 직접 목격할 수 있는 밀양 내에선 고립된 반대 주민들이 외부와의 연결을 통해 연대의 능력을 확인했기 때문이었다. 이 부분에서 연대는 밀양의 경계를 재설정하는 동력으로 작동하기 시작한다.

밀양 내부에서 "외부 세력"은 지역 주민들의 인식과 마음을 이용하여 갈등을 조장하는 선전·선동 세력이자, 주민을 위한 운동이 아닌 운동 그 자체의 이해관계만을 고려하여 갈등을 극단적인 대립으로 몰고 가는 지역 평화의 파괴자로 규정된다. 이들의 입장에서 밀양의 '내부'와 '외부'의 경계는 밀양이란 지역의 물리적인 경계다. 밀양에 주소를 등록한 주민들만이 한국전력과의 관계에 개입할 수 있는 권한이 인정된다. 또한 밀양 주민의 한국전력과 정부와의 갈등 심화에 대한 모든 책임은 이 "외부 세력"의 개입 탓으로 돌려진다. 이런 비판이 가능하려면 주민과 한국전력 그리고 정부와의 관계는 갈등 없는 조화의 관계로 전제되거나, 국책사업에 대한 무비판적인 순응이란 관점에서 접근되어야만 한다. 그래서 이런 관점은 '갈등'의 발생 원인이나 이 갈등을 발생시킨 구조적인 부정의 혹은 행위 주체의 법적 책임 문제 등에 관심을 두지 않는다. 이런 입장은 밀양 외부의 집단과 개인들에게 사실상 밀양 문제에 대한 무관심과 방기를 요구하는 것이다.

국가 전력망 구축을 위한 명분으로 진행되는 밀양의 송전 선로 사업은 단지 밀양 지역 주민과 한국전력만의 문제가 아니라, 국가 전력망에 접속해 일상생활을 영위하는 모든 개인의 정치적인 책임 문제와 연결되어 있다. 밀양 외부의 개인들과 집단들은 밀양 송전 선로 갈등과 직접적인 연결은 되어 있지 않다. 그러나 밀양의 송전 선로가 우리의 일상적인 실천을 통해 재생산되는 전기소비생활과 직접 연결되어 있다는 점에서 갈등에 대한 법적 책임은 없지만, 이 문제에 대한 정치적 책임으로부터 벗어날 수 없다. 그런데 한국전력과 정부, 보수시민사회는 우리들에게 이러한 '정치적 책임'으로부터 회피하거나 이 관계에 대한 연관성을 부정할 것을 요구한다. 그러나 만약 밀양 문제가 구조적인 부정의의 과정으로 생산된 문제라면, 문제를 내부의 문제로 한정하고 외부를 정치적 책임으로부터 면책시켜주는 이런 태도는 비판되어야 한다.

물리적인 경계는 밀양의 '내부'와 '외부'를 구획하는 하나의 경계일 뿐 모든 경계는 아니다. 장소의 경계는 지리적인 경계를 포함하지만, 그것으로 환원되지 않는 해당 장소와 결합할 수 있는 우리의 능력에 따라 변형된다. 밀양과의 연대는 장소의 물리적인 경계가 아니라 밀양이란 장소의 정체성과 결합하는 능력에 따라 '내부'와 '외부'의 경계를 다시 구획했다. '객관적 외부성'의 태도로 장소의 고유성을 부정하고 국가 전력망의 계획에 따라 주민과 장소를 분리하려는 한국전력과 정부가 밀양의 '외부'이다. 이에 반해 밀양의 '내부'와 접속하면서 내부의 생활 세계에 내재된 의미를 방어하고, 이 의미의 민주적인 변형과 확장을 위해 개입하는 연대는 모두 밀양의 '내부'가 된다. 이런 점에서 밀양으로 향한 희망버스의 구호인 "우리가 밀양이다"는 연대의 방법으로 재구획된 밀양의 내부와 외부의 재정의를 보여준다. 그래서 밀양 지역에 거주하는 동일한 주민일지라도 장소의 정체성을 공유하지 못하고 밀양을 단지 '객관적 외부성'의 태도로 임하는 이들은 모두 외부이다. 그러나 밀양의 외부에서 밀양 투쟁에 내재된 의미와 가치를 인식하고 이에 참여하며, 주민과 함께 밀양에서 그리고 자신의 장소에서 우리가 회피할 수 없는 구조적 부정의에 대한 정치적 책임을 이행하고 있는 모든 이들은 밀양의 '내부'가 된다. 그래서 고립의 전략은 내부와 외부의 경계를 물리적인 경계의 절대화를 통해 우리의 정치적 책임의 범위를 축소시키는 반면, 연대의 전략은 내부와 외부의 경계를 정치적인 실천의 방향에서 찾으며 우리의 정치적 책임의 범위를 확장시킨다.

1 고립 : 혹은 일반 다수 시민의 자기 면제

한국전력은 밀양의 문제를 보상의 문제이자 송전 선로에 대한 과학적인 인식의 부재에서 비롯된 문제로 취급하면서, 송전 선로 반대 투쟁을 국가 전력망 구축이라는 필수 국책사업에 대항하는 지역이기주의 문제로 환원했다. 동시에 밀양의 반대 투쟁으로 인해 전체 사회의 전력 수급 준비와 공급에 문제가 발생했다는 여론을 만들어내고자 했다. 무엇보다도 전체 마을 주민들과의 '합의'를 내세우면서 밀양의 반대 투쟁이 외부 세력과 결탁한 일부 과격 반대파 주민들의 집단행동 때문이라고 선전했다. 정부는 '외부'에서 밀양 문제 해결을 위한 제도적인 합의를 이끌어내기 위한 모든 노력을 경주했다고 말한다. 그리고 밀양의 투쟁이 절차적 정당성이 없는 동시에 국가 전체의 공익을 위한 법의 집행을 무력화하는 불법투쟁이라고 규정하고 경찰을 투입해 장소 자체를 외부로부터 원천 봉쇄했다.

그러나 밀양의 고립은 물론 이런 한국전력과 정부의 고립 전략을 한 요소로 하지만, 그 전략적인 실천의 결과로만 환원할 수 없다. 왜냐하면 밀양 현장의 고립은 다원적인 행위자들의 실천이 융합되어 만들어진 일종의 구조적인 효과이기 때문이다. 모든 행위자들의 실천을 고려하는 것은 불가능하다. 그러나 한국전력, 정부, 미디어, 운동단체, 정치정당 등과 같은 전략적인 행위자들과 구별되는 일반 시민 다수의 실천 안에서 밀양의 고립을 만들어내는 실천의 공통성을 발견하는 것은 가능하다. 일반 다수의 시민은 밀양 문제에 대한 법적 책임은 없지만, 밀양의 문제를 발생시킨 구조적인 부정의에 대한 정치적 책임을 공유하고 있다. 따라서 밀양의 고립을 만들어내는 일반 시민 다수의 실천 안에서 확인되는 공통성을 포착하는 것은 한국 자본주의와 전력의 관계에 내재된 구조 그리고 한국전력과 정부가 이 구조 안에서 인민과 형성하는 관계와 그 행위구조를 파악하는 것과 함께 이 구조의 민주적인 변형을 위한 대항 실천의 조직화 방향을 모색할 때 필수적인 분석 작업이라고 할 수 있다.

일반 시민 다수에게서 확인되는 공통성은 밀양과 공존하며 각자의 일상을 살아가는 우리의 현실 그 자체에 존재한다. 곧, 밀양과 우리 각자의 일상이 분할된 구조로 재생산되고 있는 것이다. 한쪽은 내부 식민화를 위한 식민국가의 점령통치 폭력에 노출되어 있지만, 다른 한쪽은 미디어로 밀양의 폭력 사태를 '관찰'하거나 혹은 알지 못한 채로 각자의 일상에 '몰입'한다. 밀양과 나의 관계는 나와 직접적인 연관성을 발견할 수 없는 '그들-그들'의 관계일 뿐이다. 나와 분리된 '그들'의 문제로 밀양의 문제가 정의된다는 것은 밀양 주민과 이 사건에 대한 관심과 공감을 잃어버린다는 것이고, 이 과정과 함께 "수동적 관찰자"로 변해간다는 것을 뜻한다. 악셀 호네트는 《물화: 인정이론적 탐구》라는 책에서 이런 과정을 "물화"라는 개념을 통해 설명한 바 있다. '물화'에 대한 다양한 접근이 존재하지만, 물화에 대한 일반적 정의는 "특정 사회관계에서 행위자가 인간 행위의 산물을 마치 사물이나 자연적인 힘인 양 다루는 것"[245]을 말한다. 곧, '물화'란 특정 관계가 나의 참여를 통해 재생산되고 있음을 망각하거나 나의 참여를 배제한 상태에서 하나의 자연적인 사물처럼 대하는 태도를 말한다. 호네트는 이런 인식의 태도를 반성적 사고를 배제한 "우리 사고의 객관화"[246]로 타자에 대한 우리의 공감 능력을 상실시킨다고 말한다. 공감 능력의 상실과 사고의 객관화 경향은 밀양을 외부에서 바라보는 "객관적 외부성"의 입장에 서게 한다.

그런데 무엇이 물화의 과정을 통해 일반 시민 다수의 "객관적 외부성"의 태도를 만들어내는가? 밀양과 연대하기 위해서는 밀양의 '내부'와 접속해야만 한다. 이런 연대의 전제 조건은 밀양 사건과 주민에 대한 감정 이입을 발전시키는 것이다. 이런 감정 이입은 밀양 내부에서 무의식적으로 장소와의 유대를 구성할 수 있는 주민들과 달리, 밀양 '외부'에서 의식적인 노력을 통해 밀양이란 장소와의 유대를 구성할 수 있을 때에만 발생할 수 있다. 그런데 문제는 장소와의 유대를 경험할 수 있는 일반 시민의 장소 경험 자체가 상실되고 있다는 사실이다. 곧, 일반 시민 다수가 자기 장소에 대한 소속감 혹은 "개인의 정체성의 중요한 원천을 제공하고, 이를 통해 공동체에 대해서도 정체감의 원천"[247]인 장소에 대한 감정을 발전시킬 조건을 상실하는 무장소성에 노출되어 있다. 각 개인이 살고 있는 곳은 '장소'가 아니라 자본주의 상품교환의 원리에 종속된 상품으로서의 '입지'일 뿐이다. 집과 동네, 마을의 선택은 모두 각 개인이 소유한 자산의 크기에 비례하여 이루어진다. 장소와의 유대는 소멸하고, 입지와의 유대만이 존재한다. 현대 한국의 도시 공간은 모두 고유한 장소와 경관을 상실하거나 소멸시키며 구축되었다. 곧, 고유성이 소멸하고 모든 도시들이 공유하는 보편적인 획일화가 나타나면서, 우리 자신이 도시와 맺는 장소 경험은 평범하고 평균적인 경험의 가능성만을 제공하게 되었다. 이로 인해 어디에 있든, 어느 곳에 가든 우리의 '장소 경험'은 매우 빈약해진다. 어디를 가나 똑같은 방식으로 생활한다. 그래서 어디든 갈 수 있지만 어디를 가든 그곳은 나의 '장소'가 아니라는 무장소성의 일반화가 발생한다.

무장소성은 장소와 인간을 분리하고, 인간으로부터 자기 자신이 될 조건을 박탈하는 경향이다. 이런 무장소성의 진정한 위험은 자기 자신이 될 조건의 박탈로 인해 타자와의 안정적인 관계를 구축할 수 있는 가능성 또한 박탈하는 동시에 그런 가능성 자체에 폐쇄적인 태도를 유지하도록 만든다는 것이다. 자신의 장소가 아니기 때문에, 장소의 '외부'에 위치하는 객관적 외부성의 시선과 자신을 동일시기하기 쉽다. 곧, 외부에서 공간을 입지로 전환시키고자 하는 권력 관계의 시선과 자신을 동일시한다. 그래서 이때 장소와 자신이 맺는 관계는 진정한 자기 자신과 맺는 관계, 곧 진정성의 경험이 아니라 비진정성의 경험이 된다. 장소 경험이 비진정성의 경험인 이유는 외부에서 바라보는 기쁨을 자신의 기쁨인 것처럼 느끼기 때문이다. 장소에 대한 가치가 장소에 귀속되는 내부의 경험으로부터 나오지 않고, 외부에서 부과되는 장소에 대한 '가치', 무엇보다도 경제적인 가치에 의해 획일화됨으로써, 이를 통해 기쁨을 느낄 때 우리는 우리 자신과 멀어지면서도 즐거워한다.

이런 태도는 다른 장소에서 그 장소와 유대를 맺고 있는 타자에 대한 공감 능력을 약화시킨다. 자신이 장소를 갖고 있지 못하기 때문에 타자 또한 장소가 아닌 입지로서 그 장소와 관계한다는 인식 구조 안에서 사건의 장소를 바라보는 것이다. 이로 인해 밀양의 내부로 진입할 수 있는 감정 이입의 쇠퇴 경향이 발생하는 동시에, 밀양을 나의 참여라는 관점을 통해 재해석하는 것이 아니라 나와 분리된 '그들'만의 문제로 바라볼 수 있는 연결부정이 가능해진다. 연결부정이란 타자의 고통을 '나'와 분리된 문제로 정의하는 것이다. 그래서 물화로부터 연결의 부정으로 나가는 인식의 메커니즘은 "자기 면제"로 향할 가능성을 잉태한다. 자기 면제란 밀양 사건과 주민들의 고통에 대한 책임으로부터 '나'를 스스로 면제免除하는 것이다. 나는 고통을 체험하고 있는 밀양의 주민도 아니고, '그들'에게 고통을 가하는 한국전력과 정부도 아니다. 밀양의 갈등은 밀양 주민과 정부 혹은 한국전력의 갈등일 뿐 나는 그 갈등에 대한 어떤 책임도 없다. 그래서 나의 책임은 면제된다. 나와 무관한 일이기 때문이다. 자기 면제는 곧 문제의 협력적인 해결을 위한 전체 사회구성원의 실천 조직화 과정에 대한 책임, 곧 정치적 책임으로부터도 자신을 면제시킨다. 이 문제를 발생시킨 구조와 문제의 결과는 어떤 책임도 나에게 부과할 수 없기 때문이다. 만약 밀양의 문제가 나의 '책임'이라면 우리 모두는 밀양의 문제를 해결하기 위해 무엇인가를 해야 한다는 규범적인 압력에 노출된다. 그러나 밀양은 나와 분리된 문제이기 때문에 나에게 책임을 물을 수 없는 것이다.

이런 "자기 면제"의 경향은 타자의 고통으로부터 나의 책임을 면제하는 동시에 이 고통을 책임져야 할 주체에게 책임을 위임하는 결과로 나타난다. 아이리스 영의 분석처럼 각자가 자기 자신을 책임으로부터 면제한다면, "다른 누군가가 부정의를 해결하기 위해 무언가를 해야 한다." **248** 그래서 문제를 발생시킨 특정 행위 주체 혹은 이 문제에 응답해야 하는 특정 행위 주체에게 "책임"을 위임하거나 "책임"을 전가하는 경향이 발생한다. 밀양의 문제를 책임져야 할 특정 행위자가 존재하지 않는 것은 아니다. 그러나 이런 행위자는 '합의'를 위한 법적 계약의 당사자들로 한정된다. 곧, '그들'의 문제가 된다. 따라서 이런 관점만을 강조하면, 법적 계약의 당사자들을 제외한 일반 다수의 또 다른 유형의 책임은 면제된다. 《단속사회》의 저자인 엄기호가 말했던 것처럼 누군가에 책임을 전가하고 아무도 문제에 대해 책임을 공유하고 나누려 하지 않는 현상이 발생한다. 이런 상황에선 "책임을 공유하며 해결하려는 노력 대신 책임 (Responsibility)을 회피하고 남에게 미루는 기술만 늘어난다. 개인들이 사악해서 벌어지는 것이 아니라 책무(Accountability)를 중심에 두는 시스템이 그렇게 만들어가는 것"이다.[249] 그래서 다음과 같은 일반 다수의 분리 메커니즘이 완성된다.

장소와의 유대 파괴 → 물화 → 연결의 부정
→ 자기 면제 → 책임의 위임 혹은 전가

이런 일반 다수의 분리 메커니즘은 결과적으로 국가를 유일한 문제의 해결자로 만들어버린다. 국가에 책임을 '전가'하고, 국가의 지도자에게 책임을 '위임'하기 때문이다. 문제의 일부인 국가가 문제의 해결자로 전체 국민의 '위임'을 받는 역전이 발생한다. 이는 국가 전력망 구축 과정에 내재된 국가의 방법으로써의 군사주의에 대한 민주적인 통제 혹은 변형을 만들어나가는 과정과는 거리가 멀다. 왜냐하면 국가가 자신의 권력과 권한을 민주주의가 부여하는 "정치적 제약"을 넘어 자의적으로 확대할 수 있는 공간을 열어 주기 때문이다. 국가에 대한 정치적 제약은 국가가 정치 과정에 참여하는 정치 행위자들과의 갈등으로부터 합의를 이끌어내는 과정에서 발생한다. 그런데 밀양의 문제에 대해 책임을 공유하지 않는 특정 집단과 개인들의 국가로의 정치적인 책임의 위임은 국가를 제약할 수 있는 정치 과정 자체를 협소화한다. 이런 조건하에서 국가는 경제발전을 위한 필수적인 정책 혹은 사업으로 국가 자신이 규정한 국가 전력망 구축 사업을 밀양에 민주적인 정치적 제약 없이 부과시키고자 한다. 곧, 민주주의 정치 과정 내부로의 투입(Input) 과정이 최소화되면서 권위주의에서 민주주의로의 전환 과정에도 변함없이 지속되고 있는 국가의 결정 과정과 정책 집행 과정에 나타나는 특징, 곧 "방법으로써의 군사주의"가 반복되어 출현한다. 곧, 국가는 일부 권력 담당자와 관료 그리고 자본과 기술을 보유한 전력산업 동맹 내에 정책 입안과 결정의 권리를 위임하고, 이를 국가 목적 달성 과정의 효율성의 척도로만 바라보는 결과(Output) 중심의 결정 및 정책 집행 방법을 통해 국가가 밀양 문제를 해결하고자 하는 상황이 발생한다.

그러나 이런 '고립'의 순환구조가 장소와의 유대를 다시 확인하고 강화하기 위한 실천들에 의해 내부적으로 와해될 가능성이 존재한다. 자신의 장소를 의식적으로 진정한 삶의 장소, 곧 '삶-장소'로 만들기 위해 노력하고 있는 이들 안에서 물화로부터 밀양의 고립으로 이어지는 순환의 고리가 어긋나기 때문이다. 우리들 대부분은 우리가 원하지 않는 입지에서 살아간다. 그러나 이 '입지'를 자신의 삶이 이루어지는 장소로 전환하고자 노력하는 개인들과 단체들은 입지와 장소의 균열을 통해 장소에 대한 감정을 확인하는 동시에 자신들이 경험하고 있는 입지와 장소의 균열이 밀양 사건과 다르지 않음을 발견할 가능성을 지닌다. 곧, 자신의 장소 내부에서 밀양을 발견할 수 있다. 장소와의 유대를 파괴하는 모든 기획에 대항해 장소와 인간을 다시 결합하는 모든 실천 속에서 '밀양'은 자신과 분리된 '그들'의 문제가 아니라 '우리' 모두의 문제로 정의된다. 자기 자신이 될 수 있는 맥락을 제공하는 장소를 박탈당하고 장소로부터 뿌리 뽑히고 있는 모든 곳이 '밀양'과 동일시될 수 있는 가능성이 바로 여기에 있다. '공감'으로 밀양과의 동일시를 이루고, 이를 통해 연대라는 책임의 공유로 나아가는 새로운 순환이 발생하는 것이다.

2 연대

행정대집행이 진행된 6월 11일에도, 그리고 그 이전과 이후에도 밀양 현장에서 함께하는 이들을 밀양 주민들은 '연대자'라고 불렀다. 연대자들은 국가에 의한 권리 파괴가 발생한 전장에서 '인권'의 지킴이를 자처했다. 인권을 '권리를 가질 권리'로 바라본다면, 국민의 권리가 박탈당한 장소에서 인권을 통해 밀양 주민들을 보호하고 방어하는 동시에 주민들이 자신의 권리를 위해 투쟁할 수 있는 능력을 부여하고자 했다. 그리고 동시에 연대자들은 밀양의 "일상"을 새로운 방향으로 생산하기 위한 소통과 협력의 네트워크들을 만들어 나갔다. 밀양의 고립을 만들어내고자 하는 한국전력과 정부는 밀양 현장을 전통적인 군대 구조 형식으로 재편하고자 했다. 왜냐하면 밀양의 점령을 이루어내는 기본양식이 군대의 영토점령으로부터 나왔기 때문이다. 그래서 한국전력과 정부의 개입은 '지도자 → 현장 지휘관 → 병사'로 연결되는 수직 피라미드 구조로 나타난다. 이런 수직적인 명령 전달 구조에는 '외부'의 개입 공간 자체가 없다. 수직적인 위계 구조 외부의 이질적인 요소의 개입은 명령의 실현을 방해하거나 이를 불가능하게 만드는 요소일 뿐이기 때문이다. 그러나 주민은 수직적인 위계구조가 아니라 밀양 현장을 다양한 운동들과 집단 그리고 개인들의 네트워크Network로 작동하는 수평적인 연대성의 정치 장소로 재구성하는 전략을 택했다. 밀양 송전탑 반대 '대책위원회'가 존재하지만, 대책위원회는 이런 수평적인 연대성의 '일부'일 뿐 '중심'은 아니다. 대책위원회가 만약 중심이라면, 이는 한국전력과 정부에 대항하는 투쟁을 조직하고 연대의 네트워크를 촉진하기 위한 조직자(Organizer)일 뿐이다. 그러나 언제나 주민과 외부 연대의 네트워크는 대책위원회를 '초과'했다.

1) 연대의 구성 원리

'연대'란 "여럿이 함께 무슨 일을 하거나 함께 책임을 공유"하는 활동을 말한다. 그래서 '연대'의 구성은 다음과 같은 두 차원으로 나뉜다. "여럿이 함께", 곧 이질적이고 분리된 타자들이 연결의 부정을 극복하고, 서로 간에 연결되어 있음을 확인하고 이를 실천하는 과정, 그리고 이 실천의 과정은 단순한 공동행동이 아니라 문제에 대한 책임을 공유하면서 문제의 변형을 위한 집단적인 실천의 기획을 함께 만들어가는 과정을 의미한다. 이런 두 차원은 밀양의 연대를 만들어가는 과정 안에서도 발견된다. 밀양과의 연대란 밀양과의 분리를 전제해야만 한다. 그리고 이 '분리'를 넘어서는 '연결'을 구축해야 한다. 따라서 연대의 전제조건은 밀양의 '외부'와 '내부'의 분리를 전제하고, 밀양의 '내부'와 연결되는 과정을 창출하는 것이다. 한국전력과 정부와 같은 객관적 외부성의 태도나 밀양을 단지 여행자가 되어 바라보는 '외부자'의 시선과는 다른 태도로 밀양의 '내부'와 연결되는 '외부'의 태도를 만들어나가는 과정은 내부로 개입하여 그 '내부'의 일부로서 밀양을 경험한다는 것을 의미한다. 렐프의 지적처럼, "어떤 장소 안에 있다는 것은 거기에 소속된다는 것이고, 그곳과 동일시되는 것이다. 더욱 깊이 내부에 있게 될수록 장소와의 동일시, 즉 장소에 대한 정체성은 더욱 강해진다."[250] 따라서 밀양을 내부의 일부로 경험한다는 것은 외부에서 밀양과의 동일시를 얼마나 강하게 만들어낼 수 있는가에 따라 결정된다. 밀양 주민들이 고유하게 보유한 '내부성'을 '실존적 내부성'이라고 부를 수 있다면, 이 실존적 내부성의 핵심 특성은 적극적이고 자각적인 노력 없이 해당 장소의 소속으로서, 해당 장소와 깊고 완전하게 동일시되는 과정으로부터 출현한다는 것이다. 그러나 외부에서 밀양의 '내부성'과 접속하는 과정은 '실존적 내부성'과 달리 밀양의 내부와 접속하기 위한 의식적이고 진정성 있는 노력을 통해서만 가능하다. 곧, "특정 장소의 모든 측면에 대해 열린 마음으로 느끼고, 감정이입적 그리고 공감적으로 경험하려는 시도"[251]로서만 밀양의 '내부'로 외부에서 진입할 수 있는 것이다.

이런 관점은 밀양과의 연대가 구성되는 과정을 다차원적으로 분석할 수 있는 가능성을 제공한다. 왜냐하면 밀양의 외부에서 등장하는 연대성의 구성 차원은 외부의 집단과 개인이 밀양이란 장소를 경험하는 방식의 차이에 따라 구별될 수 있기 때문이다. 한쪽 끝에는 한국전력과 정부와 같은 입장을 견지하는 객관적 외부성의 태도가 존재하고, 또 다른 한쪽 끝에는 밀양 주민들의 실존적 내부성이 존재한다. '공감'의 깊이와 책임의 공유가 밀양과의 동일시를 이루는 척도라면 연대의 차원은 위의 두 극단 사이에서 다음과 같은 세 차원으로 구별된다. ① 대리적인 내부성 ② 행동적 내부성 ③ 감정이입적 내부성. 이 세 유형의 내부성의 경험 양식은 밀양 주민들의 '실존적 내부성'의 주변을 감싸면서 전체 사회를 밀양과 연결시키는 다양한 층위의 연대성을 구성했다.

① **대리적인 내부성** : 대리적인 내부성은 장소 내부에 대한 직접적인 체험이 아니라 다른 이의 경험이나 매체로 장소와 간접적인 방식으로 경험하는 것이다. 장소와의 동일시가 반드시 장소에 대한 직접적인 체험만을 통해서만 형성되는 것은 아니다. 우리는 예술, 문학, 이야기 혹은 그림과 사진, 뉴스 등 다양한 매체를 통해 해당 장소와 관계를 맺을 수 있고, 그 장소에 대한 공감 능력을 형성할 수 있기 때문이다. 다양한 미디어들이

[그림8]

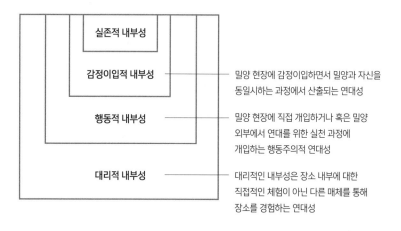

실존적 내부성

감정이입적 내부성 ——— 밀양 현장에 감정이입하면서 밀양과 자신을 동일시하는 과정에서 산출되는 연대성

행동적 내부성 ——— 밀양 현장에 직접 개입하거나 혹은 밀양 외부에서 연대를 위한 실천 과정에 개입하는 행동주의적 연대성

대리적 내부성 ——— 대리적인 내부성은 장소 내부에 대한 직접적인 체험이 아닌 다른 매체를 통해 장소를 경험하는 연대성

밀양 외부에서 '대리적인 내부성'을 구성하기 위한 실천에 활용되거나 기획되었다. 장영식 사진작가는 밀양 송전탑을 반대하는 주민들의 활동을 담은 사진전을 열었다. 구술사를 활용해 밀양 주민들의 삶을 기록한 《밀양을 살다》 프로젝트가 진행되어 밀양 주민들의 목소리를 전달했다. 동일한 제목의 사진전도 열렸다. 오지필름은 박배일 감독과 함께 다큐멘터리 영화 〈밀양전〉을 만들었다. 박배일 감독은 밀양을 다룬 또 하나의 다큐멘터리인 〈밀양아리랑〉을 2015년에 개봉했다. 중요한 점은 밀양에 대한 이런 기록뿐만 아니라 이런 기록을 활용하기 위한 다양한 활동들이 함께 전개되었다는 점이다. 일부 단체들은 〈밀양아리랑〉의 표를 사전 구매해 많은 이들이 이 영화에 자유롭게 접근할 수 있게 했다. 이와 함께 전국의 미디어활동가들은 '밀양 송전탑 반대! 미디어행동'을 조직해 밀양의 현장을 기록하는 활동을 전개하기도 했다. 이런 미디어를 활용한 프로젝트들은 밀양 외부의 단체와 개인들을 통해 밀양의 내부와 외부를 연결하는 '매체'로 활용되었다. 이외에도 밀양 현장과 관련된 소식과 뉴스들은 동영상과 사진, 글 등의 형태로 SNS 등을 통해 전파되었다. 미디어와의 결합으로 만들어진 대리적인 내부성이 곧바로 '행동적 내부성'을 만들어 내거나 감정이입적 내부성을 만들어 내는 것은 아니다. 그러나 '대리적인 내부성'은 밀양과 분리된 일상을 살아가는 각 개인들이 '분리'를 넘어 밀양과 접속할 수 있는 가능성을 열어준다. 이 과정은 밀양에 대한 관심을 환기하고, 밀양에 대한 객관적 외부성의 태도를 벗어나 밀양 내부에서 발생하고 있는 고통과 우리가 직면할 계기를 제공한다. 매체를 통해 밀양과 결합한 이들은 일종의 밀양 "공론장(Public Sphere)"을 만들어냈다. 밀양과 결합한 다양한 집단과 개인들이 밀양 문제에 대한 관심을 공유하고, 이에 대한 집합적인 실천을 조직할 수 있는 다원적이고 중첩적인 공론장이 만들어진 것이다.

② **행동적 내부성** : 행동적 내부성은 밀양 현장에 직접 개입하거나 혹은 밀양 '외부'에서 밀양과의 연대를 위한 실천에 함께 참여하는 내부성의 경험양식이다. 밀양의 또 하나의 특징은 밀양에서의 '행동'을 통해 밀양과 만나는 것이다. 곧, 다른 매체를 통한 간접적인 방식이 아니라 밀양 내부에서의 직접 행동을 통해 밀양의 내부와 접속하는 방식의 경험양식이 '행동적 내부성'이다. 밀양 현장에서는 이렇게 행동을 통해 밀양과 조우하는 이들을 언제나 '연대자'라고 불렀다. '연대자'들은 밀양 주민들의 '직접행동'과 함께 행동하기도 했지만, 함께하는 연대투쟁만이 행동을 통해 밀양과 만난 방식은 아니었다. 오히려 밀양의 일상을 함께 살아가는 방식의 행동주의가 연대의 범위를 확산시켰다. '농활'은 이런 행동적 내부성의 대표적인 유형이다. 방학을 이용하여 농촌에 들어가 일을 거들면서 노동의 의미와 농민의 실정을 체험하는 봉사활동으로 한국에서 시작된 '농촌활동'인 '농활'은 직업 활동가들뿐만 아니라 밀양의 외부에서 '대리적인 내부성'의 위치에 머물던 연대자들이 밀양을 직접 체험할 수 있는 계기를 제공했다. 전국공무원노동조합 조합원들, 나눔문화 회원들, 밀양과 연대하고자 한 각 대학의 활동가들, 각 지역 단체나 공동체에서 진행한 농활 등 밀양은 다양한 단체, 개인들과 직접 행동을 통해 조우했다.

③ **감정이입적 내부성** : 행동적 내부성과 감정이입적 내부성의 경험양식이 명확하게 구별되는 것은 아니다. 그러나 감성적이고 감정이입적인 내부성이 행동적 내부성의 경험양식에서 자동적으로 출현하는 경험양식은 아니라는 점에서 둘 사이의 구별은 유의미하다. 감정이입적 내부성은 밀양의 현장 내부에 신체적으로 결합되어 있지 않더라도, 밀양에서 발생하는 모든 것에 자신의 감각을 열어두면서 밀양과 자신을 동일시하는 연대성의 구성 층위다. 이런 감정이입적 내부성의 경험양식은 모든 이에게 열린 가능성이지만, "장소의 본질을 관찰하고 이해할 수 있도록 우리 자신을 훈련"[252]시키는 과정을 통해서만 도달할 수 있다. 감정이입적 내부성의 층위에서 밀양과 결합하는 집단 혹은 이들에게서 나타나는 특징의 하나는 밀양이란 장소가 갖는 풍부한 의미를 이해하고, 자신이 귀속된 장소와 밀양의 의미를 연결시키고자 한다는 것이다. 부산 북구 만덕주민공동체와 밀양의 연대 사례는 감정이입적 연대성이 어떻게 발생하여 어떤 과정으로 발전하는가를 보여준다. 부산시는 1,532가구가 살고 있는 만덕5지구를 2001년 주거환경개선지구로 지정했다. 한국 주택공사(LH)는 이곳에 3,145가구 규모의 대단지 아파트를 건설할 계획이다. 주거환경개선지구란 도시 저소득 주민이 집단으로 거주하는 지역으로서 기반 시설이 열악하고 노후, 불량 건축물이 밀집한 지역의 주거 환경을 개선하기 위해 시행하는 사업을 말한다. 그러나 '주거환경' 개선이 이 사업의 본래 목적은 아니었다. 만덕5지구의 재개발 과정에서 발생하는 개발 이익이 그 본 목표였기 때문이다. 이 과정에서 개발에 반대하는 만덕 주민들은 만덕주민공동체를 만들고, 주민들을 몰아내

려는 강제 철거에 저항하는 운동을 시작했다. 원래 만덕5지구는 1970년대 부산 동구와 영도구 주민들이 강제 이주되어 형성된 마을이다. 당시 무허가 판자촌에 대한 도시 정비 사업으로 강제 이주를 당한 것이다. 그래서 만약 만덕5지구에 또 다시 강제 철거가 진행된다면, 만덕 주민들은 도시 개발과 정비라는 이름으로 또 한 번의 강제 철거와 강제 이주를 경험해야만 한다. 이는 곧 1970년대 이후 "자신의 집"을 만들어오면서 만덕5지구에서 살아온 이들이 자신의 삶-장소에서 추방된다는 것을 말한다. 만덕 주민들이 1970년 이곳으로 강제 이주 당했을 때, 그들에게 국가가 공급한 건 20년에서 30년 분할 상환 조건으로 분양된 연립주택뿐이었다. 그러나 이마저도 정상적인 기능을 할 수 있는 주택이 아니었다. 건물 골조만 존재하고 내부 공사는 전혀 하지 않은 상태였기 때문이다. 만덕 주민들은 이런 상황에서 출발해 매월 상환금을 갚으면서 자신의 집을 만들며 함께 마을을 만들어왔다.[253] 만덕 주민공동체의 투쟁 구호인 "내 집에 살겠다"는 바로 이런 만덕 주민들의 삶의 역사를 간직하고 있다. 이런 만덕 주민들에게 밀양은 또 다른 만덕5지구였다. 만덕 주민들은 2014년 6월 11일 행정대집행이 진행된 밀양으로 달려와 밀양 주민들과 함께 촛불을 들었다. 그리고 밀양을 지켜내기 위해 밀양 주민과 만덕 주민이 함께 만들어가는 작은 농장을 제안했다. "내 집에 살겠다"는 만덕5지구 주민들과 "우리 모두가 밀양이다"라고 외치는 밀양 주민들은 각자의 안에서 자신의 모습을 본다. 장소는 다르지만, 밀양과 만덕5지구는 연결되어 있다.

① 대리적 내부성 ② 행동적 내부성 ③ 감정이입적 내부성은 밀양의 외부를 내부로 통합해내면서 내부성의 영역을 확장시키는 과정이다. 이런 과정이 밀양과의 '동일시'를 구성할 수 있는 능력에 좌우된다면, 이런 동일시로 나아가는 핵심 과정은 '공감共感' 곧 밀양을 함께 느낄 수 있는 능력에 의해 이루어진다. 왜냐하면 분리된 대상과 동일시를 이루기 위해서는 나와 분리되어 있는 대상의 경험에 일관되게 초점을 맞출 수 있는 능력이 필요한데, 공감이 바로 이런 능력이기 때문이다. 중요한 점은 이 공감 능력이 모든 인간에게 내재된 보편적인 능력이라고 하더라도, 공감 능력의 확장 과정은 특정한 상호작용의 산물이라는 점이다. 곧, 우리 모두는 공감을 통해 밀양과 접속할 수는 있지만, 밀양과 오래 머물면서 밀양에 초점을 맞추어가는 방식으로 나아가는 과정은 이런 과정을 촉발시키는 특정한 상호작용의 산물로 보아야만 한다. 공감은 그 작동방식이 자동적이다. 곧, 나의 의지를 통해 제어할 수 없는 자연적인 능력에 기반을 두기 때문에 나의 의지 이전에 발생한다. 그러나 우리는 공감을 통해 획득한 자료를 다른 정보나 지식들과 종합해 판단한다. 곧, 공감이 판단을 대체하지는 않는다. 이 때문에 공감이 자동적으로 이루어진다고 하더라도, 공감은 판단에 의해 약화되거나 우리 자신이 주의를 분산시킴으로써 공감을 약화시킬 수 있다.

따라서 연대의 확장 과정이 이루어지기 위해서는 공감 능력을 확장시키는 상호작용이 창안되어야만 한다. 밀양 투쟁의 한 특징은 바로 이런 공감 능력을 확장시키는 과정이 어머니와 유아의 관계를 그 원형 모델로 한다는 점이다. 이는 밀양 투쟁이 할매들을 중심으로 전개되면서 나타난

특징이다. 할매들이 밀양과 접속한 연대자들과 관계를 맺을 때, 이 관계는 단순한 내부자와 외부자의 접속이 아니었다. 할매들은 '어머니'의 역할을 통해 이 관계를 구성해냈는데, 이 과정에서 '모성'의 관계 맺기 방식이 등장했다. 할매들은 연대자의 어머니 역할을 자임하거나 실제 투쟁 과정에서 그런 역할을 수행했다. 이 과정에서 연대자들은 '보살핌'의 대상으로서의 경험을 획득했다. 보살핌의 경험이 중요한 이유는 이 경험이 따뜻한 경험이기 때문이다. '따뜻하다'는 것은 이 과정을 통해 마음이 연결된다는 것을 의미한다. 마음과 마음이 연결될 때, 곧 언어 이전에 마음과 마음이 연결될 때의 이 경험은 어머니와 유아의 언어 이전의 상호작용의 방식과 유사하거나 동일한 방식을 따른다. 이 과정을 통해 구축된 연대는 분리될 수 없는 강력한 결합 능력을 갖는다. 또한 이런 결합 관계에서 연대는 단지 할매의 보살핌을 받는 과정이 아니라 할매들의 마음에 접속하는 과정이기도 하다. 이 때문에 연대는 할매를 보살피는 과정이 된다. 밀양의 연대가 '상호 보살핌'의 과정이라고 말한 바 있는 김영의 연구는 바로 이 과정을 포착한 것이다. [254]

2) 모두의 공통장소 : 밀양

밀양 투쟁은 단지 송전탑을 반대하는 투쟁이 아니라 밀양에 대한 정치적 책임을 공유하는 '외부'와의 연대 과정을 통해 밀양을 실존적 내부성을 공유하는 특정인들의 폐쇄적인 장소에서 밀양의 내부성과 교통하는 모든 집단과 개인들의 공통의 장소로 창출했다. 연대 과정은 두 방향에서 이루어졌다. 밀양 주민들은 밀양의 '외부'에 존재하는 또 다른 장소들과 연대를 위해 밀양 외부로 향했다. 그리고 밀양 '외부'에선 밀양과 연대하기 위해 밀양 내부로 향했다. 두 방향의 연대가 중첩되면서 밀양은 공장, 대학, 기업, 농촌, 도시 등 착취와 수탈의 대상으로 변형된 모든 장소들과 만나기 시작했고, 이 과정에서 '밀양'은 물리적으로 구획된 특정 행정구역의 명칭을 넘어섰다. 왜냐하면 '밀양'은 밀양만이 아니라 착취와 수탈 장소의 또 다른 이름이 되었기 때문이다. 밀양과의 "동일시"라고 말할 수 있는 이런 현상 안에서 밀양은 거주 주민들만의 장소가 아니라, 밀양과 접속하고 밀양과 자신의 장소를 동일시하는 모든 이들의 장소로 변형되었다.

2012년 3월 17일 "죽음의 송전탑 자리에 생명의 나무를"이라는 구호 아래 탈핵버스가 밀양으로 출발했다. 당시 탈핵버스를 기획했던 이보아 활동가마저 "야심차게도 '제1차'를 내걸고 탈핵 희망버스가 출발할 때만 해도 과연 현안 지역을 벗어난 곳에서 얼마나 많은 사람이 얼마나 지속적으로 참가할 수 있을지 기존의 시민·환경 단체들도 부정적"[255]이었다고 당시 상황을 전하고 있다. 그러나 제1차 탈핵 희망버스는 전국에서 모인 400여 명의 시민을 비롯해 밀양 주민까지 포함 1,500여 명이 참가하는 행사가 되었다. 탈핵 희망버스는 밀양을 밀양만의 투쟁이 아닌, 모두의 밀양 문제로 전환시킨 계기가 되었다. 밀양 이전의 밀양들은 전체 사회의 유지와 존속을 위한 장소의 내부 식민화 과정을 통해 발생했음에도 전체 사회의 문제가 아닌 특정 지역의 문제 이상으로 발전하지 못했다. 그러나 밀양 주민들은 전력 생산 과정에 은폐되어 있던 내부 식민화의 과정과 이를 매개하는 국가폭력 문제를 전면에 제기하면서 밀양의 문제를 전체 사회의 문제로 전환하는 갈등의 '사회화' 전략을 택했다. 이 과정에서 밀양 주민들은 자신의 문제를 한국의 전력 생산 과정의 모든 문제가 응축되어 있는 원자력발전 문제와 연결시켜 냈다. 밀양의 문제를 단지 송전탑을 경유하는 마을에서 발생한 자기 토지의 교환가치 하락 현상으로 바라보는 외부의 시선을 우리 모두에게 필수적인 전력이라는 필요를 충족하는 과정 자체에 대한 질문으로 치환하는 동시에 사회화한 것이다. 물론 이 배후엔 2011년 3월 11일 일본 동북부 지방을 관통한 대규모 지진과 쓰나미로 인해 발생한 후쿠시마 원자력발전소 사고가 존재했다. 후쿠시마 원전 사고는 송전 선로라는 국가 전력망에만 집중되었던 밀양 내부와 외부의 시각을 한국 전력체계의 특성이 응축된 원자력 발전소와 연결해 파악할 수 있도록 하는 동시에, 현재와 같은 전력체계를 더 이상 유지 존속할 수 없다는 정치-윤리적인 전환을 확산시킬 수 있는 계기를 제공했다. 이는 1960년대 이후 자본주의 산업화 과정을 통해 구성된 한국 국가 전력망의 정치-윤리, 곧 국가 전체의 산업 발전과 국민 일반의 일상생활의 개발을 위한 전력 발전 산업에 일방적으로 부여된 정치-윤리에 대한 본격적인 저항과 도전의 출발이 되었다.

탈핵 희망버스는 밀양 문제를 지역 문제를 넘어서는 전력의 대안체계에 대한 질문과 연결하면서 수면 아래 은폐되어 있던 한국 전력 생산과정의 내부 식민화 문제를 전면에 제기한 연대운동의 출발이었다. 이와 함께 탈핵을 넘어 한국 사회에서 발생하고 있는 모든 유형의 내부 식민화 과정의 하나로 밀양을 바라보는 또 다른 희망버스 운동들이 밀양의 내부와 외부에서 전개되었다. 2013년 밀양 주민들은 1월 14일과 15일

양일간 '희망 순례 버스'를 타고 전국의 장기 투쟁 사업장을 찾았다. 14일 오전 밀양에서 출발해 부산 영도 한진중공업을 찾았고, 곧바로 서울로 올라와 한국전력 본사에 항의 방문한 후 덕수궁 대한문 앞 쌍용자동차 농성장을 방문했다. 15일에는 경기도 평택시 쌍용자동차 고공 농성장과 충청남도 아산의 유성기업 고공 농성장을 방문했다. 밀양 주민들은 다음 과 같이 말했다. "우리도 죽지 않을 테니 당신들도 꼭 살아 달라!" 할머니 들은 그들의 손을 잡고 "죽지마소! 죽는다 하지 말고 살아서 싸우소!"라 고 당부했다. [256] 밀양 주민들은 2013년 7월 20일 울산의 또 다른 송전탑 을 방문했다. 울산 현대자동차 비정규직의 정규직화를 요구하며 송전탑 위에서 투쟁하고 있는 노동자들을 찾은 것이다. 밀양의 투쟁을 기록한 미디어 활동가 이경희의 〈야들아 힘내자, 할매들은 끄떡없다〉 영상엔 이 날의 장면이 짧게 기록되어 있다. [257]

"그렇게 높은 곳이었는지 몰랐다. 그렇게 추운 곳이었는지 몰랐다. 마누라 새 끼 떼놓고 철탑을 기어오른 새벽녘, 얼마나 외로웠느냐 얼마나 까마득했느 냐. 우리가 산 속에서 용역놈들에게 개처럼 끌려다닐 때 너희도 공장 밖으로 쫓겨나 길거리를 헤매고 피붙이 같은 동료들을 저 세상으로 떠나보냈던, 너 희의 그 서러운 청춘을 우리는 미처 알지 못했다. 시골 할매들까지 데모질에 나서야 하는, 사람이 사람 대접 못 받는 세상, 국민이 국민 대접 못 받는 나라, 그래도 바꿔보겠다고, 더 이상 물러서지 않겠다고 우리보다 먼저 나선 너희 가 아니냐, 우리보다 더 오래 버텨온 너희가 아니냐, 그러니, 살아서 싸우자. 대통령이 누가 됐든, 어떤 비바람이 몰아치든, 질기게 살아서 싸우자. 우리는 우리 스스로를 믿는다. 그러니 너희도 너희들을 믿어라. 결국엔 우리가 이긴다. 야들아, 힘내자! 우리 할매들은 끄떡없다."

이런 밀양 주민들의 노동 현장 방문과 연대 활동은 2013년 7월 24일 건설 노동자들의 밀양 송전탑 공사 불참 선언으로 연결됐다. 전국민주노동조합총연맹 부산·울산·대구·경북본부와 전국건설노동조합 부산·울산·경남·대구경북본부가 밀양 송전탑 공사현장에 동원되지 않을 것이라고 선언한 것이다. 이들은 기자회견을 통해 "만약 밀양 송전탑 공사 현장에 일하러 가는 노동자가 있다면 우리는 공사 현장을 찾아가 그들을 설득해 스스로 작업을 중지하도록 하겠다"고 밝히기까지 했다.[258]

밀양 주민들의 노동 현장 방문은 2013년 11월 30일부터 12월 1일 양일간 진행된 밀양 희망버스 연대투쟁으로 이어졌다. 2013년 10월 28일 밀양 송전탑 공사 중단을 요구하며 일부 주민들이 국토종단에 나섰다. 박정규 밀양 상동면 금호마을 이장과 주민 박문일, 정태호 씨는 16일간 450km를 도보로 이동했다. 그리고 마지막 도보순례지로 서울을 선택하고, 걸어가며 밀양의 현실을 알렸다. 이 '서울순례'에는 환경단체와 인권단체 그리고 쌍용자동차, 기륭전자, 재능교육 등의 노동자들이 결합했다. 그리고 서울순례에 결합한 노동자들을 비롯해 희망버스를 경험한 한진중공업, 현대차비정규직 노동자들이 11월 30일부터 1박2일의 '밀양 희망버스'를 제안했다. '희망버스'는 연대의 실천을 위한 한국 사회운동이 창안한 대안 모형이었다. 희망버스의 제안은 희망버스를 먼저 경험했던 투쟁사업장으로부터 나왔지만, 이 배후엔 밀양과 노동 현장의 모습이

닮았다는 밀양과의 동일시 과정이 존재했다. "지역도, 직종도, 살아온 날도 다르지만 가진 자들과 국가권력의 필요에 의해 차별받고 배제되었다는 점에서 노동자들과 밀양은 닮아있다"[259]고 본 것이다. 희망버스의 구호였던 "우리가 밀양이다"는 이런 인식을 집약해 표현했다. 밀양으로 오는 희망버스에 응답해 밀양 주민들은 또 다시 2014년 3월 15일 진행된 유성 희망버스에도 올랐다. 그리고 2014년 12월 15일 밀양 주민들은 동일한 문제로 투쟁하고 있던 청도주민들과 함께 '밀양X청도 연대와 저항을 약속하는 72시간 순례'라는 이름으로 또 한 번 길을 떠났다. 이는 전국의 모든 밀양들과 함께 2014년을 마감하기 위한 기획이었다. 밀양과 청도에서 출발한 주민들은 경북 구미 스타케미칼 굴뚝 농성장, 강원도 홍천군 골프장 반대 주민 농성장, 경기도 과천 코오롱 농성장, 평택 쌍용차 굴뚝 농성장, 안산 합동분향소, 광화문 농성장 등을 찾았다. 그리고 "따뜻한 손길로 연대의 끈을 놓지 않아주신 분들에게 감사한다며 연대와 저항으로 오늘과 다른 내일을 만들어가겠다는 다짐을 담은 증표를 건네기도 했다."[260]

외부와의 연대는 밀양 주민들이 고립감을 극복하는 과정을 만들었다. 309일 만에 85호 크레인을 내려왔던 한진중공업 김진숙 지도위원은 다음과 같이 말한 바 있었다. "춥고 더운 것보다 힘들었던 것은 고립감이었습니다. 아무도 주시하지 않을 때, 밑에 사람들은 상상도 못할 만큼 힘듭니다." 그런데 '연대'는 바로 이 고립감을 넘어설 수 있는 '그들'에 대항하는 '우리'의 능력을 스스로 발견할 수 있는 계기를 제공한다. 보라마을 이종숙 이장의 말처럼, "마, 우리 뒤에도 누가 있구나 외롭지 않구나, 이래 생각된다. 그 마음이 고맙고 고맙다."**261** 그리고 이런 고립감의 극복은 다시 외부와의 연대를 향한 내부 동력을 만들어냈다. 연대를 통해 타자와의 능력과 결합한 우리 모두의 능력을 확인한 이후, 연대에 대한 응답이 연대로 실현된 것이다. 여기에서 희망버스를 매개로 밀양 주민들과 투쟁현장 사이에 투쟁현장 → 밀양 → 투쟁현장 → 모두의 밀양으로 순환되는 "연대의 순환"이 발생한 것이다. 밀양 주민들이 노동 현장만을 방문한 것은 아니다. 밀양 주민들은 재개발에 반대하며 자신의 집을 지키고 있는 부산 만덕주민공동체와 군사기지 건설에 반대하는 제주 강정마을도 찾았다. 마을에서 마을로 이어지는 "마을 연대의 순환"이 노동과 마을의 순환 과정에 중첩된 것이다. 그러나 희망버스의 구호처럼 밀양 주민들이 방문한 모든 곳이 '밀양'이었다. 그래서 이 연대의 순환 과정은 밀양과의 동일시를 만들어내는 과정, 곧 밀양을 외부의 밀양과의 접속을 통해 또 다른 밀양을 만들어내는 과정이었다.

2014년 1월 16일 희망버스와는 다른 또 하나의 버스가 밀양으로 출발했다. 밀양 분향소와 농성장, 마을회관 등에 독립형 햇빛발전소를 설치하기 위한 '햇빛버스'였다. 햇빛버스에 참여한 이들은 독립형 햇빛발전기 24개를 밀양 마을에 설치할 계획을 발표했고, 1월 16일엔 마을회관과 농성장에 독립형 햇빛발전기가 설치되었다. 햇빛버스는 국가 전력망 구축 과정에 종속된 밀양에서 전기에너지의 대안적인 생산을 실험하는 동시에 밀양의 투쟁 현장과 일상생활의 방식 안에 한국전력과는 다른 방법을 통해 전기에너지를 생산하는 인식을 도입했다. 농성장을 지키고 있던 팽창섭 씨의 다음과 같은 말은 연대를 통해 밀양 주민들의 투쟁이 대안 에너지 생산과 연결되고 있는 과정을 보여준다. "그 정도면 농성장에서 전등 켜고 간단한 전기용품 쓰기는 충분하지 않겠나. 내사 마 해보고 좋으면 우리집에도 할란다. 그래가 우리 마을에서 한전 전기 다 끊어 버릴끼다."[262] 반핵 부산 시민대책위원회는 2014년 4월 5일 127번 송전탑 건설 예정지에 꽃 2,000여 포기와 나무 26그루를 심었다. "밀양은 생명을 키워야 할 땅이라는 메시지를 주기 위한 것"의 일환이었다.[263] 그리고 2014년 4월 6일부터는 밀양 농민들이 재배한 농산물을 도시민들이 예약 구매하는 '땅 한 평 사기 운동'도 전개되었다. 도시민은 농작물 재배과정에 직접 참여하기도 하며 농작물의 생육과정을 인터넷 카페로 볼 수도 있다.[264] 2014년 8월 30일엔 밀양 주민들과 전국의 연대자들이 함께하는 '장터'가 열리기도 했다. 이 장터에선 주민들과 연대자들이 행정대집행과 공사를 막아내는 틈틈이 공동 경작한 작물들이 판매되기도 했다.

이런 연대 활동의 목적은 밀양과 또 다른 장소를 연결하는 순환을 만들어내는 연대 활동이 아니었다. 밀양 주민들과 함께 밀양의 일상 안으로 들어가 일상생활의 문법을 함께 만들어가는 연대의 방식이었다. 이 활동을 통해 밀양은 주민들만의 밀양이 아니라 밀양과 연대하는 모든 이들이 함께하는 밀양으로 전환되었다. 이런 연대의 방식은 장소의 내부 식민화에 대항하는 또 다른 수단을 만들어냈다. 2014년 한국여성단체연합은 이 부분에 주목해 "올해의 여성운동상" 수상자로 밀양 송전탑 반대투쟁에 참여한 할머니들을 선정했다. 한국여성단체연합은 밀양 할머니들을 수상자로 선정한 이유를 탈핵에 대한 국민적 공감을 얻어내는 데 차지한 역할과 함께 "자신의 삶과 터전을 지키며 일상에서 공감하고 나

늚을 실천하는 새로운 연대방식"을 보여준 점을 들었다. [265] 한국여성단체연합이 주목한 밀양의 연대방식의 특성은 바로 장소의 정체성을 공유하는 집단과 개인들의 연대로부터 발생한다. 무장소성에 기반을 둔 연대는 타자와의 연대 과정에서 장소의 정체성 구축 과정과 이를 공유하는 과정이 발생하지 않는다. 무장소성은 장소와 인간을 분리하는 태도이다. 그래서 무장소성에 기반을 둔 연대는 어디를 가나 똑같은 방식으로 행동한다. 연대의 보편적 획일화라고 말할 수 있는 이런 연대의 방식은 정치적 책임의 공유를 위한 집단행동의 조직화를 타자와의 "시간" 공유 원리에 기반을 둔다. 그래서 장소에 대한 경험은 결여되어 있다. 그러나 밀양의 연대방식은 장소에 대한 감정과 정체성을 공유하는 과정을 통해 이루어졌다. 곧, 장소와의 유대를 파괴하는 모든 기획에 대항하여 장소와 인간을 다시 결합하고자 한다. 그래서 연대의 실천 방향은 밀양을 우리 모두가 자기 자신이 될 수 있는 맥락을 제공하는 장소, 공동체를 매개로 생활 세계의 재생산이 가능한 장소로 재구성하는 방향으로 전개된다. 또한 이런 연대의 실천이 일상생활을 구성하는 경험과 감정을 통해 추동된다. 생활 세계의 재생산은 곧 "밀양을 살다"의 문제이기 때문이다.

3) 연대의 공통성 : 성장의 비판과 '외부'의 탈식민화

밀양과의 연대로 밀양을 모두의 공통장소로 만들어낸 집단과 개인들은 내적인 차이를 지니지만 모든 집단과 개인들을 관통하는 하나의 끈이 존재한다. 울산 현대자동차 비정규 노동자 철탑 농성장, 부산 영도 한진중공업 고故 최강서 노동열사 분향소, 서울 덕수궁 대한문 앞 쌍용자동차 농성장, 충남 아산 유성기업 고공 농성장, 경북 구미 스타케미칼 굴뚝 농성장, 강원도 홍천군 골프장 반대 주민 농성장, 경기도 과천 코오롱 농성장, 평택 쌍용차 굴뚝 농성장, 안산 합동분향소, 광화문 농성장, 제주 강정, 도시 재개발 현장 등 밀양과 접속한 모든 장소들을 관통하는 공통성은 무엇일까? 이는 인간과 자연, 그리고 여성과 장소의 내부 식민화, 공동의 삶 양식의 파괴를 더 많은 부와 이윤의 축적이라는 이름으로 진행하는 바로 "성장"에 대한 비판이다. 그리고 이 비판을 넘어 인간의 번영에 대한 재정의 곧 "성장 없는 번영(Prosperity without Growth)"에 대한 지향이다.[266]

한국에서 '번영'이란 경제 성장을 통한 화폐 축적과 동의어였다. 화폐는 지불수단이 아니라 독립적인 부의 축재 수단인 동시에 각 개인의 권력을 확장하는 수단이다. 마르크스가 《경제학─철학 수고》에서 이미 분석한 것처럼, "다시 말해서 화폐가 구매할 수 있는 것, 그것이 나, 화폐 소유자 자신이다. 화폐의 힘이 크면 클수록 나의 힘도 크다."[267] 곧, 화폐의 축적을 통한 부의 축재는 화폐를 통해 구매할 수 있는 대상의 확장만을 의미하는 것이 아니라, 나 자신의 '권력'도 확장되는 것을 말한다. 경제 성장으로부터 화폐의 축적 그리고 권력의 확장으로 나아가는 일련의 과정이 '번영'과 동의어라면, 그 이면은 '부'의 우열 비교 내에 존재하는 우월한 자들의 열등한 자에 대한 모욕의 구조다. 부의 축재가 권력의 확장으로 연결된다면, 부의 축소는 권력의 상실 혹은 타자의 권력에 대한 종속으로 연결된다. 타자를 나의 권력 관계 안으로 통합하는 과정은 '희열'을 발생시키지만, 그 반대로 타자의 권력 관계 안에 종속될 때는 모욕감이 발생한다. 곧, 무시당한다. 이런 모욕감은 인간 존재 전체를 잃어버릴 수 있을 정도로 강력하기 때문에, 모욕과 무시의 상태를 벗어나기 위한 각 개인들의 경쟁은 화폐의 힘이 큰 사회일수록 치열하다. 내가 축적한 화폐의 양만이 나를 방어하는 동시에 나의 권력을 확장하는 수단이 되는 사회에서 화폐 축적을 향한 경쟁은 자신의 존재 전체를 건 투쟁이 되기

[표9]

번호	마스터프레임	연대의 내용
1	인권	밀양 현장에서 진행되고 있는 국가폭력과 권리파괴를 고발하고 밀양 주민들의 인권을 방어하기 위한 연대 운동의 마스터프레임
2	탈핵	일본 후쿠시마 원전 사고 이후 다시 환기된 핵발전의 위험을 폭로하고, 탈핵을 단지 핵발전의 문제가 아니라 전력망을 포함한 전력관리 일반의 문제로 확장하는 마스터프레임
3	개발 반대	밀양을 국가 전력망 건설 과정의 문제가 아니라 이를 개발 과정 자체에 내재된 폭력의 결과로 바라보는 마스터프레임
4	공동체	밀양을 살아가는 인민의 일상생활 안에 내재된 연대와 협력 그리고 공동체의 가치와 제도, 규칙에 연대하는 운동의 마스터프레임
5	신자유주의 반대	밀양 현장을 한국 자본주의의 확장 과정에 내재된 문제의 하나로, 현재 한국 인민의 일상에서 발견되는 보편적인 착취의 현장으로 바라보는 마스터프레임
6	민주주의	밀양과의 결합이나 밀양의 투쟁을 민주주의를 방어하는 과정으로 바라보는 마스터프레임
7	환경정의	밀양의 문제를 환경을 둘러싼 구조적 부정의의 산물로 바라보는 마스터프레임. 이 프레임의 핵심은 밀양 투쟁을 국책사업에 반대하는 지역이기주의의 산물이 아니라, 환경정의를 요구하는 정의로운 전환의 운동으로 정의하는 것이다.
8	모성적 사유와 실천	밀양 투쟁에 내재된 어머니의 활동과 역할에 대한 공감을 통한 연대[268]

때문이다. '번영'은 그래서 단지 번성하고 영화롭게 되는 것을 의미하는 것이 아니라 목숨을 건 투쟁의 차원이 된다. 번영을 위한 경제 성장은 이런 투쟁의 유일한 그리고 절대적인 수단이다.

그런데 밀양 연대운동 안엔 번영과 경제 성장을 분리시키고, 번영을 위한 또 다른 수단의 발견을 지향하는 공통성이 존재한다. 밀양 연대운동 안엔 밀양에 접근하는 다원적인 인식 프레임들이 존재한다. '틀'이라는 뜻의 '프레임'을 운동 분석에 적용할 경우, 프레임은 각 개별 운동들이 근거로 하는 인식, 해석, 제시, 선별, 강조, 배제 등의 지속적인 유형 안에 발견되는 요소와 관계들의 체계를 말한다. 연대 운동의 프레임은 연대운동의 외연이 넓어지면 넓어질수록 다양해지고, 내적으로 분화된다. 밀양과 결합하는 모든 집단과 개인들의 프레임을 나열할 수는 없지만, 다원적이고 중첩적인 다음과 같은 마스터프레임Master Frame을 구성하는 것은 가능하다. '마스터프레임'은 프레임의 프레임이라고 말할 수 있는, 각 개별 프레임이 근거하고 있는 보다 심층의 프레임을 말한다.

위의 마스터프레임은 분석을 위해 분리시킨 것이지만, 실제로는 중첩되어 나타난다. 전국 51개 인권 단체들의 연대 성명서인 〈행정대집행이 아니라 주민들과 대화가 먼저다〉에서 확인할 수 있는 것처럼 ① 인권 ② 탈핵의 마스터프레임이 중첩되기 때문이다. 연대 성명서엔 실제로 다음과 같은 내용이 나온다.[269]

"우리가 사용하는 전기는 발전소와 송전탑이 지나는 곳에 사는 주민들의 권리와 삶을 파괴해 왔습니다. '전기는 눈물을 타고 흐른다'는 말은 결코 틀린 말이 아닙니다. 일본의 후쿠시마 참사를 두 눈으로 확인하지 않았습니까. 핵 발전소의 위험과 지속 불가능성으로 인해 전 세계적으로 탈핵 방향으로 나아가지 않습니까. 위험천만한 핵발전소를 위해 초고압 송전탑이 들어서게 되는 곳이 밀양입니다. 그 밀양에서 목숨을 걸고 삶을 지키려는 분들이 바로 밀양의 할머니들입니다."

① 인권 ② 탈핵 ③ 개발 반대 ④ 공동체 ⑤ 신자유주의 반대 ⑥ 민주주의 ⑦ 환경정의 ⑧ 모성적 사유와 실천이라는 연대운동 안에서 확인되는 마스터프레임은 내적인 차이를 보이지만, 이 일곱 마스터프레임은 모두 현재와는 다른 방식으로 조직된 삶의 방식에 대한 질문을 포함하고 있다. 각기 다른 방식으로 이 질문에 답하고 있지만, 위의 일곱 마스터프레임은 현재와 같은 경제 성장의 예측에 기반을 둔 전체 사회의 조직화 방식에 내재된 삶의 파괴에 대한 인식에 기초하고 있기 때문이다. 질문에 대한 응답은 다르지만, 이 응답들은 그래서 인간의 삶의 방식을 경제 성장과 분리하는 동시에 삶을 조직할 대안적인 원리로서 ① 자연과의 물질적인 상호작용에 대한 강조 ② 나 자신의 자아정체성 ③ 타자와의 상호주관성 ④ 이를 실현할 구조의 차원에 대한 또 다른 척도를 모색한다. 이 '척도'가 단일한 문장이나 구호로 통합되어 제시된 적은 없지만, 권력이 아닌 인간의 능력(Human Capacities)을 확장할 수 있는 대안적인 척도에 대한 모색이라는 공통성은 확인할 수 있다. 화폐 축적을 통한 부의 축재로부터 발생하는 권력과는 달리 인간의 능력을 척도로 구성하고자 하는 모색은 인간의 능력 실현 자체를 번영의 새로운 기준으로 제안한다.

또한 그 번영을 구성하는 핵심 원리는 연대와 협력 그리고 민주주의라는 공통성도 보유한다. 연대운동이 만들어가고 있는 이 공동의 삶의 문법은 물질적 부의 확대재생산을 위한 성장의 논리에 반대하면서 인간의 부에 대한 정의를 변경시키고자 한다. 밀양의 내부 식민화를 요구하는 현재의 전력계통이나 국가 전력망은 모두 경제 성장을 통한 국부國富의 축적에 집중한다. '국부'는 한 나라의 국민 전체의 재산을 집계한 총합이 아니다. 이런 방식의 '국부' 통계는 현재 사용되지 않는다. 현재의 '국부'란 자본 축적의 관점에서 자본 축적의 확대재생산으로 투입할 수 있는 자원들의 총 화폐가치를 의미한다. 따라서 이 안에 머무는 한 인간의 '부'란 자본 축적의 관점에 통합된 '화폐'의 축적과정일 뿐이다. 따라서 '부富'에 대한 정의를 변경시키지 않고서는 현재의 밀양 문제를 풀어낼 수 없다. 연대운동은 '국부'가 아닌 인간의 번영을 위한 '공동체'를 부의 새로운 기준으로 제안했다. 곧, 다른 사람들과 함께 연대와 협력의 원리를 통해 만들어낸 공동체의 부와 접속하여 살아가는 또 다른 수단에 의한 인간의 번영으로 바라보는 것이다. 밀양 공동체의 재구성을 위한 연대운동의 개입 과정은 바로 이런 "성장 없는 번영"이란 패러다임 공유에 기반을 둔다.

　연대운동은 또한 내부 식민화에 기반을 둔 국가 전력망 구축에 반대하는 동시에 파괴된 일상의 재구성을 위한 대안운동의 형태로 전개되었다. 이는 연대운동이 단지 한국전력과 국가에 대한 반대 운동이 아니라 자본주의의 산업화 과정을 통해 구성된 삶의 문법에 대한 저항의 차원 또한 통합하고 있음을 보여준다. 연대운동은 밀양 문제에 대한 책임을 공유하면서 문제의 해결을 위한 집단적인 실천의 기획들을 실행에 옮겼다. 그런데 이 과정은 동시에 밀양의 '외부'에 존재하는 자기 자신의 삶의 문법의 변화를 요구하는 과정이기도 했다. 왜냐하면 밀양의 문제를 만들어 낸 현재와 같은 국가 전력망의 내부 식민화 과정의 배후에는 물질적 부의 확대재생산을 위한 전력공급 확장의 필요와 전력소비에 기반을 둔 우리 모두의 "삶의 양식의 산업화"가 함께 개입하고 있기 때문이다. 산업화 과정은 단지 공업화를 통한 경제 성장 전략이 관철된 과정만은 아니었다. 로이 모리슨이 《생태민주주의》에서 밝힌 것처럼, 산업주의 (Industrialism)는 대량생산, 분업화, 표준화에 기반을 둔 공장생산체제 그 이상이다.[270] 산업주의 안에는 우리들의 삶의 양식을 판단하는 윤리의 원칙 또한 존재한다. 곧, "산업주의는 우리가 현재 살고 있는 삶의 방식이다."[271] 따라서 밀양의 문제에 개입한다는 것은 밀양의 문제를 발생시킨 자본주의 산업화 과정에 구축된 우리들의 삶의 문법 일반에 대한 비판도 포함해야만 한다. 곧, 밀양의 내부 식민화를 해결하기 위해서는 내부 식민화에 의존하는 외부의 '탈식민화' 과정이 동반되어야 하고, 이 과정은 정치적 책임의 공유를 통한 집합적인 실천의 조직화 과정 이전에 각 개인의 삶의 문법의 자기변화(Self-change)를 요구하는 것이었다. 밀양으로 농활을 다녀온 한 대학생이 남긴 후기後記처럼, 밀양을 경유해 다시 자신의 일상으로 돌아온 이들은 그 이전과 동일한 삶의 문법을 유지할 수 없었다. 왜냐하면 밀양 문제가 '나'의 책임 문제를 제기하기 때문이다. 이런 관점에서 연대는 자발적 탈식민화를 전제한다.

이런 삶의 문법에 대한 자기변화의 요구에 기반을 둔 정치적 책임의 이행 과정은 밀양과의 연대 프로젝트를 현재와는 다른 방식으로 우리의 일상생활을 조직하는 문제에 집중시켰다. 곧, "삶의 양식의 산업화"와는 다른 원리로 삶의 양식을 구성하는 문제가 연대 프로젝트의 중심 질문으로 부상한 것이다. 이 질문의 수행 과정은 밀양 '외부'에서 밀양 '내부'로 주입되는 형태로 진행된 것이 아니라, 파괴된 일상생활의 장소에서 밀양 주민들과 공감할 수 있는 일상의 실천을 수행하는 과정을 통해 진행되었다. 그리고 그 원리는 '공동체'의 원리였다. 이때의 '공동체'는 투쟁 이전의 물리적인 경계로 구획된 밀양이란 지역 내부의 마을 단위 공동체가 아니었다. 공동체는 공감할 수 있는 능력을 지닌 밀양의 외부와 내부가 만나 공동으로 만들어가는 삶의 문법으로 규정되기 때문이었다.

7장

공통자원 : 밀양 투쟁의
대안 패러다임

7장

공통자원 : 밀양 투쟁의 대안 패러다임

정부와 한국전력은 밀양의 송전탑 반대 투쟁을 무조건적 '반대' 투쟁으로 규정하고, 정부와 한국전력이 제시한 국가 전력망의 구축 경로 이외엔 다른 대안이 없다는 입장을 반복한다. 그리고 현재 국가 전력망 운영 과정에서 발생하는 문제의 해법으로 관료적인 중앙 집중 운영 대신 시장을 통해 조절되는 전력산업의 민영화를 제안한다. 밀양 송전탑은 바로 이런 정부와 한국전력의 대안 구성에서 필수적인 위치를 점유하고 있는 대상이기 때문에 밀양의 '점령'은 정부와 한국전력에겐 회피할 수 없는 전략이었다. 그러나 정부와 한국전력의 주장과 달리 밀양 주민들과 연대운동은 투쟁 과정에서 무조건적 '반대'를 넘어 정부와 한국전력의 기획과 경합할 수 있는 대안 패러다임의 '요소'를 창안했다. 패러다임이란 어떤 한 시대 사람들의 견해나 사고를 근본적으로 규정하는 인식 또는 사물에 대한 이론적인 틀이나 체계를 말한다. 밀양 주민들의 요구는 현행 국가 전력망의 운영 관리체계를 구성하는 패러다임 '내부'에선 실현될 수 없는 불가능한 요구다. 왜냐하면 밀양의 요구는 한국 국가 전력망 구축에 필수적인 장소의 '내부 식민화'에 대한 부정이기 때문이다. 장소의 내부 식민화 없이 현재의 국가 전력망이 존속할 수 없다는 점에서 밀양은 패러다임의 근본적인 전환을 요구한다. 장소의 내부 식민화 과정은 장소와 인민을 분리한 이후 장소를 '외부'의 필요에 종속시키는 과정이다. 국가와 시장은 모두 객관적 외부성의 입장에서 장소를 '개발'의 대상이나 이윤 동기의 관점에서만 평가한다. 국가와 시장은 모두 장소의 '외부'이다. 밀양의 투쟁은 이와 달리 장소를 외부의 필요가 아닌 그 장소를 살아가는 인민들의 필요와 다시 결합하고자 한다. 밀양 주민들의 삶과 투쟁의 구술 기록인《밀양을 살다》라는 책 제목은 이 점에서 상징적이다. 밀양을 살아가는 이들의 장소로 전환하는 것, 이 단순하고 소박한 요구 안에 대안 패러다임의 '요소'가 존재한다. 물론 이 '요소'는 현행 패러다임을 변화하도록 만드는 결정적인 원인이나 기회인 '계기'로 전환되지 않을 수 있다. 현행 패러다임의 방어 과정에서 그 내부의 한 요소로 변형되어 통합될 수도 있기 때문이다. 그러나 완전한 통합은 불가능하다. 왜냐하면 밀양을 살아가는 이들의 장소로 전환하기 위해서는 전력망의 운영과 관리가 밀양을 살아가는 이들의 필요 충족에 종속되어야만 하기 때문이다. 곧, 장소 기반 인민들의 일상생활 방어와 존속이 국가 전력망의 운영과 관리보다 우선적인 지위를 보장받아야만 한다. 이런 요구가 실현되려면 해당 장소의 고유한 필요에 적합한 장소 기반 전력망의 운영과 관리가 필요하다. 이는 장소의 내부 식민화에 기반을 둔 현행 국가 전력망 패러다임과 근본적인 적대 관계를 형성한다. 국가와 시장의 필요를 제1원리로 전력망을 구성하는 패러다임 내부 안으로 통합될 수 없는, 이 패러다임 전체를 변형해야만 충족될 수 있는 근본적인 적대의 요소가 밀양 주민들의 '밀양을 살다'라는 요구 안에 존재하는 것이다.

현재 국가 전력망에 대한 정부와 한국전력의 대안 패러다임은 전통적인 국가와 시장의 이분법 내에서 움직이면서 국가에 대한 대안으로 시장을 제안하는 한국 자본주의의 신자유주의화와 융합되어 있다. 전력의 국가 독점으로부터 발생하는 문제를 해결하기 위해 한국전력의 분할을 전제로, 완전 자유시장에 기반을 둔 방향으로 전력 산업의 구조를 개편하고자 하고 있기 때문이다. 1991년 1월에 마련된 전력산업 구조 개편안은 한국전력을 분할하여 경쟁체제로 전환하는 과정에 중점을 두고 만들어졌다. 한국전력에 의한 전력 독점체제로 인해 새로운 시장 창출에 필요한 신규자본의 유입, 기술발전 및 일자리 창출 등이 억제되고 있다는 것이 그 핵심 이유였다.[272] 그리고 한국전력에 의한 국가 전력망의 독점 운영에 대한 대안과 노화되고 있는 국가 전력망에 대한 대안으로 접목된 것이 '스마트 그리드Smart Grid'였다. 스마트 그리드란 전력기술과 정보통신기술의 복합을 통해 전력체계의 관리를 수요자와 공급자 간의 상호작용에 기반을 둔 협력적-분산적 네트워크로 실현하는 전력의 관리체계를 말한다. 그런데 이런 스마트 그리드가 실현되기 위해서는 실시간 가격 신호 기능의 확립에 필요한 전력시장을 창출하는 것이 전제되어야만 한다. "전력시장에서 실시간 가격이 적용되지 못한다면, 소비자와 공급자 간 양방향 정보전달 체계의 구축을 통하여 전력산업의 효율성을 제고

하려는 스마트 그리드의 도입 취지가 퇴색될 것"[273]이기 때문이다. 이에 따라 스마트 그리드를 실현하기 위한 핵심 전제가 한국전력의 분할 해체를 통해 전력시장의 행위자를 만들어내는 과정이 된다.

그러나 이런 국가와 시장의 이분법은 시장의 작동 과정 자체가 국가 정책의 산물이라는 점에서 잘못된 이분법에 기초해 있는 동시에, 전력사업의 공공성 문제를 한국전력을 매개로 실현되고 있는 국가의 전력 '독점' 문제로 환원한다. 곧, 한국전력의 해체 과정에 내재된 공공성의 파괴와 해체를 은폐한다. 또한 이런 국가와 시장의 이분법은 전력 산업의 공공성을 관리하는 제3의 접근이 존재할 수 있다는 가능성 자체를 대안 모색 과정에서 배제시킨다. 국가에 대한 대안은 오직 시장뿐이기 때문이다. 스마트 그리드에 내재된 공급자와 수요자 간의 상호작용을 통한 전력의 협력—분산 네트워크로의 전환에 대한 상상은 내부 식민화의 과정 없는 전력망의 구축을 위한 필수 전제의 하나다. 그러나 스마트 그리드는 중앙 집중(독점)과 협력분산의 대립을 국가와 시장의 대립으로 바꾸어버린다. 공급자와 수요자 간의 상호작용에 의한 조절기능은 오직 시장을 통해서만 가능하다고 전제하고 있기 때문이다. 그래서 이 전제 위에서는 독점적인 전력 공급자가 해체되면서 다원적인 전력공급자들의 경쟁체계가 나타나지만, 이 행위자들의 조정은 '시장'을 통해 이루어진다. 동시에 공급자와 수요자의 분리는 유지 존속된다. 수요자는 전력의 공급자가 아니라, 전력의 소비자로서만 존재할 뿐이다. 곧, '소비=수요'의 주체일 뿐이다.

그러나 밀양 투쟁은 공공성을 인민에 대한 약탈 수단으로 전유해버린

정부와 한국전력의 공적 자원 설계와 운영에 대한 비판을 공급자와 수요자의 분리를 재생산하는 '시장'과는 다른 방향에서 한국의 국가 전력망을 민주적으로 변형할 수 있는 가능성을 제공한다. 이 방향 전환의 핵심은 공적 자원으로서의 전력체계에 대한 민주적 통제로 전력의 공급자와 수요자가 일치하는 방향으로 전력체계의 전환을 이루어내는 것이다. 곧, 전력산업의 민영화가 아닌 보다 강력한 '민주주의'로 공적 자원의 대안적인 분산과 협력의 네트워크를 창출하는 대항제도에 대한 전망이 밀양 투쟁 안에 존재한다. 한국전력을 통해 독점 공급되고 있는 전력체계의 중앙 집중 관리체계는 전력의 생산과 공급 과정에서 내부 식민화를 동반하지만, 소비 과정에서 전력은 국민 모두의 자원으로 전환되는 이중 과정을 통해 매개된다. 공급은 국가가 하지만 해당 자원에 대한 소비는 국민 일반이 공동으로 할 때, 이런 자원은 '공적 자원'으로 규정된다. 그러나 이 과정에서 일반 시민은 단지 공적 자원의 '소비자'로만 존재할 뿐, 공적 자원에 대한 민주적인 통제를 실현할 수 있는 권리와 조건을 보유하고 있지 못하다. 동시에 전력의 소비자로서의 국민은 내부 식민화의 장소에 귀속된 밀양 주민들과 분리된다. 공적 자원의 생산자와 분리되어 있기 때문이다. 현재의 밀양은 그 결과다. 그래서 밀양은 전력체계의 전환 과정에서 공적 자원과는 구별되는 새로운 자원의 생산과 이용, 관리 방식을 제안한다. 그 핵심은 국가 전력망의 분산과 협력의 네트워크를 매개로 한 분산 전원으로의 전환을 특정 공동체를 통해 실현하는 전력의 공통자원(Commons)으로 구축하는 것이다.

공통자원이란 원래 공동체의 구성원 모두가 접근과 활용의 권리를 보유하고 있던 중세 영국의 공유지(Commons)로부터 나온 개념이다. 그러나 현대에 접어들어 공유의 자원으로 유지−존속시키기 위한 제도와 실천이 융합된 개념으로 확장해 사용되고 있다. 이 과정에서 공통자원의 범위는 물, 공기, 강, 바다, 우주, 산 등과 같은 자연자원들뿐만 아니라 인간이 만들어낸 문화자원으로까지 범위가 확장되었다. 문화−공통자원의 범위 내에는 음악, 문학, 예술, 영화, 동영상, 라디오, 정보 그리고 소프트웨어와 같은 대상들이 포함되어 있다. 그러나 공통자원의 경계는 자원의 속성 내부에 미리 규정되어 있는 것이 아니다. 그보다는 자원에 대한 접근과 활용의 권리를 공동체 구성원 모두에게 개방하려는 실천 과정 내에서, 특정 자원이 공통자원으로 창안된다. 그래서 공통자원의 핵심 속성은 특정 자원을 공통자원으로 창안하려는 실천, 피터 라인보우Peter Linebaugh가 "공통자원화(Commoning)"라고 불렀던 실천 양식의 존재이다. 자원을 "공통자원화"하는 실천은 자원을 모두에게 일종의 '선물'처럼 제공할 수 있어야 하고, 모두가 공유하는 동시에 재생산할 수 있는 실천이어야 한다. 따라서 공통자원에는 다음과 같은 속성들이 나타난다. 공통자원은 상품화될 수 없다. 상품이 되는 순간 공통자원이기를 멈춘다. 상품은 자원에 대한 사적 소유에 기반을 둔 배타적 독점이기 때문이다. 공통자원은 오직 공동체 전체의 소유, 곧 공통 소유(Common Ownership)를 근거로 해야 한다. 그리고 단지 공통 소유가 아니라 공동체 구성원 모두의 노동을 통해 생산되어야 하고, 자원에 대한 접근과 활용은 구성원 전체의 민주적 결정을 통해 규정되어야 한다. 간단히 말하면, 함께 생산하고 함께 이용할 수 있어야만 한다. 여기에서 공통자원의 핵심적인 특성이 나온다. 자원의 생산자와 이용자가 일치하거나 함께 자원 관리에 참여해야 한다는 것이다.

공적 자원으로서의 전력을 공통자원으로 전환할 때 국가가 독점하고 있는 전력의 중앙 집중 체계는 분산과 협력의 대안적인 전력 관리체계로 전환될 수 있다. 그리고 이 과정은 공적 자원의 생산 과정에 필요했던 내부 식민화의 과정 없이 국가의 필요가 아닌 해당 공동체의 필요에 적합한 전력을 해당 공동체 내부에서 생산−소비하는 관리체제로 나타난다. 전력에 대한 중앙 집중 관리체계를 전력에 대한 국가 조절(State-regulation) 방식이라고 한다면, 공통자원으로서의 전력에 기반을 둔 공동체의 전력 관리체계 방식은 다원적이고 중첩적인 인민들의 공동체를 통한 자기 조절(Self-regulation) 방식이라고 부를 수 있다. 그러나 전력의 국가 조절에서 자기 조절로의 전환은 특정 공동체 '내부' 혹은 일부 공동체의 '연합'을 통해서만 실현될 수 없다. 왜냐하면 국가와 시장 외부에서 인민들의 공동체 구성을 통해 전력을 관리하는 방식은 현재 작동하고 있는 국가 전력계통의 민주적인 변형 과정과 중첩되어 진행될 수밖에 없기 때문이다. 이 전환 과정은 국가가 독점하고 있는 자원들과 능력의 '정치적 재분배' 과정을 통해 인민들이 전력을 공통자원으로 전환하고, 이를 함께 관리할 수 있는 공동체를 만들어낼 수 있는 실질적인 권력의 공유 과정을 통해 이루어져야 한다. 인민의 능력을 현실화하기 위한 국가의 정치적 재분배가 실현되어야 하는 것이다. 곧, 국가를 '인민'과 다시 결합하는 과정이 필요하다.

힐러리 웨인라이트가 《국가를 되찾자》에서 자신의 연구방법론을 소개하면서 언급했던 것처럼 "낡은 제도들이 실패할 때, 민중들은 창조해 낸다."[274] 그러나 민중들의 실천에 내재된 이런 창조성이 우리가 알고 있는 과학적이고 체계적인 지식과 대안의 완전한 형태로 나타나는 것은 아니다. 이는 오히려 오류와 모순, 불일치를 포함하며 때론 특정 경험을 떠나서는 타자에게 전달할 수 없는 그런 종류의 모습으로 나타난다. 이런 점 때문에 한국전력과 정부는 밀양의 주민들이 만들어가고 있는 대안을 적합한 지식으로 간주하지 않을 수 있었다. 민주주의의 핵심 문제는 "누가 유효한 지식을 갖고 있는가"에 대한 경계를 구획하는 것이다. 정부와 한국전력은 공공정책의 '자문'을 구하는 방식으로 민중들의 참여를 보장하는 제도들을 만들었고, 이를 위한 홍보와 운영을 위해 상당한 자원을 투자하고자 했다. 그러나 이런 투자는 한국전력과 정부의 계획 혹은 이미 결정된 사항을 정당화하기 위한 형식적 동의 절차에 불과했다. 현행 체제 내에서 밀양 주민들에게 가능한 선택이란 전문가들이 입안한 여러 선택지 사이에서 선호를 표시하는 행위일 뿐이다. 이런 체제 내에선 민중들 자신이 대안을 만들어나가고 있다는 인식 자체가 불가능하다. 곧, 밀양 투쟁의 주체인 주민들 자신이 일상적이고 경험적인 실천 속에서 만들어진 대안적인 지식의 요소들을 부정하게 된다.

그러나 정부와 한국전력이 모든 유형의 일상적이고 경험적인 지식들을 부정하는 것은 아니다. 정부와 한국전력은 국가 전력망의 구축과 밀양의 반대로 촉발된 상황에 개입하기 위해 일부 관료와 전문가 엘리트, 그리고 현장 경찰, 한국전력 관계자들의 경험적인 지식을 활용해야만 했기 때문이다. 곧, 송전 선로의 구축 과정 전체가 일관되게 과학적인 지식을 통해 구성되는 것이 아니다. 이 과정에 끊임없이 요구되는 판단과 결정을 위해 한국전력과 정부는 언제나 경험적인 지식에 의존할 수밖에 없고, 이 과정에서 자신들의 계획과 입장을 정당화하는 경험적인 지식들만을 선별적으로 포섭, 활용한다. 경험적이고 일상적인 지식에 대한 정부와 한국전력의 부정과 무시를 경험한 밀양 주민들에게서 나타나는 공통성의 하나는 '공부'에 대한 한(恨)이다. 정부와 한국전력에 대한 원망과 자신의 억울한 처지에 대한 슬픔, 분노, 안타까움 등이 정부와 한국전력으로부터 존중받을 수 있는 '지식'에 대한 열망, 동시에 보다 많은 이들에게 자신의 생각을 자유롭게 표현할 능력에 대한 열망으로 치환되어 나타난 것이다. 열등한 지식 혹은 인정되지 않는 자신들의 주장과 생각에 대한 권리 인정의 요구가 '공부'라는 수단에 대한 열망으로 전이된 것이기 때문이다.

공통자원 개념은 이런 정부와 한국전력의 입장에 대항하여 밀양 주민들의 투쟁 속에 내재된 경험적이고 실천적인 지식을 공유하는 바탕 위에서, 저항과 대안을 연결하여 사유하고 실천할 수 있는 가능성을 증폭할 수 있는 하나의 실험이 될 수 있다. 주민들이 저항의 행위 안에서 경험하거나 생산한 감정, 지식, 관계 그리고 주장들은 한국전력이나 정부의 대안과 달리 곧바로 특정한 '정책'이나 '요구'로 전환될 수 있는 완성된 하나의 체계가 아니다. 이 때문에 저항과 대안을 연결하기 위해서는 밀양 내부의 실천과 연결되어 있지만 이로 환원될 수 없는 외부의 지식과의 접속을 통해, 우리 모두가 밀양의 투쟁에서 발견된 대안을 공유할 수 있는 하나의 사회적 상상 혹은 패러다임으로 구체화하는 과정이 필요하다. 이런 지식의 공유와 구체화 과정을 매개하는 개념과 이론의 적합성은 "밀양과의 연대를 통해 밀양 자체를 모두의 공통자원으로 만들어나가고 있는 연대의 네트워크 안에서 이루어지는 지식의 공유 과정에 적합한 수단으로 작동할 수 있는가?" 그리고 "저항의 현실과 대안의 가능성을 연결하는 개념으로서 분석적인 동시에 실천적인 적합성이 있는가?"라는 질문을 통해 평가되어야 한다. 에이프릴 카터는 《직접행동》에서 다음과 같이 말한 바 있다. "실제로 직접행동은 저항을 계획하고 그러한 저항의 일부 요소인 대안 제도를 만드는 과정을 통해, 그런 운동에 참여하는 사람들에게 독특한 민주주의 사상과 실천을 발생시키는 경향이 있다. 그렇게 될 때 직접행동은 일종의 직접 민주주의를 촉진한다."[275] 공통자원의 개념은 이 과정에 개입할 수 있는 많은 가능성 중 하나의 실험일 뿐이다. 따라서 오류의 가능성은 언제나 존재한다.

1 소유양식의 경합 : 사유, 국유 그리고 공동 소유

밀양 투쟁은 장소의 점유를 둘러싼 점거와 점령의 갈등을 통해 구조화되었다. 그리고 이런 구조화는 토지의 소유에 대한 권리라는 개념을 통해 매개되었다. 정부와 한국전력은 주민이 소유하는 토지를 국가의 소유로 전환하기 위한 토지 수용 과정을 주민들에게 강제했다. 그리고 이 과정은 외면상 '강제'와 대립하는 주민과 한국전력 사이의 '계약'을 통해 이루어져야 했다. 보상 '합의'가 그것이다. 그러나 주민과 한국전력과의 '합의'를 통한 '계약'의 성립 과정은 자유로운 경제 주체들의 교환 관계에서 구성되는 그런 '계약'이 아니었다. 국가의 조직화된 폭력의 동원이라는 '경제 외적 강제' 하에 이루어지는 인민의 부에 대한 약탈의 다른 이름이었다. 그러나 정부와 한국전력은 이런 부등가교환을 오직 공공성의 한계 내에서 진행할 수 있기 때문에 주민에 대한 보상 없는 일방적인 국가의 수용은 법을 통해 금지되었다. 곧, 토지의 사유私有를 국유國有로 전환할 때 주민들에 대한 일방적인 강제가 아니라 주민들의 협력에 기반을 둔 인민의 부를 국가의 부로 전유하는 과정을 만들어내야 했다.

밀양 주민들은 바로 이 과정에 내재된 정부와 한국전력 행위의 한계를 인식하고, 한국전력과 정부가 내세우는 '합의'의 내부에서 '합의' 과정의 문제를 폭로하는 동시에 이 '합의'에 대항하는 또 다른 '합의'의 구조를 내세웠다. 한국전력이 내세우는 주민과의 합의의 허구성과 절차의 문제를 폭로하기 위해서는 한국전력의 '합의'와는 다른 주민들의 '합의'가 존재함을 주장해야 했기 때문이다. 이 과정에서 전면으로 부상한 것이 '마을총회' 혹은 '주민총회'라는 이름으로 진행되어온 각 마을 주민들의 자율적인 마을 관리 기구였다. 정부와 한국전력은 개별 보상과 지역에 대한 보조를 보상 원칙으로 정했다. 그러나 송전 선로 구축은 각 개별 주민의 토지 소유로 환원될 수 없는 마을 공통의 경관이 결합되어 있기 때문에, 개별 주민과의 보상 합의만을 통해서는 '마을' 공통의 경관에 대한 접근과 활용에 대한 권리를 이끌어낼 수 없었다. 바로 이 때문에 '마을' 단위의 결정이 갈등의 중심으로 부상했다. 한국전력은 '마을'과 합의해야 했지만, 마을 전체와 합의할 수 없었다. 주민들은 마을총회에서 '마을'을 한국전력과의 합의 대상에서 배제했기 때문이었다. 그래서 역설적인 상황이 발생했다. 한국전력이 마을과의 합의를 강조하면 할수록 마을의 '합의'를 와해시킬 수밖에 없었기 때문이다. 한국전력은 마을에 대한 공동관리 책임을 맡고 있는 마을총회를 무력화하고, 한국전력과의 합의를 지향하는 마을 대표 기구를 만들기 위해 한국전력과 합의를 원하는 주민들의 '대표'를 선출하고, 이 대표들과 마을과의 '합의'를 이루는 우회 전략을 택했다. 바로 여기에서 한국전력과 마을의 합의와 '마을총회'가 대립하는 상황이 발생했다.

2014년 2월 발생한 밀양 보라마을 합의 발표 사건은 이런 상황을 잘 보여준다. 한국전력은 2014년 2월 7일 송전탑 건설공사 경과지 미합의 마을 중 하나인 보라마을과 합의를 도출했다고 발표했다. 전체 주민 39명 중 30명이 합의서에 서명했다. 그런데 문제가 발생했다. 보라마을 이장을 비롯한 반대 주민들이 보라마을과의 합의를 받아들일 수 없다고 곧바로 발표한 것이다. 이는 밀양 반대 투쟁 진영 전체를 혼란에 빠뜨렸다. 왜냐하면 보라마을은 "밀양의 얼굴"이라고 불릴 만큼 반대 투쟁을 상징하는 장소였기 때문이었다. 보라마을은 2012년 3월 7일 이치우 할아버지의 장례식 이후 마을총회를 통해 당시 이장이던 이종숙 씨에게 한국전력과의 모든 문제에 대한 협상 권한을 위임하고 반대투쟁을 진행했다. 이런 보라마을과의 합의를 도출하기 위해 한국전력은 반대투쟁에 참여하는 주민들은 배제한 채 합의를 원하는 주민 일부인 5명을 마을 대표로 선정했다. 그래서 반대 주민들은 자신이 속한 마을과의 보상 합의를 텔레비전 뉴스를 통해 알아야 했다. 5명의 마을 대표는 한국전력을 대신해 마을 주민들로부터 합의서명을 받았다. 반대 주민들은 이 과정을 폭로하면서 다음과 같이 말했다.

"우리 주민들은 아주 작은 일까지 마을 주민 총회를 통해서 결정해왔습니다. 그게 우리 마을의 전통입니다. 그런데 송전탑 보상 합의라는 엄청난 일을 갖고서 마을 이장은 물론이거니와 개발위원도 모르게 선출된 대표가 어디 있다는 말입니까? 우리는 돈을 더 받기 위해 싸우는 것이 아닙니다. 우리는 어떻게든 온 힘을 다해 마지막까지 진실을 위해 싸우고 버티는 것입니다."

마을대표는 오직 마을총회를 통해서만 선출되어야 한다. 그리고 마을의 문제는 마을총회를 통해 모든 주민이 함께 결정해야 한다는 것이 주민들의 주장이었다. 그런데 바로 이 과정에서 '마을'을 매개로 토지의 사유와 국유의 대립이라는 개별 주민과 한국전력의 대립을 넘어서는 제3의 '마을'이란 장소에 대한 소유양식이 등장한다. 송전 선로와 송전 철탑의 마을 경유를 반대하는 주민들은 한국전력과 마을에 대한 합의를 진행한 주민들이 마을을 '대표'할 수 없다고 강조했다. 마을은 각 개별 주민들의 사적 소유 경계 내로 포함될 수 없는 '외부'의 대상이기 때문에, 이에 대한 관리 방식의 중대한 변형은 오직 마을 주민 전체의 합의, 곧 마을 공동체 전체 성원의 민주적인 자기 결정에 근거를 두어야만 한다고 주장한 것이다. 동시에 '마을'은 단지 '경관'만이 아니었다. 마을은 개별 주민들이 아니라 이들 모두가 함께 만들어낸 자연 경관과 노동 그리고 의미가 융합된 마을 주민 모두의 공통의 정체성으로서의 '장소'였다. 물론 각 주민은 모두 개인이다. 그러나 모든 개인들은 장소와 분리 불가능한 '마을'에 대한 참여 과정에서 개인의 소유로 환원될 수 없는 공통의 정체성을 형성했다. 이런 공통의 정체성으로서의 '마을'은 각 개인의 토지 소유의 합으로 환원될 수 있는 것도 아닌 동시에 경제적인 교환을 통해 소유권이 이전될 수 있는 대상도 아니었다. 마을은 말 그대로 마을 주민 모두의 공통자원이었다. 이런 공통자원으로서의 마을은 물리적인 환경과 주민들의 상호 주관적인 실천을 통해 형성된 '의미'의 역사적인 블록(Historical Bloc)으로 존재한다.

밀양의 '외부'에서 '내부'로 이주해온 이들은 모두 바로 이러한 공통자원으로서의 마을에 접근하고 활용하기 위해 들어온 이들이었다. 토지의 개별적인 소유는 밀양의 '내부'로 진입하기 위한 등록의 과정이었을 뿐, 실제로 이들 모두가 참여하면서 만들어낸 것은 각 개별 소유로 환원될 수 없는 마을 공통의 부, 곧 공통자원이었다. 공통자원으로서의 마을은 보상금을 통해 보상될 수 없는 것이었다. 신지영은 〈대추리의 코뮨주의〉에서 '마을'에 대해 다음과 같이 말한 바 있다. "마을은 삶을 공유하는 하루 하루의 과정 속에서 사람, 땅과 물, 집, 재화, 기후 등이 어우러져 구성"[276]되기 때문에, 이를 돈으로 환원할 수 없었다고 말이다. 이 분석은 동일하게 밀양 마을에도 적용될 수 있다. 한국전력과 정부의 토지 수용은 바로 이러한 공통자원으로서의 '장소', 곧 마을이란 "공통자원의 약탈"이다. 마을 주민들이 개별 소유한 토지의 가치 하락은 토지 그 자체의 가치 하락 때문에 발생한 것이 아니었다. 이는 마을 전체의 공통자원과 결합되어 있던 주민들의 개별 토지가 공통자원의 파괴로 인해 상품으로서의 교환가치가 하락한 결과였다. 토지의 가치는 결코 그 내부의 질로만 결정되지 않는다. 네그리와 하트가 《공통체》에서 밝힌 것처럼, "오염된 공기, 혼잡한 교통, 소란스러운 이웃, 높은 범죄율, 토요일 밤에 1층이 디스코텍으로 바뀌어 잠을 잘 수 없게 만드는 환경"은 토지 가치에 부정적인 영향을 주어 토지 가격을 하락시킨다. 그러나 "놀이터가 가까운 곳, 역동적 지역 문화, 지적 교류회로의 존재, 평화로우면서 고무적인 상호작용"들은 토지 가격을 상승시킨다.[277] 토지의 외부에 존재하는 요소들이 토지 가치에 미치는 이런 영향은 개별 토지에 대한 소유의 권리가 공통으로 접근하고 활용하는 자원들과의 관계와 밀접하게 결합되어 있음을 보여준다. 밀양 주민들의 토지 가치 하락은 바로 이러한 공통자원으로서의 '마을'에 포함된 물리적인 환경, 인간의 실천 그리고 의미 등의 파괴로 인한 것이다.

그래서 밀양 주민들의 투쟁은 한국전력과 정부가 주장하는 것처럼 개별 소유한 토지에 대한 보상 문제일 수 없었다. 왜냐하면 공통자원과 결합된 토지의 가치 하락은 공통자원으로서의 장소를 방어하지 않고서는 막을 수 없는 것이기 때문이다. 밀양 주민들의 투쟁은 그래서 공통자원의 파괴에 대항하는 방어 투쟁의 성격을 띤다. 이런 공통자원을 방어하기 위해서는 공통자원을 공통자원으로 만들어내는 실천인 '공통자원화'의 활동을 강화해야만 한다. 왜냐하면 공통자원을 방어하고 지켜내는 것은 각 개인이 아니라 바로 마을 내부 그리고 마을과 마을 사이의 주민이 공유할 수 있는 힘의 합성, 곧 "협력"에 기반을 두기 때문이다. 따라서 한국전력과 정부가 공통자원을 국가의 공적 자원으로 전환하기 위해서 마을 내부 그리고 마을과 마을 사이의 협력을 파괴하기 위한 활동, 곧 '고립'의 전략을 구사한 것은 자연스럽다. 공통자원으로서의 장소를 공통자원으로 재생산해내는 마을 주민들의 협력을 파괴하지 않고서는 공통자원을 국가의 공적 자원으로 변형시킬 수 있는 방법이 없기 때문이다. 이런 관점에서 본다면 밀양에서 벌어진 갈등은 공통자원으로서의 장소를 국가의 공적 자원으로 전환하기 위해 발생한 공통자원과 공적 자원의 갈등이라고 말할 수 있다. 국가는 공통자원을 재생산하는 마을 주민들의 능력을 감소시키고 왜곡시켜 공통자원을 국가의 공적 자원으로 편입시키고자 한다. 주민 공통의 부에 대립하여 국민 일반의 이익을 내세우면서 공통자원에 내재된 인간의 실천과 의미를 파괴하는 동시에 물리적인 환경을 주민 모두에 위협적인 환경으로 치환하고자 하는 것이다.

2 울력 : 권리의 새로운 맥락

그런데 바로 이 순간에 우리의 '권리'에 대한 상상은 전복된다. 왜냐하면 지금까지 우리는 국가의 약탈에 대항하여 우리 모두에게 권리의 장소를 제공해주는 것은 개별적이고 사적인 소유의 양식이라고 믿어 왔기 때문이다. 그러나 사유에 기반을 둔 우리의 '자유'는 국가의 경제 외적 강제에 기반을 둔 부등가교환의 요구로부터 우리를 방어해줄 수 없다. 오히려 국가에 대항하여 우리의 '자유'를 방어해주는 것은 공통자원이자 이 공통자원을 재생산하는 우리들의 협력이 된다. 주민들은 이런 협력을 '울

력'이라고 불렀다. 밀양 투쟁에 참여하고 있는 조계순 씨는 다음과 같이 말한 바 있다. [278]

"사람이 다 울력으로 삽니더, 울력으로예. 참말로 정답게 잘 지내는 동넵니더."

'울력'이란 단순하게 설명하면 "여러 사람이 힘을 합하여 일"하는 과정 또는 이런 일을 이루어내는 힘을 뜻한다. 그리고《한국민속대관》에서는 다음과 같이 설명한다. "울력은 일손이 모자라거나 시기를 놓쳐서는 안 될 급한 농사일에 닥쳤을 때 젊은 층들이나 부락 전체가 힘을 합쳐서 보수나 노동대가를 기대하지 않고 도와주는 노동협력 형태다." 울력의 기원을 정확하게 파악하는 것은 쉽지 않다. 《절옥귀감》에 주석을 단 김지수[279]에 의하면 울력은 1970년대까지 당시 지방행정 차원에서 공공사업을 실시할 때 "매 가구당 일정 연령 이상의 성인 노동력을 년 며칠씩 내다 바쳐야 했다. 지방 행정 예산의 부족을 가난한 주민의 현금 조세 대신에 노동력 부과로 충당"했는데, 이를 '울력'이라고 불렀다 한다. 그래서 김지수는 '울력'의 기원을 전통 국가에서 행해지던 노동력의 징발, 곧 '부역賦役' 또는 '요역徭役'의 자취라고 설명한다.

그러나 울력을 부역의 자취로만 설명하는 것은 한계가 있다. 그보다는 자연촌락 마을 단위에서 행해지던 노동협력의 형태를 국가나 지방단체에서 '부역'의 형태로 동원하면서 '울력'이 전통 국가에 의해 전유되었던 과정이 1970년대 권위주의체제에서 다시 복원—동원되었다고 보는 것이 적합해 보인다. 부역은 국가나 공공단체가 특정한 공익사업을 위하여 보수 없이 국민에게 의무적으로 노동에 대한 책임을 부과하는 형태지만, 울력은 그 이전에 마을 단위에서 가장이 과부거나 노약자여서 농업노동에 필수적인 일손이 부족하거나 없는 집을 서로 돕는 과정이거나, 농로나 샘 등의 마을 공동사업을 위해 힘을 합쳐 일하는 것을 의미한다. 이런 '울력'은 전통적인 자연촌락 단위가 국가나 지방단체의 통치로부터 획득한 일정한 자율성의 반영인 동시에 농업노동의 공통 대상인 마을의 물리적인 환경의 방어와 보존 그리고 이에 필수적인 공동 노동의 구성을 위해 마을 단위별로 발생한 힘의 합성 과정이라고 할 수 있다. 이런 울력을 국가가 보상 없이 국가에 대한 의무 노동으로 전유해버린 것이다. 그럼에도 '울력'은 부역으로 완전히 환원되지 않고, 마을 내부의 협력과 마을 전체의 공동의 부를 창출하기 위한 노동협력의 형태로 유지—존속되고 있다.

그런데 밀양에서 '울력'은 조직화된 폭력의 비대칭성에서 발생하는 공통자원인 약탈로부터 마을을 방어하는 주민 간의 협력의 능력인 동시에 정부와 한국전력과 직면하는 과정에서 경험한 모욕과 무시에 대항해 함께 실천했음을 인정하는 치유의 능력, 그리고 외부의 집단과 개인들과 연대하는 능력으로 다시 발견되었다. 곧, '부역'으로 전유되던 '울력'이 국가에 대항해 공통자원으로서의 마을을 방어하고, 이 투쟁 과정에서 받은 상처를 함께 치유하면서 마을을 전통적이고 물리적인 경계 내부의 '마을'에서 마을과 접속하는 모든 이들의 마을로 만들어내는 능력으로 다시 나타난 것이다. 그래서 국가가 마을을 국가의 부로 약탈하기 위해서는 바로 이 '울력'을 해체해야만 했다. 바로 이 때문에 힘의 합성이란 점에서 바라본다면 마을이란 장소를 둘러싼 공통자원과 공적 자원의 갈등은 국가의 조직화된 '폭력' 대 주민들의 '울력'의 대립으로 나타난다.

이런 울력은 한편으론 토지를 국유로 전환하기 위해 경제 외적 강압에 기반을 둔 부등가교환을 부과하는 국가에 대항해서, 다른 한편으론 마을을 파편화하고 분리시켜 각 개인의 개별적 소유에 대한 방어 문제로 환원시키는 교환의 논리에도 저항한다. 그래서 마을 안에는 '사유자원-공통자원-공적 자원'이라는 마을의 진로를 둘러싼 서로 다른 힘들이 교차하면서 다양한 갈등과 문제들을 발생시켰다. 이 안에서 '울력'은 공통자원으로서의 '마을'을 관리하는 주민들의 자율적인 능력의 합성으로 존재한다. 흥미로운 점은 마을을 공적 자원으로 전환하기 위해서는 공통자원을 사유자원으로 먼저 전환시켜야만 했다는 점이다. 소유의 주체가 국가로 전환되기 위해서는 독점적인 소유의 주체로서 원자화된 개인이 먼저 요구되었기 때문이다.

3 전력과 공통자원의 결합

울력을 통해 마을을 공통자원으로 재생산하고자 하는 밀양 주민들의 투쟁은 국가 전력망을 위로부터 조직화된 폭력을 통해 부과하려는 정부와 한국전력에 대항해 국가 전력망에 대한 대안적인 패러다임을 요구하고 있다. 밀양 주민들은 전력이 국민 모두의 일상생활을 위한 필수적인 필요(Necessary Need)라는 점을 부정하지 않는다. 밀양 주민들 또한 다양한 송배전 선로에서 공급되는 전력을 '소비'하며 일상생활을 영위하거나 투쟁을 진행한다. 이를 근거로 일부 밀양 투쟁의 비판자들은 밀양 투쟁이 본인들을 포함하는 국민 모두의 필요 충족을 와해시키고 있는 '집단이기주의'의 한 현상일 뿐이라고 말한다. 혹은 이를 근거로 밀양 투쟁이 본질적으로 '위선'일 뿐이라고 비판한다. 그러나 이들의 주장과 달리 밀양 주민들이 부정한 것은 전력이 우리 모두의 일상생활을 위한 필수적인 필요라는 사실이 아니다. 밀양이 제기하는 것은 우리 모두의 필수적인 필요를 충족하는 대안적인 방식이 필요하고 또한 가능하다는 것이다. 인간을 척도로 하는 라틴아메리카의 대안 개발 전략을 연구한 맥스니프Max-Neef는 인간의 필요와 이 필요를 만족시키는 '충족기제'를 분리할 것을 요구한 바 있다. 인간 모두의 필수적이고 보편적인 필요가 존재한다고 하더라도 "그것의 충족기제, 즉 충족시키는 방법과 수단은 문화적, 지역적, 역사적 조건에 따라 달라진다"[280]는 것이다. 곧, 전력이 우리 모두의 필수적인 필요를 인정한다는 사실이 현행 전력에 대한 운영과 관리체계를 유일한 필요의 충족 수단으로 정당화하는 것은 아니다. 밀양이 제기하는 질문은 "공통자원의 약탈 없이 전력에 대한 우리의 필수적인 필요가 충족될 수 있는 방법과 수단은 무엇인가?"라는 질문이다. 곧, 우리가 필요를 충족하는 방법과 수단을 변형하자는 주장이다.

그리고 동시에 밀양의 요구는 국가 전력망 구축 과정에서 밀양만을 배제해달라는 요구가 아니다. 밀양 주민들이 제기한 핵심적인 문제는 내부 식민화의 과정을 동반하며 구축되는 국가 전력망 구축 사업에 내재된

'구조적인 부정의'의 문제이고, 이의 해결을 위한 국가 전력망의 '정의로운 전환(Just Transition)'이 필요하다는 점이다. 정의로운 전환은 원래 전 지구적인 생태위기와 기후변화가 촉발한 인류 공통의 위기에 직면하여 노동운동이 이 문제에 능동적으로 대응하기 위한 과정에서 창안된 개념이다. 정의로운 전환 운동은 1970년대 미국의 석유·화학·원자력 노동조합(Oil, Chemical and Atomic Workers, OCAW)에서 처음 출발했다. 이 운동을 제안한 토니 마조치Tony Mazzochi의 핵심 구상을 따르면 정의로운 전환 개념은 두 요소로 구성되어 있다. 생태위기와 기후변화에 대응하기 위해 경제체제를 현재의 화석 에너지 기반의 지속 불가능 경제체제에서 재생 에너지 기반의 지속 가능한 경제 체제로 전환 과정에 노동운동이 적극 참여하되, 이 과정에서 발생하는 전환 비용과 고통이 노동계급에게 일방적으로 전가되지 않는 전환의 구조를 만들어야 한다는 것이다. 이는 OCAW가 석유, 화학, 원자력 등 현재의 생태위기와 기후변화를 악화시키는 산업구조에 기반을 둔 노동조합임을 염두에 둘 때 보다 더 잘 이해된다. 왜냐하면 OCAW에 속한 노동자들이 경제체제의 전환 과정에서 심각한 위기에 직면할 수도 있기 때문이다. 이 때문에 정의로운 전환의 주요 목표는 "임금, 혜택, 노동기간의 손실 없이 고용이 지속되는 것"을 포함한다. [281] 그러나 정의로운 전환의 개념엔 초기 제안을 넘어서는 보다 포괄적인 함의가 존재한다. 현행 체제에 내재된 구조적인 부정의를 전환하는 과정이 '정의'의 원리에 기반을 둔 전환일 때에만, 또 다른 구조적인 부정의를 산출하지 않는다고 말하고 있기 때문이다. 이에 정의로운 전환 개념을 보다 적극적으로 확장한다면, 이 개념은 구조적인 부정의를 발생시키면서 현재 작동하고 있는 에너지체제의 전환 과정이 전체 사회의 모든 구성원 간에 자유, 평등, 연대의 원리를 보다 확장할 수 있는 방향으로 진행될 것을 요구하는 일련의 운동 일반에 적용할 수 있다. 정의로운 전환의 개념 확장과 이 개념을 통해 전력 문제에 접근하는 과정은 2013년 8월 4일 만들어진 '정의롭고 지속가능한 전력시스템을 위한 초고압 송·변전 시설 반대 전국 네트워크'에서 직접 확인할 수 있다. 밀양 투쟁은 2009년부터 이미 국가 전력망 구축을 위한 송전 선로 건설 과정에서 동일한 문제에 직면하고 있던 경기 광주·가평, 충남 당진, 전남 진도, 경남 창녕 등이 참여하는 '송전탑 건설 반대 전국연합회' 등의 지역연대 조직을 구성해 왔다. 그러던 중 2013년 청도 각북면 삼평리, 달성 유가면, 북당진−신탕정, 울진 신화리, 구미 신동마을 등의 주민들과 지역 환경 운동 단체들이 연합해서 만든 약칭 '전국 송전탑 반대 네트워크'가 만들어진 것이다. 네트워크의 다음과 같은 결성 선언문의 내용은 밀양의 요구가 단지 밀양만의 요구가 아닌 현재 작동하고 있는 한국 전력계통 전체 체제의 정의로운 전환에 대한 요구임을 분명히 보여준다. "우리는 정의롭고 지속 가능한 전력시스템을 만들기 위해서, 그리고 우리 자신의 생명과 재산, 그리고 우리의 마을을 지키기 위해서 뭉치고자 한다."[282]

전력 소비의 과정에서 은폐되었던 전력의 생산과 분배 과정에 내재하는 내부 식민화의 문제가 밀양을 통해 전면화되었다. 모든 이가 전력의 소비자다. 그리고 이런 전력의 소비는 국가 전력망을 통해 이루어진다. 그런데 우리는 전력이 어떤 과정과 장소 그리고 무엇보다 누구와 관계하며 우리에게 도달하고 있는지 묻지 않았다. 전력의 소비는 생산과 분리되어 있기 때문이다. 그런데 밀양은 바로 은폐되어 있던 이 전력의 생산과 송전 그리고 분배 과정에 내재된 문제를 제기한 것이다. 밀양 투쟁과 함께 확산된 "전기는 눈물을 타고 흐른다"는 구호는 밀양의 투쟁이 밀양의 '위선'이 아닌 그동안 우리에게 은폐되어 있던 국가 전력망 구축 과정의 구조적인 부정의의 문제임을 말해 준다. 녹색당 공동운영위원장인 하승수는 밀양을 설명하면서 다음과 같이 말한 바 있다.

> "전기는 눈물을 타고 흐른다. 한마디로 우리가 쓰는 전기는 시골 주민들의 눈물과 고통이 섞인 전기다. 사람들과 뭇 생명들의 목숨을 담보로 쓰는 전기다. 발전 단계에서도 그렇고, 송전 단계에서도 그렇고, 너무 많은 문제를 일으킨 후 소비자에게 전달되는 전기다."[283]

그래서 밀양 투쟁은 단지 밀양만의 투쟁이 아니라 밀양을 포함해 제2, 제3의 밀양이 발생하지 않을 수 있는 국가 전력망에 대한 대안적인 관리 패러다임을 요구하는 투쟁의 속성을 지닌다. 눈물을 타고 흐르는 전기의 문제를 해결하기 위해서는 단지 밀양을 송전 선로 경과지 지정에서 해제하는 것만으론 문제가 풀리지 않기 때문이다. 만약 이렇다면 밀양의 눈물은 단지 다른 장소의 눈물로 치환되는 것일 뿐이다. 그래서 밀양 투쟁은 국가 전력망을 관리하는 현재의 패러다임과 정책 자체의 정의로운 전환을 요구한다. 이런 정의로운 전환의 핵심은 현재 국가 전력망 체계에서 분리되어 있는 전력의 생산과 소비의 문제를 다시 연결해 사유하는 것이다. 현행 국가 전력망 체계에서 전력 생산은 전력자본이 독점하고, 이의 송전과 분배는 정부와 한국전력이 독점한다. 곧, 전력의 생산–송전–분배 과정 모두 국가와 자본에게 위임되어 있고, 국민 일반의 권리로 승인된 것은 전력에 대한 소비뿐이다. 이런 체계하에서 국가는 전력자본과 전력 상품의 계약관계를 유지하면서도, 국민 일반의 필요 충족을 위한 공적 자원의 확보라는 차원에서 전력산업을 국책사업으로 규정할 수 있었다. 그런데 "전기는 눈물을 타고 흐른다"는 구호는 전력의 소비 과정에서 탈인격화되었던 '전력'의 사용에 은폐되어 있던 사회관계를 우리 눈앞에 다시 드러내 보였다. 곧, 인간과 분리되어 단지 나의 필요 충족을 위한 하나의 사물처럼 작동하고 있던 전력에 타자의 고통을 통해 '얼굴'을 부여한 것이다. 타자와의 관계를 통해 은폐되어 있던 전력의 생산 과정과 우리가 직면할 수 있는 가능성이 발생한 것이다.

타자와의 관계를 은폐하면서 전력을 '탈인격화'하는 이런 현상을 비판이론의 전통을 따라 '물화物化'라는 개념으로 포착할 수 있다면, 대안의 방향은 이런 '물화'의 경향을 넘어서기 위해, 타자에 대한 인정을 기반으로 타자와 함께 문제를 풀어나가는 협력과 연대의 방식이어야 한다. 이런 대안 관리의 방식에 대한 요청은 국가의 공적 자원으로서의 전력 관리 양식을 통해서도, 가격을 통해 관리하는 상품으로서의 전력 관리 양식을 통해서도 실현될 수 없다. 왜냐하면 전력이 공적 자원이나 상품으로 규정된다고 하더라도, 두 관리 방식 모두 생산과 소비의 분리를 전제하기 때문이다. 국가는 생산과 소비의 분리를 관료와 자본의 필요를 통해 매개하는 반면, 전력시장은 상품의 관계를 통해 물화의 기제를 그대로 재생산한다. 그래서 대안 관리의 방식에 대한 요구는 전력을 관리하는 국가와 시장의 이분법 안에서 해결될 수 없다. 이런 요청을 실현하기 위한 유일한 경로는 전력을 생산자와 소비자의 상호 주관적인 인정에 기반을 둔 공동 참여와 협력을 통해 민주적으로 공동 관리하는 패러다임을 통해서만 산출될 수 있다. 전력과 공통자원 기반 대안 패러다임이 조우하는 장소가 바로 여기다. 공통자원 기반 대안 패러다임은 전력을 공적 자원이나 상품이 아닌 제3의 충족 기제인 공통자원의 방식으로 충족할 수 있는 대안의 상상을 가능하게 하기 때문이다.

타자의 고통 없는 전력의 대안 관리 방식이 전력의 공통자원으로의 전환을 통해 충족될 수 있다는 이런 발상은 공통자원의 재생산이 또 다른 유형의 공통자원과 만나는 순환을 통해서만 안정적이고 지속적으로 이루어질 수 있다는 사실을 보여준다. 왜냐하면 공동체의 공통자원으로 관리하는 방식을 통해 전력에 대한 필요를 충족시킬 때만 또 다른 공통자원의 파괴를 방지할 수 있기 때문이다. 공통자원으로 전력을 관리하는 방식만이 마을과 장소라는 공통자원의 파괴 없이 전력에 대한 필요를 충족시킬 수 있다. 이런 대안 관리 패러다임 내부에선 공동체가 장소 공통자원과 전력 공통자원을 결합하고 관리하는 일차 단위로 부상한다. 이는 공동체에 대한 낭만적 환상을 유포하거나 혹은 공동체 그 자체가 자연 발생적으로 공통자원 간 갈등을 해결하는 조화의 능력을 보유하고 있다고 전제하는 것이 아니다. 이 과정은 공동체가 자신의 능력을 통해 타자의 고통 없는 전력의 대안 관리 방식을 위한 조건과 대항제도를 구축할 때 실현될 수 있을 뿐이다. 따라서 여기에서 공동체란 전통적인 공동체에 대한 규정 안에 통합되어 있는 요소들을 통해 규정되지 않는다. 공동체는 공통자원을 함께 공유하고 관리할 수 있는 능력을 보유한 집단을 말한다. 공동협력을 통한 공동생산과 관리의 체계가 존재할 경우에만 공통자원 기반 공동체의 정의가 유통된다.

공동체를 일차 단위로, 공동체의 능력 확장을 통해 공통자원과 공통자원을 연결하는 이런 순환을 만들어나가며 관리하는 방식을 '공통자원 생활체계(Commonfare)'라고 부른다.[284] 공통자원 생활체계는 공통자원의 유지와 존속뿐만 아니라 확대재생산 조건의 구축을 위해 공적 자원과 상품을 통해 조직화된 전체 사회의 필요−충족 체계를 공통자원의 생산−분배−소비로 대체해 연결하고 관리하는 체계다. 공통자원 생활체계는 공동체를 통해 매개되기 때문에, 인민은 인민 자신의 필요 충족 과정을 인민 자신의 능력을 통해 관리할 수 있게 된다.

이런 공통자원 생활체계라는 문제설정은 전력에 대한 필요를 기본 권리로 정의하는 에너지 기본권 혹은 에너지 복지체계(Energy Welfare)와 인간의 필수적인 필요로서의 에너지라는 규정을 공유하면서도, 그 실현 방식은 상이하다. 에너지 복지체계에 대한 구상은 에너지 빈곤 문제가 재발견되면서 하나의 대안으로 부상하고 있다. '에너지 빈곤'이란 전체 소득 중 광열비 등 에너지 비용 부담이 10% 이상인 상태를 말하는데, 현재 우리나라 전체 가구의 약 8%인 130만 가구가 이에 해당하는 것으로 추정된다.[285] 에너지 복지는 이런 상황을 반영해 일상생활의 유지와 존속을 위한 에너지의 필요를 전체 국민의 기본 권리로 규정하고, 이의 충족을 위해 국가가 에너지의 공적 할당과 지원을 확장할 것을 요구한다.

공통자원 생활체계는 이런 복지체계의 구상과 일상생활의 유지와 존속을 위한 '필요'에 대한 문제설정을 공유한다. 그러나 복지체계는 '충족'의 방식 자체가 인민의 외부에서 공급되는 방식에 의존하는 반면, 공통자원 생활체계는 에너지에 대한 필수적인 필요를 인민 자신의 관리와 통제로 실현할 수 있는 공동체의 구축을 통해 접근한다. 충족 메커니즘에 대한 관점이 부재하면, 복지의 실현 과정에서 요구되는 공적 자원의 생산 과정에 대한 민주적인 통제와 대안 관리 양식에 대한 문제설정이 소멸하게 될 위험성이 높다. 이런 관점에선 밀양의 문제가 전체 국민의 기본권 실현을 위한 정당한 희생의 장소로 다시 자리매김될 가능성도 존재한다. 기본권 발상이 '필요'의 충족을 위한 전통적인 국가의 공적 자원에 의존하기 때문이다. 공적 자원으로서의 전력 관리체계는 국가의 주권을 통해 전체 영토 내의 모든 장소와 공동체 그리고 인민을 국가 자신의 자원으로 전환하고자 하기 때문이다.[286] 국가의 주권은 모든 공동체의 권리보다 우선한다. 이 전력 관리체계 내에서는 공동체가 관리하는 공통자원에 대한 권리가 국가의 명령보다 일차적일 수 없다. 바로 이 때문에 전력과 공통자원의 결합을 매개할 수 있는 공동체의 권리가 국가의 전략 안에 통합되거나 하위체계로 존재할 뿐이다. 지역 공동체로서의 밀양을 강조하고자 할 때에는 공동체의 권리가 방어되는 것처럼 보이더라도, 밀양이 보유한 공통자원이 전체 국가의 발전을 위해 개발되어야 할 필요성이 제기되면 언제나 밀양의 공통자원에 대한 국가의 징수는 합법적으로 강제될 수 있는 것이다.

이와 달리 공통자원 생활체계에 기반을 둔 전력의 공통자원으로의 전환은 전력이라는 필수적인 필요를 해당 공동체의 공통자원인 장소의 고유성에 적합한 형태로 분산하는 것을 원칙으로 한다. 왜냐하면 공통자원에 대한 권리는 공통자원의 구체적이고 특이화된 속성에 부합하는 형태로 존중되고 실현되어야만 하기 때문이다. 곧, 공동체의 장소에 필요한 전력은 공동체가 재생산하고 있는 다양한 유형의 구체적이고 특이화된 속성에 부합해야만, 특정 공동체가 외부의 필요를 충족하기 위해 내부의 공통자원을 파괴하는 행위를 멈출 수가 있다. 모든 장소를 입지로 전환하는 객관적 외부성의 관점에서 장소에서 삶을 구축해나가는 실존적 내부성의 입장으로 장소에 대한 태도가 변화해야만 한다. 이는 단지 전력을 중앙 집중체계에서 분산 전력체계로 전환하는 것 이상이다. 왜냐하면 이 과정을 매개하는 공동체의 관리가 국가의 관리를 치환하는 과정이기 때문이다. 곧, 전력을 분산하고 국가가 관리하는 방식이 아니라, 공동체가 재생산하는 공통자원으로서의 장소에 적합한 각각의 구체적이고 특이한 전력계통을 공동체가 관리하는 방식에 일차적인 우위를 부여하고, 국가의 관리는 바로 이런 전력 공통자원의 전 국가적인 순환을 만들어내는 공통자원 생활체계의 하나의 층위로만 존재할 뿐이다.

전력의 공통자원으로의 전환을 장소의 고유성에 적합한 '분산'을 원칙으로 한다는 것이 모든 공동체를 에너지의 '자급'을 명분으로 고립시킨다는 뜻은 아니다. 장소는 불균등하다. 이 때문에 장소의 고유성에 따라 해당 공동체의 기본적인 필요 충족 실현에 필수적인 전력 공급을 해당 공동체 내부의 능력을 통해서만 실현할 수 없는 경우도 존재한다. 이에 따라 장소와 장소의 필요 충족 관계를 '연결'하는 국가의 공적 관리 방식 또한 요구된다. 그러나 이 지위는 공동체의 공통자원에 대한 권리하에 종속된 이차적인 지위로 존재한다. 오히려 국가는 공통자원의 장소 간 유통을 위한 공통자원의 하부구조의 건설자로 변형되어야만 한다. 이 점이 에너지 복지와 전력의 공통자원으로의 전환을 요구하는 공통자원 생활체계 발상의 핵심적인 차이이다.

또한 공통자원 생활체계는 전력 생산의 에너지원을 화석 에너지로부터 재생 가능한 에너지로 전환해야 한다. 왜냐하면 전력을 공통자원으로 전환하기 위해서는 또 다른 공통자원인 각 장소의 자연과 순환할 수 있는 형태여야만 하기 때문이다. 즉, 장소를 구성하고 있는 인간, 사회 그리고 자연의 요소와 관계들을 내파시키는 전력의 발전, 송전, 분배의 체계는 전력의 공통관리체계와 조응할 수 없다. 이를 실현할 수 있는 유일한 에너지원은 재생 가능한 에너지(Renewable Energy)뿐이다. 그렇지 않을 경우 다른 유형의 공통자원에 대한 권리는 부정된다. 동시에 화석 에너지에 기반을 둔 현재와 같은 대형 발전설비와 이의 송전과 분배를 위한 전국을 가로지르는 국가 전력망은 특정 장소에 기반을 둔 공동체의 민주적인 관리 능력을 넘어선다. 화석 에너지원에 기반을 둔 국가 전력망 전력 체계 자체의 내적 구조가 장소를 넘어선 국가 단위의 예측-공급 관리 능력을 요구하기 때문이다. 따라서 이 안에서 인민의 공적 자원에 대한 민주적인 통제 능력은 구조적인 한계에 직면할 수밖에 없다. 원자력 발전설비와 같은 전문공학기술이 집적된 발전설비에 대해 인민의 일상적이고 경험적인 지식은 제한적일 수밖에 없기 때문이다. 따라서 전력을 공통자원으로 전환한다는 것은 공통자원의 속성을 구현할 수 있는 인민의 민주적인 통제가 실현 가능한 에너지원으로 우리 모두의 전력에 대한 필요 충족 방식을 변경하는 과정을 포함해야 한다. 그러나 재생 가능 에너지로의 전환 과정 자체가 이의 실현을 보장하는 것은 아니다. 재생 가능 에너지로의 전환을 또 다른 산업의 동력으로 전환하고자 하는 에너지 산업화 전략에서 알 수 있는 것처럼, 재생 가능 에너지가 자본 축적의 논리와 결합될 수도 있기 때문이다. 재생 가능 에너지로의 전환은 인민이 민주적으로 통제할 수 있는 단위와 규모에서 인민 자신의 필요 충족을 제1원리로 하는 조직 형태를 통해 실현되어야 한다.

이 때문에 이런 전환 과정은 전력을 공통자원으로 관리 운영할 수 있는 "지식" 또한 또 하나의 공통자원으로 통합할 것을 요구한다. 반대로 말한다면 인민의 집합적인 협력을 통해 생산 관리할 수 있는 지식에 적합한 형태로 전력설비가 제작되고, 이 전력설비의 제작과 운영에 관한 모든 지식들에 인민이 자유롭게 접근 가능해야 한다. 전력설비의 제작 과정에 투입되는 필수 불가결한 전문 공학기술 과정이 존재한다고 하더라도, 이를 담당하는 전문가는 전력설비를 설계 운영하는 능력을 인민에게 양도하기 위해 노력해야 한다. 이 과정은 인민을 위한 전문공학기술이 아니라 인민 자신의 전문공학기술이 될 수 있도록 하는 "오픈 디자인Open Design"의 원리에 의해 작동해야 함을 의미한다. 화석에너지와 원자력에너지에 기반을 둔 국가 전력망이 민주화되기 어려운 원인의 하나는 이의 관리를 위한 기술에 내재된 복잡성 때문이다. 전력의 생산과 분배 유통 과정이 인민이 접근하기 힘든 전문공학기술을 통해 매개되기 때문에, 이 과정 전체가 전문공학기술의 유일한 담지자로 규정된 관료와 전문공학기술 집단, 그리고 이들을 결합시킬 수 있는 이해관계를 제공할 수 있는 국가와 자본에 위임되는 현상이 발생한다. 김현우가 에너지의 유형과 민주주의의 관계를 분석하면서 말한 것처럼, "핵발전이라는 거대하고 위험한 기술이 가질 수밖에 없는 불투명성과 비민주성"이 존재한다.[287] '오픈 소스Open Source' 패러다임은 전력설비의 생산과 관리에 내재된 전문 공학기술로부터 발생하는 문제에 대한 대안 패러다임을 제공할 수 있다. 오픈 소스 패러다임이란 "생산물의 디자인 혹은 청사진 등에 모든 이의 자유로운 접근과 활용의 권리를 인정하는 철학이자 디자인과 청사진 등의 지속적인 개선과 보편적인 분배를 할 수 있는 권리를 보장하는 철학"[288]을 말한다. 이런 오픈 소스 패러다임에 기반을 둔 전력계통의 재구성은 인민들에게 전력계통을 직접 관리할 수 있는 지식을 제공할 수 있다. 이미 오픈 소스 패러다임에 기반을 둔 재생 가능 에너지 프로젝트의 디자인이 발생하여 작동하고 있다. 'Onawi'라는 단체는 모든 이들이 자유롭게 접근하고 활용할 수 있는 풍력발전 모델의 디자인을 만들기 위해 노력하고 있고, 'Riversimple'이란 단체는 수소 자동차를 만들 수 있는 디자인을 공개하고 있다. 이뿐만 아니라 공동체가 에너지를 관리할 수 있는 소프트웨어 또한 만들어져 있다. 'OpenEnergyMonitor'라는 프로그램은 특정 공동체가 자신의 에너지체제뿐만 아니라 이와 관련된 사항들을 손쉽게 관리할 수 있는 도구다.[289] 이런 하드웨어와 소프트웨어 모두의 공유를 위한 오픈 소스 패러다임과 기술의 접합을 '오픈 소스 테크놀로지Open Source Technology'라고 부르는데, 이 두 유형의 지식은 공동체의 구성원들이 단순한 소비자를 넘어 전력설비의 디자인에 참여하는 동시에 이를 관리할 수 있는 기술을 공동체에 이양할 수 있는 하부구조가 된다.

이런 하부구조 위에서 스마트 그리드는 국가의 제안과는 다른 의미를 갖는다. 스마트 그리드에 대한 부정은 공급과 수요의 분리를 하부구조로 하는 가격 신호에 의한 전력시장 조절로 인한 것이지, 전력의 공통관리를 진행하는 다원적이고 중첩적인 분산전력체계를 디지털 테크놀로지를 통해 매개하는 과정 전체에 대한 부정은 아니다. 핵심은 전력시장의 조정이 아닌, 다원적이고 중첩적인 공동체의 필요를 조정할 수 있는 '가격' 이외의 디지털 테크놀로지가 존재한다는 사실이다. 이런 프로그램의 하나가 'OpenADR Alliance'다. [290] 인민들은 이 과정을 통해 자신의 장소에 적합한 재생 가능 에너지 기반 전력 설비의 설계와 운영 안에 참여할 수 있다. 동시에 공통자원으로서의 지식을 요구한다는 것은 단지 전문공학기술의 공통자원으로의 전환만을 의미하지 않는다. 보다 중요한 것은 전력설비를 운영하고 관리하는 과정에 참여하는 인민들의 일상적이고 경험적인 지식들이 인민 모두의 집합적인 능력 확장을 위한 공통자원으로 공동체 자체에 의해 재생산될 수 있는 규범과 제도를 공동체가 창안하는 과정이다. 이런 일상적이고 경험적인 지식의 사회화를 통한 집합적인 지식의 축적 과정이 존재하지 않는다면, 전문공학기술의 공통자원의 전환은 그 의미를 상실한다. 왜냐하면 실제 운영하고 관리해야 할 주체인 인민의 집합적인 능력 자체가 존재하지 않기 때문이다.

이런 장소 기반의 분산 전력 체계, 재생 가능 에너지로의 전환, 그리고 이의 실현을 위한 오픈 디자인 기반의 지식 공통자원의 결합을 통해 전력을 공통자원 관리체계 안으로 통합한다는 것이 전력체계를 둘러싼 모든 갈등을 종식시키는 것은 아니다. 그보다는 오히려 전력계통의 구성

과정 전체를 다른 유형의 공통자원과의 관계에서 정의하고, 이를 공동체 구성원 모두의 민주적인 논의와 협력을 통해 공동 조정해나가는 갈등 관리의 양식을 전제한다. 이런 전제의 창출은 일회적인 과정으로 진행할 수 없다. 왜냐하면 이 과정은 전체 사회의 하부구조를 변화시키는 장기적인 과정일 수밖에 없기 때문이다. 엘마 알트파터의 조언처럼, 에너지 체제의 전환을 통해 전체 사회의 하부구조를 변화시키는 과정은 "권력을 장악하는 일회적인 과정이 아니라, 재생 가능 에너지 이용과 관련해서 모든 노동 형식과 생활 형식을 변화시키는 장기적인 계획"[291]을 요구한다.

물론 밀양에서 이런 전력에 대한 공통 관리체계의 모델이 직접 만들어지고 있는 것은 아니다. 전력의 공통관리 모델은 공통자원 기반 패러다임과 달리 공통자원에 대한 권리 실현을 위한 보편적인 제도와 이의 실현을 위한 정책의 차원[292]과 공통자원의 운영을 예시하여 이를 보편화할 수 있는 다양하고 중첩적인 미시적인 실험의 결합을 요구하기 때문이다. 그러나 밀양 내부에서 생산되고 있는 공통자원 기반 대안과 조우할 수 있는 공동체의 전력 공통자원 관리의 현실 모델이 밀양의 외부에서 창출되고 있다. 불완전하고 그 동력이 소진되기는 했지만, 지난 2003년 핵폐기물 처리장 건설을 반대했던 부안에서도 자신의 장소를 관리할 수 있는 대안 에너지 관리체계에 대한 실험이 진행된 바 있다. 지역 농민과 사회단체가 힘을 모아 "석유 없이 농사짓기"라는 대안적인 실험을 진행했다.[293] 이 실험이 갖는 의미는 부안 문제의 해결을 외부에 요구하는 것이 아니라, 부안 문제의 해결자로 부안을 제시하는 과정 자체에 존재한다. 밀양 또한 마찬가지다. 밀양 문제의 해결자로 밀양 문제 외부의 국가에 해결을 요구하는 정치와는 또 다른 층위에서 밀양 문제의 해결자로 밀양 주민 자체에게 권한을 위임하고 풀어갈 수 있는 능력을 부여하는 과정이 공통자원 기반 대안 패러다임 내부의 요청과 조응해야 한다. 밀양 외부에선 이를 위한 잠정적이지만 유의미한 대안적인 실험들이 이미 진행되고 있다. '동네 에너지' 운동으로 불리는 도시 동네 단위에서의 에너지 절약 운동이나 동네 단위에서 에너지 자급을 실현하기 위한 운동들이 출현하고 있다. 전북 부안 등용리에선 2003년 부안 방폐장 반대투쟁의 경험 속에서 한국에서 최초로 시민들이 만든 발전소가 건설되었다. 2008년 9월에는 대구에너지시민연대, 맑고푸른대구21추진협의회 등과 100여 명의 대구시민이 출자해서 주식회사 형태로 대구시민햇빛발전소를 만들었다. 이밖에도 태양열 발전을 통해 에너지를 자급하려는 노력들도 함께 진행되고 있다. 광주 신효천마을이나 목포의 태양광 아파트처럼 태양열 발전을 통해 일상생활에 필수적인 전력을 공급받는 방식이 출현한 것이다.[294] 이런 대안 에너지 운동들이 비록 현재 작동하고 있는 국가 전력망에 대한 대안으로 부상하는 데는 한계가 있다 할지라도, 이를 통해 미래를 물질화할 수 있는 대안의 방식을 실험할 수 있다. 이런 흐름 안에서 전력을 공통자원으로 전환할 수 있는 대항제도의 형식을 보여주는 잠재성을 지닌 보다 능동적인 대안은 재생 가능 에너지 기반 에너지 협동조합들이다. 재생 가능 에너지 기반 에너지 협동조합은 재생 가능 에너지를 어떻게 생산하고 관리할 것인가를 조합원들의 참여에 기반을 둔 민주적인 의사결정을 통해 공동 조정한다. 협동조합 이윤이나 전력 생산이 아닌 공동체 전체의 필요 충족을 위한 전력 생산 과정에 집중하며, 전력의 생산—유통—분배의 순환을 공동체가 귀속된 특정 장소의 구체적이고 특이한 속성에 맞추어 진행할 수 있다. 곧, 공동체가 공통 관리하는 다른 유형의 공통자원들인 마을, 강, 경관, 물, 건물, 바다 등을 파괴하지 않고 이들에 부과되어 있는 자연적인 한계와 공동체의 재생산을 위한 필요를 조율할 가능성을 지닌다. 재생 가능 에너지 기반 에너지 협동조합은 협동조합을 매개로 해당 장소의 구성원들이 공급자와 이용자로 만나지만, 동등한 협동조합의 조합원으로서 조합 운영과 관리에 참여한다. 바로 여기에서 교환을 위한 전력 생산이 아닌 공동체의 필요 실현을 위한 사용으로서의 생산과 공급자와 이용자의 공동관리라는 '공통자원'의 핵심 속성이 나타난다. 즉, 재생 가능 에너지 협동조합은 전력을 공동체의 공통자원으로 전환할 수 있는 하나의 대안 조직 원리가 될 수 있다. 그러나 협동조합이 전력을 공통자원으로 전환할 수 있는 유일한 형태의 조직 유형은 아니다. 전력을 공통자원으로 전환하는 과정에 필수적인 전체 구성원들의 참여에 기반을 둔 민주적인 의사결정과 공동 조정 기획과 전력의 생산—유통—분배를 조응시킬 수 있는 또 다른 유형의 대안조직들이 가능할 수 있기 때문이다. 핵심은 전력을 또 다른 공통자원들의 관리체계 안에서 파악하면서, 이를 공통 관리할 수 있는 다원적이고 중첩적인 대안조직들을 구성해내는 것이다. 협동조합은 이를 위한 오래된, 하지만 재발견된 상상의 하나일 뿐이다.

동시에 이런 전력의 공통자원으로의 전환을 위한 과정은 공적 자원을 통제하는 국가의 중앙 집중 관리체계 내부로 주민들의 '참여'가 실현되는 과정을 통해 함께 진행되어야 한다. 밀양의 문제가 민주화 이후 민주주의 국면에서 국가의 '민주화'의 실패로부터 기인한다는 점을 돌아볼 때, 이 점은 중요하다. 국가는 조직화된 폭력을 통해 인민에게 경제 외적 수단을 통한 부등가교환을 강제하면서, 인민의 부에 대한 "약탈"을 국가 전체 차원에서의 부의 정치적 재분배를 위한 '징수'의 과정으로 정당화했다. 곧, 인민의 부에 대한 징수를 통해 국가 전체의 공적 자원으로 변형한 이후 이를 재분배한다고 주장한다. 그러나 이 과정에서 인민의 참여는 배제되고 공적 자원의 정치적 재분배는 관료와 자본의 동맹에 기반을 둔 독점 관리 체계 내부의 논리를 통해 진행되었다. 이런 공적 자원의 정치적 재분배 독점 관리 체계의 민주적인 변형 없이 이루어지는 전력과 공통자원의 결합은 전력 공통자원의 창안과 안정적인 지속 가능성을 보장할 수 없을 뿐만 아니라 이를 주변화는 동시에 중심과 주변의 분리를 통해 현행 패러다임을 유지 존속할 수 있는 가능성을 증대시킨다. 따라서 공적 자원의 정치적 재분배 과정에 대한 개입을 통해 이 과정이 전력과 공통자원의 결합을 촉발하도록 하는 국가의 민주적 변형이 요구된다. 곧, 국가의 민주화를 공통자원의 창안을 위한 과정에 종속시키는 것이다. 장소를 둘러싼 공통자원과 공적 자원의 갈등은 이런 공통자원 기반 대안 창출을 위한 국가 내부의 민주적 변형과 국가 외부에서 공통자원을 관리할 수 있는 공동체의 능력 확장이라는 이중전망(Dual Perspective)을 통해서 민주적인 방향으로 전환될 수 있다. 이런 점에서 밀양 투쟁은 전통적인 민주화운동이나 공동체운동과는 그 결을 달리한다. 왜냐하면 전력과 공통자원 기반 대안과의 결합 요구 안에서 국가의 민주화에 대한 투쟁을 결합하고 있기 때문이다.

　일상의 필요를 충족하는 공통자원의 순환을 만들어내는 공통자원 생활체계의 구축은 자원을 국가와 시장의 이분법 하에 종속시키지 않으면, 자원이 파괴되거나 효율성 있는 관리가 이루어지지 않는다는 전통적인 조정과 관리 패러다임에 대한 대항 논리를 제공한다. 연대로 문제를 풀어나가는 공통자원 기반 대안 패러다임은 일상생활에 대한 결정 능력을 자기 외부의 대상에게 양도하지 않고 함께 참여하는 이들의 공동체 내부로 다시 불러들인다. 밀양이 국가 전력망 구축 사업에 저항하면서 일상생활에 대한 자율적인 통제의 권리를 요구할 때 그 안에 잠재된 가능성이 바로 이 필요-충족을 관리하는 대안의 방식이다. 그러나 물론 이는 하나의 잠재성일 뿐이다. 이런 잠재성이 현실화되기 위해서는 전력을 공통자원으로 전환하기 위한 구체적인 조건들과 대항제도가 구축되어야만 한다.

8장

운동들의 운동 :
전 지구적 공통자원 기반
대항 운동의 출현

8장

운동들의 운동 : 전 지구적 공통자원 기반 대항 운동의 출현

고병권은 뉴욕 월스트리트 점거 운동을 보고하는 《점거: 새로운 거버넌트》에서 다음과 같이 말한 바 있다. "당연한 이야기지만 뉴욕만을 주목하는 것은 역설적으로 뉴욕을 고립시키는 것이고, 이번 점거의 중요한 측면을 놓치는 것임에 틀림없다."[295] 밀양에도 동일하게 이야기해야 한다. 왜냐하면 밀양만을 주목하는 것은 역설적으로 밀양을 고립시키는 것이고, 밀양 투쟁의 중요한 측면을 놓치는 것임에 틀림없기 때문이다. 이는 단지 송전탑이 이미 건설되었거나 건설될 예정인 또 다른 지역들과 2013년 8월 밀양 주민들이 함께 만들어낸 '전국 송전탑 반대 네트워크'의 출범 때문만은 아니다. 물론 밀양에만 주목할 경우, 청도 각북면 삼청리나 달성 유가면 혹은 북당진−신탕정, 구미 신동마을, 울진 신화리 등의 또 다른 장소들의 밀양은 배제될 수 있다. 이는 역설적으로 밀양을 고립시킬 것이다. 그러나 밀양 투쟁은 단지 송전탑을 반대하는 장소들만의 투쟁이 아니다. 왜냐하면 밀양의 갈등은 한국 자본주의 산업화 과정을 통해 구조화된 인민과 자연에 대한 국가와 자본의 내부 식민화 과정 그리고 한국 자본주의의 신자유주의화 과정을 통해 더욱 증폭된 '공통자원'의 약탈 중 단지 하나일 뿐이기 때문이다.

한국 자본주의의 산업화 과정은 국가 주도의 '따라잡기 근대화' 전략에 입각한 수출주도형 산업화 과정이었다. 이를 위한 수단으로 국가는 수출을 위한 공업생산을 담당하는 산업자본의 발전과 축적을 위해 노동계급에 대한 권위주의적인 통제를 전개했다. 자본의 축적(Capital Accumulation)이란 자본의 이윤을 전부 소비하지 않고 자본의 규모를 늘리기 위해 이윤을 모아서 쌓는 것을 말한다. 자본의 축적은 자본주의 내부의 철의 법칙인 자본의 경쟁으로 인해 각 자본에게 강제되는 것이다. 다른 자본과의 경쟁에서 승리하기 위해서는 자본이 현재의 소비를 억제하고 이윤의 일부를 자본 자신을 위해 투자해야만 한다. 한국은 이런 산업자본의 축적과 자본주의 산업화를 위해 노동계급을 정치적으로 탈동원화하지만, 경제적으론 동원하는 양면전략을 구사했다. [296] 산업자본의 축적을 위해서는 국가와 자본의 산업화 전략을 방해하거나 이에 저항하는 노동계급의 정치세력화는 억압되어야만 했다. 동시에 노동계급은 산업화를 위한 동력으로 자본의 규율을 따를 수 있어야만 한다. 이 과정에서 국가는 자본과 임금노동의 외부에서 산업화 과정에 질서를 부여하는 주체로만 행위한 것이 아니라, "공장 내의 노동조건에 대한 궁극적 책임"까지 떠맡아 개별 자본이 해야 할 과제의 일부를 수행했다. [297] 이로 인해 1960년대와 1970년대 동안 이루어진 고도의 산업화 과정에서 산업화 과정을 방해할 만한 중요하고도 대규모적인 어떤 노동투쟁도 발생하지 않았다. 동시에 당시 제조 산업과 공산품 수출 분야에서 일하고 있는 노동계급에겐 장기간의 저임금 정책을 강제할 수 있었다. 저임금은 수출주도형 산업화 전략의 숨겨진 비밀이었다. 왜냐하면 노동자들의 저임금 없이는 국외 시장의 경쟁에서 승리할 수 없는 동시에 한국 산업자본의 축적 과정 역시 방해받았을 것이기 때문이다. 이 모든 과정은 국가의 조직화된 폭력의 개입 없인 불가능했다. 그런데 국가의 조직화된 폭력의 개입을 산업화에 동원되었던 임금노동계급만으로 한정하게 되면, 산업화에 필수적인 자본 축적을 위해 동원되었던 또 다른 유형의 축적 전략이 은폐되게 된다. 자본 축적을 위한 선행 조건으로 '시초 축적(Primitive Accumulation)' 국면을 제시하는 마르크스의 분석은 바로 이런 또 다른 유형의 축적 전략을 가시화할 수 있는 가능성을 제공한다.

'시초 축적'이란 자본과 임금노동 관계를 전체 사회의 일반 관계로 전환시킬 수 있는 조건을 형성하는 역사적인 단계 혹은 국면을 일컫는다. "자본주의가 무엇인가?"라는 질문에 답하는 것은 쉬운 일은 아니지만, 화폐에 기반을 둔 상품시장이 자본주의 이전에도 존재했다는 사실을 떠올릴 때 자본주의를 다른 생산양식과 구별시켜주는 핵심 요소는 바로 자본가와 노동자가 맺는 고용관계, 즉 자본과 임금노동 관계가 된다. 이런 관점에서 본다면 자본주의로의 전환이란 자본과 임금노동의 관계를 전체 사회의 보편적인 고용 관계로 만들어내는 과정과 동의어가 된다. 그런데 이런 자본과 임금노동 관계가 발전하기 위해서는 자신의 노동력을 상품으로밖에 팔 수 없는 노동자가 존재해야만 한다. 또한 생산수단을 소유하고, 이를 매개로 노동자들을 고용하여 결합시킬 수 있는 능력을 지닌 자본가가 존재해야만 한다. 환언한다면, 노동계급과 자본계급이 형성될 수 있는 조건이 만들어져야만 한다. 이 두 조건을 만들어내는 역사적 과정을 마르크스는 《자본》에서 '시초 축적'이라고 불렀다. '시초 축적'이란 "자본주의적 축적에 선행하는 '본원적' 축적(애덤 스미스가 말하는 '선행적 축적'), 즉 자본주의적 생산양식의 결과가 아니라 그 출발점으로서의 축적"[298]을 말한다. 마르크스는 이 개념을 통해 '자유로운 노동자'의 출현 과정을 분석한다. '자유로운 노동자'란 노예나 농노와 달리 직접 생산수단의 일부가 아니다. 노예나 농노는 독립적인 자율성을 보유한 한 개인이 아니라, 주인의 생산 명령을 관철하는 생산의 수단이었다. 따라서 노예나 농노로부터 해방되지 않고서는 자신의 노동능력을 자유롭게 판매할 수 없었다. 곧, 인간이 '직접 생산수단'의 일부로부터 해방되어야 한다. 또한 '자유로운 노동자'는 자신의 노동능력을 실현할 생산수단이 결핍되어 있어야만 한다. 왜냐하면 자신의 생산수단을 소유하고 있다면, 그 생산수단을 활용하여 자신의 생활수단을 만들어낼 수 있기 때문이다. 이런 두 조건이 만날 때, '자유로운 노동자'와 생산수단을 소유한 자의 교환이 발생한다. 이 과정은 이중과정이다. 왜냐하면 자신의 노동능력을 상품으로 교환할 수 있는 자유의 과정인 동시에, 임금노동 없이는 자신의 노동능력을 실현할 조건을 보유하지 못하는 과정이기 때문이다. 곧, 생산수단이 결여되어 있기 때문에 노동자는 노동능력은 보유하지만, 자신의 노동능력을 통해 자신의 일상생활을 유지 존속하기 위한 필요를 충족할 수 없다. 이 때문에 마르크스는 이런 '시초 축적' 과정을 "생산자와 생산수단의 역사적 분리" 과정이라고 정의한다. 노예와 농노와 같이 토지에 귀속된 생산수단의 일부로 한 개인이 존재할 경우, 노예와 농노는 직접 생산자의 위치를 점유한다. 그러나 직접 생산자의 위치에서 임금 노동자로 전환될 때, 한 개인은 생산수단과 분리되면서 자신의 생존을 보장해주던 모든 권리를 동시에 박탈당한다. 곧, 생존수단의 박탈 과정이 동반된다. 마르크스는 이런 생존수단의 박탈 과정이 "피로 얼룩지고 불길에 타오르는 문자로 인류의 연대기에 기록"된 '수탈'의 역사라고 말한 바 있다. 마르크스는 이 과정을 추적하기 위해 "대량의 인간이 갑자기 폭력적으로 자신의 생존수단에서 분리되어 보호받을 길 없는" 임금노동자로 전환되는 사건, 곧 영국에서의 '인클로저' 사건을 추적한다. 왜냐하면 농민으로부터 토지를 수탈하는 과정이 이 전체 과정의 기초를 이루고 있기 때문이었다. 인클로저를 통해 토지로부터 추방된 대량의 농민들은 빈곤뿐만 아니라 생존 그 자체의 문제에 직면해야 했고, 그 결과 자본이 부여한 또 다른 유형의 종속관계, 곧 고용 관계 안으로 걸어 들어갈 수밖에 없었다. 마르크스는 "그것이 '본원적'으로 나타나는 까닭은 그것이 자본 그리고 자본에 맞는 생산양식의 전사를 이루기 때문이다"[299]라고 썼다.

　영국과는 역사적인 시기나 모습이 다르지만 한국에서도 자본주의 발전의 선행 조건을 만들기 위한 '시초 축적' 과정이 존재했다. 이런 시초 축적 과정은 단기간에 이루어진 사건은 아니었다. 시초 축적 과정은 1910년대 일본 식민지배하의 산업화 과정에서 출현하여, 1960년 전후까지 진행된 역사적인 과정이었다. 특히 산업화에 필수적인 노동력의 공급을 위해 1950년대부터 지속적인 농촌의 저발전 혹은 와해 전략이 구사되었다. 도시 노동계급의 임금상승을 억제하기 위해서는 곡식의 가격을 꾸준히 낮은 수준에 묶어둘 필요성이 있었고, 이 때문에 농촌의 자작농은 만성적인 빈곤 상황에 직면해야 했다. 이런 상황으로 인해 농민들과 그 자녀들은 농촌을 떠나 도시로 이주하지 않을 수 없었는데, "경제정책 입안자들과 기술 관료들은 이 막대한 잉여 노동력을 수출산업의 촉진을 위한 '비교우위'의 요소로 파악했다."[300] 당시 농촌에서 도시로의 인구 이동은 엄청난 것이어서 1962년과 1967년 사이에만 이농 인구가 700만 명에 달했다. 도시로 유입된 이농 인구는 마르크스가 말하는 공장에서 직업을 구해야만 하는 '산업예비군'이 되었고, 산업자본은 이런 산업예비군을 통해 노동과정 내부를 통제하는 동시에 저임금을 노동에게 부과할 수 있었다. 이런 '시초 축적'은 임금노동을 통한 자본의 축적 전략과는 달리 국가의 불균등 발전 전략에 입각한 "약탈"을 통한 축적의 방법으로 진행된다. 농촌의 부富를 사실상 국가가 "약탈"하여 도시의 부로 재분배하는 과정을 통해 전개되었기 때문이다.

그런데 농촌으로부터 인간을 분리하는 과정을 통해 진행된 한국의 시초 축적 과정이 단지 임금노동자의 형성 과정에만 등장한 것은 아니다. 마르크스는 '시초 축적'을 생산수단으로부터 분리된 생산자들이 임금노동자로 전환되는 과정에 초점을 맞추었다. 그러나 자본주의는 자본 관계의 확대재생산에 들어가는 비용을 절감하기 위해, 자본 관계의 확대재생산 과정에 필수적인 요소들 또한 자본관계 외부로부터 '약탈'하기 때문이다. 남성 노동자의 자본 종속 과정에 투입되는 비용을 절감하기 위해 필요했던 여성의 재생산 노동의 무급화가 그 대표적인 예이다. 여성의 가사노동이 존재하지 않았다면 자본 관계는 유지 존속될 수 없었다는 점에서 여성의 무급노동은 자본주의 확대재생산을 위한 필수적인 구성요소였다. 또 다른 자본관계 외부의 약탈은 '자연' 그 자체였다. 마르크스는 토지를 생산수단의 관점에서 파악했지만, 시초 축적 개념과 관련해서는 토지에 대한 약탈을 자본 관계의 구성이란 관점에서만 접근했다. 그래서 이 과정에서 자본주의 노동대상인 토지, 삼림, 자연자원 등에 가해지는 파괴 과정 자체에는 주목하지 않았다. 또한 직접적인 노동대상이 아닌 자연자원의 파괴, 곧 공해로 인한 공기오염 등과 같이 자본주의의 확대재생산을 위해 발생하는 현상들을 '시초 축적'이란 개념을 통해 포착하지는 않았다. 그러나 생산비용의 절감을 위한 여성 노동의 무급화와 같은 노동의 위계적인 조직화뿐만 아니라 자연자원의 파괴를 통한 내부 생산요소와 외부 생산요소로의 전환 과정은 자본 축적의 유지와 존속을 위한 자본주의의 필수적인 전제라는 점에서 마르크스의 '시초 축적' 개념을 통해, 마르크스를 넘어 자본 축적 과정의 동학을 파악하는 하나의 개념으로 확장될 수 있다.

이런 '시초 축적' 개념의 재정의는 마르크스의 '시초 축적' 개념의 한계를 넘어 자본 축적 과정을 파악할 수 있도록 돕는다. 마르크스는 '시초 축적'을 자본주의 발전의 선행 단계로 생각했다. 이 때문에 자본주의 발전이 진전되면 '시초 축적'의 방식은 소멸하거나 주변화될 것이라고 파악했다. "이 지점에 큰 오류가 있다. 시초 축적의 가장 폭력적인 측면들이 오늘날을 비롯하여 자본주의 지구화의 모든 국면마다 나타"나기 때문이다.[301] 왜냐하면 자본주의의 '조건'을 만들기 위해서는 자연과 인간을 분리하고, 자연과 인간 모두를 자본 축적의 '자원'으로 전환해야만 하기 때문이다. 곧, 자본의 축적을 가속화하기 위한 조건 하에 인간과 자연 모두가 '생산요소'가 되거나 생산요소의 확대재생산을 위한 비용을 절감하기 위해 생산과정에 종속되어야만 한다. 이런 관점에서 본다면 밀양은 이미 한국 자본주의의 시초 축적 과정의 산물인 동시에, 시초 축적 과정으로부터 발생한 모든 약탈의 공통의 이름일 것이다.

한국의 자본주의 산업화는 그래서 임금노동을 통한 축적 이외에도 "약탈을 통한 축적"으로 자신의 하부구조를 지속적으로 확대재생산했다. 동시에 임금노동을 통한 축적 전략과 함께 한국 산업의 하부구조를 만들어온 이런 "약탈을 통한 축적"의 방식은 한국 자본주의의 신자유주의화와 함께 전면화된다. 데이비드 하비David Harvey가 분석한 것처럼, "신자유주의화의 본질적이고 주된 업적은 부와 소득의 창출보다는 재분배에 있었다."[302] 이 재분배의 핵심 수단으로 국가의 조직화된 폭력의 개입하에 "약탈"의 방법이 전면에 부상한 것이다. 신자유주의의 핵심 요청의 하나인 "모든 것의 상품화"는 상품의 윤리−정치적인 경계를 해체하고 노동, 토지, 화폐에 대한 규제를 제거하여 상품화의 원리를 극한으로 치닫게 하는 동시에 상품이지 않았던 대상을 상품화해 시장의 신호에 따라 분배될 수 있는 대상으로 전환하고자 했다. 이 과정에서 인민들은 자신들의 정체성의 일부이자 일상생활의 유지와 존속을 위해 필수적인 자신의 장소로부터 '추방'당하거나 장소와 분리되는 상황에 직면했다. 신자유주의의 "약탈을 통한 축적"의 방식이 전체 사회의 재생산의 하부구조인 다양한 제도와 장치들을 자본 축적에 종속된 장소로 전환시켜 내면서 "삶–장소"의 박탈이 전체 사회로 확산된 것이다. 바로 이런 "삶–장소"로부터 분리되거나 "삶–장소"로부터 뿌리 뽑혀 나가는 과정에 저항하는 모든 인민들의 투쟁 안에 밀양의 투쟁이 '반복'된다. 장소는 다르지만 삶을 방어하기 위한 또 다른 밀양들이 출현하고 있는 것이다.

삶–장소를 둘러싼 투쟁의 핵심 형식이 장소에 대한 '점거'라는 점을 다시 환기한다면, 또 다른 밀양이 어떻게, 얼마나, 어디에서 만들어지고 있는가를 알기 위해 행할 수 있는 방법의 하나는 점거가 전체 사회에 얼마나 확산되고 있는가를 확인하는 방법이다. 대학생들은 학교 측의 구조조정에 반대하며 총장실을 점거 농성한다. 전국철도노동조합 철도노동자들은 철도의 공공성을 방어하기 위해 국회의원실을 점거 농성한다. 해고 위기에 놓인 부산 신라대 청소용역 노동자들은 대학 건물 옥상과 이사장실 앞 로비를 점거한다. 한국수자원공사 비정규직 노동자들도 해고에 대항해 정당 사무실을 점거한다. 티브로드 비정규직 노동자들은 태광 본사에서 점거농성을 했다. 경상남도가 진주의료원 폐업 신고 이후 폐업 절차를 밟자 진주의료원 노동조합은 점거농성을 시작했다. 부산 민주공원에 대한 예산 삭감이 이루어지자 민주공원 노동조합은 민주당 당사에서 점거농성을 진행했다. 현대자동차 울산공장에선 비정규직의 정규직화를 요구하며 송전 철탑에서 점거농성이 진행됐다. 점거의 장소는 다르고, 그 원인도 다양하다. 그러나 이 모든 점거 투쟁을 관통하는 하나의 공통성이 존재한다면, "장소와 인민의 분리"라고 할 수 있다. 노동자는 공장에서 추방당하고, 농민은 토지와 분리된다. 학생은 대학과 분리되고,

공원이나 병원 등과 같이 모든 인민이 접근할 수 있고 사용할 수 있는 공적 자원들에 대한 투자는 철회되거나 삭감된다. 곧, 모든 장소에서 "구조조정(Restructuring)"이란 이름으로 인민을 분리시키는 장소의 "재구조화"가 발생하고 있는 것이다. 인민과 분리된 장소는 빈 공백으로 남는 것이 아니라 자본 축적을 위한 장소로 변형된다. 인민으로부터 장소를 "탈영토화"하고 자본 축적의 운동 안으로 장소를 "재영토화"하는 것이다. 이러한 과정에서 국가가 결정적인 역할을 했음은 분명하다. 왜냐하면 국가는 모든 장소에 대한 규정을 독점하는 조직화된 폭력이기 때문이다.

밀양은 이런 관점에서 본다면 단지 국가의 직접적인 폭력 행사와 직면한 하나의 사례일 뿐이다. 인민의 일상생활을 재생산하는 데 필수적인 장소들로부터 인민이 분리되는 과정은 인민의 일상이 안토니오 그람시가 말하는 '유기적인 위기(Organic Crisis)'의 상황에 직면했음을 말해 준다. 그람시는 전체 사회에 대한 특정 집단의 지배 재생산이 '위기'에 직면해 전체 사회의 재구성 없인 지배의 유지와 존속이 불가능할 때를 '유기적인 위기'라고 표현했다. [303] 그러나 '유기적인 위기' 개념의 또 다른 차원은 인민의 일상생활의 재생산이 해체되는 과정이기도 하다. 왜냐하면 인민의 필수적인 필요를 충족시킬 수 없는 전체 사회에 대한 지배의 위기가 곧 '유기적인 위기'로 나타나기 때문이다. 인민의 입장에서 정의되는 '유기적인 위기'란 인민의 일상생활을 구성하는 제도 전체가 다시 구성되지 않고서는 인민의 필요가 충족될 수 없는 위기를 말한다. 곧, 위기의 해결을 위해서는 전체 사회의 질서가 재구성되어야만 하는 위기가 '유기적인 위기'다. 점거 투쟁을 통해 잠정적인 '합의'가 도출될 수 있지만, 이는 '위기'를 다른 '위기'로 치환하는 위기의 치환이기 쉽다. 왜냐하면 삶의 운영에 필수적인 장소에 대한 권력이 인민 자신의 내부로 귀속된 것이 아니라, 인민의 외부 대상인 국가와 자본에 귀속되어 있기 때문이다. 자본과 국가는 자본 축적을 위해 언제나 인민을 자체의 목적 실현을 위한 수단으로 도구화할 가능성이 있다. 1,895일간의 투쟁을 전개한 비정규직 노동자들과의 합의를 파기한 기륭전자는 바로 이런 모습을 보여준다. 2005년 휴대폰 문자로 통보된 '해고' 통지 이후 시작된 기륭전자 노동자들의 투쟁은 2010년 11월 1일 국회에서의 노사합의를 통해 종결되는 듯 했다. 그러나 회사의 경영상황 악화로 직접 고용 시기가 늦춰졌고, 2년 6개월이 더 지난 2013년 5월 1일 노동자들은 작업현장으로 복귀할 수 있었다. 그러나 복귀 이후 8개월간 업무 대기 상태가 이어졌고, 기륭전자는 노동자들에게 월급과 4대 보험 등을 지급하지 않았다. 급기야 기륭전자 최동렬 회장은 2013년 12월 30일 노동조합 몰래 사무실을 이전하고 도주했다.[304] 바로 이 때문에 인민이 일상생활에 대한 직접적인 통제 능력을 확보하는 방법으로 전체 사회가 재구성되지 않고서는 인민의 '위기'가 해결될 수 없다. 현재의 '위기'가 '유기적인 위기'인 이유다.

점거가 장소의 '점유'를 통해 장소를 소유한 권력에 대한 저항이라는 점에서, 점거 그 자체는 자본과 국가의 구조 조정으로부터 발생하는 유기적인 위기에 대한 방어적 대응이다. 그러나 동시에 점거의 과정을 통해 인민은 해당 장소의 재생산 과정에 참여하고 있는 인민의 실천을 근거로, 장소를 지배하고 있는 권력의 재구성을 요구한다. 인민은 장소를 '소유'하고 있지는 못하지만, 장소의 재생산은 인민의 실천에 의존한다.

인민은 함께 장소를 만들어나간다. 학생은 대학을 소유하지 않지만 대학에 참여하는 주체의 하나로 대학을 함께 만들어간다. 대학의 청소노동자 또한 마찬가지다. 노동자는 공장을 소유하지 않지만 공장을 함께 만들어왔다. 장소의 재생산이 장소에 대한 책임을 공유한 인민의 집합적인 실천에 의존하고 있다는 이 사실이 인민이 장소에 대한 권리를 주장할 수 있는 근거가 되었다. 장소와 결합한 인민이 동시에 자유민주주의가 보장하는 법−권리를 보유한 시민이기도 하다는 사실은 점거의 동력이 되지 못했다. 왜냐하면 "약탈을 통한 축적" 과정은 언제나 현행 권리의 파괴 혹은 권리의 상실 과정과 함께 진행되었기 때문이다. "약탈을 통한 축적"은 자유민주주의의 권리체제(Regime of Rights)를 자본 축적에 필요한 일단의 권리들은 방어하고, 그 외의 권리들은 파괴하는 변형 과정을 동반했다.[305] 사적 소유와 이윤 동기 그리고 자본 축적을 강화하는 데 적합한 권리들은 방어되었지만, 다른 권리들이 소유, 이윤, 축적과 대립할 경우 그 권리는 인정되지 않고 파괴되었다. 점거는 이런 점에서 권리를 박탈당한 인민들의 투쟁이었다. 그러나 이 과정에서 인민들은 자신을 삶의 장소로부터 추방하고 있는 사회관계를 정당화하고 있는 특정 권리에 대해 도전하면서 이 권리에 대항할 수 있는 다른 권리를 창안하고 있다. 이 '권리'의 근거는 장소의 재생산에 참여하는 인민의 집합적인 실천이다. 그래서 점거는 단지 특정 요구 사항을 관철하기 위한 '요구의 정치(Politics of Demand)' 수단, 곧 물리적인 장소의 점유만은 아니다. 점거 안에는 '그들'의 권리에 대항하여 '우리'의 권리를 창안하고 이에 대한 권리 인정을 획득하기 위한 권리와 권리의 투쟁이 존재한다. 곧, '창안의 정치

(Politics of Creation)'가 점거 안에 존재한다. [306]

장소의 재생산 과정에 '참여'하고 있는 인민의 집합적 실천이 권리의 근거라면, 장소를 지배하고 있는 권력체계의 민주적인 변형을 위한 권력체계 내부로의 인민의 참여는 점거의 요구를 실현하기 위한 핵심 전제다. 따라서 점거 투쟁은 장소를 인민과 분리된 국가의 소유나 인민과 분리된 자본의 소유로의 전환, 곧 인민을 배제하는 배타적인 독점 상태로 전환하는 것에 반대하며 이에 대항한다. 따라서 '참여'의 요구는 장소의 권력 관계 변형을 동반할 수 있다. 물론 '참여'의 요구는 장소에 대한 권력의 재분배 없는 물질급부(Provision)의 재분배로 귀결되거나, '자문'과 같은 형태로 장소에 대한 개입 능력을 박탈당한 요소로 형식화될 수도 있다. 혹은 참여의 과정이 인민 자신을 파괴하는 과정에 대한 동조 과정으로 전유될 위험도 존재한다. 그럼에도 권력 관계 내부의 변형을 위한 '참여'의 권리 확보는 장소에 대한 인민의 결정 능력을 강화하기 위한 필수적인 요청이다.

'참여'를 통한 권력 관계 내부의 민주적 변형에 대한 요구는 인민의 집합적인 실천을 통해 장소가 재생산된다는 입장에 근거한다. 이 입장은 장소에 대한 소유의 권리가 장소에 대한 결정 능력을 부여한다는 소유의 원리를 반대한다. 왜냐하면 소유의 권리 없이 인민이 귀속된 장소에 대한 권리를 주장하기 때문이다. 이 장소에 대한 권리 주창의 핵심은 인민의 실천을 통해 재생산되는 장소에 대한 인민의 자기결정의 원리가 소유의 원리보다 일차적이라는 것이다. 곧, 인민의 장소에 대한 권리를 통해 장소에 대한 소유의 권리의 경계를 재구성하거나 우선 권리를 역전시키는 것이다. 곧, 소유의 권리가 부차화된다. 장소에 대한 결정은 소유로부터 발생하는 것이 아니라, 이 장소를 재생산하는 과정에 참여하고 있는 인민의 집합적인 실천으로부터 발생한다. 장소는 인민의 공통자원이다. 공통자원으로서의 장소라는 문제설정이 인민의 참여 권리를 주창하는 근거가 된다. 반대로 말한다면 권력 관계 내부의 민주적 변형에 대한 요구는 공통자원에 대한 인민의 권리로부터 파생된 권리다. 그래서 파생 권리인 '참여'에 대한 권리가 권력 관계의 요소로 내부화될 때, '참여'의 권리와 공통자원에 대한 권리 사이에 갈등과 균열이 발생할 수 있다. 공통자원에 대한 권리는 참여의 권리를 공통자원의 재생산을 위한 권리로서만 인정하기 때문이다. 그러나 참여의 권리 일반이 소유의 권리체계 내부로 통합되는 것을 방치해서는 안 된다. 참여의 권리는 인민의 공통자원에 대한 권리를 확장할 수 있는 조건을 만들어낼 수 있기 때문이다.

삶-장소의 방어와 존속을 위한 점거 투쟁의 내부에서 권리투쟁의 근거를 제공하고 있는 공통자원으로서의 장소에 대한 인민의 권리라는 주장이, 밀양 투쟁뿐만 아니라 "삶-장소" 투쟁을 약탈에 대항하는 단순한 저항을 넘어, 미래를 물질화하기 위한 대안의 계기로 작동할 수 있는 요소가 된다. 이는 동시에 인민의 집합적인 실천의 방향을 보여주는 대항 규범의 역할을 수행한다. 왜냐하면 인민의 유기적 위기 해결을 위해서는 인민들의 삶이 이루어지는 장소가 인민 모두의 실천을 통해 재생산되는 인민 모두의 공통자원으로 전환되어야 한다고 주장하기 때문이다. 이런 관점에서 본다면 삶-장소에 대한 "약탈을 통한 축적"은 마르크스가 《자본》 제1권 24장에서 설명한 자본주의의 시초 축적의 핵심 과정의 하나인

"공유지" 인클로저의 반복으로 규정할 수 있다. 인클로저란 근세 초기의 유럽 특히 영국에서 영주나 대지주가 목양업이나 대규모 농업을 위해 미개간지나 공동 방목장과 같은 공유지를 사유지로 만든 일을 말한다. "약탈을 통한 축적"이란 장소의 재생산 과정에 개입하고 있는 인민 모두의 실천을 장소와 분리시킴으로써 장소를 자본 축적의 관계로 통합시키고자 한다는 점에서 공유지의 사유지로의 전환 과정과 동일하다고 말할 수 있다. 인클로저는 자본주의의 확대재생산을 위한 과정 일반에 언제나 등장하는 자본의 축적 전략이다. 일부 학자들과 활동가들은 자본주의의 시초 축적 단계에서 발생했던 인클로저와 구별하기 위해 공통자원이 인민과 분리되는 과정을 "새로운 인클로저(New Enclosure)"라 부르기도 한다. 그러나 그 핵심 원리는 동일하다. 인민 모두의 집합적인 실천을 통해 재생산되는 대상을 인민으로부터 박탈해 인민을 삶–장소로부터 분리시키기 때문이다. 이런 관점에서 본다면 삶–장소에 대한 투쟁은 공통자원의 인클로저에 대항하여 공통자원에 대한 권리를 확보하기 위한 인민들의 권리인정 투쟁이라 할 수 있다.

인클로저에 대항하여 공통자원에 대한 권리를 기반으로 인민들의 삶–장소를 방어하려는 운동은 단지 밀양이나 국내에서만 발생하는 현상이 아니다. 왜냐하면 "약탈을 통한 축적"은 전 지구적 경제의 불균등 발전 과정에 종속된 제3세계의 식민화에 내재된 요소이자, 1990년대를 경유하면서 전 지구적으로 확장된 신자유주의 프로젝트의 내적 운동 원리이기 때문이다. 제3세계의 식민화는 제1세계 부의 숨겨진 비밀이었다. 제1세계의 산업화는 식민지의 약탈을 통한 부의 전 지구적 재분배 과정을 통해 자신의 하부구조를 만들었기 때문이다. 그런 의미에서 밀양의 '내부 식민화'의 원형은 바로 여기에 존재한다. 그런데 제3세계 국가의 탈식민화 이후에도 자본주의의 확장 과정은 언제나 '식민화'의 과정을 요구했다. 동시에 자본주의의 신자유주의로의 전환과 함께 '장소'의 식민화 과정이 전 지구적으로 확장되었다. 이 과정을 보여주는 대표적인 사례가 2007년 여름 서브프라임 모기지가 붕괴하면서 금융위기 이후 폭발적으로 늘어난 '토지 투자'로 인한 농민의 토지 상실이다. 금융위기 이후 금융자본은 수익을 창출할 수 있는 '안전상품'을 모색하기 시작했다. 안전상품의 핵심 조건은 인간의 필수적인 필요의 대상이었다. 왜냐하면 그것 없이 생활할 수 없기 때문이다. 이 과정에서 옥수수와 밀 같은 기초 식량이 자본 투자의 대상이 되었다. "그들의 논리는 간단했다. 세계는 계속 먹을 테고, 세계 인구도 계속 늘어나리라는 것이었다. 식량이 점차 부족해질 것이고, 따라서 식량 가격은 끊임없이 오를 것이다."[307] 기초 식량에 대한 투자는 곧바로 이 식량을 생산하는 토지에 대한 투자로 연결되었다. 토지 투자는 토지관리를 매개하는 기업과 이에 투자하는 금융자본 그리고 이를 후원하는 국가들에 의해 폭발적으로 증가했고, 그 중심 대상은 전체 사회의 하부구조가 부족한 아프리카 대륙에 집중되었다. 전 세계에 걸친 토지 취득 프로젝트를 감시하는 한 단체에 의하면, 2007년 이후 최소한 4,500만 헥타르의 토지가 농민으로부터 특정 기업으로 소유 변경되었다.[308] 그러나 이런 '땅 뺏기(Land Grabbing)'는 단지 일면일 뿐이다.

이에 따라 전 지구적으로 '장소'에 기반을 둔 다양한 대항운동들이 출현했다. 이 대항운동들이 특정 '장소'를 기반으로 한다는 점에서 개별 운동 각각은 고립되거나 파편적인 것처럼 보인다. 하지만 운동과 운동이 연결되면서 만들어진 "운동의 운동(Movements of Movements)" 안에서 하나의 공통성이 발견되었다. 나오미 클라인Naomi Klein은 반지구화운동을 분석한 자신의 글에서 이런 "운동의 운동"의 특성을 다음과 같은 두 가지로 설명한 바 있다.[309] "삶의 모든 측면을 사유화하고 모든 활동과 가치를 상품으로 변형하는 것"에 대한 투쟁이며, 동시에 이 "운동의 운동"이 공유하고 있는 정신은 "공통자원을 다시 되찾자"는 운동이다.[310] 간단하게 말한다면 공동체의 장소가 자본 축적의 원리에 포섭되는 것에 반대하는 과정에서 공동체의 장소에 대한 인민 모두의 권리 대상으로 "공통자원"의 개념이 급부상한 것이다. 미국의 대학생들은 강의실에서 광고 추방 운동을 전개했다. 유럽과 미국의 활동가들은 거리를 "우리 모두를 위한 거리"로 만들기 위해 노력한다. 볼리비아 노동자들은 물 공급의 사유화를 막기 위해 투쟁했다. 프로그래머들은 인터넷을 공통자원으로 만들기 위한 다양한 실험을 전개하는 동시에, P2P교환을 통해 지적재산의 사유화에 대항했다. 농민들은 "세계는 팔 수 있는 것이 아니다"라는 구호를 내걸고 토지의 방어를 위해 투쟁했고, 생태운동은 자연은 인간 모두의 공통자원이라 선언했다. 음악가와 예술가들은 예술을 영리적인 목적이 아닌 인류의 공통자원으로 유지 존속시키기 위해 무엇을 해야 하는가를 고민하기 시작했다. 이런 경향은 물론 단 하나의 표현양식만을 갖는 것은 아니다. 때론 대중적인 시위 형태로, 또 다른 곳에선 토지 점거의 형태로, 그리고 또 다른 장소에선 연대경제의 구축과 다양한 형태의 협력

에 기반을 둔 공유 과정을 만들기 위한 실천으로 나타나기도 했다.[311]

이런 "운동의 운동" 내부에는 한국의 '외부 식민화'에 대항하는 운동들도 포함된다. 한국은 밀양을 만들어낸 동일한 방식으로 외국에서도 '밀양'을 만들어냈다. 다만 여기에 동원된 국가폭력은 한국의 국가폭력이 아닌 해당 국가의 폭력이었다는 점만이 다를 뿐이다. 권위주의와 민주주의의 구별 없이 한국 정부는 모두 해외 자원 '개발'에 대한 관심을 공유했다. 특히 권위주의에서 민주주의로 전환하면서 한국 정부의 에너지 관련 정책은 안정적인 에너지 도입 중심에서 적극적인 해외 에너지 개발로 전환되었다. 이 과정에서 한국의 에너지 관련 공기업과 사기업은 한국 정부와 결합해 해외 자원을 약탈했다. 포스코는 2005년 인도 오디샤 주 정부와 양해각서를 체결했다. 오디샤 주의 4,800헥타르에 제철소와 발전소, 철광석 광산, 거주지와 항구를 건설하는 내용이었다. 그런데 이를 위해 해당 지역을 헐값에 매입하고, 이곳에 거주하던 주민 3만여 명에 대한 강제 이주를 시도한 것이다.[312] 포스코가 투자하는 자가싱푸르 지역은 경제특별구역조치에 따라 토지소유권, 환경, 노동, 보호조항을 비롯한 다른 법률들이 모두 적용되지 않았다.[313] SK건설과 한국서부발전은 라오스 남부 팍송 지역에서 '세피앙−세남노이 수력발전 프로젝트'를 진행했다. 이 프로젝트로 인해 라오스 산간 벽지의 주민들은 장소에서 강제 이주 당하거나 삶의 방식의 급격한 변화로 기아 문제에 직면했다. 대우인터내셔널이 진행한 버마 슈웨 가스 개발 사례 또한 이런 한국의 '외부 식민화' 과정을 보여준다. 슈웨 가스전 개발 사업 과정에서 가스관이 지나는 지역에서 군대의 주둔, 토지 강제 몰수 및 강제 이주, 강제

노동, 고문, 납치, 살인, 약탈, 강간 등의 인권침해가 발생했다. 그러나 대우인터내셔널은 "사업이 국제적인 기준을 비롯하여 미얀마 법과 규제에 따라 이루어졌으므로 대우인터내셔널에 인권침해 책임을 묻는 것은 부당하다"는 입장을 견지했다.[314]

해외 에너지 자원에 대한 약탈만 진행된 것이 아니다. 한국 정부는 2009년부터 해외 농업 개발 사업에 적극 진출하는 전략을 가시화한 후, 2011년에는 해외농업개발협력법을 제정하고, 2012년엔 '해외 농업 개발 종합계획'까지 세웠다. 해외 농업 개발 사업은 현지 농민들에 대한 약탈로 연결되었는데, 특히 아프리카 자원을 둘러싼 약탈이 본격화되었다. 이를 가장 잘 보여주는 사례의 하나가 대우로지스틱스와 마다가스카르 정부의 토지 임대 협약 내용이다. 마다가스카르 정부는 전체 인구의 90%인 2,000만 명이 빈곤 상태임에도, 전체 농경지의 절반 이상에 해당하는 130만 헥타르를 대우로지스틱스에 99년간 무상으로 임대하는 계약을 체결했다. 대우로지스틱스는 이 토지를 활용해 수출용 옥수수와 팜오일을 생산하는 대신, 향후 20년간 항구, 도로, 발전소 등을 위해 60억 달러를 투자하기로 결정했다. 이 계획이 공개된 직후 대규모 반정부 시위가 발생해 170명이 사망하고, 결국 정부가 축출되었다.[315] 한국 자본이 마다가스카르 정부와 결탁해 농민들을 자신들의 영토에서 추방하는 이른바 '땅 뺏기'를 진행한 것이다. 장소를 자본 축적을 위한 입지로 전환하기 위해 국가의 조직화된 폭력의 후원하에 인민에게 부등가교환을 강제하고, 장소로부터 인민을 추방하는 과정을 '식민화'라고 본다면, 밀양과 동일한 장소의 식민화가 해외에서 한국 자본과 외국 정부의 결탁 하에 진행되고 있는 것이다.

'내부 식민화'와 구별해 이를 '외부 식민화'라고 부를 수 있다면, '내부 식민화'와 동형구조인 한국의 '외부 식민화' 과정은 한국 자본주의의 확장 과정에 내재된 식민주의의 팽창 과정을 보여주는 동시에 국가를 횡단하는 공통자원을 다시 찾기 위한 "운동의 운동"이라는 연대의 중요성을 부각시킨다. 이는 곧 밀양 투쟁이 밀양만의 승리를 위한 투쟁이 아님을 말하는 것이기도 하다. 국가폭력을 동원하는 내부 식민화의 과정에 대항하는 밀양 투쟁은 삶-장소와 공통자원의 결합을 통해 공통자원으로서의 삶-장소를 유지 존속할 수 있는 대안 에너지체계의 구축을 요구한다. 이런 관점에서 본다면 밀양은 단지 밀양만의 투쟁이 아니라 전 지구적 자본주의의 '공통자원의 인클로저'에 대항해, 공통자원에 대한 권리를 주장하는 전 지구적인 "공통자원 기반 대항운동"의 한 투쟁이라고 말할 수 있다. 밀양 투쟁은 그래서 단지 밀양 주민들의 삶을 위한 투쟁이 아니라 공통자원에 대한 권리를 주장하고 있는 모든 운동과 연결된 문제인 동시에, 신자유주의 이후의 전 지구적인 질서의 재편성을 둘러싼 투쟁의 일부라고 할 수 있다. 밀양을 포함한 이런 "공통자원 기반 대항운동"은 1990년대를 경유하면서 한국의 지배적인 사회운동 모델이 된 시민사회운동과 그 결을 달리한다.

논쟁적인 시민사회 개념을 단순화하는 위험이 존재하지만, 시민사회운동은 무엇보다 법-권리의 주체로서의 "시민"을 전제하고, 시민의 권리 방어를 위한 법-권리투쟁과 권리 확장을 위한 운동정치의 결합을 통해 작동한다. 여기에서 시민은 보편권리의 주체로 전제된 국가에 귀속된 자유로운 개인들이다. 그러나 공통자원 기반 대항운동은 보편권리와 결합된 시민이 아니라 특정 공동체에 귀속된 특수집단으로서의 '주민'의 운동이다. 그리고 이 운동의 일차적인 목표는 해당 지역 공동체에 대한 자기 생활의 통제권을 다시 확보하는 자율성의 방어다. 이런 특성은 "장소를 넘어선" 권리에 기반을 둔 보편제도의 확립을 요구하는 시민사회운동이나, 단지 해당 지역의 문제에만 관심을 기울이는 '지역주의 (Localism)'와 모두 구별된다. 공동체의 자기결정 권리에 대한 요구는 장소와 결합된 장소 기반 정치의 특성을 지닌다. 그런데 시민사회운동은 이와 달리 장소와 분리된 추상화된 공간으로서의 "공적 공간"을 그 핵심수단으로 한다. 이 공적 공간에 들어올 때 시민은 자신의 장소와 분리되어야 한다. 이 때문에 시민사회운동은 모두를 위한 보편권리의 확장과 방어를 위해 투쟁하지만, 특정 장소와 보편권리 사이에 발생하는 간극과 균열에 직면하게 된다. 동시에 공통자원 기반 대항운동은 '지역주의'와도 다르다. 왜냐하면 공통자원을 통해 주민들의 자율성을 실현하고자 하는 요구는 전체 체제가 지니는 한계를 돌파하고자 하는 전체의 변형주의 정치운동 형태로 실현될 수밖에 없기 때문이다. 이 때문에 공통자원 기반 대항운동은 시민사회운동보다는 오히려 '제4세계'라는 표현으로 압축된 원주민 집단들의 운동들이나 개발과 식민화에 저항했던 제3세계 인민의 투쟁과 더욱 공통성이 많다.

두 운동은 모두 1990년대 이후로 많은 관심을 받고 있는데, 주요 원인의 하나는 토지를 포함한 자연과 인간의 결합을 방어하고자 하는 공동체의 자율성에 대한 요구가 1990년대를 경유하면서 핵심 사항으로 등장했기 때문이다. 두 운동과 공통자원 기반 대항운동은 특정 지역 공동체가 공통으로 관리하고 활용하고 있던 자원들과의 분리 혹은 박탈 과정에 대한 저항이라는 특성을 공유한다. 두 운동은 그래서 공통자원 기반의 자율성 확장 요구를 포함한다. 그리고 그 갈등의 전개는 국가와 특수 공동체의 대립을 통해 표출된다. 자신의 일상생활에 대한 통제의 권리를 다시 찾고자 하는 밀양 투쟁이 시민사회운동보다 제4세계로 표현되는 원주민운동이나 개발 과정에 종속된 제3세계 인민의 투쟁과 더 많은 공통점을 공유한다는 사실은, 한국에서 국가가 인민과 분리되는 내적 경향, 곧 인민과 시민의 분열이 증폭하고 있음을 말해준다. 그리고 이 분리와 분열의 공간을 국가가 아닌 공동체를 통해 인민이 직접 자신의 삶을 통제하는 능력을 확보하길 원하는 경향 또한 발생하고 있음을 보여준다. 조직화된 폭력의 비대칭 안에서 인민의 이런 경향은 삶-장소에 대한 점유, 곧 점거의 양식으로 나타난다.

점거의 과정은 해당 장소에 참여하고 있는 이들의 협력을 갈구한다. 공동체는 이런 협력의 매체이자 그 결과다. 곧, 국가가 인민을 삶-장소로부터 추방하고, 인민은 공동체를 매개로 한 투쟁을 통해 자신들의 권리를 인정받기를 원한다. 그런데 바로 여기에서 근대 자유민주주의의 보편권리 모델과의 충돌이 발생한다. 왜냐하면 근대 보편권리 모델은 인민의 시민으로의 전환, 시민의 국민으로의 종속이라는 두 과정을 통해 인민을 국민국가 안으로 통합하여 구축되었기 때문이다. 시민의 단계를 매개로 인민에서 국민으로 전환되는 이 과정에서 인민의 자율성은 법-권리의 주체인 시민 내부로 '통합'되는 동시에 '배제'된다. 법-권리의 주체인 시민은 법 앞에 평등한 국가에 귀속된 개인이다. 법-권리는 인민이 특정 공동체 안의 일상적인 관습에 내재된 권력 관계에 대항해 근대 자유민주주의의 원리인 자유와 평등을 각 개인에게 부여한다. 곧, '개별화 (Individualization)'의 과정을 통해 각 개인의 법-권리를 보장한다. 그러나 인민은 개인들로 해체되고, 개인들의 결사를 통한 집합적인 권력의 구축은 시민사회(Civil Society)라는 법-권리체계 내에 보장된 공간으로 한정되어야만 한다. 집합의지의 구성은 학교, 교회, 동아리, 주민조직, 온라인 공동체, 친구들의 모임 등을 통해 분산되고 파편화된 형태로 나타날 수 있지만, 국가에 접근할 수 있는 의지는 시민사회와 국가를 매개하는 조직형태인 정당을 통해서만 실현되어야 한다. 곧, 대의를 통해 통합되는 동시에 분리되어 있어야만 한다. 그러나 이런 법-권리 체계는 국가를 구성하고 있는 모든 집단에게 적용되는 것은 아니다. 왜냐하면 국가의 운영을 위해 필요한 특정 집단은 국가와 직접 결합하기 때문이다. 그래서 스티븐 홈즈의 분석처럼 국가는 "특정한 일부 집단의 협력만을 필요로 하기 때문에 모든 집단을 평등하게 취급할 유인이 없는 것이다."[316]

인민은 개인으로 해체되어 대의과정을 통해 국가와 접속할 수 있는 반면에 일부 집단과 개인은 국가의 목적과 부합하기 때문에 국가와 특권적인 관계를 맺는다. 각 개인으로 파편화된 상태로 존재해야만 하는 것은 오직 인민뿐이다. 그래서 밀양 주민들의 투쟁과 같이 공동체를 통해 자신들이 일상생활에 대한 통제 능력을 확보하려는 투쟁은 현행 법-권리 체계 내에서 투쟁을 위한 법적 수단을 발견할 수 없다. 왜냐하면 국가에 대한 종속을 전제로 부여된 각 개인의 법-권리에 대항해, 인정되지 않는 공동체의 구성을 근거로 하는 공동체–권리를 통해 국가에 대항하고 있기 때문이다. 밀양 주민들의 투쟁이 만약 승리한다면, 이는 국가 안에서 절대적인 권력을 의미하는 합법적인 권력에 대한 권리인 '주권主權'을 분산적이고 다원적인 인민들의 공동체 권리로의 이양을 의미한다. 왜냐하면 밀양 주민들이 말하는 공동체를 통한 공통자원에 대한 권리는 자신들의 일상생활에 대한 최종적인 결정의 권력을 자신들에게 환원할 것을 요구하고 있기 때문이다.

9장

공통자원에 대한 권리 :
공통자원 기반
민주주의의 급진화

9장
공통자원에 대한 권리 : 공통자원 기반 민주주의의 급진화

밀양 투쟁에 내재된 전력과 공통자원 기반 대안의 결합 요구는 현재 한국의 권리관계의 틀 안에선 수용될 수 없는 급진적인 권리 인정에 대한 요구다. 밀양에 대한 내부 식민화로 구축된 국가 전력망은 밀양 주민의 권리를 합법적 강제를 통해 부정했다. 이런 권리 파괴의 과정에서 국가는 자기 자신을 국민 일반을 위한 보편의지와 동일시한다. 그렇기 때문에 법적 강제의 배후하에 부등가교환을 폭력을 통해 실현할 수 있는 것이다. 이때 밀양 주민들의 의지는 국가 일반의 보편의지와 대립하는 특수의지로 나타난다. 곧, 국민 모두의 이익과 대립하는 특정 집단의 특수이익으로 규정된다. 그러나 여기서 국가의 보편의지는 보편성을 참칭하는 의지일 뿐이다. 왜냐하면 내부 식민화 과정에서 밀양 주민들은 권리를 부정당하기 때문이다. 일부 집단과 개인의 권리를 부정하면서 전체 사회의 보편의지로 자신을 규정할 수는 없다. 국가의 의지가 보편의지가

되기 위해서는 전체 사회 모든 구성원의 동의를 얻어야만 한다. 이 '동의'의 성립 전제 조건은 모든 구성원들이 동등한 권리 인격체로서 존중되어야 한다는 점이다. 모든 구성원이 동등한 권리를 부여받는 것은 문제의 협동적인 해결을 위해서도 필수 전제다. 이 과정을 통해 구성되는 보편의지는 구성원 간의 상호존중과 의사소통을 통한 보편의지인 데 반해, 내부 식민화는 국가의 폭력을 매개로 특수의지의 부정을 통해 특수집단과 개인을 국가의 의지에 종속시키는 과정을 보편의지로 규정한다. 이는 사실상 구성원의 권리 파괴를 향하고 있다는 점에서 상호 존중과 의사소통을 통한 보편의지와는 대립하는 과정이다.

그래서 내부 식민화 과정을 매개로 하는 국가의 보편의지란 전체와 부분의 위계 도식하에 특정 장소를 부분으로, 국가를 전체로 규정하는 국가유기체주의의 반영일 뿐이다. 동시에 국가유기체주의 내에서 부분은 언제나 전체를 위해 강제될 수 있는 하나의 요소일 뿐이다. 바꾸어 말하면 국가의 보편의지란 국가 의지의 전체 사회에 대한 명령 부과이고, 국가 의지의 '자기외화'일 뿐이다. 그래서 여기에는 사회 구성원 사이의 상호작용 관계 대신 사회구성원과 국가의 위계 관계만이 존재한다. 따라서 내부 식민화 과정에서 국가와 인민의 관계는 기본적으론 정복을 통한 복종 관계가 된다. 인민과의 관계가 이와 같기 때문에, 인민의 장소는 점령의 대상이 된다. 그런데 정복-점령 관계를 통한 보편의지의 참칭으로 인해 특수의지와 보편의지 사이에 균열이 발생한다. 이 균열의 공간이 밀양 주민들의 투쟁을 위한 정치 공간을 열어준다. 이와 같은 정치 공간에서 국가에 의해 부정된 특수의지의 담당자로서의 밀양 주민들은 죽음의 동원을 전제로 투쟁을 통해 전체 사회에 자신의 특수의지를 부과하고자 한다. 그러나 특수의지에 대한 전체 사회의 인정과 이의 실현을 위한 구체적인 조건을 확보하기 위해서는 권리 관계의 총체적인 재구성이 요구된다. 이는 국가의 운동과는 다른 방향에서 전체 사회의 보편의지를 구축하는 운동을 요구한다. 특수의지를 합법적 강제를 통해 부정하는 것이 아니라, 바로 이 특수의지를 전체 사회의 보편의지로 형성하기 위한 권리 인정 투쟁이 요구된다.

이런 권리 인정 투쟁은 인정되지 않았던 밀양 주민들의 특수의지를 실현할 수 있는 보편적인 권리─의무 관계를 확립하는 것이다. 그런데 이 보편적인 권리─의무 관계는 현재 한국의 권리 관계에 대한 윤리적 도전인 동시에 현재 한국의 권리 관계에 내재된 보편의지와 특수의지의 균열에 개입해 모든 이들의 권리를 확장할 수 있는 권리─의무 관계여야 한다. 밀양 투쟁 안에 존재하는 공통자원 기반 대안 패러다임은 이런 두 요구를 모두 충족한다. 공통자원 기반 대안 패러다임은 공통자원에 대한 급진적인 주창을 통해 공통자원의 인클로저에 대한 윤리적인 비판과 이에 기반을 둔 보편 권리─의무 체계의 형식적이고 추상화된 보편성에 대항한다. 밀양 주민들 또한 한국 민주주의가 모든 국민에게 보장하는 권리 관계 내에 존재한다. 그러나 이 권리 관계는 밀양 주민들의 장소에 대한 경험이 제공하는 정체성의 고유성을 인정하지 않고 객관적 외부성의 태도에 입각해 모든 장소에 동일한 의무 관계를 적용한다. 또한 밀양 주민들의 권리를 실제로 보장하지도 않는다. 모두에게 동일하게 적용되는 권리─의무 관계에 내재된 형식적이고 추상화된 보편성은 이 권리─

의무 관계가 실현되기 위해 필요한 조건에 주목하지 않는다. 밀양 주민들은 이에 대항하여 밀양이란 장소에 대한 권리를 요구했다. 이 '권리'에 대한 인정만이 밀양 주민들의 삶을 재생산할 수 있는 실질적인 수단을 제공한다.

　장소에 대한 이러한 밀양 주민들의 권리 요청을 정당화할 수 있는 범주나 개념, 내부 식민화의 과정을 회피하면서 이런 권리를 방어하고 확장하기 위해 필요한 범주나 개념이 현행 한국 민주주의의 권리−의무 체계 내엔 존재하지 않는다. 공통자원 기반 대안 패러다임은 이 부분에 개입해 장소에 대한 밀양 주민들의 권리를 공통자원에 대한 권리로 인정할 것을 요구한다. 공통자원에 대한 권리는 "모든 사람이 자유롭게 사용할 수 있는 비−소유의 공유공간을 창출하기 위한 시도"[317]이자, 이를 통해 대안적인 '자유'를 창안하기 위한 권리다. 공통자원에 대한 권리는 한 개인의 권리가 아닌 공통자원의 생산과 이용 과정에 참여하는 모든 이들이 공통으로 보유하는 권리의 유형이다. 곧, 공통자원에 대한 권리는 "공동체 전체가 차별 없이 자원을 공유한다."[318] 이런 공통자원에 대한 권리가 실현되기 위해서는 한국의 전력체계 역시 공통자원 기반 대안 패러다임 내부로 통합할 것을 규범적으로 요구해야 한다. 밀양 주민들의 장소에 대한 권리가 실현되기 위해서는 전력, 곧 에너지의 공급 또한 공통자원의 형태로 인민들이 직접 관리 통제할 수 있어야만 한다. 공통자원의 재생산은 공통자원을 통해서만 이루어질 수 있기 때문이다.

　그리고 이 공통자원 권리에 대한 전체 사회의 인정은 다원적이고 중첩적인 공동체들 간의 상호존중과 의사소통을 통해 실현되어야 하기 때문에, 한 공동체의 공통자원에 대한 권리가 다른 공동체의 공통자원에 대한 파괴로 귀결될 수 없다. 공통자원은 내부와 외부 모두에서 공통자원에 대한 파괴를 허용하지 않기 때문이다. 공통자원의 재생산은 또 다른 공통자원의 파괴, 곧 공통자원에 대한 권리 파괴로 연결되어서는 안 된다. 동시에 자원들의 공통자원화를 통해 공통자원이 확대재생산될 수 있는 공통자원의 순환을 만들어내야만 공통자원은 유지-존속될 수 있다. 이 때문에 공통자원에 대한 권리는 다원적이고 중첩된 공동체들의 참여에 기반을 둔 공동조정을 통해 공통자원을 관리하는 공통자원 생활체계와 함께 공통자원의 순환을 위한 공통자원의 확대재생산 과정을 전체 사회의 재생산에 필수적인 자원과 인간 능력의 발전을 위한 자원들로 확장해야만 한다. 이 항목들의 구성은 공통자원 생활체계의 민주적 결정을 통해 구성될 것이지만, 민주적 결정을 도출하기 위한 규범이론은 필요하다.

로이 바스카Roy Bhasakar가 발전시킨 사회적 존재로서의 인간의 네 평면(Four Plane of Social Being) 개념은 공통자원 생활체계의 항목 발견과 확장 그리고 경합하는 공통자원 간의 갈등을 합의로 전환하는 과정을 구체화하는 이런 규범이론의 가능성을 보유한다. 바스카의 이 개념을 이해하기 위해서는 '발현(Emergence)'의 개념을 먼저 이해해야 한다. 발현이란 하나의 구조에서 발생한 또 하나의 구조가 이전의 구조로 환원되어 설명될 수 없는 관계를 의미한다. 이런 관계를 통해 자연과 사회의 관계를 보면, 자연과 사회의 관계는 발현 관계다. 왜냐하면 사회는 자연으로부터 발생했지만 자연을 통해 사회를 설명할 수 없기 때문이다. 그 반대도 마찬가지다. 자연을 사회로부터 도출하는 것은 불가능하다.[319] 이렇게 발현의 개념을 통해 자연과 사회의 관계를 정의하게 되면 사회와 자연을 각 대상으로부터 완전히 분리된 대상으로 파악하는 '자연-사회'의 이원론(Dualism) 접근이나 자연을 사회로 혹은 사회를 자연으로 환원하는 환원주의 접근 모두와 구별되는 제3의 접근이 가능해진다. 바스카는 자연질서(Natural Order)와 사회질서(Social Order)의 중첩을 통해 나타나는 현실질서(Practical Order)의 차원을 도입해 '자연-사회'의 환원주의와 이원론 모두와 다른 접근을 발전시킨다.[320] 이를 그림으로 표현해보면 아래와 같다.

[그림9]

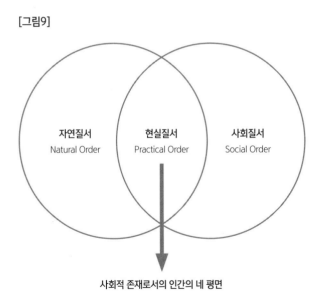

자연질서
Natural Order

현실질서
Practical Order

사회질서
Social Order

사회적 존재로서의 인간의 네 평면

'현실질서'는 자연과 사회를 실천을 통해 매개하는 질서이자 자연질서와 사회질서의 융합이기 때문에 자연과 사회의 혼합규정(Mixed Determination)의 영역이다. 인간은 자연과 사회 어느 한 대상으로 환원되지 않는 자연과 사회의 중첩 영역인 현실질서에 귀속된다. 현실질서의 영역은 사회로 환원되지 않기 때문에 인간의 역사와 함께 변형되지만 인간의 역사를 관철하면서 작동한다. 로이 바스카는 이런 현실질서의 영역에 귀속되어 있는 사회적 존재로서의 인간이 보편적으로 공유하고 있는 네 평면이 존재한다고 말한다. [321]

네 평면 각각은 인간의 현실질서를 구성하는 필수 평면들이기 때문에 다른 평면으로 환원될 수도, 삭제될 수도 없다. 네 평면은 각자의 고유성과 함께 다른 평면과 상호 교차하면서 인간의 현실질서를 통해 사회

[표10]

사회적 존재의 네 평면	내용
자연과의 물질적 상호작용의 평면 the plane of material transaction with nature	인간의 물질적인 필요의 충족을 위해 필연적으로 관계를 맺을 수밖에 없는 자연과의 상호관계의 평면
사회구조의 평면 the plane of social structure	인간주체로 환원될 수 없는 전체 사회를 구성하는 사회구조들의 평면
상호-주체적인 행동의 평면 the plane of inter/-intre-subjective (personal) action	다른 인간 주체들 간의 상호작용과 이 상호작용에 대한 해석의 평면
행위자의 주체성의 평면 the plane of the subjectivity of the agent	자아(self) 혹은 주체(subject)의 내적 층화의 평면

적 존재로서의 인간을 재생산한다. 따라서 한 평면의 특권화를 위해 다른 평면들을 종속시킬 경우 사회적 존재로서의 인간의 유지와 존속을 위한 실천적 필요들이 한 평면의 재생산을 위한 실천 과정에 종속됨으로써, 인간의 능력 실현을 일면화하거나 인간을 그 내부로부터 내파한다. 로이 바스카는 20세기 사회주의운동이 인간의 현실질서를 구성하는 네 평면을 한 평면으로 일면화하는 일면주의의 함정에 빠졌으며, 이로 인해 인간의 해방에 대한 약속을 인간에 대한 지배로 전환했다고 비판했다. [322] 20세기 사회주의운동은 사회적 존재로서의 인간의 유지와 존속을 위한 인간의 현실질서의 변형 문제를 사회구조의 변형 문제로 일면화함으로써 다른 모든 평면을 이 문제로 환원했다. 이런 결과 자연과의 물질적 상호작용의 평면에서 본다면 현실 사회주의는 자본주의보다 더 심각한 생태적인 해악을 끼쳤고, 상호주체적인 행동의 평면에서 본다면 스탈린 치하에서 구체적인 개인들이 맺는 관계는 모든 유형의 인간의 자유를 억압하는 관계가 되었다고 바스카는 말한다. 동시에 이로 인해 현실 사회주의 체제의 개인은 자기 자신과의 긍정적인 관계 구축에도 실패했다. [323] 다시 말해 현실 사회주의는 사회주의를 사회구조의 평면으로 일면화함으로써 인간의 해방을 위한 총체적 실천을 부정하는 동시에 사회구조에 대한 적합한 인식에도 기초하지 못함으로써 자신이 약속한 인간의 해방을 위한 사회구조의 변형마저도 인간에 대한 지배와 억압으로 귀결되는 상황에 직면하게 되었다.

따라서 네 평면은 상호교차하면서 사회적 존재로서 인간을 구성하기 위한 인간의 '필수적인 필요(Necessary Need)' 평면들로 인간 능력의 보편

적인 발전을 위해 이에 적합한 충족 양식이 전체 사회를 통해 제공되어
야 한다. 사회적 존재로서의 인간의 필요가 네 평면들로 구성된다는 것
은 인간의 근본적인 필요(Fundamental Human Needs)는 문화와 역사의 차
이에도 불구하고 동일하다는 것을 의미한다. 인간의 능력 발전을 위한
인간의 필요 매트릭스Matrix를 연구한 맨프레드 맥스니프Manfred A. Max-
Neef의 주장처럼, "인간의 근본적인 필요는 모든 문화와 모든 역사 시기
마다 동일하다. 문화와 시간을 따라 변하는 것은 필요가 충족되는 수단
혹은 방법이다."[324] 물론 이것은 근본적인 필요의 범주 구성에 내재된 해
석 정치의 가능성을 인정한다. 근본적인 필요는 인간의 보편적인 필요
가 무엇인가에 대한 전체 사회 혹은 이와 중첩되어 있는 인간 사회의 발
전 과정에서 확장되거나 변형될 수 있다. 필요(Need)와 충족수단(Satisfier)
을 구별하는 맥스니프의 연구에 기초한다면, 사회적 존재로서의 인간의
필요 네 평면은 상호 교차하고 중첩하면서 인간의 필요체계를 형성한다.
따라서 공통자원에 대한 권리를 사회적 존재로서의 인간의 필요를 충족
하는 권리 체계로 확장하려면, 공통자원 또한 이 네 평면의 필요들의 교
차에 조응할 수 있는 형태로 로이 바스카가 말하는 사회적 존재로서의
인간의 네 평면, 곧 ① 자연과의 물질적인 상호작용, ② 사회구조, ③ 상
호주관성, ④ 주체성의 필요 충족수단으로 제시되어야 한다. 곧, 공통자
원의 네 평면이 존재해야 한다.

로이 바스카를 경유해 제안된 사회적 존재로서의 인간의 필요 충족을
위한 공통자원의 네 평면은 특정 평면의 공통자원만으로 공통자원 관리
체계를 일면화하거나, 특정 평면의 공통자원에 다른 평면의 공통자원을

종속시키는 과정을 방지하는 효과를 발휘한다. 왜냐하면 공통자원의 충족은 위계적으로 실현되는 것이 아니라 모든 공통자원의 평면이 인간의 발전을 위해 삭제되거나 교체될 수 없는 필수적인 평면이기 때문이다. 공통자원에 대한 권리는 바로 이런 공통자원의 네 평면을 구성하는 다양한 공통자원 생활체계를 통해 작동한다.

이런 공통자원에 대한 권리는 외부에 대한 종속 없이 자원에 대한 인민 자신의 직접적인 소유에 기반을 둔 통제와 관리를 실현할 수 있는 권리의 유형이다. 현행 한국 민주주의의 권리와 의무 체계는 인민의 일상생활에 필수적인 자원들을 국가와 시장의 이분법 안에서 제공한다. 그리고 필요 충족의 압도적인 유형은 '상품'을 통한 소비이고, 이 상품은 자본주의 기업뿐만 아니라 다원적인 경제 관계를 통해 생산된다. 그러나 인민의 일상생활에 필수적인 자원들이 인민이 통제할 수 없는 인민 외부의 관계들에 의해 충족된다는 특성은 모두 동일하다. 이런 특성을 일상생활의 '외부성(Externality)'이라고 부른다. 바로 이 특성으로 인해 한국 자본주의와 민주주의의 투쟁 과정에서 권리 체계의 진화 혹은 구체화 과정이 발생한다고 해도, 인민은 외부의 권력 관계에 자신의 일상생활을 포섭당할 수밖에 없다. 그런데 공통자원에 대한 권리는 '외부성'에 기반을 둔 권리 체계와 달리 인간의 필요 충족을 위해 필요한 자원을 인민 자신의 통제하에 두는 권리를 구체화한다. 곧, 공통자원에 대한 권리는 공통자원을 인민 공동의 소유(Common Ownership)로 전환한다. 이는 자본주의에 대항해 민주주의가 실현해온 권리의 사회화 전통을 계승하는 동시에, 이에 대한 근본적인 단절을 통한 급진적인 주장이기도 하다. 왜냐하면 권리의 사회화의 전통은 국가의 민주화를 통해 인민의 필요를 충족하는 자원의 탈상품화를 지향하기는 했지만, 탈상품화와 공통자원은 동일하지 않기 때문이다. 탈상품화는 필요의 충족 과정을 보편 권리 체계 내부로 통합했지만, 필요-충족의 과정 전체를 인민 자신의 직접 통제하에 두지 않았다. 이 점에서 탈상품화는 자본주의에 대항하지만 동시에 자본주의의 내적 논리를 계승한다. 왜냐하면 인민으로부터 경제의 분리라는 차원과 경제와 민주주의 정치의 분리라는 또 다른 차원을 통해 '탈상품화'를 재생산하기 때문이다. 그러나 공통자원에 대한 권리는 바로 이 두 분리 메커니즘에 대항한다. 그래서 공통자원에 대한 권리는 국가사회주의와 사회민주주의 모델 모두와 구별되는 자주관리 사회주의 운동 모델의 전통과 연결된다. 이런 점에서 공통자원에 대한 권리는 인민의 자주관리 모델을 현대의 요구에 맞추어 재발명하는 권리 인정과 창안의 투쟁이라고 볼 수 있다.

그러나 현행 한국 민주주의의 권리 관계에 대한 윤리적 도전과 현행 권리 관계보다 확장된 인민의 능력 발전을 보장하는 이러한 공통자원에 대한 권리 주창이 전체 사회의 보편의지로 합의되는 과정은 현행 권리 관계 내부에서 그리고 이에 대항하는 과정을 통해 실현될 수밖에 없다. 이는 밀양의 투쟁과 같은 공통자원에 대한 권리 인정 투쟁을 통해 매개되고, 그 구체적인 과정은 국가와 시장의 이분법에 도전하면서 공통자원을 통해 구성되는 일상생활의 공동체를 구성하는 과정과 결합되어야 한다. 그래서 이 과정은 공통자원 개념을 매개로 진행되는 ① 국가의 민주화, ② 시장의 사회화, ③ 일상생활의 공동체화라는 세 평면으로 분류할

수 있다. 현재까지의 논의를 간단하게 도식화하면 아래와 같다.[325]

공통자원 기반 국가의 민주화란 국가 그 자체를 인민의 공통자원으로

[표11]

공통자원 기반 급진 민주주의 프로젝트	1	인간의 필요(Human Need) 충족을 위한 철학에 기반을 둔 전체 사회의 민주저 변형
	2	민주적인 집합적 자기결정의 원리 실현을 위한 참여를 통한 공동조정의 전면화
	3	국가와 자본주의에 대한 비판
	4	공통자원을 통한 자아실현의 집합적인 자기결정의 권리

↓

공통자원에 대한 권리의 네 평면	1	자연과의 물질적 상호작용의 평면
	2	사회구조
	3	타자와의 상호관계 곧 상호주체성
	4	행위자의 주체성

↓

공통자원 기반 급진 민주주의 프로젝트 실현 핵심 과제	공통자원 기반 국가의 민주화	국가 그 자체를 인민의 공통자원으로 만들기 위한 민주화 프로젝트
	공통자원 기반 시장의 사회화	전체 사회의 다원적인 필요를 충족하기 위한 공통자원의 교환 과정을 시장체계 내부에서 만들어가는 프로젝트
	공통자원 기반 일상생활의 공동체화	인민의 일상생활에 필수적인 필요를 공동체를 매개로 공통자원을 통해 충족하는 대안 관계의 구성 프로젝트

만들기 위한 투쟁을 의미한다. 한국전력을 통해 이루어지고 있는 전력사업의 "산업화" 과정에서 확인할 수 있는 것처럼, 국가의 공적 자원은 국가와 시장의 이분법 내에서 지속적인 투쟁의 대상으로 존재하고 있다. 그래서 공적 자원에 대한 인민의 민주적인 통제의 실현은 바로 이 과정에서 필요에 대한 충족기제를 자본주의 시장 관계 안으로 통합하려는 국가전략이나 자본주의의 내적 요구에 대항해 공적 자원을 방어하는 동시에 자본과 국가의 결합을 해체하고 국가를 인민의 필요 충족을 위한 하나의 공통자원으로 만드는 과정에 필수적이다. 이 과정의 핵심은 인민의 민주적인 통제의 방향을 전통적인 대의체계에 기반을 둔 정치-관료의 책임성을 강화하는 방향에서 공적 자원에 대한 인민의 직접적인 참여를 통해 인민 그 자신이 공적 자원을 통제할 수 있는 능력을 획득하는 방향으로 전환하는 일이다. 국가의 민주화의 핵심은 "국가로부터 시작하는 자원 정보, 지식의 급진적 재분배" 과정에 인민 자신이 참여해, 이 과정을 인민의 집합의지(Collective will) 안에 종속시키는 것이기 때문이다. [326] 이 과정에서 국가의 공적 자원의 속성이 변환된다. 공적 자원은 국민 모두의 필요 충족을 위해 국가가 독점 공급 관리하는 자원이다. 이 과정은 이중 대리인 문제를 발생시킨다. 왜냐하면 공적 자원의 공급 관리는 행정관료들에 의해 진행되지만, 이 행정관료들은 국민이 선출한 대의체계를 통해 매개되기 때문이다. 이 과정에서 발생하는 비효율성이 국가장치들의 민영화 원인이 되었다. 비효율성은 존재한다. 그러나 민영화의 과정은 국민 모두의 필요 충족을 위한 국가장치를 특정 자본으로 전환함으로써, 국민의 필요 충족 과정을 자본에 종속시킨다. 이와 달리 인민들의 참여를 통한 공적 자원의 정치적 재분배의 급진화는 공적 자원의 공급과 관리를 이 공적 자원을 직접 필요로 하는 다원적이고 중첩적인 집단과 개인들의 민주적 공동조정을 통해 실현한다. 민영화가 아닌 민주화의 방향에서 공적 자원에 개입하는 이런 행위는 공적 자원에 내재된 생산자와 소비자의 분리를 넘어 공급자와 이용자의 민주적인 공동관계를 창출한다. 이런 관계를 통해 관리되는 자원은 공적 자원이 아닌 공통자원으로 봐야 한다. 인민의 배제를 전제로 인민을 위한 정치적 재분배의 대상이 공적 자원이라면, 이에 반해 인민의 참여를 통해 인민이 직접 통제하는 자원은 공통자원이기 때문이다. 공통자원 기반 국가의 민주화는 공적 자원의 공통자원으로의 전환 과정이다.

시장권력(Market Force)과 시장교환(Market Exchange)의 구별은 "시장의 사회화"를 개념화하기 위한 첫 출발점이다.[327] 시장권력은 시장교환을 이윤의 동기 실현 과정에 종속시키는 모든 유형의 관계들과 그 내부의 요소들이다. 시장권력은 시장교환의 작동을 위해서는 경쟁에 기반을 둔 다원적인 행위자들의 이윤 동기가 자유롭게 관철될 수 있어야 한다고 주장한다. 그러나 시장교환이 반드시 이윤의 원리에 의해 이루어지는 것은 아니다. 이런 구별에 기초해 서영표는 "시장의 사회화"를 시장교환을 시장권력과 분리하고, "가격 신호로 움직이는 시장의 메커니즘을 이윤 창출이 아니라 사회적 필요 충족을 위해 작동하도록 이해 당사자들이 생산의 계획과 분배에 참여"하는 과정으로 정의한다.[328] 곧, 시장의 사회화는 시장교환을 민주적 참여에 기반을 둔 다원적인 집단들의 협상을 통한 필요의 조정에 종속시키는 것이다. 이런 관점에서 공통자원 기반 시장의 사회화를 정의한다면, 이윤 창출을 위한 상품의 생산이 아닌 전체 사회의 다원적인 필요를 충족하기 위한 공통자원의 교환을 그 시장 내부에서 만들어가는 과정으로 볼 수 있다. 시장은 시장체계(Market System)로 존재한다. 곧, 단 하나의 시장(The Market)을 통해 모든 자원들과 활동이 상품으로 교환되는 것이 아니라, 각 자원의 속성과 이에 대한 필요를 공유하는 이들의 관계에 따라 다원적이고 중첩적인 원리들로 구성되는 시장들(Markets)의 체계로 존재한다. [329] 그런데 이 시장체계 내부엔 이윤 실현을 위한 상품의 판매를 목적으로 하지 않지만, 필요-충족 과정의 유지와 존속 혹은 확대재생산을 위해 상품화하는 대상과 관계들이 존재한다. 이 과정은 가격신호에 따라 조정되는 것이 아니라 생산자와 이용자의 연대를 통해 상품의 교환을 조직한다. 그리고 시장체계의 내부 논리와는 다른 유형으로 대상을 산출하고 이에 접속할 수 있는 권리를 개방하는 대안적인 필요-충족의 관계들이 이 외부에서 만들어지고 있다. 공통자원 기반 동료생산(Commons-based Peer Production)이라 불리는 대안 생산양식의 등장이 그것이다. '공통자원 기반 동료생산'이란 하버드 로스쿨 교수인 요차이 벵클러Yochai Benkler의 개념으로 많은 이들의 노동이 전통적인 위계 원리에 따라 조직되지 않고, 협력을 통해 구성되는 새로운 경제 생산 방식을 말한다. [330] 공통자원 기반 동료생산은 상품을 공통자원으로 전환하는 기획의 일부로 통합될 수 있다. 시장의 사회화는 연대시장과 공통자원 기반 동료생산의 영역은 확장하면서, 가격신호에 따라 움직이는 상품 교환의 영역은 축소하는 '축소-확장'의 이중운동을 통해 진행된다. [331]

공통자원을 기반으로 한 국가의 민주화와 시장의 사회화는 인민들의 일상생활을 공통자원 기반으로 전환하는 동시에 공통자원의 창출을 위해 인민의 일상생활을 공동체로 전환하는 "일상생활의 공동체화"와 함께 진행되어야 한다. 왜냐하면 일상생활의 공동체화는 국가의 민주화와 시장의 사회화를 진행하기 위한 수단이자 목표이기 때문이다. 국가의 민주화와 시장의 사회화는 모두 국가와 시장의 내부 변형을 위한 수단으로 국가와 시장 외부에서 공통자원을 만들어가는 인민들의 집합적인 능력과 접속할 것을 요구한다. 국가와 시장의 내부 변형은 공통자원 기반 대항운동에 근거를 두고, 이로부터 안정적이고 지속적인 민주적인 변형 동력을 이끌어내야 하기 때문이다. 국가권력과 시장권력 자체의 강화를 통해 문제를 풀어가는 것이 아니라 그 외부의 다양하고 이질적인 공통자원 기반 대항운동과의 연합을 통해 국가와 시장의 내부를 민주적으로 변형해 나가야 한다. 이는 곧 공통자원에 대한 권리가 공동체를 통한 인민의 일상생활에 대한 자율적인 능력의 강화를 지향한다는 것을 말한다. 국가와 시장으로부터 인민 자신에게 전체 사회의 조절을 위한 권리를 이전하는 것도 두 과정의 목표다. 이 때문에 공통자원의 권리 인정을 향한 투쟁은 "일상생활의 공동체화" 없이 진행될 수 없다.

일상생활의 공동체화는 인민의 일상생활에 필수적인 필요를 공동체를 매개로 공통자원을 통해 충족하는 대안 관계의 구성 운동이다. 여기에서 '공동체'란 단순한 '결사'나 전통적인 농촌 공동체, 불안정한 도시 공동체를 의미하지 않는다. 전통적인 농촌 공동체에는 공동체의 구성 원리가 위계에 기반을 둔 강압의 요소가 존재하여 각 개인의 자율성이 방어되지 않는다. 도시 공동체는 농촌 공동체가 제공할 수 없던 개별화(Individualization)의 자유를 확장했지만, 이 공동체는 어디에도 귀속될 수 없던 연고 없는 이들의 우연적 결합에 근거를 둔다. 이 안에서 이루어지는 시민들의 결사 안엔 공통자원이 존재하지 않는다. 일상생활의 공동체화라는 관점에서 볼 때, "공통자원 없는 공동체"는 공동체가 아니다. 동시에 위계와 무장소성에 기반을 둔 공동체 또한 공동체가 아니다. 공동체는 공통자원 창출을 통해 만들어질 뿐이다. 그러나 공동체는 유토피아Utopia가 아니다. 공동체는 연대와 협력을 만들어나가는 고통스러운 실천의 축적을 통해 만들어지기 때문이다. 《밀양을 살다》를 쓴 밀양구술사 프로젝트 모임 구성원들은 이를 알고 있었다. 그래서 다음과 같이 쓴 바 있다. [332]

"다툼 없는 마을이 좋은 마을이 아니다. 다투면서도 잘 사는 마을이 좋은 마을이다. 열 사람이 살면 열 사람이 다 다른데 갈등이 없을 수 없다. 자유롭게 갈등할 수 있는 것이 민주주의다. 공동체는 그걸 잘 풀어갈 수 있는 역량과 기술이 역사적으로 쌓이는 장소다. 원래부터 따로 있는 게 아니라, 서로의 관계와 위치가 변화하면서 늘 움직이는 것. 그래서 공동체는 낭만이 아니라, 언제나 투쟁이다."

이를 위해 공동체는 갈등을 관리하고 연대와 협력을 강화할 수 있는 규칙과 제도를 만들어야 한다. 공통자원 관리를 위한 제도의 진화를 연구한 엘리너 오스트롬Elinor Ostrom이 자신의 기념비적인 연구인 《공유의 비극을 넘어》에서 밝힌 것처럼, 공통자원의 이용과 관리는 각 개인들의 독자적 행동으로부터 집단 전체의 조정된 행동 혹은 집합적 행동으로 전환하는 과정을 조직하는 규칙과 제도에 의존한다. 곧, 공통자원 관리를 위해 각 개인들의 행동에 질서를 부여할 수 있는 규칙과 제도를 조직하는 문제가 공통자원 기반 공동체의 핵심 문제다. 여기에서 창출되는 대안 조직화의 원리, 규칙 그리고 제도가 전통적인 국가와 시장의 이분법을 넘어 인간의 필요를 충족하는 제3의 대안관계 구성의 원형이 된다. 모두가 이용할 수 있고, 모두가 함께 관리하는 공통자원은 모두에게 열려 있다는 공통자원의 핵심 속성으로 인해 지속 불가능하다는 오랜 주장이 있어 왔다. 왜냐하면 공통자원은 누구나 자유롭게 사용할 수 있는 권리가 부여되어 있어 각 개인만의 이익을 위한 활동을 통해 파괴된다고 보기 때문이다. 그래서 공통자원의 관리는 국가를 통해 이루어지거나 공통자원의 사유화를 통해 시장이 관리해야한다고 주장한다. 그러나 현실은 이와 다르다. 국가와 시장은 공통자원의 장기적 유지와 공통자원의 순환을 만들어내는 공통자원 관리 체계를 형성하는 데 적합하지 않다. 동시에 국가와 시장을 구성하는 원리, 규칙, 제도와는 다른 공동체의 관리 규칙과 제도를 통해 공통자원을 운영해온 공동체의 역사가 실제로 존재한다. "일상생활의 공동체화"는 이런 공통자원의 관리를 위한 규칙과 제도의 진화와 함께 진행된다.

이런 공통자원 기반 ① 국가의 민주화, ② 시장의 사회화, ③ 일상생활의 공동체화라는 과정을 통해 진행되는 공통자원에 대한 권리는 인민 '외부'의 권력이 아닌 인민 '내부'의 집합적인 능력의 확장을 지향한다.

민주주의(Democracy)가 인민(Demos)의 자기결정이라는 점을 상기할 때, 이런 공통자원에 대한 권리는 우리가 직면한 한국의 자유민주주의에 대항하는 민주주의이자 민주주의를 인민의 전체 사회에 대한 자기조절 실현 과정으로 만들기 위해 민주주의 그 자체를 근본으로부터 사유하고 이의 실천을 조직하는 민주주의의 급진화(Radicalization) 과정의 일부라고 할 수 있다. 민주주의의 급진화는 결국 인민을 다시 정치의 주체로 불러내는 과정의 다른 이름일 뿐이다. 왜냐하면 "민주주의의 급진화는 정치적 동원과 조작의 대상으로 간주되는 대중의 정치적 역량(Capacities)을 제고하는 것"[333]을 목표로 하기 때문이다. 공통자원에 대한 권리는 바로 이런 인민 자신의 집합적인 정치역량 강화를 위한 조건을 창출한다. 인민의 필수적인 필요를 인민 자신의 능력을 통해 자율적으로 통제하기 때문이다.

공통자원에 대한 권리와 민주주의의 급진화 프로젝트를 결합해서 바라보는 이런 관점은 1987년 민주화 이후 한국 민주주의의 운영과 향방 그리고 구조화를 둘러싸고 진행되는 한국 민주주의의 경합공간에 한국 민주주의에 대한 새로운 대안을 제시한다. 한국 민주주의는 민주화 이후 '민주주의의 자유화'와 '민주주의의 민주화'라는 두 프로젝트의 경합을 통해 작동해왔다. 민주주의의 '자유화'란 민주주의를 전통적인 자유에 대한 개념을 위한 방어의 기제로 활용하려는 프로젝트다. 한국에서 전통적인 자유에 대한 개념이란 반공과 자본주의에 대한 불간섭 그리고 이의 실현을 위한 국가의 자유를 통해 특징지어진다. 이런 민주주의의 '자유화' 프로젝트는 한국 자유주의의 '민주화'에 기반을 둔 민주화운동의 대응물이다. 민주화운동은 한국 자유주의의 조건 안에서 출현했지만, 한국 자유주의에 대항하면서 정치의 자유와 민주적 참여의 공간을 확장하고 자 했다. 민주주의의 '자유화'는 이를 '자유'의 위기로 규정짓고, 자유의 개 념을 다시 전통적인 자유의 개념으로 되돌리고자 한다. 이는 정치적 자유 의 제한과 민주적 참여 공간의 축소로 연결된다. 따라서 민주주의의 '자유 화'는 인민들의 탈정치화를 동반하는데, 이는 전체 사회에 대한 인민들의 결정 능력 훼손으로 연결된다. 이에 반해 민주주의의 '민주화' 프로젝트는 자유주의의 민주화 과정에 내재된 한계를 넘어 정치적 자유의 강화와 민 주적 참여 공간의 확장을 지향한다. 이런 점에서 민주주의의 '민주화' 프 로젝트는 인민들의 탈정치화에 기반을 둔 민주주의의 자유화 프로젝트에 대항하여 인민들의 정치능력 확장을 위한 기획을 작동시킨다.

그러나 민주주의의 '민주화' 프로젝트는 이 과정을 다원주의와 자유 민주주의 제도들의 내부로 한정한다. 다원주의와 자유민주주의 제도 내 에 존재하는 가능성을 확장하는 과정은 그 자체로 유의미하고 필수적인 과정이다. 자유민주주의를 구성하는 핵심 원리와 가치들은 방어되어야 한다. 그러나 이 원리들은 현행 자유민주주의를 넘어 나아갈 수 있는 방 향으로 급진화될 수 있다. 라클라우와 무페가 말하듯이 "모두를 위한 자 유와 평등"이란 자유민주주의의 근본 원리는 자유민주주의 그 자체의 해체와 재구성을 위한 논리이기도 하기 때문이다.[334] 그런데 민주주의 의 민주화 프로젝트는 이런 가능성을 봉쇄하는 권력체계에 대한 도전으 로 나아가지 않는다. 그러나 무엇보다 두 프로젝트의 경합에도 불구하고 한국 민주주의는 민주화 이후 인민의 일상생활에 대한 대안을 구성하는

데 실패해왔다. 동시에 이 과정은 국가와 시장의 민주화에도 지속적으로 실패했다. 이 때문에 인민의 일상생활과 민주주의 사이의 간극과 균열이 확장되면서, 이 간극과 균열의 공간은 권위주의에 의해 전유되거나 간극과 균열을 치환하는 제3의 정치 프로젝트에 의해 접합되는 민주주의의 위기 공간을 만들었다. 현재 한국사회에서 발생하고 있는 '공동체'에 대한 열망과 이에 대한 강조는 이런 점에서 한국 민주주의의 위기가 투영된 결과라고 볼 수 있다. 일상생활과 민주주의 사이의 간극과 균열이 가속화되면서 일상생활의 방어를 위한 대안관계의 구성 원리로 공동체의 원리가 재발견된 것이기 때문이다.

공통자원에 대한 권리 인정과 민주주의의 급진화를 결합하는 대안 민주주의 프로젝트를 우리가 공통자원 기반 급진 민주주의 프로젝트라고 부를 수 있다면, 이 프로젝트는 바로 이런 인민의 일상생활과 한국 민주주의 사이에 존재하는 간극과 균열에 개입하여 아래로부터 분출되고 있는 다원적이고 중첩적인 공동체 구성에 대한 열망과 지향을 전체 사회의 민주적인 변형과 연결할 수 있는 대항기획으로 작동할 수 있다. 공통자원에 대한 권리는 인민의 일상적인 필요의 충족을 위한 권리인 동시에 전체 사회의 민주적인 변형 없인 실현될 수 없는 자유민주주의 이후의 '권리' 모형이기 때문이다. 이는 곧 한국 해방운동의 전통에 내재된 '해방'의 개념을 현대에 적합한 형태로 다시 구성하는 과정과 연결되기도 한다.

한국의 해방정치 전통은 민주화 이후 민주주의 국면에서 주변화되어, 민주주의의 경합공간에서 독립적이고 자율적인 유효성 있는 운동으로 존재하지 못했다. 민주화 이후 민주주의 국면의 경합공간은 법−권리의 인정과 확장을 통한 구체적인 문제에 구체적인 해결을 위한 정책경쟁을 바탕으로 한다. 그러나 해방정치의 전통은 전체 사회의 총체성에 대한 인식은 존재했지만, 이의 변형을 위한 생활정치(Life Politics)의 문제설정은 거의 존재하지 않았다. 생활정치 없는 해방정치는 민주주의에 대한 참여를 통해 문제를 해결할 수 있는 자원과 권력에 접근할 수 있는 민주화 이후 민주주의 국면에서 정치적 열정의 동일시 대상이 될 수 없었고, 동시에 효율적이고 능동적인 대안으로 인정될 수도 없었다. 그러나 반대로 해방정치와 분리된 생활정치는 인민의 생활에 대한 사후적인 교정으로 존재할 뿐, 인민의 일상생활의 변화를 위한 개혁을 만들어낼 수 없었다. 그런데 공통자원 기반 민주주의의 급진화 프로젝트는 해방정치와 생활정치의 이런 분리를 매개할 수 있는 가능성을 제공한다. 그러나 이 프로젝트가 한국 민주주의에 대한 강력한 대안을 제공하는 패러다임이 될수 있다고 하더라도, 이 가능성이 실현되기 위해서는 패러다임을 구체화할 수 있는 대항실천과 운동이 존재해야만 한다. 밀양은 바로 공통자원에 대한 권리라는 보편 권리 모델의 창안을 통해 전체 사회의 변형을 요구하면서도, 이의 실현을 위한 미시적이고 일상적인 관계의 재구성을 실험했다. 곧, 밀양의 전쟁은 다른 세계를 위한 투쟁인 동시에 다른 일상을 위한 실천이기도 했다. 밀양의 전쟁은 현재 진행형이다.

결론

정치적 책임의 공유와
탈식민화

결론

정치적 책임의 공유와 탈식민화

경남 밀양시와 경찰이 초고압 송전탑 건설에 반대하는 주민들의 농성장을 강제 철거한 2014년 6월 11일 한국전력은 밀양의 송전탑 건설 예정지 전체로 공사를 확대했다. 그러나 송전탑에 반대하는 밀양 주민들은 행정대집행 이후 송전탑 건설 반대투쟁 '시즌Season 2'를 선언하고, 새로운 단계로 전개하기 위한 활동을 곧바로 시작했다. 반대 주민들은 2014년 6월 29일 밀양 부북면 평밭마을과 위양마을, 상동면 고정마을, 단장면 용회마을에 새로운 농성장을 만들었다. 그리고 2014년 7월 5일에는 여수마을과 고답마을, 단장면 동화전마을에 농성장을 만들어 다음 투쟁을 준비했다. 밀양이 다음 단계의 투쟁을 예고하며 자신의 새로운 활동을 전개해 나갈 때, 2014년 7월 21일 새벽 6시 한국전력은 밀양 송전탑 농성장에 이어 경북 청동에서도 공사 강행에 돌입했다. 직원 100명을 투입해 청도군 각북면 삼평리 주민들이 345kV 송전탑 공사를 반대하며 농성 중이던

망루를 철거하고 공사를 시작한 것이다. 경북 청도 구간에서 진행되는 345kV 송전 선로 건설 사업은 신고리 원자력발전소 3, 4호기에서 생산한 전기를 밀양을 거쳐 창녕 북경남변전소까지 보내는 신고리~북경남 765kV 송전 선로 사업의 연장선에서 이루어지는 것이다. 이런 청도의 현실은 밀양의 문제가 단지 밀양의 문제만이 아니라는 점을 다시 확인시켜준다.

밀양은 한국 자본주의의 발전을 위한 국가 전력망의 개발 과정에 내재된 내부 식민화의 산물이다. 한국 자본주의 산업화는 공업화를 통한 경제 성장에 필수적인 전력 수요를 충족하기 위해 중앙 집중화된 국가 전력계통 확충 계획을 수립했다. 이에 따라 각 장소의 고유성에 기반을 둔 분산전력계통이 아니라 국가 전체의 전력 수요 예측에 기반을 둔 중앙 집중화된 전력계통이 1960년대 산업화 과정과 함께 만들어졌다. 전력계통의 형성은 대용량 발전설비를 만드는 과정과 함께 발전설비에서 만들어진 전력을 장거리 대량 송전할 수 있는 전력망 구축 문제를 발생시켰다. 공업화를 위한 경제 성장 전략에 종속된 국가 전력망의 구축 과정은 권위주의적인 방법을 통해 인민의 장소를 송전 선로가 지나가는 입지로 전환하는 과정을 통해 진행되었다. 정부와 한국전력은 인민의 장소를 입지로 전환하기 위해 장소로부터 인민을 분리하는 동시에 국가의 조직화된 폭력하에 장소를 인민으로부터 약탈했다. 왜냐하면 교환될 수 없는 장소의 가치를 화폐로 나타낼 수 있는 교환가치로 환원하는 동시에, 실제 인민에게 강제된 교환 과정은 경제 교환 과정 외부의 폭력 동원을 통한 부등가교환이었기 때문이다. 전통적으로 '식민화'의 개념이 경제 외적 수단에 의해 인민에게 부등가교환을 강제하는 방식을 일컫는다는 점에서, 국가 전력망의 구축은 장소의 내부 식민화 과정을 통해 만들어졌다고 볼 수 있다.

이런 관점에서 본다면 밀양 투쟁은 장소의 내부 식민화 과정에 대항해 장소와 인민의 결합을 방어하기 위한 투쟁으로 나타난다. '장소'는 단지 인민의 생활 세계가 존재하는 물리적인 장소만을 의미하지 않는다. 장소는 인민의 정체성을 구성하는 핵심 차원이기 때문이다. 그러나 국가 전력망을 위한 입지 선정이란 관점에서 장소에 접근하는 한국전력과 정부의 '객관적 외부성'의 태도는 장소와의 결합을 통해 자아정체성을 구성해온 밀양 주민들의 장소 경험을 부정한다. 왜냐하면 각 장소마다 고유한 인민들의 장소 경험을 인정할 경우, 경제발전을 위한 국가의 계획을 모든 장소에 획일적으로 부여할 수 없기 때문이다. 따라서 정부와 한국전력의 입장에서 본다면 모든 장소는 자신의 장소성을 배제하고, 오직 경제 발전을 위한 효율성이란 관점에서 재배치될 수 있어야만 한다. 곧, 입지의 관점에서 평가되어야 한다.

그래서 밀양 주민들의 투쟁은 외부에서 폭력을 통해 부과되는 장소의 입지로의 전환에 대항하여, 경제 발전을 위한 효율성의 척도로 환원될 수 없는 삶의 장소를 방어하기 위한 투쟁의 속성을 띤다. 장소가 입지로 전환되는 과정은 곧 장소 기반 인민들의 삶의 문법이 와해되는 것을 의미하기 때문이다. 장소 기반 인민들의 삶의 문법과 입지 기반 국가 전력망의 문법이 충돌하는 과정은 토지의 점유를 둘러싼 장소와 입지 프로젝트의 각축 과정으로 나타났다. 장소를 방어하기 위한 밀양 주민들의 투쟁은 소유의 권리에 입각한 권리 방어 투쟁과 장소의 '점거—야영'을 통한 물리적인 방어 투쟁의 결합으로 진행되었다. 그러나 조직화된 폭력의 우위 하에 진행되는 정부와 한국전력의 입지화 전략 앞에 두 전술은 모두 토지를 방어할 수 없었다. 그러나 토지에 대한 소유와 점유가 무력화된 그 순간 밀양을 단지 밀양 주민들만의 장소가 아닌 연대와 협력의 장소로 만드는 대안 방법이 부상했다. 입지와 장소 프로젝트의 경합이란 관점에서 본다면, 2014년 6월 11일 진행된 행정대집행 이후의 과정은 입지로 전환된 장소를 연대와 협력을 통해 재장소화하려는 운동 프로젝트였다고 볼 수 있기 때문이다. 이 과정에서 밀양은 단지 밀양이란 행정구역의 경계를 넘어, 밀양 내부와 외부를 연결하면서 장소 기반의 대안적인 삶의 문법을 만들어나가는 모든 이들의 공통자원으로 전환되고 있다. 이런 전환은 밀양 주민들과 한국전력 및 정부와의 갈등을 중심으로 전개되었던 지난 10년간의 밀양 투쟁을 공통자원으로서의 밀양과 내부 식민화를 통한 공통자원 약탈의 투쟁으로 밀양 투쟁의 구도를 변화시키고 있다.

밀양 문제뿐만 아니라 밀양의 '반복'을 넘어 국가 전력망의 구축 과정에서 발생하는 내부 식민화의 과정이라는 구조의 정의롭지 못한 확대재생산을 변형하기 위해서는 정부와 한국전력이 독점하고 있는 공적 자원으로서의 전력에 대한 민주적 통제의 실현뿐만 아니라, 전력 그 자체를 인민의 필요 충족을 위한 공통자원으로 변형하기 위한 공통자원 기반 대안의 확장 과정을 동시에 진행시켜나가야만 한다. 이 두 과정은 모두 우리 전체의 책임과 실천을 요구한다. 밀양 문제에 대한 법적 책임은 정부와 한국전력에게 있지만, 밀양 사태를 발생시킨 한국 자본주의와 민주주의 그리고 국가의 민주적 변형에 대한 정치적 책임은 우리 모두에게 있다. 여기에서 말하는 '책임'이란 전체 사회의 변화를 위해 우리 모두에게 요구되는 당위적인 실천을 말하는 것이 아니다. 우리 모두가 책임의 주체인 이유는 밀양 사태의 발생 과정에 우리 모두가 개입되어 있기 때문이다. 다시 말해 밀양 사태로부터 우리 자신과의 연결을 부정할 수 없는 동시에 이 사태의 발생과 전개에 책임을 공유하고 있기 때문이다.

정부와 한국전력의 국가 전력망 구축 과정의 배후엔 공통자원의 약탈에 기반을 둔 과잉 전화에 의존하는 우리의 소비주의 삶의 문법이 개입되어 있다. 바로 이 때문에 우리 모두는 국가 전력망의 구축이라는 구조적 부정의의 '외부'가 아니라 그 '내부', 곧 일부다. 우리 모두의 참여와 실천에 대한 책임은 바로 여기에서 나오는 것이다. 밀양을 관통하는 송전선로를 통해 전국으로 분배되는 전력은 한국 물질적 부의 소비의 하부구조다. 그리고 우리 모두는 조직화된 폭력을 통해 이 하부구조에 개입하는 것이 아니라, 법적 규정과 일상적인 관습 및 행위 규칙 내에서 우리 모두에게 정상화된 삶의 문법을 통해 이 하부구조에 개입한다. 그러나 우리의 정상화된 삶의 문법이 구조의 부정의한 재생산에 기여한다. 물론 아이리스 영이 《정치적 책임에 관하여》에서 말한 것처럼, 전체 사회 내에서 일반적인 위치를 점유하고 있는 이들이 "불평등한 결과를 낳는 구조적 과정에 기여했다고 해서 그와 같은 부정의를 발생시켰다고 비난받아서는 안"된다. [335] 그러나 우리는 우리 모두에게 구조적 부정의의 책임을 물을 수는 있다. 구조적 부정의에 대한 '공유된 책임'은 법적 책임 모형과는 구별된다. 법적 책임 모형이란 "비난할 대상을 확인하거나 피해에 대한 잘못 여부를 판단하고, 또는 몇 명의 경우 직접적으로 잘못을 저지르지 않았다 하더라도 피행의 원인과 관계가 있기 때문에 엄격하게 책임을 져야할 때 따르는 기준"[336]이다. 그러나 우리 모두가 회피할 수 없는 '공유의 책임'이란 우리 모두의 행위를 통해 구조적 부정의가 생산되고 재생산된다는 바로 그 사실로 인해 이 과정에 참여하는 모든 구성원에게 요구되는 책임이다. 밀양과 같은 내부 식민화 과정에 대한 책임을 법적 책임 모형에만 의존하게 되면, 우리의 참여를 통해 내부 식민화의 과정이 재생산되고 있다는 사실을 은폐하게 된다.

정부와 한국전력은 밀양에 대한 법적 책임의 당사자다. 그러나 밀양투쟁을 발생시킨 구조적 부정의를 민주적으로 변형하기 위해서는 이 과정에 개입하고 있는 구성원들의 참여와 실천이 요구된다. '공유의 책임'은 바로 이 때문에 피해자와 가해자의 관계를 구축하기 위한 책임 모형이 아니라, "변화를 도모하기 위해 집단행동을 조직하기 위한 정치적 책임"[337]이다. 책임을 공유한다는 것은 변화에 대한 의무를 공유한다는 것이다. 곧, 구조의 부정의로 인해 발생하는 문제를, 이 구조의 민주적인 변형에 대한 책임을 공유하는 것이다. 구조를 민주화하는 과정에 참여하지 않는 한 이러한 책임에서 면제될 수는 없다. 동시에 이러한 '공유의 책임'의 이행은 '정치적 책임'의 수행 과정이 된다. 곧, 책임을 공유하는 개인들이 부정의한 구조를 변형하기 위한 집단행동을 조직하는 과정을 통해 실현되어야 한다. 따라서 밀양 문제의 해결 과정에는 밀양에 대한 책임을 공유하고 있는 개인과 집단들의 참여와 실천의 조직 문제와 분리될 수 없다.

이런 실천의 조직 문제는 각 개인의 삶의 양식의 '탈식민화'와 책임의 전가 없는 공유된 책임의 직접적인 실천을 요구한다. 마리아 미즈가 《가부장제와 자본주의》에서 언급했던 것처럼, "많은 사람이 자신의 생활양식을 바꿀 필요성을 인식하기는 하지만 변화를 이룰 책임은 대개 정치가나 정부 혹은 과학자나 기업가들에게 맡기고 있다."[338] 그러나 책임의 공유란 자기 면제를 통해 책임을 전가하는 이런 메커니즘과의 단절을 의미한다. 동시에 이는 구조의 재생산에 동참하기 때문에 의도하지 않은 결과로 향유하고 있는 전화에 기반을 둔 "삶의 양식의 산업화" 요소에 대한 우리 자신의 "탈식민화" 과정과 연결된다. 그래서 밀양의 내부 식민화에 대한 반대는 곧 우리 자신의 탈식민화 과정인 동시에 다른 이와 함께 변화를 만들어나갈 실천을 조직하는 과정으로 연결되어야 한다.

부록

밀양 송전탑 관련 경과 일지

1997년 12월	정부, 부산 기장군 장압읍, 울산 울주군 서생면 일대 전원개발사업 구역 예정 고시(신고리 원자력발전소 1~8호기 건설 예정)
2000년 1월	산업자원부, 제5차 장기전력수급계획 발표 : 신고리 원자력발전소 전력 수송을 위한 신고리~신김천~신안성 노선 검토
2000년 8월	765kV 사업 타당성 재검토 : 신고리~신김천변전소 사이 변전소 1개 추가 건설 결정(북경남변전소)
2000년 12월	전력산업구조개편 및 전기사업법 개정: 장기전력수급계획 -> 전력수급기본계획으로 변경
2001년 5월 2일	한국전력, 신고리 원자력발전소 3호기와 북경남변전소 연결 송전 선로 경과지로 밀양 선정
2002년 8월	산업자원부, 제1차 전력수급기본계획 : 신김천 경유안 폐지: 신고리~북경남~서경북~신안성 방안으로 변경
2002년 10월 ~ 2003년 3월	한국전력, 경과지 관련 지자체 의견 조회
2003년 10월 23일	송전 선로 경과지로 밀양 확정
2004년 2월 ~ 2005년 2월	한국전력, 송전 선로 경과지 설계 및 지적측량
2004년 12월	산업자원부, 제2차 전력수급기본계획 : 북경남~서경북 노선 폐기 -> 북경남~신충북으로 변경

2005년 7월	한국전력, 낙동강유역환경청에 환경영향평가 초안 제출
2005년 8월	한국전력, 765kV 송전 선로 건설 사업 주민 설명회 밀양서 개최: 송전 선로 경과지 5개 면 인구의 0.6%인 130명 참석
2005년 9월 29일	밀양시, 환경영향평가 초안 공람결과 및 검토의견 통보
2005년 9월	밀양 여수마을에서 '송전탑 건설 저지 여수마을 비상대책위원회' 출범
2005년 12	밀양 상동면 옥산리 주민들, 한국전력 밀양지사 앞 첫 집회
2006년 3월 25일	'765kV 변전소 및 송전탑 건설 반대 밀양창녕 공동대책위원회' 결성(밀양참여연대, 밀양농민회, 전교조밀양지회, 밀양녹색평론독자모임, 지역 주민 등)
2006년 12월	제3차 전력수급기본계획에서 신고리~북경남 구간 건설 확정(수도권 연결계획 사실상 폐기)
2007년 3월	한국전력, 산업자원부에 전원개발사업 승인 의뢰
2007년 7월 10일	밀양시의회, 밀양~창녕 간 송전 선로 공사계획 전면 백지화 촉구 대정부 건의문 채택
2007년 12월 6일	산업자원부 고시 제2007-138호 전원개발사업실시계획: 765kV 신고리~북경남 송전 선로(2구간) 건설사업 승인
2008년 7월	밀양 주민 공식 첫 궐기대회(1차 765kV 백지화 밀양시민대회)
2008년 8월	송전 철탑 및 송전 선로 공사 시작
2008년 8월 22일	2차 밀양시민대회
2008년 10월 2일	대책위, '청정 밀양 지키기 범시민대회' 개최(3,000여 명 참석)
2009년 1월 12일	한국전력, 토지수용 재결 신청
2009년 1월 19일	밀양시, 국토교통부 중앙토지수용위원회 토지 수용 재결 신청서 및 관련 서류 공고 의뢰 거부

2009년 2월 10일	송전 선로 건설 백지화 및 토지 강제수용 반대집회
2009년 3월 18일	송전탑 건설 반대 전국연합회 출범 대회/밀양
2009년 7월	조해진 국회의원과 밀양시 요청으로 송전탑 현장 벌목작업 첫 중단
2009년 8월 26일	송전 선로 경과 5개면 대책위원회와 밀양 시민단체 등이 '국토를 사랑하는 범밀양시민연대' 구성
2009년 8월 26일	'765kV 송전 선로 밀양 관통 전면 백지화 요구 토론회' 개최(밀양 시장, 시의원, 시민단체, 지역 주민 등 300여 명 참석)
2009년 9월 1일	국회의원 조해진, '한국의 전력사업 어떻게 개혁할 것인가' 토론회 개최
2009년 9월 1일	범밀양시민연대, 지식경제부 이호준 전력사업과장에 송전탑 건설 백지화 요구 대정부 건의안 및 서명 명부 전달
2009년 9월 1일	밀양 주민들, 국민권익위원회와 경실련 갈등해소센터에 갈등 조정 제안
2009년 10월 15일	765kV 송전탑 반대 릴레이 단식 투쟁 시작
2009년 12월 11일	국민권익위원회, 2차례 현장 조사와 실무조정회의 거쳐 '밀양지역 765kV 건설 사업 갈등조정위원회' 구성(이후 15차례 회의)
2010년 6월	갈등조정위원회 운영 종료(보상제도 개선 합의), 제도개선위 출범
2010년 8월 3일	현장사무실 설치 문제로 시공사와 밀양 주민대책위원회 간 분쟁
2010년 8월 16일	한국전력, 중앙토지수용위원회에서 의뢰한 토지 수용 재결 신청서 및 관계 서류에 대한 열람을 이행하지 않는다는 이유로 밀양시장과 밀양시 경제투자과장 형사 고소
2010년 8월 26일	한국전력, 밀양시장과 밀양시 경제투자과장, 창녕군수 등을 상대로 20억 원 손해배상 청구소송

2010년 10월 25일	밀양시, 토지 수용 재결 공고 및 열람 이행
2010년 11월 26일 ~	경실련 주관 보상제도 개선추진위원회 활동
2011년 1월 28일	밀양시, 중앙토지수용위원회에 토지 수용 재결 신청서 열람 공고 결과 제출
2011년 2월 8일	밀양 주민들, 중앙토지수용위원회에 토지 수용 심의 보류 청원서(3만133명 서명) 제출
2011년 4월 1일	중앙토지수용위원회, 밀양 토지 수용 재결
2011년 4월 4일 오전 8시	한국전력, 밀양 단장면, 고례와 범도리, 상동면, 금산리, 청도면, 요고, 소태리 등 5개소 철탑부지에서 공사 강행
2011년 5월 ~ 7월	한국전력과 주민 간 대화위원회 구성
2011년 8월 ~ 10월	경실련 주재 보상협의회 진행
2011년 10월	청도면 보상안 합의
2011년 11월	한국전력, 공사 재개로 2012년 1월까지 주민들과 충돌
2012년 1월 16일	새벽 4시경 한국전력 소속 감독관, 시공사인 동양건설 그리고 하도급 업체 직원 10여 명과 용역업체 직원 50여 명이 밀양 산외면 희곡리 보라마을 주민들이 막아선 곳을 뚫고 들어와 공사 강행
2012년 1월 16일	오후 8시경 산외면 보라마을 이치우 할아버지 분신 사망
2012년 2월	'밀양 765kV 이치우 열사 분신대책위원회' 출범
2012년 3월 7일	한국전력과 분신대책위원회, 3달간 공사 중단키로 합의
2012년 3월 7일	이치우 할아버지 장례식(분신 후 53일만)
2012년 3월 17일	1차 탈핵 희망버스, 전국 1,200여 명 밀양 방문(이후 희망버스 7차례 진행)

2012년 6월 11일	한국전력, 공사 재개. 내부에 밀양 송전 선로 건설 대책위원회 발족
2012년 6월	밀양 주민들, 신고리 핵발전소 5,6호기 주민공청회 참석
2012년 7월	밀양 주민들, 삼척시장 주민소환 결의대회 참가
2012년 7월 23일	민주당 초선 의원 모임 '초생달', 통합진보당 김제남 의원실, 대책위 주최 '밀양 765kV 송전탑 피해자 국회 증언 대회' 개최
2012년 7월 27일	밀양 주민 엄복이(73세), 7월 28일 양윤기(64세) 씨 95호 현장에서 쓰러져 헬기로 긴급 후송
2012년 7월 31일	밀양 주민 송영숙(57세) 씨, 헬기 이륙 차단 농성 중 쓰러져 밀양병원 긴급 후송
2012년 8월	'밀양송전탑 공사 중단 및 백지화를 위한 공동대책위원회' 출범
2012년 9월	24일 한국전력, 공사 일시 중단
2012년 10월	밀양 주민들, 반핵 서울집회 참가
2012년 11월 9일	이치우 열사 분신대책위, '밀양 765kV 송전탑 반대 대책위원회'로 명칭 변경
2013년 1월	밀양 주민들, 부산 한진중공업과 평택 쌍용자동차 농성장 등 방문하는 희망순례 시작
2013년 1월 28일	한국전력, '전력수급 불안' 이유로 공사 재개 방침 발표
2013년 4월 24일	밀양 송전탑 반대 촛불문화제 100회 행사
2013년 4월 29일	대책위, 한국전력 발표 주민 지원안 반대 입장 표명 기자회견
2013년 5월 15일	한국전력, 송전탑 공사 재개 방침 공식 발표
2013년 5월 18일	한국전력, 송전탑 공사 재개 관련 사장 명의 대국민 호소문 발표
2013년 5월 20일	한국전력, 밀양시 4개면 6개 지역 공사 재개

2013년 5월 29일	국회 산업통상자원위원회, 밀양 송전탑 건설 관련 전문가협의체 구성 관련 대책위와 한국전력 간 합의 도출
2013년 6월 5일	전문가협의체 구성(대책위 추천 위원 3명, 한국전력 추천 위원 3명, 여야 각각 1명씩, 그리고 여야 합의에 의해 추대된 위원장 등 모두 9명)
2013년 7월	765kV 송전탑이 주민 건강 위협한다는 한전 내부 보고서 공개 파문
2013년 7~8월	윤상직 산업통상자원부 장관, 밀양 3차례 방문해 반대 주민 설득
2013년 7월	국회 산자위, 전문가협의체 보고를 토대로 지중화, 우회 송전 등에 관한 입장 발표
2013년 8월 4일	'정의롭고 지속가능한 전력시스템을 위한 초고압 송·변전 시설 반대 전국 네트워크' 발족
2013년 9월 11일	정홍원 국무총리 밀양 방문
2013년 10월	한국전력, 송전탑 공사 기습 재개, 주민들과 충돌. 반대 주민들, 청도면과 산외면 제외한 3개 면에 4개(101, 115, 127, 129번) 농성장 설치
2013년 10월 1일	창원지방검찰청, 창원지검 밀양지청, 경남지방청, 밀양경찰서 등 유관기관과 함께 '공안대책지역협의회' 개최: 밀양 765kV 송전선로 공사 방해 '불법 폭력 행위' 엄정 대처 방침 발표
2013년 10월 2일	송전탑 공사 재개(2008년 8월 공사 시작 이후 12번째 공사 강행): 경찰, 32개 중대, 여경 6제대의 약 3,000여 명 투입
2013년 11월 25일	첫 번째 송전탑 공사 완료
2013년 11월 30일 ~ 12월 1일	희망버스 밀양 방문: 전국 26개 도시 3,000여 명 참석
2013년 12월 2일	밀양 상동면 주민 유한숙 할아버지 음독

2013년 12월 6일	유한숙 할아버지 사망
2013년 12월 7일	밀양경찰서, 유한숙 할아버지 사망 수사 결과 발표: "고인의 음독 원인은 복합적인 것으로 보이므로 고인의 사망이 지역 사회 안정을 저해하는 수단으로 호도되지 않기를 바란다"
2013년 12월	한국전력, 개별 보상 지급 대상 2,200가구 중 1,783가구에 보상금 지급 완료 발표
2013년 12월 27일	반대 대책위, 주민 401명의 서명을 받아 감사원에 국민감사 신청
2014년 1월 25 ~ 26일	2차 희망버스 밀양 방문: 전국 50개 도시 4,000여 명 참석
2014년 4월	송전탑 공사 중지 가처분, 공사방해금지 가처분, 행정대집행 계고처분 집행정지 가처분 재판
2014년 5월	밀양시, 부북면, 상동면, 단장면 127, 129, 115, 101번, 위양마을 장동 농성장 움막에 대한 행정대집행 계고
2014년 5월 8일	장하나 국회의원, 생전 유한숙 할아버지와 딸의 대화 내용 공개: "송전탑 때문에 그래."
2014년 6월 11일	5곳 행정대집행: 경찰 20개 중대 2,000여 명, 밀양시청 공무원 100여 명, 한국전력 직원 200명
2014년 6월 22일	대책위, '밀양 송전탑 반대 투쟁 시즌2' 선언 및 핵심 과제 9개 정리
2014년 8월 30일	미니팜 협동조합: 밀양의 친구들, 밀양 상동면 고정마을 주차장에서 장터
2014년 9월 23일	한국전력, 밀양시 단장면 사연리 99번 송전탑을 끝으로 청도·부북·상동·산외·단장면 등 5개면에 송전탑 69기 건설 공사 완료 발표
2014년 10월 22일	유한숙 할아버지 장례식(사망 322일만)

2014년 10월 24일	밀양 주민들, "송·변전설비 주변지역의 보상 및 지원에 관한 법률과 전기사업법은 헌법에서 보장하는 평등권과 재산권, 환경권을 위반한다"며 헌법소원 심판 청구서 제출
2014년 12월 28일	한국전력, 신고리-북경남 송전선로 시험 송전
2015년 1월 15 ~ 18일	'2015 푸른하늘 겨울캠프': 115번 철탑 천막농성장 찾아 '푸른하늘 밀양선언문' 발표
2015년 3월 9일	주민·연대활동가들, '탈핵탈송전탑 원정대(탈탈원정대)' 원정 시작
2015년 6월 1일	검찰, 송전탑 반대 운동 주민 DNA 채취 시도 파문
2015년 7월 18일	밀양역 광장에서 송전탑 반대 제200회 촛불집회
2015년 8월 19일	검찰, 밀양 송전탑 반대 투쟁 기소 65명 결심공판에서 18명에 총 28년 4개월, 벌금 1,300만 원 구형
2015년 10월 29일	원자력안전위원회, 신고리3호기 운영허가 승인
2015년 12월 5일	밀양송전탑 반대 투쟁 10주년 기념 문화제 개최

주

1 "밀양 움막 철거 행정대집행은 위법 –인권 침해 아수라장", 오마이뉴스, 2014. 6. 11.

2 "합의 안한 쪽 주민대책위 반대투쟁 '시즌2' 시작", 한겨레, 2014. 6. 11.

3 길준규, "독일의 고압송전로 보상제도에 관한 고찰", 《부동산포커스》 2013년 10월호, 23쪽.

4 이와 관련해 이화연·윤순진의 설명을 참조할 수 있다. "고압 송전망으로 인한 전·자기파 피해에 대해서는 아직도 단일한 결론이 내려져 있지 않다. 그 결과 국제적으로 인체 규제 기준이 통일되어 있지 않다. 하지만 세계보건기구는 사전주의 원칙(Precautionary Principle)에 따라 가능한 한 전자계 노출을 줄이면서 여전히 미진한 분야의 연구를 지속적으로 수행할 것을 권고하고 있다. 사전주의 원칙이란 위해의 파급 효과가 매우 높고 비가역적일 가능성이 있을 경우 위해에 대한 과학적 증거 부족에도 불구하고 세계 각국에서는 고압 송전망이 인체에 유해하다는 게 일반적인 여론이며, 인체 피해에 대한 확실한 과학적 증거가 없다 하더라도 '현명한 회피(Wise Avoidance)' 원칙에 입각해 이런 시설들을 최대한 주거 지역에서 멀리 설치하거나 지중화하는 등 설치 자체를 포기하는 정책을 채택하고 있다." 이화연·윤순진, "밀양 고압 송전 선로 건설 갈등에 대한 일간지 보도 분석", 《경제와 사회》 제98호, 비판사회학회, 2013, 47쪽.

5 마리아 미즈, 《가부장제와 자본주의: 여성, 자연, 식민지와 세계적 규모의 자본 축적》, 최재인 옮김, 갈무리, 2014, 180쪽.

6 '시초 축적'과 관련한 자세한 논의는 8장 "운동들의 운동" 도입부를 참조할 수 있다.

7 실비아 페데리치, 《캘리번과 마녀》, 황성원·김민철 옮김, 갈무리, 2011, 29쪽.

8 이와 연관된 연구로는 서울사회과학연구소(2012)의 《한국에서의 자본주의 발전》, 홀거 하이데(2000) 등을 참조했다.

9 마르크스의 축적 개념에서 '분리' 개념의 중요성을 역설하는 학자로는 Massimo De Angelis(2001)가 있다. 그는 다음과 같이 말한 바 있다. "마르크스의 시초축적 개념을 이해하는데 다음과 같은 세 가지가 중요하다고 나는 본다. 첫 번째, 생산자와 생산수단의 '분리'는 축적과 시초축적 모두의 공통 특성이다. 둘째, '분리'는

마르크스의 정치경제학 비판의 중심 범주 중 하나이다(유일한 중심범주는 아니라도 하더라도). 셋째, 축적과 시초축적의 차이는 실체적인 차원에 있는 것이 아니라, 분리가 구현되는 조건과 형식의 차이에 존재한다(Massion, 2001: 6)."

10　실비아 페데리치, 앞의 책, 39쪽.

11　Massimo De Angelis, "On the commons: a public interview with Massimo De Angelis and Stavros Stavrides", e-flux, 2010.

12　Michal Osterweil, "Place-based Globalism: Theorizing the global justice movement", Development 48(2), 2005.

13　Osterweil, 앞의 글, 26쪽.

14　내가 '공통자원'이라고 번역한 'Commons'의 국내 번역은 통일되어 있지 않다. 배수현은 데이비드 볼리어(2015)의 책을 옮기면서, "공유[재]"라고 옮겼다. 연구공간L(2012)은 "공통재"로, 박현주는 제이 월재스퍼(2013)의 책을 옮기면서 '공유지'라고 번역했다. 서창현도 맛떼오 파스퀴넬리(2013)의 책을 옮기면서 '공유지'라고 했다. 최현 등은 이노우에 마코토(2014)의 책을 옮기면서 '공동자원'이라고 번역했다.

15　이 표현을 나는 힐러리 웨인라이트(2012)로부터 배웠다.

16　안토니오 네그리·마이클 하트, 《공통체》, 정남영·윤영광 옮김, 사월의책, 2014, 107쪽.

17　로이 모리슨, 《생태민주의》, 노상우 옮김, 교육과학사, 2005, 34쪽.

18　댄 베드나즈·엘러나 비비스, 〈신자유주의, 탈성장, 건강 관리〉, 《녹색평론》 127호, 녹색평론사, 2012, 21쪽.

19　엘마 알트파터, 《자본주의의 종말》, 염정용 옮김, 동녘, 2007, 108쪽.

20　엘마 알트파터, 앞의 책, 123~124쪽.

21　엘마 알트파터, 앞의 책, 123쪽.

22　David McDonald, Electric Capitalism: Recolonising africa on the power grid, Earthescan, 2012, 3쪽.

23　David McDonald, 2012, 앞의 책, 4쪽.

24　마리아 미스, "따라잡기식 개발의 신화", 마리아 미스·반다나 시바 지음, 《에코페미니즘》, 손덕수·이난아 옮김, 창작과비평사, 2000, 77쪽.

25　로이 모리슨, 앞의 책, 36쪽.

26　최장집, 《한국민주주의의 조건과 전망》, 나남출판, 1996, 19~20쪽.

27　최장집, 앞의 책, 20쪽.

28 제6대 박정희 대통령 취임사, 1967. 7. 1. 이광일, "성장, 발전주의 지배담로의 신화와 딜레마: 발전주의국가에서 신자유주의 경쟁국가로", 조희연 엮음, 《한국의 정치사회적 지배담론과 민주주의 동학》, 함께읽는책, 2003, 218쪽에서 재인용.

29 최장집, 앞의 책, 26쪽.

30 엘리아스 카네티, 《군중과 권력》, 강두식·박병덕 옮김, 바다출판사, 2010, 420쪽.

31 지식경제부·한국전력공사, 《2011 경제발전경험모듈화사업 : 안정적 전력공급을 위한 전력망 구축사업》, 2012, 30쪽.

32 김연희, "농촌 전기공급사업과 새마을운동", 《역사비평》 2011년 겨울호(통권97호), 2011, 역사비평사, 412쪽.

33 김연희, 앞의 글, 404쪽.

34 지식경제부·한국전력공사, 앞의 책, 33쪽.

35 지식경제부·한국전력공사, 앞의 책, 33쪽.

36 팀 잭슨, 《성장 없는 번영: 협동조합과 사회적 경제를 위한 생태거시경제학의 탄생》, 전광철 옮김, 착한책가게, 2013, 93쪽.

37 지식경제부·한국전력공사, 앞의 책, 30쪽.

38 "2027년 한국 송전지도 어떻게 변하나", 이투뉴스, 2013. 10. 2.

39 지식경제부·한국전력공사, 앞의 책, 30쪽.

40 이성규, "국내 전력계통 현황 및 전망", Journal of the Electric World, 2014년 10월호, 43쪽.

41 MIT, The Future of the Electric Grid, MIT, 2011, 239쪽.

42 남일총, "전력산업 위기의 원인과 향후 정책방향", KDI 정책포럼, 2013, 2쪽.

43 "114년 전력산업의 역사를 말하다", 에너지신문, 2014. 4. 9.

44 서재영, "전력산업 해외수출의 국가경제적 효과 분석모델 개발에 관한 보고서", 지식경제부, 2012, 1쪽.

45 이상헌·이정필·이보아, "다중스케일 관점에서 본 밀양 송전탑 갈등 연구", 《공간과 사회》 2014년 제24권 2호(통권 48호), 2014.

46 나눔문화, 이경희, "밀양 송전탑, 그 7년의 전쟁", Youtube 동영상, 2012. 3. 19. 검색일 : 2014. 9. 29.

47 나눔문화, 이경희, 앞의 동영상.

48 나눔문화, 이경희, 앞의 동영상.

49 이승희, "[왜냐면] '밀양송전탑' 대안은 있다", 한겨레. 2012. 2. 1.

50   힐러리 웨인라이트, 《국가를 되찾자: 대중 민주주의의 실험실을 찾아가는 현장 탐사기》, 김현우 옮김, 이매진, 2014, 81쪽.

51   힐러리 웨인라이트, 앞의 책, 82쪽.

52   이영희·한재각, "한국의 에너지 시나리오와 전문성의 정치", 《한국사회학회 사회학대회 논문집》, 한국사회학회, 2012, 151쪽.

53   이영희·한재각, 앞의 글, 158쪽.

54   오마이뉴스, 하승수, "[밀양 송전탑 분석] 원전과 송전탑 그리고 정부의 거짓말", Youtube 동영상, 2013. 12. 1. 검색일 : 2014. 9. 26.

55   이영희·한재각, 앞의 글, 150쪽.

56   이영희·한재각, 앞의 글, 157쪽.

57   한국전력기술 홈페이지 참조.

58   에드워드 렐프, 《장소와 장소상실》, 김덕현·김현주·심승희 옮김, 논형, 2005, 235쪽.

59   반다나 시바, "북의 탈식민화", 마리아 미스·반다나 시바, 《에코페미니즘》, 손덕수 옮김, 창작과비평사, 2000, 336쪽.

60   밀양 765kV 송전탑 반대 고(故) 이치우 열사 분신대책위, "밀양 송전탑 관련 쟁점 사항", 15쪽.

61   이상헌·이정필·이보아, 앞의 글, 269쪽.

62   에드워드 렐프, 앞의 책, 193쪽.

63   에드워드 렐프, 앞의 책, 194쪽.

64   에드워드 렐프, 앞의 책, 196쪽.

65   에드워드 렐프, 앞의 책, 116쪽.

66   에드워드 렐프, 앞의 책, 121쪽.

67   미디어몽구, "[밀양송전탑] 저항 8년 어르신, 기자들에게 하고팠던 말", Youtube 동영상, 2014. 6. 11. 검색일 : 2014년 9월 26일.

68   고병권, "주변화 대 소수화: 국가의 추방과 대중의 탈주", 《소수성의 정치학》, 부커진R, No.1, 그린비, 2007, 27쪽.

69   신지영, "대추리의 코뮨주의", 《소수성의 정치학》, 부커진R, No.1, 그린비, 2007, 65쪽.

70   밀양구술프로젝트, 《밀양을 살다: 밀양이 전하는 열다섯 편의 아리랑》, 오월의 봄, 2014, 266쪽.

71   민종선, "발전소 프로젝트의 라이프사이클(2)", The Plant Journal, Vol. 5, No. 3,

2009, 28쪽.

72   최장집, 《민주화 이후의 민주주의》, 후마니타스, 2002, 153쪽.

73   박상훈, 《만들어진 현실: 한국의 지역주의 무엇이 문제이고 무엇이 문제가 아닌가》,
       후마니타스, 2009, 44쪽.

74   최장집, 앞의 책, 155쪽.

75   "전국 4만기 송전탑—면적당 설비 미국의 7배", 경향비즈라이프, 2013 10. 22.

76   "40여년만에 철거되는 도심 송전탑", 뉴시스, 2013 12. 15.

77   "전국 4만기 송전탑—면적당 설비 미국의 7배", 경향비즈라이프, 2013 10. 22.

78   카야노 도시히토, 《국가란 무엇인가: 국가의 본질에 대한 역사적 고찰》, 김은주 옮김,
       산눈, 2010, 100쪽.

79   서경규, "가공 송전 선로 주변토지의 피해보상제도에 관한 소고", 《부동산포커스》,
       Vol. 65, 2013, 49쪽.

80   주변사정을 고려하여 1km까지 확대할 수 있다.

81   서경규, 앞의 글, 50쪽.

82   길준규, 앞의 글, 23쪽.

83   미디어몽구, 앞의 동영상.

84   데이비드 하비, 《희망의 공간》, 최병두 옮김, 한울, 2001, 48쪽.

85   마리아 미즈, 앞의 책, 179쪽.

86   카야노 도시히토, 앞의 책, 104쪽.

87   "권익위, 섬진강댐 수몰 이주민 생계 주거대책 마련", 뉴시스, 2011. 7. 7.

88   "댐 건설 둘러싸고 갈등구도 여전", Di-Focus, 2008. 5. 6.

89   밀양 할매 할배들, 《탈핵탈송전탑원정대》, 이계삼 기록, 이헌석 감수·해설, 한티재,
       2015, 188쪽.

90   "제2의 고향마저 또 쫓겨난다니", 박종염 씨 인터뷰, 단비뉴스, 2013. 6. 7.

91   밀양 할매 할배들, 앞의 책, 188쪽.

92   카야노 도시히토, 앞의 책, 167쪽.

93   "농지에 고압송전탑 설치 반발", 한겨레, 1991. 7. 10.

94   "'송전탑 설치 말라' 구리시 주민 점거농성", 경향신문, 1992. 11. 11.

95   성균관대산학협력단, 《전자파에 대한 위험인식 특성 및 그에 따른
       리스크커뮤니케이션 정책 방안》, 한국전파진흥원 KORPA 연구 2008-10, 2009, 23쪽.

96   "'송전탑 싸움' 법정에", 경향신문, 1993. 2. 24.

97   "송전탑 건설반대 상경시위 충남 아산주민 70여 명", 한겨레, 1994. 5. 13.

98   "MBC [PD수첩] 밤 10.55 성상납 받은 투캅스", 동아일보, 1995. 2. 21.

99   김환균, "불가사의한 일들—소머리산의 분노", http://koreada.com, 2003. 10. 30.
      검색일 : 2014년 9월 9일

100   "한전, 송추계곡에 대형송전탑 건설〈북한산 훼손 우려〉", 동아일보, 1996. 4. 5.

101   "송전탑 반대 갈등 비관 추진위 위원 음독자살", 한겨레, 1996. 5. 18.

102   "송전탑 반대 잇단 자살", 한겨레, 1996. 6. 18.

103   "산림훼손 송전탑 건설 반대", 동아일보, 1997. 10. 4.

104   "변전소 건설 주민반발로 '진통'", 동아일보, 1997. 10. 20.

105   "송전탑 철거하라", 한겨레, 1997. 11. 24.

106   "송전탑에 파괴되는 백두대간 제3취재본부 '신음하는 백두대간'", 한겨레, 1999. 8. 10.

107   "암 무서워 못살겠어요", 경향신문, 1999. 9. 22.

108   "제주 오름 '송전탑이 밉다'", 한겨레, 1997. 8. 11.

109   "고압송전탑 주변 초등교 건립 물의", 동아일보, 2000. 5. 31.

110   "화곡동~염창동 고압 송전탑 철거..강서구 2004년까지", 동아일보, 2000. 7. 28.

111   "과천 문원동 송전탑 건립 갈등..주민 땅속 설치 요구 봇물", 동아일보, 2000. 9. 1.
      과천 송전탑 분쟁의 또 다른 측면은 해당 주민들이 80년 서울대공원이 조성되면서
      이 곳으로 집단 이주한 주민들이라는 점이다. 그러나 과천시는 "감사원 결정에 따라
      행위허가를 내주지 않을 수 없었다"며 "행위허가의 취소는 불가능하다"고 밝힌 바
      있다.

112   "과천 문원동 송전탑 건설 한전-주민 대립 격화..시의회 조사위 구성", 동아일보,
      2000. 9. 30.

113   "화순 '고인돌군에 송전탑 안 돼'", 동아일보, 2000. 10. 19.

114   "학교앞 송전탑 즉각 철회해야..수원 영생고생 시위", 동아일보, 2000. 11. 16.

115   "울산 송전탑 건설 마찰", 동아일보, 2001. 11. 15.

116   "철새도래지에 송전탑이 웬말? 환경단체 고발", 동아일보, 2001. 9. 5.

117   "거제 계룡산 일대 송전탑 건설 중단", 동아일보, 2003. 7. 10.

118   "분당 송전 선로 지하매설", 동아일보, 2005. 5. 10.

119   "'송전탑 반대' 초등생 등교거부 철회", 동아일보, 2005. 12. 3.

120   "송전탑-가스저장소 학교안전 위협", 동아일보, 2006. 10. 12.

121   "포천 일동면-한전 '송전탑 건립' 갈등", 동아일보, 2007. 5. 11.

122   "울산–울주군 '밀양 풍력발전단지 건설 반대'", 동아일보, 2008. 3. 19.

123   "능동·재약산 풍력발전단지 개발 갈등 격화", 부산일보, 2009. 1. 11.

124   "한전, 울산 동대산 송전탑 설치 난항", 동아일보, 2010. 2. 23.

125   "북구 주민 '고압 송전탑 결사 반대'", 울산종합일보, 2010. 3. 11.

126   "울산도 송전탑으로 몸살... 서생면에서는 이주 요구", 울산저널, 2013. 10. 23.

127   밀양 송전탑 반대투쟁의 역사를 기록한 백서가 밀양765KV송전탑반대대책위원회에서
        2015년 12월 17일 출간되었다. 밀양 송전탑 반대투쟁의 역사에 대한 자세한 내용은
        《밀양송전탑 반대투쟁백서 2005~2015》를 참조하자.

128   송전 선로 구간을 설명할 때 등장하는 신김천, 신안성, 북경남 등은 변전소의 이름을
        말한다. 송전 선로는 발전설비가 위치한 지역(신고리)에서 변전소를 경유해 설계되기
        때문에, 발전설비의 위치에서 변전소의 위치로 그 구간을 설정한다.

129   산업자원부, "제5차 장기전력수급계획", 1999. 12. 22쪽.

130   이헌석, "신고리~북경남 765kV 송전탑 대안 검토와 정책 제언: 노후 원전 폐기와
        신규 원전건설 중단을 중심으로 살펴본 밀양 송전탑 대안연구", 국회의원 장하나
        연구용역 최종보고서, 2013.

131   산업자원부 공보관실, "제1차 전력수급기본계획 확정" 보도자료, 2002. 8. 17.

132   밀양송전탑 서울대책회의, "밀양 송전탑 감사원 감사청구" 기자회견문, 2013. 10. 23,

133   밀양송전탑 서울대책회의, 앞의 글.

134   이헌석, 앞의 글, 14쪽.

135   민주사회를 위한 변호사모임, "경찰의 폭언과 폭행에 대한 손해배상청구 소장", 2013.
        12. 26.

136   이헌석, 앞의 글, 18쪽.

137   한국전력공사, "765kV 신고리~북경남 송전 선로 경과지 선정경위", 2013. 6.

138   설문원·최이랑·김슬기, "오픈소스를 활용한 사건 아카이브 구축에 관한 연구: 밀양
        송전탑 건설 갈등 사건을 사례로", 《한국기록관리학회지》 제14권, 한국기록관리학회,
        2014, 22쪽.

139   이선우·홍수정, "송·변전설비 건설갈등해소를 위한 과정과 선택: 밀양 765kV 송전
        선로 건설관련 갈등조정위원회운영사례를 중심으로", 《한국정책과학학회보》 제16권
        제2호, 한국정책과학학회, 2012.

140   "밀양시의회 '고압 송전 선로 백지화' 촉구", 경남일보, 2007. 7. 12.

141   "한전–밀양 주민 9년간의 '송전탑 전쟁'", 연합뉴스, 2014. 6. 11.

142   이상헌·이정필·이보아, 앞의 논문, 265쪽.

143   "국토해양부, 송전 선로 토지 수용 심의 유보", 경남도민일보, 2011. 2. 15,

144   이선우·홍수정, 앞의 글, 193쪽.

145   76만5천v 송전 철탑 건립반대 밀양시민모임, 2009. 9. 18일자 게시물. 언론보도를 다시 올린 것인데, 어느 언론사의 보도인지 불명확하다.

146   이선우·홍수정, 앞의 글, 200쪽.

147   이선우·홍수정, 앞의 글, 200쪽, 한국전력은 이런 구성에 반대했다. "국민권익위원회는 현장조사와 실무조정협의를 실시해 지역 주민과 한국전력, 밀양시 등 관계기관들이 경실련 갈등해소센터와 함께 갈등조정위원회를 구성하는 것을 추진했으나 한국전력 등이 갈등조정위원회가 길어지면 사업이 지연(지연보상금 590만 원/일)된다는 이유 등을 들어 동의할 수 없다는 입장이었다."

148   "밀양시, 765kV 송전 선로 토지 수용절차 이행", 울산신문, 2010. 10. 28.

149   "사람이 없는 전기가 무슨 소용인가?", 가톨릭뉴스, 2011. 11. 29.

150   "사람이 없는 전기가 무슨 소용인가?", 가톨릭뉴스, 2011. 11. 29.

151   김영, "밀양 765kV 송전탑 건설 반대운동에 대한 젠더분석: 젠더 점핑의 과정과 원인을 중심으로", 《한국여성학》 제31권 2호, 한국여성학회, 2015, 16쪽.

152   "사람이 없는 전기가 무슨 소용인가?", 가톨릭뉴스, 2011. 11. 29.

153   "송전 철탑 반대 고(故) 이치우 씨 장례", 경남도민신문, 2012. 3. 8.

154   밀양구술프로젝트, 앞의 책, 38쪽.

155   이상헌·이정필·이보아, 앞의 글, 272쪽.

156   이상헌·이정필·이보아, 앞의 글, 271쪽.

157   김영, 앞의 글, 17쪽.

158   민주사회를 위한 변호사모임, "경찰의 폭언과 폭행에 대한 손해배상청구 소장", 2013. 12. 26, 24쪽.

159   밀양 765kV 송전탑 반대 고(故) 이치우 열사 분신대책위, "밀양 송전탑 관련 쟁점 사항", 2012, 2쪽.

160   이헌석, 앞의 글, 4쪽

161   이헌석, 앞의 글.

162   장영식, "삽차 밑으로 들어간 할매, 지옥 같은 하루가 갔다", 오마이뉴스, 2014. 7. 2.

163   밀양 할매 할배들, 앞의 책, 142쪽.

164   "'송전탑 대안 없다' 윤상직 산업부 장관에 밀양 주민들 '이게 소통인가?'", 한겨레,

2013. 8. 4,

165   "한전-밀양 주민 9년간의 '송전탑 전쟁'", 연합뉴스, 2014. 6. 11.

166   밀양 할매 할배들, 앞의 책 166쪽.

167   김영, 앞의 글, 18쪽.

168   장영식, "샵차 밑으로 들어간 할매, 지옥 같은 하루가 갔다", 오마이뉴스, 2014. 7. 2.

169   창원지방경찰청, "밀양 765kV 송전 선로 공사재개 방해 불법행위 엄단 등 논의" 보도자료, 2013. 10. 1.

170   민주사회를 위한 변호사모임, "경찰의 폭언과 폭행에 대한 손해배상청구 소장", 2013. 12. 26.

171   전국 송전탑 반대 네트워크, "전국 송전탑 반대 네트워크 결성 선언문", 2013. 8. 4.

172   "밀양 송전탑 사업 목적 상실, 감사원 감사 청구", 한겨레, 2013. 10. 23.

173   "희망버스 2천여 명 송전탑 공사 중단 촉구", 참세상, 2013. 12. 1.

174   "밀양 고 유한숙 씨 '송전탑 때문에 음독' 녹취록 공개", 프레시안, 2014. 5. 8.

175   "희망버스여, 연대의 손을 놓지 마세요", 참세상, 2014. 1. 26.

176   "밀양 송전탑공사 100일째, 한전-주민 갈등 여전", 연합뉴스, 2014. 1. 8.

177   "한전 일체 책임 안진다, 밀양 주민들 내용도 모르고 개별지원금 신청", 국민TV, 2013. 12. 31.

178   "선거 끝나면 밀양 송전탑 움막 행정대집행?", 오마이뉴스, 2014. 6. 4.

179   "밀양 송전탑 논란 속 완공, 주민들은 '끝까지 싸울 것'", 경향신문, 2014. 9. 23.

180   밀양 765kV 송전탑 반대 대책위원회, "밀양송전탑시즌2 – 굴하지 않는 인간 정신이 여기에 있습니다!", 2014. 6. 23,

181   밀양 할매 할배들, 앞의 책, 108쪽.

182   "밀양 송전탑 반대 주민들, 헌법 소원 청구", 뉴시스, 2014. 10. 24.

183   "송전탑을 뽑자. 밀양주민 상경투쟁 나선다", 오마이뉴스, 2015. 6. 29.

184   "한·일·대만 청년, 밀양 농성장 찾아 '탈핵'선언", 오마이뉴스, 2015. 1. 18.

185   밀양 할매 할배들, 앞의 책.

186   "벌금형 불복종, 밀양 송전탑 반대위 노역형 자처", 국제신문, 2015. 2. 26.

187   이 최후진술은 이계삼 밀양대책위 사무국장이 페이스북 페이지에 올린 글에서 가져왔다.

188   "밀양 송전탑 할매들, 무시당한 9년간의 SOS", 경남도민일보, 2014. 5. 12.

189   에드워드 렐프, 앞의 책, 150쪽.

190 이종영, 《영혼의 슬픔》, 울력, 2014, 61쪽.

191 악셀 호네트, 《인정투쟁: 사회적 갈등의 도덕적 형식론》, 문성훈·이현재 옮김, 사월의 책, 2011, 105쪽.

192 밀양 할매 할배들, 앞의 책, 202쪽. 여기서 '우리 마을'이란 밀양 용회마을을 말하고, 화자는 고준길 씨로 설정되어 있다.

193 도미야마 이치로, 《전장의 기억》, 임성모 옮김, 이산, 2009, 155쪽.

194 자크 랑시에르, 《정치적인 것의 가장자리에서》, 양창렬 옮김, 길, 2008, 249쪽.

195 급진적인 필요의 개념은 아그네스 헬러(1990)로부터 배웠다.

196 위르겐 하버마스, 《의사소통행위이론2》, 장춘익 옮김, 2006, 601쪽.

197 뉴스타파, "뉴스타파-밀양의 눈물", Youtube 동영상, 2013. 10. 4. 검색일 : 2014. 9. 30.

198 에드워드 렐프, 앞의 책, 267쪽.

199 김상준, 《맹자의 땀, 성왕의 피》, 아카넷, 2011, 374쪽.

200 김영, 앞의 글, 23~24쪽.

201 밀양 할매 할배들, 앞의 책, 37쪽.

202 김영, 앞의 글, 31쪽.

203 이 부분의 분석은 앞의 김영(2015) 논문을 참조하여 축약했다. 자세한 논의는 김영(2015)의 논문을 참조하자.

204 고길섶, 《부안 끝나지 않은 노래: 코뮌놀이로 본 부안항쟁》, 앨피, 2005, 26쪽.

205 이경희, "할매는 궁금하다", 《살림이야기》 제22호 2013년 가을 10월호, 인터넷 판형, 2013. 검색일 : 2014년 10월 18일

206 박중엽·이보나·천용길, 《삼평리에 평화를: 송전탑과 맞짱뜨는 할매들 이야기》, 한티재, 2014, 113쪽.

207 박중엽·이보나·천용길, 앞의 책, 14쪽.

208 이 부분의 분석은 자크 랑시에르(Jacques Rancière)의 다음과 같은 문장에 의존했다. 프랑스 노동자들은 "노동자나 프롤레타리아라는 이름을 한정된 기술적·사회적 활동과 동일시한 것이 아니라, 사회적 정체성들을 분배하는 상징적 질서의 안과 바깥에 하나의 같은 순간에 존재하는 어떤 방식과 동일시했다." 자크 랑시에르, 《정치적인 것의 가장자리에서》, 양창렬 옮김, 도서출판 길, 2008.

209 밀양구술프로젝트, 앞의 책, 7쪽.

210 김영, 앞의 글, 32쪽. 김영은 지금 언급한 '모성의 투쟁'을 사라 러딕(Sara Ruddick)의

'모성적 사유(Maternal Thinking)'라는 개념을 통해 접근하고 있다. 모성의 투쟁이란 내 접근은 김영의 연구에 빚을 졌다. 다만 하나의 차이가 있다면, 난 이 모성의 사유가 가부장제를 통해 구성된 차원이 존재한다고 생각한다는 점이다. 그런데 바로 이 모성의 사유가 가부장제와 결합해 작동하는 국가의 폭력에 대항하여 인민들의 장소 기반 투쟁에 고유한 의미 차원을 열어준다고 나는 본다.

211 에드워드 렐프, 앞의 책, 288쪽.

212 에드워드 렐프, 앞의 책, 127쪽.

213 "두쪽으로 갈라진 밀양 동화전마을", 한겨레, 2013. 11. 1.

214 "밀양 평밭마을 깊어가는 '송전탑 보상' 갈등", 경남도민일보, 2014. 11. 3.

215 "갈기갈기 찢긴 밀양, '아랫마을 부친상에도 안 가'", 한겨레, 2013. 6. 19.

216 밀양 할매 할배들, 앞의 책, 143쪽.

217 "10만인 클럽 밀양리포트 26: 보상 놓고 갈등 심각, 무너진 마을 공동체", 오마이뉴스, 2014. 1. 21,

218 밀양 할매 할배들, 앞의 책, 143쪽.

219 밀양구술프로젝트, 앞의 책, 244쪽.

220 밀양 765kV 송전탑 반대 대책위원회, "공기업은 모사꾼들의 집단인가? 합의 내용 즉각 공개하라!", 2013. 11. 5.

221 "갈기갈기 찢긴 밀양, '아랫마을 부친상에도 안 가'", 한겨레, 2013. 6. 19.

222 "갈기갈기 찢긴 밀양, '아랫마을 부친상에도 안 가'", 한겨레, 2013. 6. 19.

223 밀양구술프로젝트, 앞의 책, 276쪽.

224 나눔문화, 이경희, 앞의 동영상.

225 "공사재개 임박한 밀양 송전탑 현장, 살벌했다", 경남도민일보, 2013. 9. 29.

226 안토니오 네그리·마이클 하트, 《다중: 제국이 지배하는 시대의 전쟁과 민주주의》, 조정환·정남영·서창현 옮김, 세종서적, 2008, 39쪽.

227 밀양구술프로젝트, 앞의 책, 266쪽.

228 밀양구술프로젝트, 앞의 책, 37쪽.

229 카야노 도시히토, 앞의 책, 161쪽.

230 안토니오 네그리·마이클 하트, 앞의 책, 30쪽.

231 카야노 도시히토, 앞의 책, 88쪽.

232 밀양구술프로젝트, 앞의 책, 131쪽.

233 위르겐 오스터함멜, 《식민주의》, 박은영·이유재 옮김, 역사비평사, 2006, 94쪽.

234 이그나시오 산체스-쿠엔카·스티브 홈즈·아담 쉐보르스키 외, 《민주주의와 법의
지배》, 송호창·안규남 옮김, 후마니타스, 2008, 50쪽.

235 스티븐 홈즈, "법의 지배의 계보", 이그나시오 산체스-쿠엔카·스티브 홈즈·아담
쉐보르스키 외, 앞의 책, 72쪽.

236 나는 이 부분에 대한 분석을 김동춘의 연구로부터 출발했다. 김동춘은 본인의
《전쟁정치》 서문에서 다음과 같이 쓴 바 있다. "나는 전면 전쟁 그리고 휴전 이후의
한국 정치를 '전쟁정치'라 불러왔는데, 이는 외부의 적뿐만 아니라 '내부의 적'을
거의 선무 현상에서 섬멸하듯이 색출, 감시, 신압하고 법과 절차를 무시하면서
체제를 유지해왔다는 특징을 갖고 있다. 나는 한국사회가 이렇게 된 이유가 정전과
분단이라는 계속되는 전쟁, 그리고 사실상 다른 방식으로 계속되는 식민주의에 있다고
본다." 김동춘, 《전쟁정치: 한국정치의 메커니즘과 국가폭력》, 길, 2013, 6쪽.

237 김동춘, 앞의 책, 44쪽.

238 안토니오 네그리·마이클 하트, 앞의 책, 47쪽.

239 젠틀재인(Cafe gentlejaein), "밀양 송전탑 설치 반대 농성중인 평밭마을 주민의 9년
투쟁 이야기", Youtube 동영상, 2014. 6. 9. 검색일 : 2014. 9. 26.

240 고병권, 《점거, 새로운 거버먼트: 월스트리트 점거운동 르포르타주》, 그린비, 2012,
19쪽.

241 밀양 할매 할배들, 앞의 책, 105쪽.

242 "갈기갈기 찢긴 밀양, '아랫마을 부친상에도 안 가'", 한겨레, 2013. 6. 19.

243 "밀양 송전탑 여전한 '외부 세력' 논란", 오마이뉴스, 2014. 7. 15.

244 밀양 할매 할배들, 앞의 책, 57쪽.

245 아이리스 영, 《정치적 책임에 관하여》, 허라금·김양희·천수정 옮김, 이후, 2013,
259쪽.

246 악셀 호네트, 《물화: 인정 이론적 탐구》, 강병호 옮김, 나남, 2006, 65쪽.

247 에드워드 렐프, 앞의 책, 150쪽.

248 아이리스 영, 앞의 책, 277쪽.

249 엄기호, 《단속사회》, 창비, 2014, 8~9쪽.

250 에드워드 렐프, 앞의 책, 116쪽.

251 에드워드 렐프, 앞의 책, 151~152쪽.

252 에드워드 렐프, 앞의 책, 49쪽.

253 장영식, "내 집에 살겠다", 가톨릭뉴스 지금여기, 2014. 9. 18.

254 공감과 보살핌에 대한 문제는 김영의 연구로부터 빌려와서 내 나름의 방식으로 구체화했다. 김영의 논문(앞의 글)을 참조하자.

255 이보아, "탈핵 희망버스, 이제 지역'만'의 싸움은 없다", 탈핵신문, 2013. 6. 11.

256 이계삼, "밀양만큼 억울한 그들을 위해─희망버스 탑니다", 오마이뉴스, 2014. 3. 10.

257 이경희, "야들아 힘내자, 할매들은 끄떡없다", Youtube 동영상, 2013. 1. 17. 동영상 내용 중 "밀양 송전탑 반대 할매들이 노동자들에게 씀"이라는 내용을 옮겨 적었다. 검색일 : 2014년 10월 13일.

258 "영남권 건설 노동자, 밀양 송전탑 공사 불참 선언", 뉴시스, 2013. 7. 24.

259 "밀양의 울분에 '응답하라! 그대", 광주드림, 2013. 11. 25.

260 "밀양 청도 주민들의 72시간 특별한 송년회", 월간 《함께 사는 길》, 2015. 2. 2. Ecoview.

261 "전기 직접 만드는 밀양 할매들 '한전 끊어버릴끼다'", 오마이뉴스, 2014. 1. 17.

262 "전기 직접 만드는 밀양 할매들 '한전 끊어버릴끼다'", 오마이뉴스, 2014. 1. 17.

263 "밀양을 생명의 땅으로─송전탑 반대 연대 발길 계속", 노컷뉴스, 2014. 4. 7.

264 "밀양을 생명의 땅으로─송전탑 반대 연대 발길 계속", 노컷뉴스, 2014. 4. 7.

265 "밀양 송전탑 반대 이끈 할매들 '올해 여성운동상'", 노컷뉴스, 2014. 3. 5.

266 팀 잭슨(Tim Jackson)의 《성장 없는 번영(prosperity without growth)》(2013) 제목에서 가져왔다.

267 마르크스, 《경제학─철학수고》, 강유원 옮김, 2007, 176쪽.

268 이에 대해서는 김영의 논문(앞의 글)을 참조했다.

269 전국 51개 인권단체 연대 성명서, "밀양 움막농성장 행정대집행 즈음한 전국 인권단체 호소문", 2014. 6. 9.

270 로이 모리슨, 앞의 책, 62쪽.

271 로이 모리슨, 앞의 책, 65쪽.

272 고동수, 《녹색성장 구현을 위한 지능형 전력망》, 산업연구원, 2009, 5쪽.

273 고동수, 앞의 책, 5쪽

274 힐러리 웨인라이트, 앞의 책, 17쪽.

275 에이프릴 카터, 《직접행동: 21세기 민주주의, 거인과 싸우다》, 조효제 옮김, 교양인, 2006, 32쪽.

276 신지영, 앞의 글, 67쪽.

277 안토니오 네그리·마이클 하트, 앞의 책, 228쪽.

278   밀양구술프로젝트, 앞의 책, 83쪽.

279   정극, 《절옥귀감》, 김지수 옮김, 소명출판, 2012.

280   마리아 미스, "소비자해방", 마리아 미스·반다나 시바, 앞의 책, 315쪽.

281   장주영, "기후변화와 정의로운 전환", 《노동사회》 통권 제133호, 한국노동사회연구소,
       인터넷 판형, 2008. 검색일 : 2014. 10. 6.

282   전국 송전탑 반대 네트워크, "전국 송전탑 반대 네트워크 결성 선언문" 2013. 8. 4.

283   하승수, "전기는 눈물을 타고 흐른다", 여성신문 인터넷, 2013.

284   공통자원 생활체계의 개념은 현재 하나의 질문이지 안정적인 개념은 아니다.
       Provisional University 연구팀(2014)은 공통자원 생활체계에 대해 "새로운 유형의
       복지 기반으로 공통자원이 작동하는 체계"라고 잠정 정의한 바 있다.

285   홍준석, "에너지도 기본권이다", 서울경제, 2014. 6. 29.

286   David Bolier, "Green Governance: Ecological survival, Human rights and the
       commons", 《The Wealth of the commons: A world beyond market & State》,
       인터넷 판형, 2013. 검색일 : 2014년 10월 6일

287   김현우, "핵발전의 두 가지 대안: 에너지 전환과 새로운 적록연대", 《진보평론》 48호,
       2011, 161쪽.

288   Kim Bryan, "Open source energy", Redpepper, 인터넷 판형, 2013. 8, 검색일자 :
       2014년 10월 17일

289   Kim Bryan, 앞의 글.

290   Kim Bryan, 앞의 글.

291   엘마 알트파터, 앞의 책, 288쪽.

292   David Bolier, 앞의 책.

293   조보영, "한국전력 없이 살 수 있을까?", 에너지기후정책연구소, 《초록발광: 태양의
       시대 녹색 사회로 가는 정의로운 전환의 길》, 이매진, 2013.

294   정태영, "에너지 자립 마을의 이해", 푸른경기21실천협의회 기후행동센터, 2010.

295   고병권, 앞의 책, 144쪽.

296   최장집, 앞의 책.

297   최장집, 앞의 책, 28쪽.

298   칼 마르크스, 《자본I-2》, 강신준 옮김, 길, 2008, 961쪽.

299   칼 마르크스, 앞의 책, 963쪽.

300   최장집, 앞의 책, 65쪽.

301 실비아 페데리치, 앞의 책, 31쪽.

302 데이비드 하비, 《신자유주의: 간략한 역사》, 최병두 옮김, 한울아카데미, 2007, 194쪽.

303 안토니오 그람시, 《그람시의 옥중수고1: 정치편》, 이상훈 옮김, 거름, 1999, 245~255쪽.

304 고다현, "복직 약속 어긴 기륭전자, 다시 시작된 해고 노동자들의 저항", 나눔문화 웹사이트(http://www.nanum.com), 2014. 9. 7. 검색일: 2014. 9. 23.

305 데이비드 하비, 앞의 책, 219쪽.

306 '요구의 정치'라는 개념은 Richard J. F. Day(2005)로부터 빌려온 것이다. 그러나 Richard J. F. Day는 '요구의 정치'에 대항하는 개념으로 '창안의 정치'라는 개념 대신 '행위의 정치(Politics of Act)'를 제안한다.

307 스테파노 리베르티, 《땅 뺏기: 새로운 식민주의의 현장을 여행하다》, 유강은 옮김, 레디앙, 2014, 114쪽.

308 스테파노 리베르티, 앞의 책, 115~116쪽.

309 Naomi Klein, "Reclaimming the commons", New Left Review, no. 9, May-June 2001.

310 Naomi Klein, 앞의 글, 125쪽.

311 실비아 페데리치, 《혁명의 영점: 가사노동 재생산 여성주의 투쟁》, 황성원 옮김, 갈무리, 2013, 186쪽.

312 국제엠네스티 한국지부, "인도: 포스토 인디아 사업 강제퇴거 피해주민에 해결책 제공해야", 2013. 7. 25.

313 "포스코—인도의 자원을 약탈하려 민중을 짓밟다", 노동자연대, 2008. 1. 28.

314 "대우 위해 토지 몰수...5일 내 퇴거하라", 오마이뉴스, 2011. 4. 6.

315 스테파노 리베르티, 앞의 책, 6쪽.

316 스티브 홈즈, 앞의 글, 75쪽.

317 드미트리 클라이너, 《텔레코뮤니스트 선언》, 권범철 옮김, 갈무리, 2014, 114쪽.

318 드미트리 클라이너, 앞의 책, 114쪽

319 Roy Bhaskar, Plato Etc.: The Problems of Philosophy and Their resolution, Verso: London, 1994, 73쪽.

320 Roy Bhaskar, 앞의 책, 1994, 74쪽.

321 Roy Bhaskar, 앞의 책, 1994, 96쪽.

322 Roy Bhaskar, The Formation of Critical Realism: A personal perspective, Roy

Bhaskar with Mervyn Hartwig, Routledge, 2010, 148쪽.

323   Roy Bhaskar, 앞의 책, 2010, 148쪽.

324   Manfred A. Max-Neef, Human Scale Development: Conception, application and futher reflections, The Apex Press: New York and London, 1991, 199~200쪽.

325   이 부분의 정리에 다음 글을 참조했다. Danijela Dolence, The commons as a Radical democratic Project, 2012. 인터넷에서 구한 자료인데, 출처가 명확하지 않다. 하지만 아래에서 내려 받을 수 있다. 검색일: 2014년 11월 19일.   http://commons.mi2.hr/wp-content/uploads/2012/11/the-Commons-as-a-Radical-Democratic-Project_Dolenec.pdf

326   서영표, "상품화된 일상과 충족되지 않는 필요: 자본주의 틈새와 저항적 지역정치", 연구협동조합 데모스 급진 민주+사회주의 연구분과 토론회, 《진보정치: 지역운동과 정당운동을 다시 생각한다》, 2014, 13~14쪽.

327   이 개념의 구별은 원래 Pat Devine(2002)의 개념 구별이다.

328   서영표, 앞의 글, 13쪽.

329   이에 대한 내용은 찰스 린드블롬의 《시장체제: 시장체제란 무엇이고, 어떻게 움직이며, 무엇을 할 수 있는가》(2009)를 참조했다.

330   Yochai Benkler & Helen Nissenbaum, "Commons-based Peer Production and virtue", The Journal of Politicaal Philosophy, Volume 14, Number 4, 2006, pp394-419.

331   '공통자원 기반 연대생산'의 내용을 보다 자세하고 알고 싶은 이들은 요차이 벵클러의 《네트워크의 부: 사회적 생산은 시장과 자유를 어떻게 바꾸는가》(커뮤니케이션북스, 2015)를 참조하자.

332   밀양구술프로젝트, 앞의 책, 7쪽.

333   서영표, "포퓰리즘의 두 가지 해석: 대중영합주의와 민중민주주의", 연구협동조합 데모스 급진 민주+사회주의 연구분과 토론회, 《진보정치: 지역운동과 정당운동을 다시 생각한다》, 2014, 45쪽.

334   이에 대해서는 다음을 참조하자. 에르네스토 라클라우·샹탈 무페, 《헤게모니와 사회주의 전략: 급진 민주주의 정치를 향하여》, 이승원 옮김, 후마니타스, 2012, 302쪽. 라클라우와 무페는 이렇게 말한다. "좌파의 과제는 자유-민주주의적 이데올로기를 단념하는 것일 수 없으며, 이와 반대로 그것을 급진적이고 다원적인 민주주의의 방향으로 심화하고 확대하는 것이어야만 한다."

335 　아이리스 영, 《정치적 책임에 관하여》, 허라금·김양희·천수정 옮김, 이후, 2013, 923쪽.
336 　아이리스 영, 앞의 책, 289쪽.
337 　아이리스 영, 앞의 책, 290쪽.
338 　마리아 미즈, 앞의 책, 314쪽.

참고 문헌

- 고길섶, 《부안 끝나지 않은 노래: 코뮌놀이로 본 부안항쟁》, 앨피, 2005.
- 고동수, 《녹색성장 구현을 위한 지능형 전력망》, 산업연구원, 2009.
- 고병권, "주변화 대 소수화: 국가의 추방과 대중의 탈주", 《소수성의 정치학》, 부커진R, No.1, 그린비, 2007.
- 고병권, 《점거, 새로운 거버먼트: 월스트리트 점거운동 르포르타주》, 그린비, 2012.
- 김동춘, 《전쟁정치: 한국정치의 메커니즘과 국가폭력》, 길, 2013.
- 김상준, 《맹자의 땀, 성왕의 피》, 아카넷, 2011.
- 김연희, "농촌 전기공급사업과 새마을운동", 《역사비평》 2011년 겨울호(통권97호), 역사비평사, 2011.
- 김영, "밀양765kV송전탑건설반대운동에 대한 젠더분석: 젠더 점핑의 과정과 원인을 중심으로", 《한국여성학》 제31권 2호, 한국여성학회, 2015.
- 김현우, "핵발전의 두 가지 대안: 에너지 전환과 새로운 적록연대", 《진보평론》 48호, 2011.
- 남일총, "전력산업 위기의 원인과 향후 정책방향", KDI 정책포럼, 2013.
- 댄 베드나즈·엘러나 비비스, 〈신자유주의, 탈성장, 건강 관리〉, 《녹색평론》127호, 녹색평론사, 2012.
- 데이비드 하비, 《신자유주의: 간략한 역사》, 최병두 옮김, 한울아카데미, 2007.
- 데이비드 하비, 《희망의 공간》, 최병두 옮김, 한울, 2001.
- 도미야마 이치로, 《전장의 기억》, 임성모 옮김, 이산, 2009.
- 드미트리 클라이너, 《텔레코뮤니스트 선언》, 권범철 옮김, 갈무리, 2014.
- 로이 모리슨, 《생태민주주의》, 노상우 옮김, 교육과학사, 2005.
- 마르크스, 《경제학-철학수고》, 강유원 옮김, 2007.
- 마리아 미스·반다나 시바 지음, 《에코페미니즘》, 손덕수·이난아 옮김, 창작과비평사, 2000.
- 마리아 미즈, 《가부장제와 자본주의》, 최재인 옮김, 갈무리, 2014.
- 맛떼오 파스퀴넬리, 《동물혼》, 서창현 옮김, 갈무리, 2013.

- 민종선, "발전소 프로젝트의 라이프사이클(2)", The Plant Journal, Vol. 5, No. 3, 2009.
- 밀양765KV송전탑반대대책위원회, 《밀양송전탑 반대투쟁백서 2005~2015》, 밀양765KV송전탑반대대책위원회, 2015.
- 밀양 할매 할배들, 《탈핵탈송전탑원정대》, 이계삼 기록, 이헌석 감수·해설, 한티재, 2015.
- 밀양구술프로젝트, 《밀양을 살다: 밀양이 전하는 열다섯 편의 아리랑》, 오월의 봄, 2014.
- 박상훈, 《만들어진 현실: 한국의 지역주의 무엇이 문제이고 무엇이 문제가 아닌가》, 후마니타스, 2009.
- 박중엽·이보나·천용길, 《삼평리에 평화를: 송전탑과 맞짱뜨는 할매들 이야기》, 한티재, 2014.
- 서경규, "가공 송전 선로 주변토지의 피해보상제도에 관한 소고", 《부동산포커스》 2013년 10월호, Vol. 65.
- 서영표, "포퓰리즘의 두 가지 해석: 대중영합주의와 민중민주주의", 연구협동조합 데모스 급진 민주+사회주의 연구분과 토론회 《진보정치: 지역운동과 정당운동을 다시 생각한다》, 2014.
- 서울사회과학연구소, 《한국에서의 자본주의 발전》, 새길아카데미, 2012.
- 서재영, "전력산업 해외수출의 국가경제적 효과 분석모델 개발에 관한 보고서", 지식경제부, 2012.
- 성균관대산학협력단, 《전자파에 대한 위험인식 특성 및 그에 따른 리스크커뮤니케이션 정책 방안》, 한국전파진흥원 KORPA 연구 2008-10, 2009.
- 스테파노 리베르티, 《땅 뺏기: 새로운 식민주의의 현장을 여행하다》, 유강은 옮김, 레디앙, 2014.
- 신지영, "대추리의 코뮌주의", 《소수성의 정치학》, 부커진R, No.1, 2007, 그린비
- 실비아 페데리치, 《캘리번과 마녀》, 황성원·김민철 옮김, 갈무리, 2011.
- 실비아 페데리치, 《혁명의 영점: 가사노동 재생산 여성주의 투쟁》, 황성원 옮김, 갈무리, 2013.
- 아그네스 헬러, 《마르크스에 있어서 필요의 이론》, 강정인 옮김, 인간사랑, 1990.
- 아이리스 영, 《정치적 책임에 관하여》, 허라금·김양희·천수정 옮김, 이후, 2013.
- 악셀 호네트, 《물화: 인정 이론적 탐구》, 강병호 옮김, 나남, 2006.

- 악셀 호네트, 《인정투쟁: 사회적 갈등의 도덕적 형식론》, 문성훈·이현재 옮김, 사월의 책, 2011.
- 안토니오 그람시, 《그람시의 옥중수고1: 정치편》, 이상훈 옮김, 거름, 1999.
- 안토니오 네그리, 《자본의 코뮤니즘 우리의 코뮤니즘: 공통적인 것의 구성을 위한 에세이》, 연구공간L 옮김, 난장, 2012.
- 안토니오 네그리· 마이클 하트, 《공통체》, 정남영·윤영광 옮김, 사월의 책, 2014.
- 안토니오 네그리·마이클 하트, 《다중: 제국이 지배하는 시대의 전쟁과 민주주의》, 조정환·정남영·서창현 옮김, 세종서적, 2008.
- 엄기호, 《단속사회》, 창비, 2014.
- 에드워드 렐프, 《장소와 장소상실》, 김덕현·김현주·심승희 옮김, 논형, 2005.
- 에르네스토 라클라우·샹탈 무페, 《헤게모니와 사회주의 전략: 급진 민주주의 정치를 향하여》, 이승원 옮김, 후마니타스, 2012.
- 에이프릴 카터, 《직접행동: 21세기 민주주의, 거인과 싸우다》, 조효제 옮김, 교양인, 2006.
- 엘리너 오스트롬, 《공유의 비극을 넘어: 공유자원관리를 위한 제도의 진화》, 윤홍근·안홍근 옮김, 랜덤하우스코리아, 2010.
- 엘리아스 카네티, 《군중과 권력》, 강두식·박병덕 옮김, 바다출판사, 2010.
- 엘마 알트파터, 《자본주의의 종말》, 염정용 옮김, 동녘, 2007.
- 요하이 벤클러, 《네트워크의 부: 사회적 생산은 시장과 자유를 어떻게 바꾸는가》, 최은창 옮김, 커뮤니케이션북스, 2015.
- 위르겐 오스터함멜, 《식민주의》, 박은영·이유재 옮김, 역사비평사, 2006.
- 위르겐 하버마스, 《의사소통행위이론2》, 장춘익 옮김, 2006.
- 이경희, "할매는 궁금하다", 《살림이야기》 제22호 2013년 가을 10월호, 인터넷 판형, 2013.
- 이노우에 마코토, 《공동자원론의 도전》, 최현·정영신·김자경 옮김, 경인문화사, 2014.
- 이상헌·이정필·이보아, "다중스케일 관점에서 본 밀양 송전탑 갈등 연구", 《공간과 사회》 2014년 제24권 2호(통권 48호), 2014.
- 이선우·홍수정, "송·변전설비 건설갈등해소를 위한 과정과 선택: 밀양 765kV 송전선로 건설관련 갈등조정위원회운영사례를 중심으로", 《한국정책과학학회보》제16권 제2호, 한국정책과학학회, 2012.
- 이성규, "국내 전력계통 현황 및 전망", Journal of the Electric World, 2014년 10월호.

- 이영희·한재각, "한국의 에너지 시나리오와 전문성의 정치", 《한국사회학회 사회학대회 논문집》, 한국사회학회, 2012.
- 이종영, 《영혼의 슬픔》, 울력, 2014.
- 이헌석, "신고리~북경남 765kV 송전탑 대안 검토와 정책 제언: 노후 원전 폐기와 신규 원전건설 중단을 중심으로 살펴본 밀양 송전탑 대안연구", 국회의원 장하나 연구용역 최종보고서, 2013.
- 이화연·윤순진, "밀양 고압 송전 선로 건설 갈등에 대한 일간지 보도 분석", 《경제와 사회》 제98호, 비판사회학회, 2013.
- 자크 랑시에르, 《정치적인 것의 가장자리에서》, 양창렬 옮김, 길, 2008.
- 정극, 《절옥귀감》, 김지수 옮김, 소명출판, 2012.
- 제이 월재스퍼, 《우리가 공유하는 모든 것: 세상을 바꾸는 새로운 패러다임》, 박현주 옮김, 검둥소, 2013.
- 조보영, "한국전력 없이 살 수 있을까?", 《초록발광: 태양의 시대 녹색 사회로 가는 정의로운 전환의 길》, 에너지기후정책연구소 지음, 이매진, 2013.
- 조희연 엮음, 《한국의 정치사회적 지배담론과 민주주의 동학》, 함께읽는책, 2003.
- 지식경제부·한국전력공사, 《2011 경제발전경험모듈화사업 : 안정적 전력공급을 위한 전력망 구축사업》, 2012.
- 찰스 린드블롬, 《시장체제: 시장체제란 무엇이고, 어떻게 움직이며, 무엇을 할 수 있는가》, 한상석 옮김, 후마니타스, 2009.
- 최장집, 《민주화 이후의 민주주의》, 후마니타스, 2002.
- 최장집, 《한국민주주의의 조건과 전망》, 나남출판, 1996.
- 카야노 도시히토, 《국가란 무엇인가: 국가의 본질에 대한 역사적 고찰》, 김은주 옮김, 산눈, 2010.
- 칼 마르크스, 《자본I-2》, 강신준 옮김, 길, 2008.
- 팀 잭슨, 《성장 없는 번영: 협동조합과 사회적 경제를 위한 생태거시경제학의 탄생》, 전광철 옮김, 착한책가게, 2013.
- 홀거 하이데, 《노동 사회에서 벗어나기》, 강수돌 옮김, 박종철출판사, 2000.
- 힐러리 웨인라이트, 《국가를 되찾자: 대중 민주주의의 실험실을 찾아가는 현장 탐사기》, 김현우 옮김, 이매진, 2014.
- David Bolier, "Green Governance: Ecological survival, Human rights and the commons", *The Wealth of the commons: A world beyond market &*

State, 2013.

- David McDonald, *Electric Capitalism: Recolonising africa on the power grid*, Earthescan, 2012.
- Hilary Wainwright, 2012, "The Creativity of labour", Respond to Michael Bauwens, "Peer-to-peer production and the coming of the commos", Redpeper, July 2012.
- Kim Bryan, "Open source energy", Redpepper, 2013.
- Manfred A. Max-Neef, *Human Scale Development: Conception, application and futher reflections*, The Apex Press: New York and London, 1991.
- Massimo De Angelis, "On the commons: a public interview with Massimo De Angelis and Stavros Stavrides", e-flux, 2010.
- Massimo De Angelis, "Marx and primitive accumulation: The continuous character of capital's 'enclosure'", The Commoner N. 2, September 2001, The commoner: A Web journal for other value.
- Michal Osterweil, "Place-based Globalism: Theorizing the global justice movement", Development 48(2), 2005.
- MIT, *The Future of the Electric Grid*, MIT, 2011.
- Naomi Klein, "Reclaimming the commons", *New Left Review*, no. 9, May-June 2001
- Pat Devine, "Participatory Planing Through Negotiated Coordination", Science & Society, Vol. 66, No. 1, Spring 2002.
- Provisional University, 2014, "The Abduction of Europe III: Commonfare", Provisional University Blog, March 14, 2014.
- Richard J. F. Day, 2005, Gramsci is Dead: Anarchistic Currents in the Newest Social Movements, Pluto Press.
- Roy Bhaskar, Plato Etc.: The Problems of Philosophy and Their resolution, Verso: London, 1994.
- Roy Bhaskar with Mervyn Hartwig, Routledge, The Formation of Critical Realism: A personal perspective, 2010.
- Yochai Benkler & Helen Nissenbaum, "Commons-based Peer Production

and virtue", The Journal of Politicaal Philosophy, Volume 14, Number 4, 2006.